교육심리학 ^{2판}

| 이용남 · 신현숙 공저 |

EDUCATIONAL PSYCHOLOGY (2nd ed.)

학지사

2판 머리말

이 책의 초판은 2010년에 발간되었다. 그 후 6년여의 시간 동안, 이 책으로 대학에서 교육심리학을 가르쳤던 분들의 건의와 학계의 동향 변화, 그리고 개정하고자 하는 부분들에 대한 저자들의 공감이 있어 『교육심리학』(2판)을 내놓게 되었다.

교육심리학은 인간발달과 학습이론이 핵심을 차지한다. 2판에서는 이 부분을 강조하고자 1판에 각각 1개 장으로 되어 있던 것을 2개 장으로 늘려 좀 더 상술하였다. 그리고 1판에서는 전체 10개의 장을 저자들이 전·후반부로 나누어 집필했는데, 2판에서는 각자의 전공을 살리고자 집필의 장을 약간 달리하였다. 그 결과, 이용남은 1, 4, 5, 6, 8장을, 신현숙은 2, 3, 7, 9, 10장을 집필하게 되었다.

1장에서는 교육심리학의 학문적 배경과 기초이론 및 연구방법의 문제를 간단하게 다루었다. 2장과 3장은 인간발달의 문제를 다루었는데, 2장에서는 인지발달, 3장에서는 성격 및 사회성 발달을 다루었다. 4장에서는 교육의 한 축인 교수 문제를 이론적으로 접근하였다. 그리고 5장과 6장은 교육의 다른 축인 학습의 문제를 다루었는데, 5장에서는 행동주의 학습이론, 6장에서는 인지주의 및 기타 학습이론을 다루었다. 7장과 8장은 각각 학교학습에 영향을 미치는 학습자의 인지적 특성과 정의적 특성을 취급하였다. 9장은 생활지도와 상담을 다루는 장으로, 1판에서는 2개 장으로 되어 있던 것을 2판에서는 1개 장으로 통합하였다. 그리고 마지막 10장은 학교심리검사 부분을 비교적 자세하게 진술하였다.

이번 책이 나오는 데도 여러 분의 도움이 컸다. 김진환 사장님의 끊임없는 배려와 정승철 이사님의 독려가 아니었다면 이 책은 이 세상 빛을 보지 못했을 것이다. 편집부의 황미나 선생님을 비롯한 여러 분의 많은 인내와 배려에 깊은 감사를 드리는 바다.

2017년 3월
저자 일동

이 책은 대학에서 교육심리학을 처음 공부하는 학생들을 위해 집필되었다. 교육심리학은 원래 학교에서 가르치고 배우는 교수-학습 과정에 초점을 두지만, 이 책에서는 학교교육 전반에 대한 심리학적 접근을 다루고자 하였다.

우리나라에서 교사가 되기 위해서는 임용고사라는 시험과정을 거쳐야 하는데, 교육심리학도 이 시험의 한 분야다. 그런데 교육심리학 시험과목의 범위는 단순히 교수-학습 과정이나 학습자의 심리적 발달 및 특성을 넘어 생활지도, 상담, 심리검사까지를 포함한다. 교육심리학 전공이 세분화되어 있는 미국식으로 판단하면, 학교심리학 및 상담심리학까지를 포함하는 셈이다. 이 책은 이러한 점을 고려하여 집필되었다.

이 책은 전체 10개 장으로 구성되었다. 1장에서는 교육심리학의 학문적 발전 배경과 대표적 이론 등 교육심리학에 대한 기초적 이해를 돕는 내용을 담았다. 2장에서는 인지, 언어, 사회성 및 도덕성의 영역에서 나타나는 학습자의 발달과정과 연령대별 차이를 설명하고, 각 발달이론의 교육적 시사점을 논하였다. 3장과 4장에서는 교육심리학의 전통적 토대인 교수-학습 과정에 관련된 이론을 제시하였다. 5장에서는 학생의 지적 특성에 관련된 기본 개념과 제반 이론을 기술하였다. 6장에서는 성공적인 학습에 필요한 사고의 기술인 개념 형성, 추론, 전이, 문제해결에 대해 설명하였다. 7장에서는 학습자의 정의적 특성 가운데 학업성취와 관계가 깊은 학업동기의 기본 개념과 학업동기 증진방법을 다루었다. 8장과 9장에서는 생활지도와 학생상담을 위해 교사들이 갖추어야 할 이론적 기초와 실제적 기법을 주요 내용으로 포함하였으며, 학교상담의 최근 동향을 소개하였다. 마지막으

로 10장에서는 교사가 객관적이고 전문적인 방식으로 학생의 심리적 특성을 이
해하고 적절한 학생지도의 방법을 고안할 수 있도록 학교심리평가에 관해 설명하
였다. 이 책을 구성하는 10개 장 가운데 1~5장은 이용남이 집필하고, 6~10장
은 신현숙이 집필하였다. 두 명의 저자가 함께 집필하다 보니 내용이 중첩되고 같
은 개념이 서로 다른 뜻으로 사용될 우려가 있어 저자들은 이를 피하기 위해 서로
정보를 교환하고 여러 차례 원고를 검토하였다. 단, 교육심리학 분야에서 흔히
혼용하는 용어들은 그대로 사용하여 독자가 용어 사용의 추세를 파악할 수 있게
하였다.

　이 책이 출판되기까지 학지사의 도움이 컸다. 먼저 이 책의 출간을 허락해 주
신 학지사 김진환 사장님의 따뜻한 배려에 감사를 드린다. 또한 인내 및 독려로
이 책을 좀 더 빨리 탈고하는 데 일조한 정승철 차장님께도 감사를 전한다. 마지
막으로 편집부 하시나 선생님을 비롯한 많은 직원 여러분의 도움이 없었다면 이
책은 아직 세상의 빛을 보지 못했을 것이다.

2010년 8월
저자 씀

차 례

CONTENTS

Chapter 01 교육심리학의 이해   13

Chapter 02 인지발달   41

Chapter 06 인지주의 및 기타 학습이론   153

Chapter 07 학습자의 인지적 특성   175

Chapter 08 학습자의 정의적 특성   215

생활지도와 상담 247

학교심리검사 309

CONTENTS

Chapter

01 교육심리학의 이해

이 장에서는 교육심리학이라는 학문이 어떻게 출현하고 발달하여 현재에 이르렀는지를 간단히 살펴본다. 그리고 교육심리학의 핵심 영역을 개관하고, 교육심리학과 관련이 깊은 분야인 학교심리학 및 상담심리학과의 차이를 살펴본다. 또한 현대 교육심리학 형성에 큰 영향을 준 배경이론으로서 정신분석학, 행동주의, 인지주의, 신경생물학 그리고 인간주의의 주요 주장 및 교육에 대한 시사점을 고찰한다. 마지막으로 교육심리학을 연구하는 데 사용되는 연구법으로서 실험법, 관찰법, 조사법, 검사법, 사례연구법에 대해 살펴본다.

1 교육심리학의 성립

1) 교육심리학의 출현

교육은 인간의 세계뿐 아니라 동물의 세계에도 존재한다. 동물의 어미는 새끼가 태어나면 온갖 정성을 다해 먹여 살리다가, 새끼가 일정한 성숙 단계에 이르면 데리고 나가 장차 독립할 수 있도록 먹이를 구하는 방법을 가르친다. 그리고 나서 완전히 독립할 단계에 이르면 거친 자연세계에 내보내 독립을 시킨다. 이로 미루어 보면, 동물들에게는 본능적으로 교육적 유전인자가 있는 것 같다.

인간 교육의 역사는 곧 인간의 역사와 같다고 할 수 있다. 선사시대부터 문화권마다 성년식과 같이 체계적으로 교육한 흔적들이 남아 있다. 역사시대에 들어오면서부터 고대사회에 이미 동서양을 막론하고 초등 및 고등 교육기관이 체계적으로 발달되었음은 문헌을 통해 알 수 있다. 그리고 그동안 수많은 사상가가 교육에 대해 많은 언급을 해 왔다. 그러나 학문계에서는 이를 곧 교육학이라 하지는 않는다.

어떤 학문이든지 하나의 분과학문이 되려면, 해당 현상을 설명할 수 있는 독자적이고 체계적인 개념망과 그것을 탐구할 수 있는 방법론이 있어야 한다. 그러나 그동안 수많은 사상가의 교육에 대한 견해는 이런 준칙에서 어긋난 것이었다. 따라서 그들의 주장이 곧바로 교육학의 정의라고 할 수는 없다. 교육학은 대부분의 인문사회과학처럼 19세기 유럽의 사회적 배경하에서 시작되었다.

역사학에서는 19세기를 흔히 민족주의 혹은 국가주의 시대라 한다. 암흑시대라 불리는 신 중심의 중세 천년의 역사가 동로마 제국의 멸망과 함께 끝나고, 르네상스와 더불어 근대가 시작되면서 유럽 사회는 격변의 시기를 거쳤다. 르네상스로 인한 인간주의의 부흥과 함께 그리스와 로마의 고전 읽기, 종교개혁으로 인한 성서의 자국어 번역과 읽기, 아메리카 및 아프리카 등의 식민지 개척과 쟁탈전, 과학기술의 발달로 인한 산업혁명과 국가 간 경쟁 등 커다란 역사적 전환점이 있었다. 이런 와중에서 유럽 사회는 각 민족 단위 중심의 국가를 만들고, 치열한 국제 경쟁에서 승리하기 위해 자기 국민들의 평균적인 지적 수준을 끌어올릴 목적으로 교육을 제도화하였다. 이러한 시대적 배경에서 의무교육제도, 즉 국민보통교육제도가 도입된 것이다.

교육학도 이러한 시대적 배경에서 제일 먼저 독일에서 출발하였다. 나폴레옹(B. Napoleon)의 침략으로 전국이 피폐해진 독일에서 피히테(J. G. Fichte), 슐라이어마허(F. E. D. Schleiermacher), 헤르바르트(J. F. Herbart)와 같은 지도층 인사들은 앞장서서 독일을 재건하고자 하였다. 이들은 독일 재건의 일환으로 교육의 중요성을 강조하였고, 이에 따라 국가가 교육을 관장하게 되었다.

교육학계에서는 대체로 독일인 헤르바르트를 현대 교육학의 창시자로 인정하는데, 그는 교육학을 처음으로 정립하면서 교육목적, 즉 어떤 인간을 길러 낼 것인가와 교육방법, 즉 그러한 인간을 어떻게 길러 낼 것인가를 교육학의 두 축으로 삼았다. 그리고 나서 교육목적은 철학의 한 분과인 윤리학에서, 그리고 교육방법은 그 당시 철학에서 막 분화되기 시작한 심리학에서 그 원리를 도출해야 한다고 주장하였다. 따라서 교육목적은 국가사회가 필요로 하는 윤리적 · 도덕적 인간을 육성하는 것이라 하였고, 그러한 인간을 기르기 위한 교육방법으로는 표상(representation)

심리학에 근거를 둔 명료-연합-체계-방법의 원리를 채택하였다(김창환, 2002; 이환기, 1998; Herbart, 1988).

이때 표상이란 마음을 구성하는 것으로서 아이디어, 관념 또는 개념이 그 단위다. 따라서 마음이란 표상의 집합체라고 할 수 있다. 그런데 새로운 관념이 학습되려면, 그 관념이 마음속에 들어와 기존의 관념에 통합되어야 하는데, 이것을 통각(apperception)이라 한다. 통각에는 집중(concentration)을 의미하는 전심(專心)과 반성(reflection)을 의미하는 치사(致思)의 두 과정이 있다. 그리고 전심에는 명료와 연합의 두 하위과정이 있고, 치사에는 체계와 방법의 두 하위과정이 있다. 여기서 명료는 새로운 관념이 마음속에 뚜렷이 떠오르는 것을 말하며, 연합은 이 새로운 관념이 기존의 관념과 관련을 맺으려는 것을 말한다. 그리고 체계는 이 새로운 관념이 기존의 관념과 가장 적절한 관계를 맺어 제자리를 잡는 것을 말하며, 방법은 통합된 관념이 적용되어 그와 유사한 관념과 관련을 맺는 것을 의미한다.

그 당시 유행하던 심리학설 가운데는 능력심리학(faculty psychology)이 있었는데, 능력심리학에서는 인간의 마음이 지각, 기억, 상상, 추리, 감정, 의지의 여섯 가지 능력으로 구분되어 있다고 보았다. 이러한 능력은 신체의 근육에 비유된다는 뜻에서 '심근'이라고 할 수 있으며, 심근을 단련시키는 데는 적절한 교과가 있다고 보았다. 예를 들면, 수학이나 고전어는 기억 내지 추리를, 음악은 감정을, 종교, 도덕 및 정치는 의지를 기르는 데 적합하다고 보았다(이홍우, 1992). 이러한 능력심리학의 영향을 받은 교육이론을 형식도야설(formal discipline theory)이라 한다. 즉, 교육은 심근을 단련하는 것, 정신의 도야라는 것이다. 하지만 능력심리학에서는 그러한 능력이 어떻게 작용하는지에 대한 과학적인 증거를 찾지 못하였다. 다시 말해, 경험적이고 실증적인 객관적 증거가 없는 것이다. 따라서 이러한 심리학적 접근은 한계에 도달하게 되었다.

이처럼 그 당시까지의 심리학은 오늘날의 과학적 심리학과는 달리 철학으로부터 완전히 독립하여 하나의 독자적인 분과학문으로 정립되지 못한 상태에 있었다. 따라서 심리학이 철학처럼 사변적 방법을 통해 마음의 작용을 연구하였듯이, 교육에 대한 심리학적 원리도 자연히 사변적인 탐구의 결과로 얻어진 것이었다.

그런데 19세기 중엽 독일인 분트(W. Wundt)가 처음으로 라이프치히(Leipzig) 대학교에 심리학 실험실을 세우고 과학적으로 심리학에 접근하기 시작하였다. 그당시의 방법론은 인간의 내적 성찰을 통해 정신과정을 연구하는 내성법 또는 내관법(introspection) 수준이었지만, 분트는 이를 통해 반응 시간, 정서적 반응 등을 자세히 측정하려고 하였다. 특히 그의 제자 모이만(E. Meumann)은 그의 실험심리학 방법을 교육에 적용하여 독일 교육심리학의 기초를 닦았다. 이와 같이 심리학은 독일에서 시작되었으며, 미국인 홀(G. S. Hall), 캐텔(J. M. Cattell), 저드(C. Judd) 등이 그 당시 독일에서 유학한 후 미국의 심리학 발달에 많은 공헌을 하였다 (Walberg & Haertel, 1992).

2) 교육심리학의 발달

독일에 유학을 다녀온 사람들 외에도 20세기 초 미국에는 미국 심리학의 대부인 제임스(W. James), 교육학의 선구자인 듀이(J. Dewey) 그리고 엔젤(J. R. Angell)과 같은 저명한 학자들이 있었다. 그들은 철학적으로는 실용주의(pragmatism)의 노선을 견지하였으나, 심리학적으로는 인간의 사고(思考) 기능을 강조한 기능주의자(functionalist)들이었다. 그들 중 특히 듀이는 이런 관점에서 자신의 교육이론을 전개하였고, 인간의 반성적 사고를 기르는 것을 교육목적의 하나로 간주하였다(Dewey, 1933).

한편, 러시아인 파블로프(I. P. Pavlov)는 개의 타액 분비에 관한 생리학 실험으로 노벨상을 받았으며, 미국인 왓슨(J. B. Watson)은 파블로프의 연구결과를 심리학의 학습이론으로 전용하여 행동주의(behaviorism)라는 명칭을 부여하였다. 그이후 많은 학자가 행동주의에 가담하여 1970년대까지 약 50년 동안 심리학의 주류가 되었다.

심리학을 교육에 적용하여 교육심리학이라는 독자적인 학문 분야를 개척한 사람은 행동주의자인 손다이크(E. L. Thorndike)였다. 그는 실험을 통해 학습에 관한 여러 가지 법칙을 발견하였고, 이러한 연구결과를 다양한 교수자료 및 수업 설계에 응용하여 이를 토대로 교사교육을 실시하였다. 또한 연구결과를 토대로 세 권으로 된 저서 『교육심리학(Educational Psychology)』을 저술하였는데, 이 책은 이후 교육심리학이라는 학문이 발달하게 되는 기폭제가 되었다.

행동주의자인 스키너(B. F. Skinner) 또한 교육에 대한 심리학의 적용에 크게 공헌하였다. 그는 행동주의 학습이론의 강화(reinforcement) 원리에 근거하여 프로그램 학습(programmed learning) 자료와 교수 기계(teaching machine)를 발명하여 교육을 공학화하고자 하였다. 또한 학습원리에 따라 문제행동을 제거하고 바람직한 행동으로 바꾸는 행동수정(behavior modification)의 원리를 제안하여 교육에 많은 공헌을 하였다.

1970년대에 들어서면서부터 심리학의 주도권이 행동주의에서 인지주의 내지 인지이론(cognitive theory) 또는 인간주의(humanism)로 바뀌게 되면서 교육의 심리학적 적용도 자연히 그 영향을 받게 되었다. 행동주의는 환경이 유기체에게 주는 자극(stimulus)과 그러한 자극에 대해 유기체가 내보이는 반응(response)의 관계에 초점을 둔다. 따라서 인간의 학습과정에 대한 설명에 있어서도 표면적인 설명을 할 수밖에 없었다. 이에 비해 인지이론은 인간의 두뇌 속에서 일어나는 지적 과정, 즉 정보처리(information processing) 과정에 초점을 둔다. 이러한 인지적 접근을 취할 때 인간의 학습, 특히 지식의 획득에 관해 더욱 설득력 있는 설명을 할 수 있다. 이러한 접근은 일찍이 스위스의 피아제(J. Piaget)가 인간의 인지발달을 연구하면서 관심을 끌었는데, 이후 미국의 브루너(J. S. Bruner), 콜버그(L. Kohlberg) 등이 이러한 관점을 더욱 발전시켜 교육에 적용하였다. 최근에는 스턴버그(R. J. Sternberg)가 인간의 지능 연구에, 앤더슨(J. R. Anderson)이 지식의 획득과 관련하여 이러한 접근을 택하고 있다(Gagné, Yekovich, & Yekovich, 2005).

한편, 심리학에 있어 인간주의는 심리학이 객관적·과학적 접근이라는 미명 아래 자연과학적 접근방법을 추종한다고 비판하고, 그 대신 인간에 대한 주관적·실존적 접근을 강조하였다. 올포트(G. W. Allport), 매슬로(A. H. Maslow), 로저스(C. R. Rogers) 등과 같은 학자들이 이러한 접근을 적극 옹호하였다. 인간주의를 교육에 적용하면, 학교는 교사 중심이 아니라 학생 중심의 교육을 실시할 수 있게 된다. 이와 같이 인간주의에서는 전통적으로 교육에서 강조되어 온 지적 측면 외에 인간의 감정 등 정의적 측면도 함께 강조한다.

2. 교육심리학의 정체성

1) 교육심리학의 정의

오늘날 교육심리학(educational psychology)이 어떠한 학문인지 한마디로 정의를 내리기는 쉽지 않다. 그러나 모이만이나 손다이크에 의해 교육심리학이란 학문이 형성된 초기에는 좁은 의미에서, 학습 현상에 대한 연구에서 얻은 지식을 적용하여 교육의 핵심 문제, 즉 가르치고 배우는 교수(teaching)-학습(learning) 문제를 해결하려는 학문이라고 보았다.

그러나 심리학이 엄청난 속도로 발달하면서 많은 연구자가 이에 가담하여 새로운 지식을 수없이 배출하였고, 많은 연구 분야가 새롭게 탄생하였다. 따라서 교육심리학도 자연히 이 영향을 받지 않을 수 없게 되었다. 이제 교육심리학은 넓은 의미에서 수많은 심리학적 지식을 활용하여 교육 문제를 발견하고 이를 해결하려는 학문이 된 셈이다.

앞에서 언급했듯이 심리학이란 학문은 철학으로부터 분리되어 인간의 정신세계, 즉 마음(mind)의 작용에 관한 학문으로 출발하였다. 그러나 심리학이 과학화의 길을 걸으면서 객관적 관찰을 강조하게 되자, 인간의 마음은 객관적 관찰이 어렵다는 이유로 인해 심리학의 연구대상이 한동안 마음 대신 직접 관찰과 측정이 가능한 인간의 행동(behavior)으로 바뀌었다. 그러다가 최근에는 다시 여러 가지 연구방법론의 발달로 인해 인간의 마음에 대한 연구도 상당한 정도로 타당하고 믿을 수 있는 객관적 관찰이 가능하게 되어 다시 각광을 받게 되었다. 따라서 오늘날 심리학의 연구대상은 인간의 마음과 행동 모두라 할 수 있다.

오늘날 이러한 심리학이 연구대상으로 하는 인간의 심리 현상에는 여러 가지가 있다. 우선, 외부에서 주어지는 자극을 우리 감각기관이 수용할 때 일어나는 감각화, 문자나 소리 및 사물의 형태를 파악하는 지각(perception) 그리고 지식을 획득할 때 우리 머릿속에서 일어나는 정보처리 과정인 인지가 있다. 또한 우리가 무엇을 배울 때 일어나는 학습, 희로애락 등의 감정 변화와 관계된 정서, 우리의 행동에 방향과 활력을 주는 동기화가 있다.

심리학의 연구 분야 가운데는 우리가 어떤 행동을 할 때 우리의 두뇌와 신경계에서 일어나는 생물학적 변화과정을 다루는 생리심리학도 있고, 인간이 유아기에서 노년기에 이르는 동안 겪는 신체적, 성적, 언어적, 지적, 도덕적, 사회적 변화를 다루는 발달심리학도 있다. 그리고 사람들이 남에게 주는 전체적 인상으로서 인간 행동의 개인차의 밑바탕이 되는 성격을 다루는 성격심리학, 인간과 인간 사이의 집단적 상호작용을 다루는 사회심리학 등도 모두 대표적인 심리학 연구 분야다.

따라서 넓은 의미에서 교육심리학은 앞에서 언급한 현상에 대한 심리학적 연구의 결과로 얻은 지식을 이용하여 교육 현상을 이해하고 설명하려는 노력을 집대성한 학문이라고 할 수 있다. 그러나 이러한 관점에서 교육심리학에 접근하다 보면, 교육심리학은 독자적 탐구 분야가 없는 단순한 심리학의 응용학문처럼 보인다. 그렇게 되면 일반 심리학과 교육심리학의 구분이 대단히 모호해진다(이용남, 1992).

그러나 최근에는 교육심리학도 심리학의 다른 연구 분야를 수용하면서 원래 출발했던 취지로 돌아가 독자적 연구영역을 확보하여 빠른 속도로 발전하고 있다. 최근에는 교육심리학이라 하면, 교육이 일어나는 대표적 상황인 학교에서 교사는 가르치고 학생은 배우는 교수와 학습에 대한 심리학적 연구를 일컫는다. 이때 교사가 가르치는 상황은 교실 안일 수도 있고, 교실 밖일 수도 있다. 또한 가르치는 내용도 지식, 정서, 사회성, 운동기능뿐 아니라 행동방식까지 포함한다. 따라서 교육심리학은 학생에 대한 교사의 학습지도뿐 아니라 생활지도(guidance)에도 관심을 갖는다고 볼 수 있다. 그러나 교육심리학을 더욱 좁게 정의할 때는 대체로 학습지도라고 할 수 있는 교실 내 수업(instruction), 즉 교수-학습 과정에 대한 심리학적 탐구라고 할 수 있다.

2) 교육심리학의 핵심 영역

교육심리학의 핵심 영역이라 할 수 있는 수업, 즉 교수-학습 과정은 대체로 교육목표의 진술, 학습자의 진단, 교수절차의 활용, 학습성과의 평가 등 네 단계의 과정으로 구성되어 있다. 이를 그림으로 나타내면 대체로 [그림 1-1]과 같다. 이 그림을 보면 수업이란, 첫째, 일정한 단계와 흐름이 있고, 둘째, 앞 단계의 활동이 다음 단계의 활동을 구속하며, 셋째, 각 단계는 피드백(feedback) 선에 의해 서로 연결되어 있음을 알 수 있다.

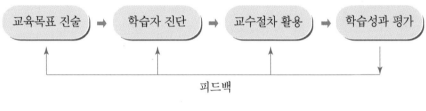

[그림 1-1] 교수-학습 과정

(1) 교육목표 진술

수업의 맨 처음 단계인 교육목표(educational objectives)의 진술은 교수-학습 과정을 통해 학생이 성취해야 할 대상을 진술하는 단계다. 우선, 교육목표는 크게 지적, 정의적, 운동기능적 영역으로 분류된다. 그리고 각 영역의 교육목표는 더욱 세부적인 목표들로 나뉜다.

교육목표를 진술할 때는 몇 가지 조건이 있다. 첫째, 교육목표는 학생이 성취해야 할 대상이기 때문에 학생의 행동으로 진술하는 것이 원칙이다. 둘째, 배우는 내용과 함께 그것을 배우고 난 후 나타날 행동으로 진술한다. 셋째, 일반적·추상적 수준의 상위목표를 먼저 진술하고, 구체적·명시적 하위목표를 그다음에 진술한다. 이러한 조건을 만족시킨 교육목표 진술의 예를 들면 다음과 같다.

1. (학생은) 조선시대의 중요한 역사적 사실을 안다. (일반적 목표)
   1) (학생은) 특정 역사적 사건의 특징을 기술한다. (구체적 목표)
   2) (학생은) 중요 역사적 사건을 연대순으로 열거한다. (구체적 목표)

(2) 학습자 진단

수업에서 교육목표의 진술 다음으로 해야 할 일은 학습자의 진단이다. 이는 학습자가 이 시간에 수업을 받아 교육목표에 도달할 만한 사전 준비가 되어 있는지 초기상태를 알아보는 것이다. 사전 준비가 잘 안 되어 있으면 이 시간에 배울 내용을 제대로 소화할 수 없기 때문이다.

학습자의 초기상태를 진단할 때는 무엇보다도 이 시간 수업과 관련하여 지난 시간에 이미 배웠어야 할 사전학습 또는 선수학습(prior learning 또는 previous learning) 정도를 제대로 진단하는 것이 중요하다. 왜냐하면 사전학습은 후속학습의 선행조건으로서 사전학습이 부실하면 후속학습에 직접 영향을 주기 때문이다. 진단 결과 사전학습에 결손이 있으면, 이를 교정 또는 보충해 주어야 한다.

학습자의 사전학습 진단 외에 학습자의 지적, 언어적, 정서적, 사회적, 신체적 발달상태를 진단하는 것도 중요하다. 발달상태가 일정한 단계에 이르지 못하면 특정 영역의 학습에 한계가 발생하기 때문이다. 또한 학습자의 지능, 적성, 창의성 등의 지적 특성과 동기, 자아개념, 불안, 태도 등의 정의적 특성도 진단하여 학습지도 시 고려해야 한다.

(3) 교수절차 활용

다음은 적절한 교수절차의 활용단계다. 이는 그 시간에 다룰 교과내용에 맞는 절차를 사용하여 교육목표를 효과적으로 달성하는 것이다. 수업에서 고려할 적절한 교수절차로는 교수방법(teaching method), 교수기법(teaching technique), 교수모형(teaching model) 등이 있다. 그리고 적절한 교수매체의 활용도 여기에 해당된다.

교수방법이란 모든 교사가 모든 교과교육에 활용할 수 있는 공통적인 절차로서 강의법, 토의법, 문답법, 집단활동, 개인지도 등이 이에 해당된다. 교수기법이란 국어의 시, 수학의 삼각함수, 체육의 축구, 음악의 발성법 등과 같은 특정 교과내용을 가르치기 위한 교사 특유의 효과적 기술을 말한다(Gage & Berliner, 1983). 그리고 교수모형은 서치먼(R. J. Suchman)의 탐구수업 모형과 마시알라스(B. G. Massialas)의 사회과 탐구수업 모형처럼 지적, 정의적, 사회적, 행동적 목표를 가르치기 위해 모형화된 수업절차를 말한다. 마지막으로 교수매체는 효과적인 학습지도를 위해서 활용하는 시청각 매체, 멀티미디어 등을 말한다.

(4) 학습성과 평가

마지막으로 학습성과의 평가는 교수–학습 과정을 통해 학생이 성취한 교육목표 달성도를 토대로 수업의 효과성을 판단하는 과정이다. 따라서 교육평가의 일차적 관심은 중요한 교육목표가 빠지지 않고 잘 달성되었는가를 확인하는 것이다. 이를 절대평가 또는 준거지향 평가(criterion-referenced evaluation)라고 한다. 이에 비해 학업성취 정도를 검사한 결과, 순위에 따라 서열을 매기는 것을 상대평가 또는 규준지향 평가(norm-referenced evaluation)라고 한다. 그리고 교육평가에는 수업이 끝날 무렵 그 시간에 성취해야 할 교육목표를 제대로 달성했는지 알아보는 형성평가(formative evaluation)와 중간고사나 기말고사처럼 교육의 큰 줄기가 끝난 뒤에 성적을 산출하기 위해 종합적으로 평가하는 총합평가(summative evaluation)가 있다.

한편, 교육평가를 제대로 하기 위해서는 교과내용에 맞는 주관식 및 객관식 평가문항의 출제 기술과 그 결과의 처리 및 해석방법도 익혀야 한다. 그리고 이러한 교육평가 결과에 비추어 보아 교육목표를 제대로 달성했는지, 학습자를 제대로 진단하고 교육을 시작했는지, 적절한 교수절차를 사용했는지 판단할 수 있도록 피드백을 해 주어야 한다.

3 교육심리학 관련 분야

1) 학교심리학

교육과 심리학을 연결하는 또 다른 인접 학문으로는 학교심리학(school psychology)을 거론할 수 있다. 학교심리학이라는 분야는 아직 우리나라에서 그다지 잘 알려진 학문 분야가 아니다. 따라서 오해의 소지도 있는 분야라고 할 수 있다. 일반적으로 사람들은 교육이 주로 학교 상황에서 이루어진다고 생각하기 때문에 교육심리학과 학교심리학은 같은 것이 아니냐고 반문하기 쉽다. 그러나 이 분야를 처음 개척한 미국에서는 이 분야를 구분하고 있다.

먼저, 앞에서 고찰했듯이 교육심리학은 교실 내에서 교사의 가르치는 활동인 교수와 학생의 배우는 활동인 학습을 주로 다룬다. 이에 비해 학교심리학은 학교에서 학생의 학습에 대한 진단 및 평가, 여러 가지 심리검사의 실시, 평가 및 검사결과에 대한 조언의 문제를 주로 다룬다. 더 나아가, 학생의 학습이나 행동 문제에 대한 예방 또는 개입이나 교사 또는 학부모자문뿐만 아니라, 학교와 학부모 간의 유대관계를 돈독히 하는 일까지를 다룬다.

이렇게 본다면 학교심리학은 그 성격상 교육심리학과 다음에 다루는 상담심리학의 중간 정도에 위치한다고 보아도 무방할 것이다. 한편, 우리나라에서는 그동안 교육심리학, 학교심리학, 상담심리학 간에 뚜렷한 구분이 되어 있지 않았고, 대체로 교육심리학이 그러한 분야 전체를 대변하는 것으로 인식되어 왔다. 그러다가 교육심리학과 상담심리학을 구별하게 되었으며, 학교심리학은 최근에야 비로소 또 다른 영역으로 인식되기 시작하였다.

2) 상담심리학

그동안 상담심리학(counseling psychology)은 일반인들에게는 교육심리학과 별반 차이가 없는 것으로 간주되어 왔다. 왜냐하면 학생의 고민거리에 대해 지도하고 조언하는 것도 크게 보아 교육의 한 줄기라고 생각해 왔고, 이를 다루는 학문이 교육심리학이라고 생각해 왔기 때문이다. 사실 학교교육은 교과내용에 대한 학습지도와 학교에서의 생활 일반에 관한 생활지도 두 부분으로 이루어져 있다고 해도 과언이 아니다.

그런데 이러한 문제를 다루는 심리학의 분야는 서로 밀접한 관계를 맺고 있으면서도 서로 구분되어 있다. 먼저, 학습지도 문제를 심리학적 차원에서 연구하는 것이 교육심리학이라면, 상담심리학은 생활지도와 좀 더 관련이 깊다고 할 수 있다. 생활지도는 학생의 진로 문제, 성격, 건강, 여가 활용, 학업상의 적응 등 다양한 측면에 대한 지도 문제를 다루는데, 상담은 그중에서도 가장 핵심적인 측면이라 할 수 있다.

상담이란 도움을 필요로 하는 내담자(client)에게 전문적 훈련을 받은 상담자가 문제의 해결을 도와 인간적으로 성장하도록 돕는 활동이다(Patterson, 1971). 상담심리학은 이러한 상담의 과정과 그 기술에 대한 문제를 심리학적 차원에서 다루는 학문 분야다. 따라서 앞으로는 교육심리학, 학교심리학, 상담심리학을 서로 구분하고, 각 분야를 별도로 심도 있게 연구할 필요가 있다.

4 교육심리학의 이론적 배경

1) 정신분석학

(1) 초기 정신분석학

원래 정신분석학(psychoanalysis)은 심리학보다는 정신의학으로 출발하였다. 정신분석학의 창시자인 프로이트(S. Freud)는 정신과 의사로서 정신질환 환자들을 다루는 가운데, 인간의 심층심리에 대해 많은 관심을 가지고 심도 있는 연구를 하기 시작하였다. 그런데 심리학 또한 인간의 정신세계에 관심이 많은 학문 분야이기 때문에 자연히 프로이트의 연구에 주목하고, 이를 수용하기에 이르렀다.

초기의 정신분석학은 인간 정신세계의 구조와 작용에 관한 프로이트의 이론을 토대로, 인간의 심층심리 이해에 초점을 두고 있다. 프로이트는 인간의 정신구조가 빙산과 같다고 보았다. 즉, 인간의 정신은 크게 빙산 중 수면 위에 뜬 작은 부분에 해당하는 의식(consciousness) 세계와 물속에 잠긴 대부분에 해당하는 무의식(unconsciousness) 세계로 구성되어 있다는 것이다. 따라서 인간의 행동은 대부분 무의식 세계의 지배를 받는다고 할 수 있다.

프로이트는 무의식에 있는 두 가지 본능이 인간 행동의 동기로서 중요한 역할을 한다고 보았다. 인간의 본능에는 생(生), 즉 삶(life)의 본능과 사(死), 즉 죽음(death)의 본능이 있다. 삶의 본능은 우리에게 성(sex) 에너지, 즉 리비도(libido)를 주고, 죽음의 본능은 우리의 공격성이나 파괴성의 원인이 된다. 인간 행동은 대부분 이 두 가지 본능의 상호작용 결과인데, 그 결과가 꿈, 헛소리, 신경증적 증후, 문학 및 예술 작품 등에 나타나므로, 인간의 심층심리 이해를 위해서는 이러한 것들을 분석해야 한다.

또한 프로이트는 인간의 성격구조가 본능적인 원자아(id), 현실적인 자아(ego), 이상적인 초자아(superego)로 구성되어 있다고 보았다. 인간의 성 심리가 발달할 때 구강기, 항문기, 남근기, 잠복기, 성기기(생식기)의 다섯 단계를 거친다고 설명하였다. 그는 인간이 자신의 자아가 위협을 받을 때 이를 막기 위해 여러 가지 조처를 취하는데, 이를 (자아) 방어기제라고 하였다. 대표적인 방어기제의 예를 들면, 자신의 바람직하지 못한 행동을 그럴듯한 이유를 대서 꾸미는 합리화, 자신에게 있는 생각이 다른 사람에게 있는 것처럼 이야기하는 투사, 권위대상(예: 부모)에 향했던 인간의 공격 본능을 강아지에게 표출하는 것과 같이 대상이 다른 것으로 바뀌는 치환, 자신의 열등감을 고상한 예술이나 문학 작품으로 끌어올리는 것과 같은 승화, 어렸을 때의 행동으로 되돌아가는 퇴행, 자신의 속마음과 달리 행동하는 반동 형성 등이 있다.

(2) 후기 정신분석학

앞에서 살펴보았듯이 프로이트는 인간의 심층심리를 접근함에 있어서 생물학적 결정론에 사로잡혔다. 그중에서도 특히 인간의 성격 형성이나 행동에 있어서 본능이 결정적인 역할을 한다는 점을 강조하였다. 그러나 오늘날 인간의 성격이나 행동이 본능에 의해 결정된다고 보는 학자는 거의 없는 실정이다. 또한 그는 특히 성 에너지의 중요성을 강조했는데, 그러한 측면에서만 인간을 본다면 마치 인간이 성의 노예인 것처럼 보여 참다운 인간의 모습을 왜곡하기 쉽다.

제자들은 프로이트 이론의 약점을 깨달은 데다 프로이트의 개인적인 성격을 원인으로 하여 하나둘씩 그의 곁을 떠났다. 그중 대표적인 인물이 인간의 무의식을 개인무의식과 집단무의식으로 구분하고 성격을 내향성과 외향성으로 구분한 융(C. G. Jung), 성격 형성에 있어 출생순위의 역할을 강조한 아들러(A. Adler), 그리고 성격 형성에서 타인과의 대인관계를 강조한 호나이(K. Horney)와 설리번(H. S. Sullivan)과 같은 인물이다. 그들은 대체로 인간의 성격 형성이나 행동에서 유전적으로 물려받은 생물학적인 본능보다 후천적으로 획득한 사회문화적 요인이 더욱 중요하다고 보았다. 인간은 다른 사람들과 같이 사회를 이루어 섞여 살면서 그 사회 속에서 오랜 기간에 걸쳐 형성된 삶의 방식의 유산인 문화의 영향을 강하게 받으면서 살아간다. 이러한 가운데 성격이 형성된다. 최근에는 이러한 후기 정신분석학이 많은 지지를 받고 있다.

(3) 교육적 시사점

정신분석학은 아주 어렸을 때의 초기 인간관계와 초기 경험을 중시한다. 어렸을 때 받은 충격적 경험인 외상(外傷, trauma)이 나중에 신경증의 원인이 된다. 따라서 정신분석학 이론이 알려진 뒤로 조기교육 내지 유아교육의 중요성이 강조되었고, 그 방법에 많은 변화가 일어났다. 또한 이 접근방법에 따르면 효과적인 학습은 아동의 에너지와 욕구가 적절하게 수용되었을 때만 일어난다는 것이다. 따라서 아동의 욕구를 충족시켜 주는 것이 교육에 있어서 중요한 관심사가 되었다.

정신분석가와 환자 사이에 전이(transfer)와 역전이(countertransference)가 일어나

28

듯이, 교사와 학생 사이에도 전이와 역전이가 일어난다. 따라서 교사와 학생 사이의 인간관계가 대단히 중요하다. 그리고 교사는 부모의 대리인과 같은 역할을 하므로 교사 자신이 충분히 성숙한 인격의 소유자여야 한다. 성숙한 인격의 소유자가 아동을 다루는 것이 올바른 교육방법이라고 본다.

2) 행동주의

행동주의는 심리학의 연구대상을 마음에서 행동으로 바꾼 이론이다. 행동주의는 심리학이 과학적인 학문으로 대접받으려면 객관적 관찰 및 측정이 불가능한 우리 두뇌, 즉 암 상자(black box) 속에서 일어나는 의식과 무의식의 정신 작용을 연구대상으로 할 것이 아니라, 관찰 가능하고 측정 가능한 행동을 연구대상으로 해야 한다고 주장한다.

(1) 고전적 조건화

행동주의는 러시아의 생리학자 파블로프가 개를 대상으로 한 타액 분비 실험에서 출발하였다. 원래 개는 고기를 보면 침을 흘린다. 따라서 개에게 고기는 무조건 자극(stimulus: S)이고, 고기를 보고 침을 흘리는 것은 무조건 반응(response: R)이다. 그런데 개에게 먹이를 줄 때마다 종소리를 되풀이하여 들려주었더니 나중에는 개가 종소리만 들어도 침을 흘리는 것을 발견하였다. 이때 종소리를 조건 자극이라 하고, 그에 따른 타액 분비를 조건 반응이라 한다. 이와 같이 조건 자극과 조건 반응이 연결되는 것을 조건화(conditioning)라 하는데, 조건화 연구의 초기에 이루어진 것이므로 후배 학자들이 이를 고전적 조건화라 하였다. 이를 간단하게 그림으로 나타내면 [그림 1-2]와 같다.

미국의 왓슨은 파블로프의 생리학적 실험을 심리학의 학습이론으로 전용하여 행동주의라 명명하였다. 그 후 이 이론은 약 50년 동안 유기체의 학습 현상을 설명하는 데 가장 강력한 영향력을 발휘한 이론이 되었고, 여러 분야에 적용되어 많은 영향을 주었다. 이러한 행동주의를 '자극-반응 이론' 또는 'S-R 이론'이라고

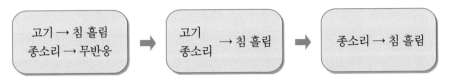

[그림 1-2] 고전적 조건화 과정

도 한다.

(2) 조작적 조건화

살아 있는 유기체는 가만히 있지 않고 끊임없이 움직여 환경에 어떤 영향을 주려 한다. 조작 또는 작동(operant)은 이처럼 유기체가 능동적으로 환경에 대해 어떤 행동, 즉 반응을 가하는 것을 말한다. 조작적 조건화는 이와 같이 유기체가 먼저 어떤 행동을 하면 이를 강화하여 그러한 행동의 빈도가 높아지도록 하는 것을 말한다. 이때 강화는 환경 속에서 자극의 역할을 한다. 따라서 조작적 조건화에서는 특히 강화의 역할이 중요하다고 할 수 있다.

고전적 조건화에서는 자극이 반응을 유도해 내고(S→R) 이 반응이 수동적인 데 비해, 조작적 조건화에서는 능동적 반응이 먼저 나오고 이것이 환경 속의 강화, 즉 자극과 연합된다고 본다(R→S). 이러한 조작적 조건화는 스키너에 의해 체계화되었다. 그는 이러한 원리를 유기체의 학습 현상을 설명하는 데 널리 활용하였으며, 특히 교육계에 그가 미친 영향은 매우 크다.

(3) 교육적 시사점

행동주의에서는 인간의 거의 모든 행동을 후천적으로 학습된 것으로 본다. 따라서 바람직한 적응 행동뿐 아니라 바람직하지 않은 부적응 행동 또한 학습의 결과라고 본다. 그래서 조건화의 원리를 이용하면 바람직한 적응 행동은 형성시키고, 부적응 행동은 수정시킬 수 있다고 본다.

비교적 최근까지 행동주의는 전 세계의 교육계에서 가장 강력한 영향력을 발휘하였다. 행동주의를 이용한 대표적인 것에는 스키너가 개발한 프로그램 학습자료, 교수 기계, 행동수정기법 등이 있다. 프로그램 학습자료는 아주 간단하고 쉬운 내용부터 점진적 학습을 거쳐 결국에는 최종 교육목표에 도달하게 하는 학습자료다. 이러한 학습자료를 기계 장치 속에 넣어 두고 학생 스스로 작동해 가면서 공부하게 하는 것을 교수 기계라고 하며, 문제행동을 없애고 바람직한 행동으로 대치하는 것을 행동수정기법이라고 한다. 그 외에도 많은 교육 개혁 방안이나 수업 모형이 행동주의의 영향을 받았다.

3) 인지주의

인지(cognition)란 우리 머릿속에서 일어나는 일련의 지적 과정을 말한다. 따라서 인지이론 또는 인지주의는 행동주의와 달리, 우리 눈으로 직접 관찰 가능하지 않지만 우리 두뇌 속에서 벌어지는 지식의 획득이라는 정신적 과정을 연구한다. 인지주의에서는 행동주의가 방법론적 약점 때문에 인간의 심리 연구에서 핵심적인 두뇌 속의 지적 과정 연구를 간과하였다고 비판한다. 그리고 나서 인간 두뇌 속의 작용은 직접 관찰할 수는 없지만 얼마든지 객관적 · 과학적 연구가 가능하다고 하였다. 인지주의는 심리학의 연구대상 초점을 행동에서 마음으로 다시 바꾸어 놓은 셈이다.

현대의 인지주의는 크게 나누어 인지발달이론과 정보처리이론으로 나뉘는데, 이에 대해서 살펴보면 다음과 같다.

(1) 인지발달이론

인지발달이론은 인간의 지적 발달이 어떠한 단계를 거쳐 이루어지는가를 연구한다. 이러한 측면의 대표적 연구자로는 스위스의 생물학자이자 심리학자이며 교육학자인 피아제를 들 수 있다. 그는 인간의 인지를 생물학적 적응의 한 형태로 보았다. 그에 의하면 인간은 태어날 때 유전에 의해 아주 기본적인 것만을 가지고 태어나지만, 환경과 상호작용하는 가운데 연령이 증가함에 따라 인지가 발달한다고 보았다.

피아제에 의하면 인간의 인지는 대략 네 단계를 거쳐 발달한다. 첫 번째 단계는 감각운동기로 대략 생후 2세까지를 말한다. 이때는 시각, 청각, 촉각 등 인간의 오관을 통해 감각적 경험을 하는 가운데 인지의 기초가 발달하는 단계다. 두 번째 단계는 전조작기로 대략 7세까지를 말한다. 이때는 인지가 내면화되었으나 아직 그 작용에 한계가 많아, 어른의 사고와 큰 차이를 보이는 시기다. 세 번째 단계는 구체적 조작기로 대략 11세까지를 말한다. 이때는 구체적 사물과 관련하여 인지가 작용하는 단계다. 마지막으로, 네 번째 단계는 형식적 조작기로 대략 15세경에 완전히 발달한다. 이때서야 비로소 성인의 인지와 같아져 논리적, 추상적, 과학적 사고가 가능해진다. 이와 같이 피아제의 인지발달이론은 아동의 마음 작용이 어른과 다르다는 것을 과학적으로 보여 주었다.

(2) 정보처리이론

정보처리란 외부에서 들어오는 감각적 자극을 변형하고 기호화하여 우리의 작동기억 또는 단기기억으로 보낸 다음, 이를 다시 장기기억으로 보내 그 안에 저장 또는 파지(retention)하고 있다가, 필요한 경우 다시 재생 또는 인출하여 사용하는 일련의 과정을 말한다. 이를 간단히 그림으로 나타내면 [그림 1-3]과 같다.

정보처리이론은 인간의 인지를 정보처리 과정으로 보고, 이를 특히 컴퓨터에 비유하여 객관적 · 과학적으로 연구한다. 정보처리이론은 인간의 지각, 기억, 상상, 문제해결, 사고 등 인지의 가설적 과정을 설정하고 연구하는데, 특히 지식의 획득 과정에 관심이 많다. 이러한 접근을 택한 인물로는 초기의 밀러(G. Miller), 뉴웰(A. Newell), 나이서(U. Neisser) 그리고 최근에는 앤더슨 등을 들 수 있다.

이러한 접근방법은 특히 인간의 학습이나 기억 현상을 연구하는 데 많은 시사점을 주어, 최근에 교육심리학자들의 관심을 이끌어 냈다. 그 결과, 처음에는 행동주의로 출발한 교육심리학자들도 최근에는 인지적 접근방법을 택한 사람들이 많다. 예를 들면, 교수이론으로 저명한 가네(R. M. Gagné)나 글레이저(R. Glaser)와 같은 인물들을 들 수 있다. 더욱이 최근에는 컴퓨터의 발달과 지능 및 사고력(thinking) 교육에 대한 관심이 많아져 이러한 접근방법을 택한 학자들이 많다. 예

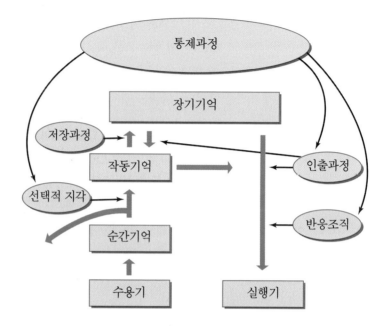

[그림 1-3] 인간의 정보처리과정

를 들면, 스턴버그와 같은 인물을 들 수 있다.

(3) 교육적 시사점

인지주의는 특히 교과교육에 시사점이 많다. 피아제의 인지발달이론은 구소련의 인공위성 발사로 인해 1960년대 미국 교육이 위기에 처했을 때, 브루너, 콜버그, 플라벨(J. H. Flavell) 등에 의해 미국에 소개된 뒤로 미국 교육 개혁에 많은 영향을 주었다. 그리고 많은 유아교육 프로그램은 피아제의 연구결과에 힘입은 바크다. 그의 인지발달단계 이론에 따라 자라나는 유아들의 지적 발달을 도모하는 유아교육 프로그램이 대단히 많이 개발되었다. 그 후 피아제 식 유아교육 프로그램은 미국의 국세와 함께 전 세계적으로 교육계에 큰 영향을 주게 되었다.

정보처리이론은 1980년대 이후 교육계의 관심이 사고력 교육으로 흐르게 되면서 많은 영향을 주게 되었다. 최근 세계 각국의 교육적 관심은 국민의 사고력을 개발하는 것이다. 초기에 사고력 교육은 일반적 문제해결력 육성 차원에서 이루어졌으나 그 효과가 별로 없음이 발견되고 나서, 최근에는 교과 영역별 지식 교육을 통한 사고력 육성으로 방향을 돌리게 되었다. 정보처리이론은 지식의 획득에 관심이 많기 때문에 자연히 교과교육에 많은 시사점을 주었다(노희관 외 편역, 1989).

4) 신경생물학

(1) 생리심리학

인간의 심리 현상에 대해 생물학적 접근방법을 택한 것으로 신경생물학(neurobiology)이 있다. 심리학에서는 이를 생리심리학이라 한다. 생리심리학은 인간의 행동과 정신 작용을 두뇌와 신경계 안의 신경세포들 사이에서 일어나는 생리학적 과정으로 설명하려는 접근방법이다. 예를 들면, 영어 단어나 수학 공식과 같은 어떤 새로운 과제를 학습할 때 뇌의 어떤 부분에서 변화가 일어나는가, 또는 두뇌의 어떤 부위에 전기 자극을 주면 기쁨, 슬픔, 공포 또는 분노와 같은 정서 반응을 얻을 수 있는가 등을 실험을 통해 연구한다. 따라서 이는 가장 자연과학적인 접근방법이라 할 수 있다. 이러한 접근방법을 택한 인물로는 헵(D. O. Hebb), 톰슨(J. Thompson), 로젠츠바이크(M. R. Rosenzweig) 등을 들 수 있다.

이러한 접근방법이 발달된다면, 인간의 두뇌 작용에 관해 가장 정확한 정보를 제공하게 될 것이라고 기대할 수 있다. 그러나 인간의 두뇌는 약 150억 개나 되는 뇌 세포로 구성되어 있어 그 하나하나의 기능을 밝히기도 어렵거니와, 그들 간의 상호작용까지 알게 되는 것은 아직 까마득한 미래의 일이라고 할 수 있다. 더구나 살아 있는 사람을 대상으로 실험하기 어려울 뿐만 아니라, 대부분의 교육에 관심을 가진 교육심리학자들은 교실 내에서 일어나는 교수-학습 과정에 일차적 관심이 있기 때문에 이러한 접근방법을 취한 학자들은 그렇게 많지 않다.

(2) 교육적 시사점

교육에 대한 신경생물학적 접근방법의 공헌 중 하나는 우리 뇌의 오른쪽 절반, 즉 우반구와 왼쪽 절반, 즉 좌반구의 기능이 다르다는 점, 이로 인해 운동기능이나 학습에 있어서도 차이가 난다는 점을 밝혀 준 것이라 할 수 있다. 연구에 의하면 우리 뇌의 우반구는 신체의 왼쪽을 관장하고, 좌반구는 신체의 오른쪽을 관장한다. 다시 말해, 왼손잡이는 우반구가 발달된 반면, 오른손잡이는 좌반구가 발달되었다는 것이다(Ledoux, 1998). 현재 우리 문화에서는 왼손잡이에 대한 편견이 있어 아이가 왼손잡이로 태어나면 부모들은 억지로 오른손잡이로 바꾸려고 한다. 그러나 그렇게 되면 아이의 타고난 재능을 사장시킬 수 있으므로 자연스럽게 자라도록 해야 한다. 또한 학교에서도 책상 등의 교구 마련에 있어 왼손잡이 아동들을 별로 배려하지 않고 있으나 앞으로 시정되어야 할 사항이다.

우리 뇌의 좌반구는 언어나 논리-수학적 능력과 관계가 있고, 우반구는 직관력이나 공간지각력 등과 관계가 깊다고 알려져 있다. 그래서 공부를 잘하는 학생, 예를 들면 국어나 수학을 잘하는 학생은 두뇌의 왼쪽 부분이 발달한 반면, 음악이나 미술을 잘하는 학생은 두뇌의 오른쪽 부분이 발달해 있다. 그러나 현재의 학교교육은 언어나 논리-수학을 강조하여 뇌의 좌반구 사용을 더 강조하고, 우반구 사용에 있어서는 소홀한 경향이 있다. 이러한 편향성을 시정하고자 브루너는 좌반구 못지않게 우반구도 사용할 것을 강조하였다. 그 외에도 이러한 접근방법은 두뇌의 어느 부위의 기능상 장애로 인해 어떤 교과의 학습에 지장이 있는가를 밝혀 준다. 따라서 이러한 접근방법은 더욱 효과적인 교육적 처방을 할 수 있는 길을 열어 준다고 할 수 있다.

5) 인간주의

(1) 인간주의 심리학

지금까지의 교육에 대한 심리학의 접근방법이 모두 과학적 접근이라는 미명하에 자연과학적 연구모형을 충실히 따르려고 한 데 비해, 인간주의 심리학은 인문

과학적 접근방법을 취한다고 할 수 있다. 따라서 자연히 인간에 대한 객관적 탐구보다는 문학, 예술, 역사, 철학 등의 영향을 받아 인간의 주관적 세계에 대한 탐구를 강조한다. 이 접근방법은 독일의 철학자 후설(E. Husserl)의 현상학의 영향을 강하게 받았기 때문에 현상학적 심리학이라고도 하고, 인간주의 심리학이라고도 한다. 또한 그 당시 심리학계에서 영향력이 막강한 정신분석학이나 행동주의에 대항하여 새로 등장했기 때문에 제3세력의 심리학이라고도 한다.

현상학에서는 똑같은 사건에 대해서도 사람에 따라 경험하고 해석하며 의미를 부여하는 바가 서로 다르다고 본다. 이때 그 중요성이나 의의는 그 사람의 관점에서 보아야지, 다른 사람이 마음대로 판단할 수 있는 성질의 것이 아니다. 예를 들면, 한 가지 현상이 어떤 사람에게는 목숨을 바칠 만큼 중요한 반면, 어떤 사람에게는 전혀 의미가 없을 수도 있다. 따라서 우리는 각 개인의 주체적 경험들을 모두 소중하게 다루어야 한다. 이후 현상학은 실존철학, 해석학 등에 큰 영향을 주었다.

이러한 접근방법을 택한 심리학자는 대단히 많다. 그중에서도 대표적인 인물로는 올포트, 매슬로, 로저스 등이 있다. 올포트는 인간에 대한 객관적인 법칙 정립적(nomothetic) 연구보다 개인의 주관적 체험을 강조하는 개성기술적(idiographic) 연구를 강조하였다. 매슬로는 인간의 학습을 행동이나 지식의 획득과 같은 외재적 학습보다 개인적 체험을 강조하는 내재적 학습에 비중을 두었고, 동기를 위계화한 다음 자아실현(self-actualizing) 욕구를 강조하였다. 그리고 로저스는 내담자 중심의 비지시적 상담과 학생 중심의 인간교육을 강조하였다. 이들은 각 개인마다 나름대로의 꿈, 잠재력, 이상 그리고 소중한 자아를 가지고 있으므로 교육이 이를 실현시켜 주는 방향으로 나아가야 한다고 강조하였다.

(2) 교육적 시사점

인간주의는 그 단어에서 시사하듯이 특히 요즈음 강조되고 있는 인간교육에 대한 시사점이 많다. 그동안의 학교교육은 서구 중산층의 합리주의 지적 전통에 따라 지식 위주의 교육에 너무 치중한 나머지, 그에 적응하지 못한 많은 학생을 소외시켜 왔다. 또한 학교에는 학업성적 외에도 빈부, 출신지역, 성별 등 다른 이유로 인해 소외되기 쉬운 학생이 많다. 인간주의에서는 이러한 현행 학교교육의 문제점을 직시하고 그 대안을 제시한다.

인간주의는 인간이란 누구나 다 평등한 존재라고 가정한다. 따라서 학교에서는 모두가 여러 가지 이유로 부당하게 소외당할 이유가 없다는 것을 강조한다. 또 인간은 저마다 소중한 자아를 가지고 있고, 이를 실현시킬 권리가 있으며, 자신의 자유의지에 따라 주제적으로 행동하고 잠재력을 개발할 수 있는데, 학교가 이러한 일을 도와야 한다.

인간주의는 인간의 감정을 소중하게 여긴다. 또한 자신의 감정뿐 아니라 타인의 감정에도 민감해지도록 하고, 그 결과 학생들이 지적, 정서적, 행동적으로 성숙한 전인(全人, a whole person) 또는 자아실현인(self-realizer)으로 자라도록 교육해야 한다고 본다. 우리가 말하는 인간교육은 바로 자아실현인을 양성시키는 교육을 의미한다. 그러기 위해서는 학생의 지적 호기심을 최대한 존중하는 학생 중심의 교육을 해야 한다.

인간주의는 상담 분야에 대해서도 많은 시사점을 준다. 인간주의에서는 정신분석이나 행동수정과는 달리, 인간을 환자나 문제아로 취급하지 않는다. 인간이면 누구나 문제를 가질 수 있으며, 자신의 문제에 대해서는 자신만큼 뛰어난 전문가가 없다고 본다. 따라서 상담자는 내담자와의 대화를 통해 내담자가 자신의 문제를 스스로 발견하고 자신의 주체적 의사결정에 의해 행동하며, 그에 대해 책임지도록 도와야 한다고 본다. 그래서 인간주의에서는 내담자 중심 또는 비지시적 상담을 강조한다(장상호, 1988).

5. 교육심리학 연구방법

1) 실험법

교육심리학의 연구방법 중 하나인 실험법은 어떤 하나의 변인의 값이 변할 때 다른 변인의 값에 영향을 주어 그 값이 변하는지를 관찰하고, 두 변인 사이의 관계를 설명하고자 할 때, 즉 두 변인 사이의 인과관계(causality)를 밝히고자 할 때 주로 사용되는 방법이다. 이때 영향을 주는 변인을 독립변인이라 하고, 영향을 받는 변인을 종속변인이라 한다. 예를 들면, 어떤 학교에서 새로운 교수법을 도입하려고 할 때 새 교수법이 학업성취에 긍정적 효과가 있는지 부정적 효과가 있는지 잘 알 수 없다. 만약 새 교수법이 오히려 부정적 영향을 준다면, 굳이 새 교수법을 도입할 필요가 없을 것이다. 이를 판단하기 위해 실험을 해 봐야 한다.

여기서는 새 교수법이 독립변인이 되고, 학생들의 학업성취가 종속변인이 된다. 실험자는 학업성취 정도가 비슷한 두 집단을 골라 한 반에게는 교사가 일정 기간 동안 새 교수법으로 가르치도록 하고, 다른 한 반에게는 전통적으로 해 오던 방식대로 가르치게 한다. 그러고 나서 두 반의 학업성취 결과를 비교하여 실험의 효과를 따진다. 이때 만약 새 교수법으로 교육받은 집단의 학업성취가 의의 있게 높다면, 새 교수법이 학업성취에 긍정적 영향을 주므로 새 교수법과 학업성취 사이에 인과관계가 있다고 설명할 수 있다.

이와 같이 실험법은 교육심리학에서 가장 유용하게 쓰일 수 있으며 가장 중요한 연구방법이다. 과학의 가장 중요한 목적이 어떤 현상의 원인을 찾아 결과와의 인과관계를 밝히는 설명(explanation)에 있기 때문이다. 그리고 이러한 실험법은 연구자료의 분석에 통계적 방법을 사용하기 때문에 양적 또는 정량적(quantitative) 연구방법으로 부른다.

2) 관찰법

관찰법(observation)도 최근에 교육심리학 연구에서 많이 사용되는 연구방법 중 하나다. 관찰법은 연구자가 자세히 보고 확인한 바를 있는 그대로 기록한 내용을 토대로 분석하는 방법이다. 실험법처럼 통계적 · 양적 방법을 통해 어떤 현상에 대한 인과관계를 밝히는 것이 아니라, 있는 사실을 그대로 기술(description)하는 가운데 현상의 문제를 발견하는 데 초점을 두기 때문에, 이를 질적 또는 정성적 (qualitative) 연구방법이라고도 한다.

관찰법은 관찰 방식에 따라 몇 가지 방식으로 분류된다. 먼저, 연구자 자신이 직접 연구대상의 행동을 자세히 보고 기록한 직접 관찰과 나타난 자료나 증거를 가지고 분석하는 간접 관찰이 있다. 또한 연구자 자신이 연구대상들 속에 섞여서 함께 생활하면서 그들의 행동을 관찰하는 참여 관찰과 연구대상과 일정한 거리를 두고 떨어져서 관찰하는 비참여 관찰이 있다. 그리고 어떤 인위적 조작을 가하지 않고 있는 그대로의 자연스러운 상황에서의 행동을 관찰하는 자연적 관찰과 어떤 조처를 취한 후에 변화하는 행동을 관찰하는 인위적 관찰이 있다.

관찰을 할 때는 연구자 자신의 주관이나 선입견이 작용하지 않도록 해야 하고, 관찰의 초점을 명확히 해야 하며, 현재 관찰된 사실만 가지고 성급한 판단을 해서는 안 된다. 또한 사전에 치밀한 계획을 세운 다음, 관찰하도록 해야 한다. 관찰의 결과를 기록하는 방법에는 일어난 사건을 중심으로 기록하는 일화 기록법, 행동을 서술한 목록에 기록을 하는 행동 목록법, 정해진 항목상의 행동에 대해 그 정도를 판정하여 표시하는 평정 척도법 등이 있다. 최근에는 관찰의 객관성을 높이기 위해 사진기, 녹음기, VTR 등의 보조도구가 이용되기도 한다.

3) 조사법

조사법(survey)도 교육심리학 연구에서 많이 쓰이는 방법이다. 조사법은 인구조사와 같이 어떤 사실이 존재하는가를 파악하여 사실대로 기술하고 해석하는 연구다. 또한 조사연구에는 그와 같은 객관적 사실의 존재를 알아보기 위한 의견조사나 태도조사도 있다.

조사연구를 할 때는 흔히 연구대상이 너무 많아 전체를 대상으로 연구하기 어려운 경우가 많다. 이때는 그중 일부를 표본으로 뽑아 연구하는 경우가 많다. 자료 수집 방법도 질문지를 만들어 직접 나누어 주고 의견을 묻는 방법도 있지만, 우편을 통해 의견을 수렴하는 방법도 있다. 또한 연구자나 연구보조원이 연구대상을 직접 만나거나 전화를 통해 면접을 함으로써 자료를 수집하기도 한다.

4) 검사법

교육심리학 연구에는 여러 가지 검사도구가 많이 이용된다. 검사법은 다양한 검사를 활용하여 어떤 특성들의 존재를 파악하고 그들 간의 관계 정도를 알아보는 연구다. 그러나 검사도구는 반드시 검사에만 이용되는 것이 아니라 실험에 이용되기도 한다. 예를 들면, 실험 결과 측정의 대상이 되는 종속변인이 지능, 성격, 학력 등의 변화인 경우 자연히 그러한 검사를 이용하게 된다.

연구에 많이 이용되는 검사에는 지능검사, 적성검사, 학력검사, 창의력검사 등과 같이 지적 특성을 재는 검사와 성취동기검사, 시험불안검사, 자아개념검사, 태도검사, 흥미검사, 가치관검사, 도덕성검사 등과 같이 정의적 특성을 재는 검사, 그리고 미네소타 다면적 인성검사(Minnesota Multiphasic Personality Inventory: MMPI), 캘리포니아 성격검사(California Personality Inventory: CPI), 주제통각검사(Thematic Apperception Test: TAT), 로르샤흐(Rorschach) 잉크반점 검사(Inkblot Test), 벤더-게슈탈트 검사(Bender-Gestalt Test: BGT) 등과 같은 성격검사도 있다.

5) 사례연구법

사례연구법(case study)은 두드러진 행동 특성을 보이는 개인이나 소집단을 대상으로 계속해서 관찰하고, 그 행동의 원인을 추적하여 어떤 조처를 취한 후 어떻게 변화해 가는가를 연구하는 방법이다. 예를 들면, 특정 문제를 가진 사람을 상대로 상담을 하면서 연구하는 경우가 이에 해당된다. 그러나 사례연구의 대상은 반드시 문제행동을 가진 사람만이 아니라, 두드러지게 바람직한 행동을 보인 사람도 사례연구의 대상이 된다.

또 사례연구는 살아 있는 사람만을 연구대상으로 삼지 않는다. 어떤 사람의 작품, 자서전, 일기, 생활기록 등도 분석 및 연구의 대상이 된다. 이와 같이 교육심리학의 연구방법은 매우 다양하다(Hilgard, Atkinson, & Atkinson, 1978).

탐 구 문 제

1. 교육심리학, 학교심리학, 상담심리학의 차이점을 설명하시오.

2. 정신분석학의 이론적 배경과 교육적 시사점을 약술하시오.

3. 고전적 조건화와 조작적 조건화의 차이점을 비교하시오.

4. 인지이론의 두 접근방법의 차이점을 비교하시오.

5. 신경생물학적 접근의 장단점을 서술하시오.

6. 인간주의의 교육적 시사점과 한계를 지적하시오.

7. 교육에 대한 심리학적 연구방법론을 열거하고 간단히 설명하시오.

02 인지발달

초 · 중 · 고등학생은 언어를 사용하고 이해하며 개념을 형성하고 문제를 해결하는 능력에서 서로 다를 뿐만 아니라 학년에 따라서도 복잡하고 정교한 인지적 능력의 발달 수준이 서로 다르다. 유능한 교사는 학생들의 인지발달 수준을 파악하고 그에 적합한 수입내용과 방법을 설계한다. 이를 위하여 이 장에서는 발달의 정의와 원리, 발달단계 및 단계별 발달 과업에 대해 살펴본다. 그리고 인간발달에 영향을 주는 개인적 · 생태학적 요인들에 대한 종합적인 관점을 제시하는 생물생태학적 접근을 검토한다. 그다음, 인지발달을 설명하는 대표적 이론인 피아제(J. Piaget)의 인지발달론과 신피아제 학파, 그리고 비고츠키(L. S. Vygotsky)의 인지발달론을 비교하고 교육에 대한 시사점을 살펴본다.

1 발달의 기초

1) 발달의 정의

발달(development)의 좁은 의미는 출생 후 청년기에 이르기까지 나타나는 신체적 · 심리적 변화를 말한다. 넓은 의미로 발달은 모태 안에서 수태되는 순간부터 출생 후 사망에 이르기까지 전 생애에 걸쳐 나타나는 모든 변화의 과정을 의미한다. 여기에는 신체적 측면뿐만 아니라 인지적, 언어적, 정서적, 사회적, 도덕석 측면이 모두 포함된다. 즉, 발달에는 연령의 증가에 따라 인간의 모든 측면에서 나타나는 상승적 변화와 하강적 변화가 포함된다. 인간이 보통 청년기에 이르기까지는 긍정적 혹은 상승적 변화를 보이지만, 청년기 이후에는 부정적 혹은 하강적 변화를 보인다고 생각하기 쉽다. 그러나 최근의 연구결과에 의하면 노년기에도 여러 영역에서 긍정적인 발달이 이루어진다는 것을 알 수 있다(예: 지혜, 충동조절). 따라서 인간의 발달을 시기에 따라 긍정적 또는 부정적 변화, 상승적 또는 하강적 변화로 구분하는 것은 바람직하지 못하다(Kail & Cavanaugh, 2000).

발달은 비교적 영속적인 결과를 낳는 변화를 의미한다. 그러므로 특정 사건에 의해 일시적으로 좋아지거나 나빠지는 기분 또는 신체적 반응의 변화는 발달에서 제외된다. 한편, 발달과 관련하여 자주 언급되는 개념으로 성장(growth), 성숙(maturation), 학습(learning)을 들 수 있다. 이들은 간혹 발달과 혼용되기도 하지만 엄밀한 의미에서 서로 구분된다. 먼저, 성장은 발달이란 용어를 대신하여 자주 사용되어 왔지만 주로 신장이나 체중 등 신체적 측면에서의 양적 변화를 지칭한다. 짧은 기간 안에 신장, 체중, 골격이 크게 변화하는 시기를 성장급등기라고 부른다는 점을 생각해 보자. 다음, 성숙은 외부 환경의 영향과는 비교적 무관하게 유전인자에 의해 나타나는 생물학적 변화를 의미한다. 예를 들면, 사춘기에 2차 성징이 나타나는 현상은 성숙이다. 마지막으로, 학습은 외부 환경이나 후천적 경험에 의해 나타나는 변화를 의미한다. 그러므로 학습은 성숙과 대비되는 개념인 셈이다. 이렇게 볼 때 발달은 유전적 요인에 의한 성숙과 환경적 요인에 의한 학습을 포괄하는 개념이다.

2) 발달의 원리

인간발달은 무질서하게 일어나지 않고 그에 작용하는 몇 가지 규칙이 있다. 여러 학자가 다양한 관점에서 발달의 원리를 제안했는데, 여기서는 몇 가지 공통된 원리를 제시하고자 한다. 다음과 같은 발달의 원리는 대다수 사람들과 대다수 형태의 발달에 일반적으로 적용된다.

(1) 발달은 성숙(유전)과 학습(환경)의 상호작용 결과다

발달은 크게 보아 유전적으로 타고난 성숙요인과 환경 내의 경험에서 비롯되는 학습요인이 서로 작용하여 일어난다. 그동안 인간발달에 있어 이 두 요인 간의 상대적 중요성을 둘러싸고 유전론과 환경론의 논쟁이 오랫동안 계속되었다.

예를 들면, 중세기의 학자들은 신생아가 성인의 축소판으로서 성인의 형태와 신체비율을 그대로 가지고 태어난다는 전성설(前成說, preformationism, preformation theory)을 주장하였다. 이와 반대로 영국의 경험론자 로크(J. Locke)는 인간이 백지판(tabula rasa)으로 태어나 환경의 영향을 받으며 변화한다고 주장하였다. 유전적 장애를 가지고 태어난 사람이나 늑대소년처럼 극단적인 경우를 제외하면 대부분의 인간발달은 유전과 환경, 두 요인의 상호작용에 의해 결정된다. 아무리 뛰어난 유전적 요인을 가지고 태어났어도 사회문화적인 결손이 심한 환경에서 자라면 그 아동의 유전적 요인은 제대로 발휘될 수 없다. 마찬가지로 아무리 풍부한 교육적 환경에서 자라더라도 기본적으로 타고난 유전적 능력에 한계가 있다면 발달에 제한을 받을 수밖에 없다.

(2) 발달은 일정한 발생학적 순서를 따른다

모든 인간발달의 순서와 방향은 별다른 차이 없이 동일하다. 즉, 인간발달은 무질서하게 아무렇게나 일어나는 것이 아니라 예측 가능한 일정 단계에 따라 순서에 맞게 일어난다. 따라서 한 단계의 발달은 다음 단계의 발달과 유기적인 관련성을 갖는다. 인간발달에 일정한 순서와 방향이 있다는 것은 발달의 앞 단계가 다음 단계의 기초가 되며, 한 단계에서 다음 단계로 이행할 때 더욱 높은 차원의 발달이 이루어짐을 보여 준다.

예를 들면, 출생 이후 신체발달의 경우 앉고 서고 걷고 달리는 순서를 따른다. 신체발달은 간단한 것에서 복잡한 것으로, 그리고 전체적인 것에서 특수한 것으로 진행된다. 운동발달에 있어서도 일정하게 진행되는 순서와 방향이 있다. 대체로 운동발달은 머리 쪽의 상부에서 다리 쪽의 하부로(cephalo-caudal), 내장 쪽의 중심부에서 사지 쪽의 주변부로(proximal-distal), 동작이 큰 전체 몸짓에서 손가락 · 발가락의 움직임 등 섬세하고 정교한 특수 활동으로(mass-specific activity) 진행된다. 언어발달의 경우에도 갓 태어난 아기의 첫 언어는 울음이다. 그다음은 옹알이, 한 단어 말, 두 단어로 구성된 전보식 문장, 세 단어 이상의 복잡한 문장으로 발달해 간다. 정서발달의 경우도 태어날 때의 막연한 흥분상태에서 쾌와 불쾌의 정서가 분화되고, 이것이 더욱 분화되어 기쁨, 즐거움, 슬픔, 분노, 두려움 등의 특수한 형태로 발달해 간다.

(3) 발달은 연속적 과정이지만 영역에 따라 발달의 속도가 다르다

발달이 연속적인 과정인지 불연속적인 단계들을 거치며 나타나는지에 대해 서로 다른 의견이 제기되어 왔다. 이 장에서 살펴볼 피아제 같은 이론가는 특정 연령대에 나타나는 인지적 능력이 다음 연령대에서 나타나는 인지적 능력과 질적으로 다르다는 점을 강조하고 인지발달을 단계적으로 설명한다. 그러나 전 생애의 관점에서 살펴보면, 모든 인간발달은 쉬지 않고 끊임없이 계속 일어난다.

그럼에도 불구하고 인간이 가진 각각의 특징은 일생을 거치면서 일정한 속도로 발달하지는 않는다. 말하자면, 발달의 속도는 일정하지 않아서 때로는 빠르게 때로는 느리게 나타난다. 신체의 각 부위에 따라 또는 발달의 영역(인지, 기억, 언어, 신체, 정서, 도덕성, 친사회적 행동 등)에 따라 발달의 속도가 다르다. 예를 들면, 신체발달은 출생 후 급속히 일어나다가 점점 발달 속도가 떨어지지만 청년기에 또다시 급격한 발달을 이루게 된다. 언어발달도 5세 이전에 급격하게 일어나며, 추상적 사고력은 아동기에서 청년기에 걸쳐 현저한 발달을 보인다. 이처럼 발달은 연속적 과정이기는 하지만 그 속도는 일정하지 않다.

생명체가 가진 어떤 특징의 발달이 매우 빠르게 일어나고, 유리하든 불리하든 환경의 영향을 크게 받는 시기를 결정적 시기(critical period)라고 한다. [그림 2-1]에서 볼 수 있듯이 동물행동학자 로렌츠(K. Lorenz)는 새끼 오리가 부화 직후 24시간 이내에 주변에 있는 움직이는 물체를 따르는 행동을 관찰하였고, 이를 각인(imprinting)이라고 하였다. 부화 직후에 어미 오리가 아닌 다른 움직이는 물체를 접한 새끼 오리는 그 물체를 따른다. 아마도 이러한 행동이 생존 가능성을 높이는 적응적 가치를 지니고 있기 때문에 남겨진 것으로 추측된다. 인간발달에도 영역마다 상이한 결정적 시기가 있다. 그러나 인간발달은 결정적 시기 이후에라도 환경의 개선을 통해 유연하게 바뀌기도 하므로 결정적 시기 대신 민감기 또는 민감한 시기(sensitive period)라는 용어를 사용하기도 한다(Bornstein & Lamb, 1992).

[그림 2-1] 로렌츠 박사와 오리의 각인 현상

출처: 조형숙, 한종화, 박은주, 이수민(2016).

(4) 각 영역의 발달은 상호 관련성을 이룬다

서로 다른 영역(신체, 운동, 성, 언어, 인지, 정서, 사회성, 도덕성 등)에서의 발달이 서로 무관하게 이루어지지 않고 서로 영향을 주고받는다. [그림 2-2]에서 볼 수 있듯이 신체운동능력 발달은 사회성 발달에 영향을 주고, 사회성 발달은 인지 및 언어 발달에 영향을 준다. 따라서 신체운동능력 발달이 뛰어난 아동은 지도자의 역할을 자주 하게 되어 지도력을 키우게 되고, 지도력은 긍정적 자아개념을 갖게 하여 학업성적을 향상시킨다. 어릴 때 친구들과의 대인관계가 원만하지 못한 아동

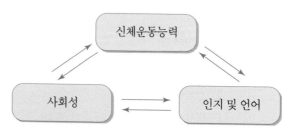

[그림 2-2] 발달 영역의 상호 관련성

은 언어발달의 기회를 갖기 어렵다. 이처럼 발달의 각 영역은 서로 영향을 미친다.

(5) 발달의 속도와 시기에는 개인차가 있다

모든 인간발달은 일정한 순서에 따른다. 그러나 발달 속도와 시기에 있어서는 개인차가 있다. 개인차의 두 가지 측면 중에서 하나는 한 사람과 다른 사람의 발달이 서로 같지 않다는 개인 간 차이(inter-individual difference)이고, 다른 하나는 한 사람 내의 발달에서도 각 측면의 발달이 서로 같지 않다는 개인 내 차이(intra-individual difference)다. 예를 들면, 신체발달의 경우 연령은 같은데 키가 먼저 큰 학생과 나중에 큰 학생이 있는 것은 개인 간 차이 때문이고, 한 학생의 경우 신체발달에 비해 언어발달이나 사회성 발달이 느리거나 빠른 것은 개인 내 차이 때문이다. 만일 인지발달에서 언어이해력과 수리력의 발달 속도가 다르면 개인 내 차이가 있다고 본다. 따라서 인간발달을 올바르게 이해하려면 발달에 있어서 개인차가 나타난다는 원리를 수용해야 한다.

3) 발달단계

앞에서 인간발달에 연속성과 계열성(순서)이 있음을 지적하였다. 그런데 인간발달을 연구하는 학자들은 인간발달을 태아기부터 노년기에 이르기까지 계열성에 따라서 몇 가지 단계로 구분한다. 예를 들면, 태아기, 신생아기, 영아기, 유아기, 아동기, 청년기, 성인 초기, 성인 중기(중년기, 장년기), 성인 후기, 노년기를 구분하는 것이다. 이러한 구분은 인간발달의 단계를 구분하는 가장 일반적인 방식이고, 학자들은 각 영역의 발달을 연구할 때 서로 다른 명칭을 사용하여 구분한다. 발달단계란 일정한 연령대에 도달하면 그 전후 시기와는 구별되며, 그 시기의 사람들에게 공통적으로 나타나는 발달적 특징을 기준으로 인간의 생애를 몇 개의 시기(period)나 단계(stage)로 구분해 놓은 것이다.

발달연구자들이 인간발달을 몇 개의 단계로 나누어 연구하는 데는 중요한 이유가 있다. 첫째, 모든 인간은 비슷한 시기에 똑같은 순서로 각 단계를 통과하기 때문이다. 둘째, 인간발달은 앞 단계와 다음 단계 간에 질적인 차이를 나타내기 때문이다. 셋째, 각 발달단계마다 그 단계에서 성취해야 할 고유한 대표적인 주제가 있기 때문이다.

발달단계의 구분은 학자들의 관심 영역 혹은 구분의 기준에 따라 상이하며 명칭도 각기 다양하다. 예를 들면, 피아제는 정신적 경험에 대한 인지적 조작을 할 수 있는지 그리고 어떤 인지적 조작을 할 수 있는지에 따라 발달단계를 구분하였다. 프로이트는 성적 에너지가 집중되는 신체 부위를 근거로, 에릭슨은 사회적 관계 안에서 어떤 발달적 위기를 겪으며 해결하는지를 근거로, 콜버그는 도덕적 딜레마 상황에서 무엇에 따라 도덕적 판단을 내리는지를 근거로 발달단계를 구분하고 있다. 이에 대해서 2장과 3장에서 상세히 살펴볼 것이다.

비연속이론(discontinuity theory)에 의하면 인간이 질적으로 명백히 구분되는 몇 개의 단계를 거쳐 발달하고 한 단계에서 다음 단계로의 이행이 돌연 비연속적으로 일어난다. 이와 반대로 연속이론(continuity theory)에 의하면 인간발달은 기본적으로 자극-반응의 결합으로 이루어지는 조건화의 누적된 결과처럼 점진적으로 나타나는 변화의 과정이다.

4) 발달 과업

발달 과업(developmental task)은 해비거스트(R. J. Havighurst, 1952)가 최초로 제안한 개념으로, 자신이 위치하고 있는 발달단계에서 마땅히 달성해야 할 과업을 뜻한다. 개인이 정상적으로 발달하기 위해 일정한 시기에 달성해야 하고 그렇지 않으면 다음 단계의 발달에 지장을 초래하는 과업을 발달 과업이라고 한다. 말하자면, 발달 과업은 모든 사람이 정해진 시기에 반드시 풀어야 할 숙제인 셈이다. 이러한 관점에서 일생의 일정한 시기 또는 그 가까이에서 달성해야 하는 발달 과업을 훌륭하게 성취하면 개인은 행복해지고 그 이후의 과업도 성공하지만, 실패하면 개인은 불행해지고 사회로부터 인정을 받을 수 없게 되며 그 이후의 과업 성취에서도 곤란을 겪게 된다. 이러한 정의에서 알 수 있듯이, 발달 과업은 인간이 각 발달단계에서 필수적으로 학습하고 성취해야 할 일들이라고 할 수 있다.

발달 과업은 몇 가지 중요한 의미를 가지고 있다. 첫째, 발달 과업은 모든 연령대의 사람에게 특정한 시기에 기대되는 과업이다. 둘째, 발달 과업은 질서와 계열성을 가지고 나타난다. 셋째, 발달 과업 중의 일부는 인간의 생물학적 발달과 직접적으로 관련되고, 일부는 사회가 요구하는 특정한 규범에 의해 결정되며, 일부는 스스로가 달성해야 할 과업으로 선정된다.

교사와 학부모는 학생들이 발달 과업을 성취하고 있는 정도를 파악하고, 그들이 직면하는 문제들을 이해하여 발달 과업을 성공적으로 수행하도록 도와주어야한다. 또한 발달 과업의 개념은 특정한 교육적 노력을 기울여야 할 시기를 알려주고, 특정 단계에서 어떤 교육목표를 설정해야 할지를 시사한다. 발달 과업 중에서 교육과 관련되는 가장 대표적인 것을 소개하면 다음과 같다.

- 신생아, 영아, 유아기(0~6세)
  - 걸음걸이를 배운다.
  - 딱딱한 음식 먹기를 배운다.
  - 말을 배운다.
  - 배설 통제를 배운다.
  - 성차를 알고 성 예의를 배운다.
  - 생리적 안정을 유지하는 것을 배운다.
  - 사회적 환경에 대한 간단한 개념을 형성한다.
  - 부모, 형제자매, 타인과의 정서적 관계를 배운다.
  - 선악의 구별을 배우고 양심이 발달하는 토대를 형성한다.

- 아동기(6~12세)
  - 놀이에 필요한 신체적 기능을 습득한다.
  - 성장하는 유기체로서 자신에 대한 건전한 태도를 형성한다.
  - 또래와 사귀는 법을 배운다.

　- 자신의 성에 적합한 사회적 역할을 배운다.

　- 읽기, 쓰기, 셈하기의 기본 기술을 배운다.

　- 일상생활에 필요한 개념을 배운다.

　- 양심, 도덕, 가치가 발달한다.

　- 인격적 독립을 학습한다.

　- 사회집단과 사회제도에 대한 태도가 발달한다.

● 청년기(12~18세)

　- 더욱 성숙한 이성관계를 이룬다.

　- 성별에 따른 사회적 역할을 학습한다.

　- 자신의 체격을 인정하고 신체를 효과적으로 구사한다.

　- 부모나 여타의 성인으로부터 정서적 독립을 이룬다.

　- 경제적 독립의 필요성을 깨닫는다.

　- 직업의 선택과 준비에 몰두한다.

　- 시민으로서 필요한 자질, 지적 기능, 개념을 발달시킨다.

　- 결혼과 가정생활을 준비한다.

　- 사회적으로 책임 있는 행동을 원하며 이를 실천한다.

　- 가치관과 윤리체계를 습득한다.

2 생물생태학적 접근

　생명체는 자신이 살고 있는 사회적 및 물리적 환경과 복잡하고도 다양한 상호 의존적 체계를 이루면서 생존하며 적응하고 있다. 19세기 말 독일의 생물학자 헤켈(E. H. Haeckel)은 생명체와 환경 간의 복잡한 상호 의존적 체계를 연구하는 분야를 생태학(ecology)이라고 정의하였다. 1920년대에 들어서 인간사회에 적용하여 인간생태학(human ecology)이라는 용어를 사용하게 되었다.

생태학 개념을 인간발달에 적용한 학자는 러시아의 심리학자 유리 브론펜브레너(U. Bronfenbrenner)다. 브론펜브레너는 러시아에서 출생했지만 6세 때 미국으로 이민을 가서 살았다. 그는 이러한 인생 과정을 거치면서 자신과 자신이 살고 있는 환경 간 상호 관련성과 계속적인 상호 조절의 과정에 관심을 가지게 되었다. 인간 발달과 적응은 개인과 환경 간 상호 관련성과 상호 조절의 과정에 좌우된다. 즉, 인간발달은 진공상태에서 개인적 특징(예: 성별, 연령, 기질)에 의해서만 일어나는 현상이 아니라 인간과 사회적 및 물리적 환경의 끊임없는 상호작용을 통해 이루어진다. 브론펜브레너(1979)는 자신의 이러한 주장을 『인간발달의 생태학(The Ecology of Human Development)』이라는 책에서 피력하였다.

원래 브론펜브레너의 이론은 생태학적 체계 이론으로 불리었다. 개인은 그를

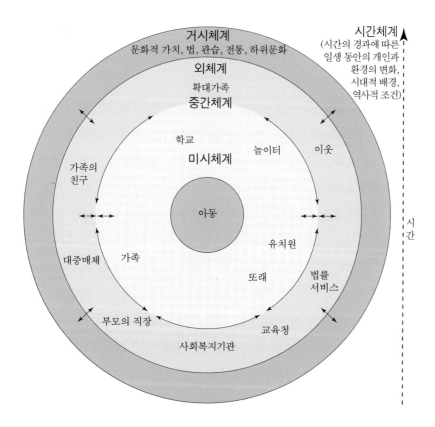

[그림 2-3] 브론펜브레너의 생물생태학적 체계 모형

둘러싸고 있는 일련의 환경체계의 영향을 받는다는 점을 강조한 명칭이다. 최근에는 환경체계들이 개인에게 영향을 미칠 뿐만 아니라 개인의 기질, 건강, 체격 등 유전적 소인과 생물학적 요인들이 환경체계와의 상호작용 방식에 미치는 영향력도 인정하면서 '생물생태학적 체계 이론(bio-ecological systems theory)'이라는 명칭을 사용한다(Bronfenbrenner, 2001; Bronfenbrenner & Morris, 2006).

[그림 2-3]에서 생물생태학적 체계 모형의 중앙에는 개인이 있다. 개인은 선천적으로 서로 나른 유전적 배경을 가지고 태어난다. 각각의 사람은 사회적 및 물리적 환경자극에 독특한 방식으로 반응하는데, 이를 기질(temperament)이라고 한다. 기질은 개인의 비교적 안정적이고 고유한 특성을 말한다. 또한 신체적 특징(예: 건강상태, 체격)이나 심리적 특징(예: 성격, 사회성, 행복감, 우울증)에서 서로 다른 개인은 주변 환경체계와 서로 다른 독특한 방식으로 상호작용한다.

개인이 상호작용하는 환경체계에는 미시체계, 중간체계, 외체계, 거시체계, 시간체계가 있다. 환경체계는 개인에 가까운 체계부터 먼 체계에 이르기까지 접구조를 이루고 있다.

미시체계(microsystem)는 개인에게 가장 근접해 있으며 개인과 직접적인 상호작용을 하는 환경체계다. 아동·청소년에게 가장 즉각적이고 강력한 영향을 미치는 가족, 학교, 또래 친구, 놀이터, 거주지역이 미시체계에 해당된다. 건강한 미시체계는 호혜성(mutuality)에 기반을 둔다(Bronfenbrenner, 1995). 예를 들면, 부모는 자녀에게 적당히 높은 기대를 걸고 자녀의 요구에 민감하게 반응하며, 자녀는 부모가 어떤 방식으로 소통할지에 영향을 미친다. 부모와 자녀가 호혜적 관계와 원만한 의사소통을 이룰 수 있을 때 자녀는 긍정적 발달과 적응을 이룬다.

중간체계(mesosystem)는 둘 또는 그 이상의 미시체계가 상호 관련되어 서로 영향을 주고받는 양방향 관계다(예: 부모-교사 관계, 가정-학교 관계, 부모-또래 친구 관계). 각각의 미시체계가 개인의 발달에 미치는 영향이 매우 중요하듯이, 미시체계 간 상호작용과 연관성 역시 개인의 발달과 적응에 중요한 영향을 미친다. 개인을 둘러싼 여러 미시체계가 서로 지지하고 협력하는 관계를 유지할 수도 있고, 갈등의 관계를 이룰 수도 있으며, 의미 있는 연결을 이루지 못하는 경우도 있다. 예를 들면, 부모의 교육철학이나 가치관이 학교의 교육방침과 조화를 이루어 가정-학교 간 협력체제가 유지되면, 아동은 가정과 학교에서 잘 적응하고 발달할 수 있다. 반면에 부모가 학교의 교육방침에 대해 알지 못하거나 반대하거나 교사가 학생의 가정환경에 무관심한 경우에는 건강하지 못한 결과가 초래될 수 있다.

외체계(exosystem)는 개인에게 직접 영향을 미치지는 않지만 미시체계나 중간체계에 영향을 미침으로써 개인에게 간접적인 영향을 주는 생태체계를 말한다. 개인은 외체계에 직접 참여하지 않으며 외체계의 구성원이 아니다. 예를 들면, 부모의 직장, 교육청, 대중매체, 법집행기관 등이 외체계에 해당된다. 부모가 다니는 직장의 근무환경에 따라 부모의 근무시간, 복지서비스, 수입, 휴가 일정, 퇴직 시기 등이 다른데, 이는 부모의 안녕상태, 부모가 자녀와 함께 보내는 시간의 양과 질, 가족의 건강성에 영향을 미쳐서 결국에는 자녀의 발달과 적응에까지 영향을 준다. 또 다른 예를 들면, 지역 교육청의 교육정책과 교육재정 상태에 따라 일선학교의 방과 후 학습이나 문화예술교육을 위한 지원 여부가 결정되고, 궁극적으로 이 학교에 다니는 학생들의 적응과 발달이 영향을 받게 된다.

거시체계(macrosystem)는 미시체계, 중간체계, 외체계를 모두 포함하는 환경체계다. 개인의 삶과 발달에 지속적이며 전반적인 영향을 미치는 문화, 신념, 가치관, 전통, 관습, 정치적 이념, 법률제도 등이 거시체계에 해당된다. 거시체계는 매우 광범위하고 추상적이어서 개인에게 미치는 영향을 파악하기가 쉽지 않다. 거시체계가 미치는 영향력을 살펴보면, 자율성을 강조하는 사회에서 성장한 아동과 관계성을 강조하는 사회에서 성장한 아동의 행동방식이나 적응상태가 다른 경우가 있다. 거시체계가 여타의 생태체계보다 더 안정적이기는 하지만 국가가 경제적 위기에 처하거나 전쟁이 일어나는 등 사회의 변화에 따라 불안정해질 수도 있다.

시간체계(chronosystem, 연대체계)는 개인이 생활하는 시대적 배경, 역사적 조건, 개인의 전 생애에 걸쳐 일어나는 변화를 포함한다. 예를 들면, 미의 기준이나 성역할이 과거와 달라져서 청소년들의 섭식행동이나 진로의식이 바뀌는 경우를 생각해 볼 수 있다. 부모의 이혼이나 국가의 경제적 위기(예: IMF 사태)가 대부분의 사람들에게 영향을 주는 것은 사실이지만, 아동이 몇 세일 때 이러한 사건이 발생했는지에 따라서 아동의 적응과 발달 수준이 달라질 수 있다(Hetherington, 1981).

3 피아제의 인지발달론

1) 기본 개념

피아제는 스위스에서 태어나 자연과학 분야에서 박사학위를 받은 학자다. 이후에 지능검사 개발 연구에 참여하면서 아동들의 대답은 정답이든 오답이든 아동들이 이 세상에 대해 인식하는 독특한 방식을 반영한다는 생각을 갖게 되었다. 이를 계기로 인지발달 분야에서 독보적인 업적을 이룩하였다. 행동주의자 같은 경험론자나 환경론자들이 주장하듯이 우리는 무(無)의 인식상태에서 태어나는 것도 아니고, 생득론자(nativist)들이 주장하듯이 거의 완벽한 인식상태를 가지고 태어나는 것도 아니다. 우리는 유전에 의해 아주 조그만 인지발달의 요소를 가지고 태어나지만, 성장하면서 환경과의 상호작용을 통해 점점 완벽한 상태를 향해 발달해 간다(장상호, 1991). 인지발달에 관한 과학적 연구를 통해 지식의 기원과 발달에 관한 철학적 질문에 대답하려 했던 피아제의 업적을 발생적 인식론(genetic epistemology)이라고 한다.

여기서는 피아제가 제시한 인지발달의 기본 개념과 발달단계를 살펴본다. 피아제는 자신만의 독특한 여러 개념을 사용하였는데, 그 개념들 간의 관계는 매우 복잡하다. 그는 지능이 내용(content), 구조(structure), 기능(function)으로 구성되어 있다고 보았다(Piaget, 1972). 이를 그림으로 간단하게 표현하면 [그림 2-4]와 같다(Phillips, 1969).

지능의 내용이란 우리의 지적 행동들을 말하고, 구조란 각 행동의 밑바탕이 되는 것으로서 인간이 환경에 대해 경험하고 이해한 것이 조직되어 우리 두뇌 속에 간직된 '세상에 대한 내적 표상'을 말한다. 이를 흔히 도식 또는 인지구조(schema,

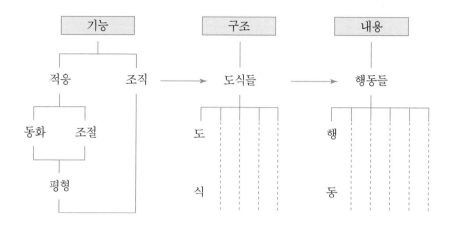

[그림 2-4] 피아제의 지능의 구성요소

스키마)라 한다. 예를 들면, '호랑이' 도식에는 호랑이의 모습과 포효소리가 표상되어 있기도 하고, 호랑이는 포유류에 속한다는 동물계통에 관한 지식이 표상되어 있을 수도 있으며, 호랑이가 용맹스러움을 상징하는 동물이라는 신념이 표상되어 있을 수도 있고, 동물원에 소풍 가서 호랑이를 봤던 일상적 기억이 표상되어 있을 수도 있다. 연령의 증가와 경험의 축적에 따라 도식은 세분화와 확장을 거듭하면서 더욱 복잡하고 정교하며 추상적인 도식으로 변화하게 된다.

기능은 인간이 환경에 적응하는 데 필요한 인지적 작용이다(Piaget, 1972, 1977). 기능에는 적응(adaptation)과 조직(organization)의 두 가지가 있다. 적응은 인간이 환경과 상호작용하는 방식이라고 할 수 있는데, 이는 동화(assimilation)와 조절(accommodation)의 두 하위기능으로 나뉜다. 여기서 동화란 우리가 환경으로부터 도전해 오는 문제를 모두 소화하여 해결하는 것을 말한다. 즉, 환경 안에서 경험을 통해 새롭게 얻은 정보를 기존의 도식에 맞추어 통합하는 적응의 과정을 동화라고 한다. 동화의 예를 들면, '개'라는 도식을 가진 아이가 '소'라는 새로운 자극을 접할 때 '큰 개'로 반응하는 경우다. 이에 반해 조절이란 우리에게 해결하기 어려운 문제가 발생했을 때 그것을 해결할 수 있도록 두뇌의 기능을 그에 맞추어 바꾸는 것을 말한다. 즉, 새로운 자극이나 정보가 기존의 도식과 맞지 않으면, 우리는 새로운 정보에 적응하기 위해 조절을 통해 기존의 도식을 변화시켜야 한다. 조절의 예를 들면, 앞의 예에서 '개'와 '소'의 차이점 등에 대한 설명을 듣고서 '개'라는 도식에서 '소'라는 새로운 도식이 분화되어 나오는 경우다.

우리는 기존의 도식과 새로운 경험 사이에 균형을 이루면서 환경에 인지적으로 적응한다. 기존의 도식과 새로운 경험이 균형을 이루는 상태를 평형(equilibration)이라고 한다. 평형은 인지발달을 이룰 수 있게 하는 중요한 기제이고, 동화와 조절의 과정에 의해 획득된다. 유능한 교사는 학생들이 기존의 도식을 변경시키거나 새로운 도식을 만들어 낼 수 있도록 도와야 한다. 이를 위해서 학생들이 동화와 조절을 균형 있게 사용할 수 있도록 적절한 인지적 갈등을 일으키는 수업을 해야 할 것이다.

2) 인지발달단계

피아제의 인지발달이론에 의하면, 인지발달은 질적으로 서로 다른 네 개의 단계를 거치면서 일어난다. 인지발달의 단계는 조작(operation)의 유무와 유형에 따라 구분된다. 여기서 조작이란 내면화된 행동체계인데, 추론을 통해 결론에 도달하는 논리적 사고 능력, 정신적 활동을 포함한다. 각 인지발달의 단계 및 특징을 간단히 요약하면 다음과 같다.

(1) 감각운동기(0~2세)
인지발달의 첫 단계는 감각운동기(sensori-motor period)다. 출생 시 신생아는 주로 반사행동(예: 빨기 반사, 잡기 반사)에 의존하지만, 감각 기능(예: 시각, 청각)과 신체운동(예: 잡기, 움직이기)의 협응을 통해 얻은 정보는 도식을 형성하는 데 긴요하게 활용된다. 그리고 유아는 반사행동에서 점차 목표지향적 활동으로 발전해 나간다.

감각운동기는 반사운동기(출생~1개월), 일차순환반응기(1~4개월), 이차순환반응기(4~8개월), 이차순환반응협응기(8~12개월), 삼차순환반응기(12~18개월), 정신적 표상기(18~24개월)로 구분된다. 이 기간 중에 이루어지는 중요한 지적 성취는 순환반응, 대상영속성(object permanence) 개념, 표상적 사고(representational thought)의 출현이다.

순환반응이란 어떤 행동을 반복하는 것을 말하는데, 사람들은 우연한 행동으로 인해 쾌 결과를 얻을 때 그 행동을 반복한다. 자신의 신체를 활용한 반사적 감각운동(예: 손가락 빨기)을 반복하는 일차순환반응, 자신의 신체 외부에 있는 대상을 활용한 감각운동(예: 모빌을 발로 차기)을 반복하는 이차순환반응, 새로운 결과를 얻기 위해 일련의 행동을 반복적으로 시도하는 삼차순환반응으로 발전한다. 순환반응은 이제 유아가 목표-수단 간 관계를 이해할 수 있고 의도성을 가지고 행동을 할 수 있다는 것을 나타낸다.

대상영속성이란 사물이나 대상이 다른 장소로 옮겨지거나 아동 자신의 시야에서 사라지더라도 독립적인 실체로서 계속 존재한다는 사실에 대한 인식을 말한다. 유아가 응시하던 장난감이 가림판으로 가려졌을 때 그 장난감을 찾으려는 시도를 한다면 대상영속성의 개념을 가지고 있는 것으로 볼 수 있다.

생후 18~24개월 동안에 유아의 지적 능력은 표상적 사고가 가능할 정도로 발달한다. 이때의 유아는 초보적이고 미흡할지라도 단어를 사용해 사물을 명명하고, 이전에 관찰한 행동을 기억하고 있다가 이후에 다시 해 보기도 하며(지연모방), 이전에 경험했던 사건이나 사물에 대해 나중에 이야기하기도 한다. 이는 아동이 자극대상을 정신적 부호로 표상화하여 생각할 수 있다는 증거가 된다.

(2) 전조작기(2~7세)

두 번째 단계는 전조작기(pre-operational period)다. 감각운동기 말기에 발전하기 시작한 정신적 표상에 의해 사고와 언어의 사용이 활발해지고 가상놀이(상징적 놀이)도 가능해진다. 그러나 이 단계의 아동은 아직 논리적 사고를 하지 못하고, 그 대신에 직관적 사고를 주로 한다. 또한 개념적 조작능력은 여전히 부족하다.

이 시기는 전개념기(2~4세)와 직관적 사고기(4~7세)의 두 하위 단계로 나뉜다. 전개념기의 유아는 성인과 달리 미숙한 개념을 활용하며, 직관적 사고기의 유아는 반성적 사고의 과정을 거치지 않기 때문에 잘못된 판단을 하는 경우가 많다. 전조작기의 아동은 여러 측면에서 성인의 사고와 차이가 나는데, 피아제는 연구를 통해 이를 과학적으로 증명하였다. 이를 요약하면 대체로 다음과 같다(Patterson, 1977).

- 자기중심성(ego-centrism): 자신의 관점에 집중함으로써 타인은 지신과 다른 관점에서 생각한다는 것을 이해하지 못하고 타인도 자신과 똑같이 생각한다고 믿는 것을 말한다. 피아제의 '세 산 실험'은 전조작기 아동의 자기중심적 사고를 증명한 유명한 실험이다(Piaget & Inhelder, 1956). 세 산 실험 모형은 [그림 2-5]와 같다.
- 중심화(centration): 사물이 가진 여러 속성들 중에서 어느 하나의 속성(특히 지각적으로 현저한 속성)에 집중하고 여타의 속성들을 간과하는 경향성을 말한다. 이는 전조작기 아동이 논리적 사고보다는 직관적 사고에 의존한다는 것을 의미한다.
- 독백(monologue): 혼잣말 또는 자기중심적 언어를 사용하며, 두 아동이 만나 이야기를 하더라도 대화를 하는 것이 아니라 서로 자신의 이야기만 하거나 엉뚱한 대답을 한다. 이를 집단독백(group monologue)이라고도 한다.
- 소박한 실재론(naive realism): 어떤 단어가 있으면 그에 대한 대상이 실재한다

[그림 2-5] 피아제의 세 산 실험 모형

고 믿는 것을 말한다. 하늘을 나는 슈퍼맨이 실제로 있다고 믿는다.

- 비약적, 전환적 또는 변환적 추론(transductive reasoning): 귀납적 추론이나 연역적 추론과 달리, 인과관계가 없는데도 두 사건이 인접해서 일어나면 하나의 특정한 사건으로부터 다른 특정한 사건을 추론하는 것을 말한다. 전제와 결론, 원인과 결과를 구분하지 못하고 사물이나 현상의 변화과정을 연결해서 생각하지 못하며 개별 사건에만 집중하기 때문에 어떤 현상에 대해 엉뚱한 이유를 갖다 댄다.

- 물활론 사고(animistic thinking): 생명이 없는 대상에게 생명과 감정을 부여하고 만물은 다 살아 있다고 믿는 것을 말한다. 즉, 생물과 무생물, 삶과 죽음을 잘 구분하지 못한다.

- 직관적 사고(intuitive thinking): 눈에 보이는 대로 판단하는 것을 말한다. 동일한 수의 사물을 배열해 놓아도 모아 놓은 것보다 떼어 놓은 것이 더 많다고 생각한다.

- 비가역성(irreversibility): 어떤 변화가 일어났을 때 마음속으로 변화 이전의 상태로 되돌려 놓을 수 없는 것을 말한다. 이와 달리, 사물의 현재 상태를 이전 상태로 되돌리는 과정을 정신적으로 추적할 수 있다는 것은 사물에 대한 정신적 표상을 머릿속에서 조작하고 있다는 것을 의미한다. 가역적 사고, 즉 조작 능력은 전조작기 아동에게서는 발견되지 않는다.

- 보존(conservation)개념의 미숙: 보존개념이란 사물의 모양이나 위치가 변해도 사물의 본래 속성(예: 수, 무게, 부피)은 유지된다는 점을 이해하는 능력을 말한다. 전조작기에는 직관적 사고, 직관적으로 현저한 속성에 대한 중심화, 비가

 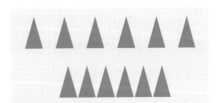

[그림 2-6] 수 보존개념 실험도구

역성으로 인해 보존개념이 미숙하다. [그림 2-6]은 수 보존개념의 실험도구다.

(3) 구체적 조작기(7~12세)

구체적 조작기(concrete operational period)에 들어서면 훨씬 성숙된 도식이 형성되고 어느 정도 논리적 사고가 가능해진다. 그러나 이 단계의 조작은 가시적이고 구체적인 차원에 한정되고, 아직 추상적이거나 복잡한 수준에는 미치지 못한다. 따라서 이 단계의 아동은 시청각 보조물의 도움을 받을 때 원활하게 논리적 사고를 할 수 있게 된다.

일반적으로, 구체적 조작기의 아동은 전조작기의 한계에서 벗어난다. 자기중심성이 점차 감소하고, 중심화를 극복하며, 사물의 현재 상태를 이전 상태로 되돌리는 가역적 사고(reversible thought)를 할 수 있다. 이로써 타인과의 원만한 대화가 가능해지고 보존개념도 형성할 수 있게 된다.

보존개념에 대한 예를 들면, 우유를 원래 담겼던 잔에서 좁고 긴 잔으로 옮겨 담아도 우유를 더하거나 빼지 않았다면 구체적 조작기 후반에 있는 아동은 우유의 양이 이전과 같다는 결론을 내릴 수 있다. 이들은 우유 잔의 폭이 좁기 때문에 원래 잔에 담겼던 우유보다 적다는 대답을 하지 않는다. 보존개념이 획득되는 연령은 과제의 종류에 따라 다르다. 대체로 수의 보존개념은 5~6세경, 길이의 보존개념은 6~7세경, 면적과 무게의 보존개념은 7~8세경, 부피의 보존개념은 11세경에 획득된다. 이처럼 어떤 능력이나 인지적 기술이 나타나는 시기가 구체적인 영역이나 과제별로 다른 현상을 수평적 격차(수평적 위계, horizontal decalage)라고 한다.

또한 구체적 조작기의 아동은 유목포함(class inclusion)의 과제를 성공적으로 해결할 수 있다. 유목포함이란 상위 유목과 하위 유목의 관계, 전체와 부분의 관계를 이해하는 능력을 말한다. 사물들을 어떤 특징에 기초하여 비슷한 것끼리 묶는 정신적 과정인 분류(classification)와 순서대로 배열하는 정신적 과정인 서열화(seriation)도 발달한다. 분류와 서열화의 발달은 수 개념의 이해에 필수적이다.

(4) 형식적 조작기(12~15세)

피아제 인지발달론에서 마지막 단계는 형식적 조작기(formal operational period)
다. 이 시기가 되어야 비로소 성인과 유사한 논리적 사고가 가능해진다. 이제 아
동은 언어적 명제만으로도 추상적인 차원에서 논리적 사고를 할 수 있다. 또한 문
제 상황이 주어지면, 그에 대한 잠정적인 답이라 할 수 있는 가설을 세워 검토하
는 가설 연역적 사고가 가능해진다. 그리고 여러 가설을 비교 검토하는 조합적 사
고도 가능해진다.

이처럼 형식적 조작기에는 과학적이고 체계적인 사고 능력이 발달한다. 그런데
이 시기에는 형식적 조작 능력의 발달뿐만 아니라 사회적 압력과 심리적 독립에
따른 갈등에 대한 방어적 반응도 나타난다. 청소년기가 되어 자기중심적 사고에
서 완전히 벗어났을 것으로 기대했지만, 사회적 및 관계적 문제에 있어서는 여전
히 자기중심적 사고를 한다(Elkind, 1967, 1985). 즉, 전조작기의 아동은 물리적 현
상이나 구체적 사물을 지각할 때 자기중심적 사고를 하고, 형식적 조작기의 청소
년은 사회적 관계의 측면에서 자기중심적 사고를 한다는 점에서 구별된다.

청소년들은 급격한 신체적·심리적 변화를 겪으면서 자신의 외모와 행동, 생
각, 감정에 몰두하게 되고, 그래서 상상의 청중(imaginary audience)과 개인적 우화
(personal fable)와 같은 자기중심적 사고를 하게 된다(정옥분, 2006). 상상의 청중은
청소년들이 자신을 무대 위의 주인공으로, 여타의 사람들을 청중으로 생각하는 것
을 말한다. 청소년들은 타인들이 자신에게 관심을 집중하고 있다고 생각하지만,
실제로는 타인들의 관심의 초점이 청소년은 아닐 수 있기 때문에 상상의 청중이라
고 한다. 개인적 우화란 자신의 생각과 감정이 매우 독특한 것이어서 아무도 이해
하지 못한다고 믿는 경향을 의미한다. 연령의 증가와 사회적 경험의 축적에 따라
청소년 초기에 강렬했던 자기중심성이 점차 감소한다(Enright, Shukla, & Lapsley,
1980).

3) 피아제 이론의 교육적 시사점

피아제 이론이 교육에 주는 시사점에 대해 논의하면 다음과 같다.

첫째, 학생의 인지발달 수준을 감안하여 교육과정과 수업을 설계하고 실행해야 한다는 시사점이 있다. 교사는 구체적 경험을 먼저 제공하고 추상적 개념을 나중에 제시하는 방식으로 수업을 진행하고, 추상적 개념이나 원리를 설명할 때조차 학생들이 구체적 경험을 추상적 개념과 연결시킬 수 있도록 도울 필요가 있다 (Eggen & Kauchak, 2010/2011). 또한 수학과 과학에서 실제 경험과 구체물의 사용을 강조하는 계기가 되었다.

둘째, 학생이 스스로 동화와 조절을 균형 있게 사용함으로써 기존의 도식을 발전시키고 새로운 도식을 만들어 낼 수 있도록 능동적 탐색활동을 강조했다는 점이다. 교사는 학생의 현재 인지발달 수준을 파악하여 그 수준에 맞되 인지적 갈등을 일으키는 수업을 제공할 필요가 있다.

셋째, 학생이 오답을 하거나 실수를 저지를 때 교사가 어떻게 대응할지에 대한 시사점을 가진다. 교사는 점수만 알려 주는 데 그치지 말고 학생이 어떤 실수를 왜 했는지 그리고 실수를 어떻게 정정할 수 있는지를 스스로 찾아보도록 격려할 필요가 있다.

넷째, 피아제가 인지발달에 관한 단계이론을 제안했지만 인지발달의 연속성을 부정한 것은 아니다. 새로운 도식은 어느 날 아침에 갑자기 생성되지 않는다. 교사는 기존의 도식 위에 새로운 도식이 구성된다는 점을 명심하고, 이미 학생들이 알고 있는 지식을 기반으로 새로운 개념이나 지식과의 관련성을 언급하면서 새로운 내용을 도입하는 것이 바람직하다.

다섯째, 도덕교육에 새로운 방향을 제시하였다는 시사점을 가지고 있다. 피아제에 의하면 인간의 선악을 판단하는 도덕성도 그 사람 자신의 인지발달 수준에 좌우된다. 이러한 관점을 적극 수용하여 도덕성 발달 연구에 매진한 인물이 콜버그다. 콜버그의 도덕성 발달이론에 대해서는 3장에서 살펴보도록 하자.

4) 피아제 이론에 대한 비판

피아제 이론에 대한 긍정적인 평가와는 달리 몇 가지 비판점이 제기되기도 하였다.

첫째, 임상적 면접(clinical interview)이라는 그의 연구방법에 대한 비판적 의견이 제기되었다. 임상적 면접은 연구자와 아동 사이에 계속적인 질문과 대답을 통해 아동의 인지발달을 확인하는 방법이다. 객관적 지식을 얻기 위한 전통적인 과학적 방법론에 비추어 볼 때, 피아제의 임상적 면접은 과학적 방법으로 적절하지 못하다는 비판이 있을 수 있다. 그러나 임상적 면접을 통해서도 충분히 타당하고 믿을 수 있는 과학적 지식을 확보할 수 있다.

둘째, 비판자들은 연구대상자 수가 적다는 문제점을 거론한다. 객관적·과학적 지식을 얻기 위해서는 통계분석을 할 수 있을 만큼 연구대상의 표본이 충분히 커야 한다는 것이다. 사실, 피아제의 초기 연구는 자신의 자식 세 명을 대상으로 이루어졌다. 그러면서도 그는 매우 타당하고 믿을 수 있는 과학적 지식을 산출해 냈다. 연구대상자 수가 적다고 해서 과학적 지식을 얻지 못하는 것은 아니다.

셋째, 피아제는 논리-수학적 지식만을 강조했다는 비판을 받는다. 그는 사실적 지식보다는 논리-수학적 지식이 인지의 기저를 이룬다고 보고 이것의 발달을 중심으로 연구하였다. 그런 점에서 그의 연구결과는 논리, 수학, 과학 이외의 교과 교육을 위한 큰 시사점을 가지지 못한다는 것이다.

넷째, 발달의 개인차 문제에 소홀했다는 비판이 있다. 그는 인류보편적인 인지발달을 연구하려고 하였다. 따라서 개인 간 차이 또는 개인 내 차이에는 소홀할수밖에 없었다.

다섯째, 그는 사회문화적 영향을 고려하지 않았다는 비판을 받는다. 그의 연구대상은 소수의 유럽 중산층 아동들이므로 피아제가 제시한 인지발달론이 과연 여러 문화권에서 보편타당한지에 대한 의문이 남아 있다. 실제로, 풀어야 할 과제가 친숙하기만 하다면 피아제가 제시했던 연령보다 어린 아동들이 과제를 성공적으로 해결하기도 하고(Singer-Freeman & Goswami, 2001), 피아제가 제시했던 연령보다 더 늦은 나이에 해결하기도 하며(Werner, 1972), 일부 문화권에서는 성인들조차 형식적 조작기에 도달하지 못한다(Dasen & Heron, 1981).

여섯째, 아동의 인지능력을 과소평가했다는 비판이 있다. 피아제 과제는 추상적이고 복잡한 지시문을 포함하고 과제의 수행은 기억능력을 필요로 한다. 따라서 특정 과제에서 아동이 실수를 하거나 실패하는 것은 추론능력의 미숙함 때문이 아니라 지시문을 기억하지 못하기 때문일 수 있다(Bryant & Trabasso, 1971). 유능한 교사라면 학생이 과제 수행에 실패힐 경우에 학생의 인지능력이 부족하기 때문이라고 단정 짓기보다는 기억능력의 부족이나 심리적 불안정 등에 대해서 고려해 볼 필요가 있다.

마지막으로 인지발달, 특히 논리적 사고력의 발달은 피아제가 주장했던 것보다 후천적 경험과 축적된 지식의 영향을 더 많이 받는다(Cole, Cole, & Lightfoot, 2005). 특정 추론문제를 잘 해결할 수 있는 것은 유사한 문제를 접해 본 경험에 의해 좌우될 수 있다는 것이다. 따라서 유능한 교사는 학생의 논리적 사고력이 유전적 요인에 의해 결정된다고 믿는 대신에 단순한 문제부터 복잡한 문제에 이르기까지 다양한 문제들을 학생에게 제시하여 경험의 폭을 넓히려고 노력해야 할 것이다.

5) 신피아제 학파

피아제 이론에 반대하기보다는 피아제 이론의 제한점을 보완하거나 피아제 이론을 확장하려는 학자들을 신피아제(neo-Piagetian) 학파라 한다. 케이스(R. Case), 알린(P. K. Arlin), 파스칼-레온(J. Pascual-Leone) 등이 신피아제 학파를 대표한다.

첫째, 케이스(1984, 1985)는 피아제의 인지발달단계를 정보처리이론의 작업기억(working memory, 작동기억) 용량의 개념으로 설명하였다. 인지발달은 감각운동 단계, 상호관련 단계, 차원 단계, 추상적 단계의 4단계를 거치는데, 이러한 인지발달이란 다름 아닌 작업기억 용량과 정보처리 효율성의 증가에 의해 일어난다. 작업기억은 실제 과제를 해결하는 데 동원되는 처리 공간과 처리한 정보를 저장하는 저장 공간으로 구성되어 있다. 그런데 전체 작업기억의 공간은 한정되어 있으므로 한쪽이 커지면 다른 쪽은 작아진다. 인지발달은 정보처리의 효율성을 증가시킴으로써 더 큰 저장 공간을 확보할 수 있게 해 준다. 정보처리의 효율성을 증가시키려면 많은 연습과 피드백을 통해 작업을 자동화시키는 것이 필요하다.

둘째, 알린(1975)은 형식적 조작기로는 성인의 인지발달을 충분히 설명할 수 없다고 생각하고 인지발달의 다섯 번째 단계를 제안하였다. 이는 피아제가 만 12세 이후에 발달하는 형식적 조작기를 인지발달의 마지막 단계로 주장했던 것과 대조를 이룬다. 알린은 인지발달의 5단계를 문제발견(problem finding) 단계라고 하였다. 이 단계에 도달한 성인은 자신이 어떤 문제에 직면하고 있는지 그리고 자신이 해결해야 할 문제가 무엇인지 정확하게 이해하고, 어떤 문제가 가장 중요한지 변별하며, 그 문제가 노력을 기울여 해결해야 할 가치가 있는지 결정하는 지혜를 갖게 된다(Arlin, 1990). 학교에서 학생들은 주어진 문제를 성공적으로 해결하면 학업성취를 이룬 것으로 평가받지만, 성인은 자신이 해결해야 할 문제를 발견하고 그 문제의 해결이 가진 중요성을 파악하여 의미 있는 문제를 선별할 수 있어야 한다.

셋째, 파스칼-레온(1984)과 리겔(K. Riegel, 1973) 역시 형식적 조작기 이후의 발달단계를 제시하였다. 변증법적 사고(dialectic thought) 단계에 도달한 사람은 정답을 찾는 데 그치지 않고 문제점이나 모순을 인식하여 더 나은 해결책을 찾기 위해 노력하며 해결책을 점차 여러 관점에서 통합적으로 보완하고 발전시키는 생각을 할 수 있게 된다. 간혹 처음에 생각했던 관점과 상반되는 관점에서 문제를 돌이켜 생각해 봄으로써 새로운 대안을 제안하고, 더 나아가 새로운 대안에 대해서도 여러 관점에서 접근해 보는 정(thesis)-반(antithesis)-합(synthesis)의 과정을 거친다.

4 비고츠키의 인지발달론

1) 기본 개념

최근 교육학계에서는 피아제의 인지발달론보다 비고츠키의 인지발달론에 더 주목하는 경향이 있다. 비고츠키의 이론은 인지발달이 일어나는 기제를 설명하는 훌륭한 이론이기 때문이다. 그런데 같은 해인 1896년에 태어난 피아제에 비해 비교적 뒤늦게 서구 사회에 알려졌다. 여기에는 몇 가지 이유가 있다.

피아제는 프랑스어로 글을 썼기 때문에 글을 쓰고 나서 어느 정도 시간이 흐른 후에 영어권 학자들에게 본격적으로 알려질 수 있었지만, 러시아에서 태어나 러시아어로 글을 쓴 비고츠키의 연구는 훨씬 더 늦게 영어권에 알려졌다. 더구나 비고츠키의 업적은 러시아 내에서도 한동안 탄압을 받았다. 비고츠키가 사회주의에서 반대하는 지능검사에 대한 연구를 했다는 오해를 받았기 때문이었다. 사실, 비고츠키는 지능검사의 형식적 사용에 대해 비판적이었고 새로운 방식으로 인간의 지적 능력을 이해하고 지능검사를 활용하려고 했지만, 러시아 당국이 이러한 미묘한 차이를 파악하지 못했다. 또한 한동안 냉전시대로 인해 서구 사회와 러시아 간에는 학문적 교류가 활발하지 못하였기에 그의 연구가 서구 사회에 알려질 기회가 거의 없었다. 다행스럽게도 비고츠키의 업적이 영어로 번역되면서 그의 이론이 세상에 알려지게 되었다.

인지발달과 관련된 비고츠키 이론의 핵심은 사회문화적 맥락의 중요성, 언어를 통한 사고, 능동적 활동을 통한 지식의 구성이라 할 수 있다. 내면화(internalization), 근접발달영역(Zone of Proximal Development: ZPD), 발판화(비계설정, scaffolding), 역동적 평가(dynamic assessment)와 같은 개념은 그의 이론에서 핵심을 이룬다 (Vygotsky, 1978).

첫째, 내면화란 사회적 상호작용과 언어적 교류를 통해 받아들인 지식을 자기 내면의 인지처리과정을 통해 통합하는 과정을 말한다(Vygotsky, 1962, 1978). 아동은 지식을 스스로 창조하는 존재는 아니다. 지식은 이미 오랜 시간을 거치면서 한 문화권에서 축적된 것이기 때문에 우리는 다른 사람들과의 상호작용이나 언어적 교류를 통해 그 지식을 받아들여서 내면화한다. 내면화가 학습자 외부 세계와 내부 세계를 연결하는 역할을 함으로써 인지발달이 일어나는 기제로 중요한 작용을 한다. 이때 언어의 사용은 복잡한 지식과 개념을 내면화하는 데 매우 중요한 역할을 한다. 이에 근거하면, 비고츠키의 이론에서 언어와 사고의 밀접한 관계를 강조

[그림 2-7] 근접발달영역(ZPD)

한다는 것을 알 수 있다.

둘째, 근접발달영역은 [그림 2-7]에서 볼 수 있듯이 학습자가 타인의 도움을 받지 않은 채 독립적으로 과제를 수행하는 수준과 자신보다 뛰어난 타인의 도움을 받아 과제를 수행하는 수준 간 차이를 말한다. 이 개념은 비고츠키가 20세기 초 사회주의권 학자답게 지식의 사회성을 강조했다는 점을 보여 준다. 비고츠키에 따르면 지식은 사회문화적 유산으로서 거기에는 먼저 입문한 선진, 즉 부모, 교사, 선배들이 있다. 따라서 학습자는 자신의 근접발달영역 안에서 유능한 타인과의 언어적 교류를 통해 지식을 전수받을 때 잘 배울 수 있고 학습활동도 가장 활발하다. 그러므로 유능한 교사는 학습자의 근접발달영역을 확인하고, 학습자의 근접발달영역 안에서 교육함으로써 학습자의 인지발달을 그의 잠재적 발달수준까지 끌어올릴 수 있다.

셋째, 학습자가 혼자 문제를 해결할 수 없지만 안내와 도움을 받아서 해결할 수 있다면, 이때 필요한 안내와 도움을 제공하는 것을 비계설정 또는 발판화라고 한다. 발판 또는 비계(scaffold)란 원래 건축 용어로, 건물을 지을 때 층수를 올리거나 외벽에 칠을 할 때 만드는 보조물을 의미한다. 이 보조물은 작업이 끝나면 제거된다. 교육장면에서도 학습 초기에는 많은 도움을 주다가 학생이 혼자서 과제를 해결할 수 있게 되면 원래 제시했던 도움이나 힌트를 점차 줄여서 결국에는 도움 없이도 혼자 문제를 해결할 수 있게 한다. 부모나 교사 또는 선배가 학생이 독자적으로 해결할 수 없는 과제를 해결할 수 있도록 도와줄지라도 이들이 학생의 과제를 대신 해 주는 것은 아니다. 실제로 과제를 수행하고 해결하는 사람은 학생 자신이다.

교사가 교과수업을 할 때 활용할 만한 유용한 비계설정의 방법은 다양하다. 몇 가지 예를 들면 다음과 같다.

- 모델링, 시범: 실험도구를 사용하는 방법이나 절차 또는 영어발음을 교사가 먼저 시범 보인 후 학생들에게 직접 연습할 기회를 준다.
- 수업자료 난이도의 점진적 조정: 처음에는 단순하고 쉬운 수준에서 시작해서 학생이 과제를 숙달하는 정도에 맞춰 점차 과제의 난이도를 올린다.
- 질문: 복잡하고 어려운 문제를 제시할 때, 이전에 배운 좀 더 간단하고 쉬운 문제와의 차이점과 공통점에 대해 학생들에게 질문을 던짐으로써 어려운 문제로 학생들을 안내한다.
- 언어를 매개로 거리 두기(distancing): 이는 문제해결력을 높이는 데 효과적인 비계설정의 방법이다. 교사의 언어적 진술이 학생에게 얼마나 높은 정신적 조작을 요구하는가에 따라서 거리 두기는 3단계(낮은 단계, 중간 단계, 높은 단계)로 구분된다. 낮은 단계의 언어적 진술은 학생이 해결해야 할 과제와 관련된 인접 환경 내 구체적 사물을 언급하며, 단계가 높을수록 추론과 복잡한 정신과정을 요구한다.
- 소리 내어 생각하기(think aloud): 문제해결의 과정을 학습시키는 데 유용한 비계설정의 방법이다. 교사가 과제를 수행하는 과정, 예를 들면 수학문제를 푸는 과정을 칠판에 판서하면서 소리 내어 말한다.
- 기타: 문제해결이나 회상에 도움이 되는 단서와 조언의 제공, 시청각 보조자료의 사용, 학생이 과제를 수행하는 데 필요한 시간을 허용하다가 점차 줄여 나가는 방법, 학생이 문제를 이해하기 쉽게 재진술하거나 세분화하여 제시한 다음에 점차 복잡한 문제로 안내하는 방법도 비계설정에 해당된다.

넷째, 역동적 평가란 '과제 제시'-'힌트나 도움 제시'-'관찰 및 평가'-'과제 제시'-'힌트나 도움 제시'-'관찰 및 평가'를 반복하는 과정을 말한다(Sternberg & Grigorenko, 2001). 이는 학생에게 해결해야 할 문제만 주고 학생이 문제를 해결한 정도에 비추어 학생의 현재 과제수행 수준을 채점하는 정적 평가와 대조를 이룬다. 역동적 평가를 하는 교사는 학생들에게 해결해야 할 과제와 필요한 도움을 순서대로 제시하고, 그다음에 학생이 도움을 활용해 문제를 잘 해결하는지를 관찰하고 평가하며, 관찰과 평가의 정보를 그다음에 제시할 과제와 도움을 결정하는 데 활용한다.

2) 사고와 언어의 발달

피아제와 달리 비고츠키는 인지발달에 있어 언어의 역할을 강조하였다. 비고츠키는 언어와 사고의 기원이 다르고 언어적 교류를 통해 사고의 발달이 가능하다고 보았다. 비고츠키가 언어와 사고의 관계를 강조한 만큼 이에 대한 비고츠키의 관점과 피아제의 관점을 비교한 다음, 사고와 언어의 발달에 관한 비고츠키의 이론을 살펴보기로 한다.

(1) 언어와 사고의 관계

피아제는 아동의 인지나 사고가 언어에 선행하는 것으로 보았다. 아동은 먼저 경험을 하고 이 경험을 표현하기 위해 언어를 사용한다는 것이다. 언어를 인지발달의 부산물로 보는 피아제의 관점을 인지결정론이라 한다. 사고가 언어에 선행한다는 그의 입장은 아동이 사용하는 언어가 그의 사고 특징을 반영한다는 점을 강조한다. 예를 들면, 어린 아동의 자기중심적 언어 사용은 그의 자기중심적 사고 특징을 나타내고, 아동이 발달해 감에 따라서 더욱 정교한 언어를 사용한다는 것은 그의 사고과정이 더욱 정교해졌음을 나타낸다. 이러한 피아제의 입장은 아동의 인지(사고)발달 수준이 적절한 단계에 도달하지 않으면 별도의 언어 훈련은 도움이 되지 않는다는 점을 시사한다. 따라서 대부분의 피아제 식 유아교육기관에서는 어릴 때부터 지나친 언어교육을 실시하는 것을 지양하고 있다.

언어와 사고에 대한 비고츠키의 입장은 그의 저서 『사고와 언어(Thought and Language)』에 잘 나타나 있는데, 이는 피아제의 입장과 대조적이다. 비고츠키에 의하면 언어는 사고와 전적으로 다른 기원을 가지고 있다. 사고가 언어발달을 이끈다고 보았던 피아제와 달리, 비고츠키는 언어를 근본적으로 사회적 현상으로 간주하였다. 즉, 어린 아동은 부모나 다른 성인과의 상호작용에 의해 언어능력을 발달시킨다. 사고는 근본적인 인지적 현상으로서 아동은 외부 세계에 대한 학습의 결과로서 사고능력을 발달시켜 간다.

이렇듯이 언어와 사고는 아동이 세상에 대한 의미를 형성하는 데 중요한 역할을 한다. 비고츠키에 의하면 2세경이 되면 분리된 사고와 언어가 결합되는 결정적인 순간이 온다. 그래서 사고는 언어적이 되고, 언어는 합리적으로 표현된다. 이후로 언어는 두 가지 기능을 수행하게 된다. 첫째, 언어는 내적인 사고를 조정하고 지시하며 자신의 행동을 통제하는 내적·인지적 기능을 한다. 브루너가 주장했듯이 언어는 사고 또는 인지의 발달을 촉진하는 인지적 도구로서의 기능을 수행한다. 둘째, 언어는 사고의 결과를 타인에게 전달하고 타인의 지식에 접근하여 사회적 상호작용에 참여하도록 돕는 외적·사회적 기능을 수행한다. 사회, 문화에 이미 입문하여 많은 지식을 가지고 있는 부모, 교사, 선배들과 상호작용을 하는 데 있어 언어는 매우 중요한 수단이 된다.

(2) 언어와 사고의 발달

행동주의자 스키너(B. F. Skinner)는 언어가 주위의 강화에 의해 후천적으로 형성되는 행동이라고 주장하였고, 언어학자 촘스키(N. Chomsky)는 아동이 언어획득장치를 유전적으로 이미 가지고 태어나므로 언어발달은 주위 사람들과의 상호작용과 관련이 없다고 제안하였다. 그러나 오늘날 이러한 극단적인 두 입장을 지지하는 학자는 매우 드물다. 학자들 대부분은 생득적·유전적 요인과 후천적·환경적·경험적 학습요인의 상호작용에 의해 언어가 발달한다고 본다. 따라서 아동은 어느 정도 생득적인 언어획득장치를 지니고 있지만, 이것은 출생 후 주위 사람들과의 상호작용을 통하여 발달한다. 이러한 입장을 지지하는 대표적 인물이 비고츠키다.

언어와 사고는 별개의 기능을 가진 것으로 출발한다. 생애 초기에 영아는 울음, 웃음, 옹알이 같은 자연발생적인 발성을 주로 한다. 만 2세경에 언어와 사고가 통합되기 시작하면서 아동은 언어적 사고를 하게 된다(Vygotsky, 1962). 이때 아동이 언어를 사용해 사물에 이름을 붙이거나 사물의 이름을 묻는 질문을 많이 하는데, 이를 통해 아동이 언어의 상징적 기능을 발견했음을 엿볼 수 있다. 그때부터 언어는 3단계에 걸쳐 발달한다. 사회적 언어(외적 언어), 자기중심적 언어, 내적 언어의 순서다.

첫째, 사회적 언어는 대략 3세 이전에 발달하는 언어로서 타인의 행동을 통제하고 자신의 생각과 감정을 타인에게 전달하는 기능을 한다. 예를 들면, 아동이 "엄마, 밥 줘." 하고 말한다면 이는 엄마의 행동을 통제하기 위한 것이고, 자신의 배고픈 상태를 엄마에게 알리는 것이다. 둘째, 자기중심적 언어가 대략 3세부터 7세 아동들의 특징적인 언어로 나타난다. 자기중심적 언어는 아동이 자신의 행동을 조절하고 문제해결을 위해 자기 자신에게 하는 언어다. 이 시기의 아동은 자신의 사고를 이끌어 주는 혼잣말(독백)을 자주 한다. 개인의 사고를 소리 내어 말한다고 해서 유성(有聲)의 사적(私的) 언어라고도 하는데, 이는 타인과의 소통에 목적을 두지 않는다. 사적 언어는 자신의 행동이나 문제해결의 과정에 대해 생각하고 선택하며 관리할 수 있게 도와주는 도구가 된다. 유성의 사적 언어는 속삭임이나 소리 없는 입술 움직임으로 점차 변하고, 결국에는 내적 언어(inner speech)로 내면화된다. 마지막으로, 내적 언어는 7세 이후에 발달하는 언어로서 문제를 해결하고 행동의 순서를 결정하기 위해 머릿속으로 생각을 하지 소리 내어 말하지는 않는다. 그러나 생각은 언어를 매개로 하므로 이러한 언어적 사고를 무성(無聲)의 사적 언어라고 한다. 이때부터 아동은 내적 언어와 사회적 언어를 병행하여 사용할 수 있게 된다.

한편, 인지발달에 대한 비고츠키의 연구는 주로 개념적 사고의 발달에 초점을 두었다. 이 역시 언어발달과 마찬가지로 3단계에 걸쳐 발달하지만, 언어발달과 인지발달의 각 단계가 일대일로 대응되는 것은 아니다. 언어발달의 단계별 연령대가 대략적으로 구분된 바와 달리, 개념적 사고의 발달단계별 연령대는 알려져있지 않다.

첫째, 개념적 사고가 나타나기 이전에 아동들의 사고는 비조직적 모음의 단계에 있다. 이 단계에 있는 아동들은 시행착오, 추측, 시공간적으로 가까이에 있는 것을 공통된 하나로 묶는 사고를 한다. 둘째, 복합체적 사고의 단계가 나타난다. 이 단계의 아동들은 사물이 가진 구체적이고 사실적 특징(예: 형태, 색)이 비슷한 것들을 공통된 하나로 묶는 사고를 한다. 마지막 단계는 개념적 사고의 단계라고 한다. 이 단계에서 아동들은 사물의 기능이나 용도와 같은 추상적 특징을 중심으로 비슷한 것들을 공통된 하나로 묶는다.

비고츠키에 의하면 비조직적 모음이나 복합체적 사고와 달리 개념적 사고는 바로 그 개념을 공유하는 사회의 문화와 역사를 반영하는 지식이다. 예를 들면, 도끼, 나무, 가위를 보여 주고 이들을 비슷한 것끼리 묶어 보라고 했을 때, 산촌에서 도끼로 나무를 베어 생활하는 부족의 아동들은 도끼와 나무를 공통된 하나로 묶는 반면에 도시에서 성장하면서 사물의 추상적 특징에 대해 배운 아동들은 도끼와 가위를 일종의 도구로 묶는다. 이는 지식이 사회·문화·역사적 맥락 안에서 구성된다는 점을 분명하게 보여 준다(Crain, 2005).

3) 비고츠키 이론의 교육적 시사점

비고츠키는 지식의 습득 과정에서 부모, 교사, 유능한 또래 등 선진의 역할을 강조했지만, 학습자가 외부에서 이미 만들어진 지식을 그대로 암기하는 수동적 존재라고 보지는 않았다. 학습자는 선진과의 사회적 상호작용과 언어적 교류를 통해 사회·문화·역사적 산물에 접할지라도 궁극적으로는 학습자가 능동적으로 지식을 구성하여 자기의 것으로 내면화하는 과정을 거친다. 비고츠키의 이론은 교수-학습 분야에서 근래에 많은 관심을 받고 있는 구성주의(constructivism)의 토대가 되었다고 해도 과언이 아니다. 이러한 비고츠키의 이론이 가지는 시사점은 다음과 같다.

첫째, 비고츠키의 이론은 교육과 인지발달에서 외부 조력의 중요성을 강조하였다. 이는 유능한 또래와의 상호작용이 인지발달에 중요한 역할을 하므로 개별학습보다는 협동학습을 통해 학생들이 복잡한 추론과정에 대한 통찰을 얻을 수 있다는 주장으로 이어졌다. 이러한 교육적 효과를 위해서 협동학습의 집단을 구성할 때는 능력 수준이 상이한 학생들을 선발하는 것이 도움이 된다. 단, 협동학습은 무임승차 효과(학습능력이 낮거나 적극적이지 않은 학생이 학습능력이 높은 학생의 성과를 공유하는 것), 봉 효과(학습능력이 높은 학생이 자신의 성과가 여타의 학생들에게 돌아가는 것을 꺼려서 학습참여를 최소화하거나 하지 않는 것), 링겔만(Ringelmann) 효과(집단구성과 과제가 협동학습에 맞게 구성되지 않으면, 집단원의 수가 늘어날수록 개인이 노력을 덜 기울이고 책임을 다하지 않아서 개인별 공헌도나 성과가 감소하는 것) 같은 단점도 가지므로 이에 대비한 사전노력이 필요하다. 예를 들면, 각 집단원의 업무와 과제를 분명하게 제시하고, 집단 전체의 성과와 개인별 성과 둘 다를 평가하여 개인적 책무성도 중시해야 한다.

둘째, 비고츠키의 이론은 교육에 대한 미래지향적 방향을 제시하였다. 교사는 학생의 현재 발달 수준에 맞춰 교육하기보다 학생의 근접발달영역 안에서 더욱 발전된 이해를 안내하는 비계를 제공해야 한다.

셋째, 교육평가는 교수-학습의 결과에 관한 정보(예: 시험점수, 합격여부)를 제공하는 데 그쳐서는 안 되고 학생의 발전 가능성과 다음 교수 과정과 방법을 알려주어야 한다. 이러한 목적에 적합한 것이 바로 비고츠키의 역동적 평가다. 학생에게 비계를 제공하고 이것으로부터 학생이 얼마나 도움을 받는지를 파악하여 교수-학습의 과정이 계속 진행되어 가도록 도와야 할 것이다.

4) 비고츠키 이론에 대한 비판

비고츠키는 인지발달에 있어서 역사·사회·문화적 환경의 역할을 강조하였기에 그의 이론은 학생 개인의 생물학적 배경에 대한 설명이 부족하다. 한 개인의 발달과 적응은 그것이 인지적 영역이든 사회정서적 영역이든 개인을 둘러싼 생태학적 환경뿐만 아니라 개인의 특성에도 영향을 받는다는 생물생태학적 관점에 기초할 때(Bronfenbrenner, 2001; Bronfenbrenner & Morris, 2006), 학생의 인지발달에 영향을 주는 학생 내부와 외부의 요인들을 모두 살펴볼 필요가 있다.

또한 선진과의 사회적 상호작용과 언어적 교류를 인지발달의 주요 요인으로 본다면, 비고츠키의 이론은 학생 개인의 독자적 학습활동이 가지는 장점을 충분히 설명하지 못하였다. 그러므로 교육현장에서는 선진과의 상호작용과 교류를 활용할 뿐만 아니라 이러한 상호작용과 교류 안에서 학생들이 자신의 지식을 적극적으로 구성하여 자신의 것으로 내면화하도록 돕는 교수-학습의 방법과 과정에 대한 현실적이고 실천적인 숙고가 필요하다.

탐 구 문 제

1. 발달, 성장, 성숙, 학습의 차이점을 기술하시오.
2. 인간발달의 원리를 요약하시오.
3. 해비거스트가 제안한 발달 과업의 교육적 시사점을 제시하시오.
4. 인간발달에 대한 브론펜브레너의 생물생태학적 관점의 구성요소를 기술하시오.
5. 인지발달에 대한 피아제 이론과 비고츠키 이론을 비교하시오.
6. 중학교 또는 고등학교 교과수업 시간에 일어나는 동화나 조절의 예를 하나씩 들어 보시오.
7. 중학교 또는 고등학교 교과수업 시간에 학생의 인지발달을 돕기 위해 교사가 실행할 만한 비계설정의 예를 들어 보시오.

Chapter

03 성격 및 사회성 발달

인간의 발달은 전인적(全人的) 발달이어서 인지, 사회성, 정서, 행동 등 여러 영역에서의 발달이 서로 영향을 주고받으며 일어난다. 이 장에서는 비인지적 영역, 특히 성격과 사회성의 발달을 설명한 이론과 그 교육적 시사점을 살펴보고자 한다. 프로이트의 심리성적 성격 발달이론과 에릭슨의 심리사회적 성격 발달이론은 비인지적 영역의 발달이론을 대표한다. 또한 콜버그의 도덕성 발달이론은 피아제의 인지발달이론의 영향을 받은 것으로서 도덕적 판단능력의 발달을 설명한다. 마지막으로, 타인에 대한 이해와 배려, 도움행동 등 원만한 사회적 상호작용과 친사회성의 기초가 되는 감정이입과 사회적 조망수용의 발달에 대해 살펴보고자 한다.

1 프로이트의 심리성적 성격 발달이론

프로이트(S. Freud)는 1856년에 모라비아의 프라이베르그(후에 체코슬로바키아에 편입되었음)에서 태어났고, 4세경 오스트리아 비엔나에 이주하여 사망 직전까지 거의 전 생애를 비엔나에서 보냈다. 이곳에서 그는 의과대학에 진학하여 어류의 척수에 관한 연구를 시작으로 신경학 분야에 몰두하였다. 그러던 중에 생물학적으로 설명이 안 되는 증상(기억상실, 감각마비, 근육운동능력의 상실)을 호소하는 신경증 환자에 대해 연구하고, 신경증 환자를 성공적으로 치료하는 학자와 의사들을 만나면서 신경증 환자의 심리를 이해하고 이들을 치료하는 일에 관심을 가지게 되었다(Crain, 2005).

이전의 의사들이 사용했던 최면의 효과가 지속적이지 않고 어떤 신경증 환자들은 최면에 잘 걸리지 않았기 때문에 프로이트는 최면을 대신할 방법으로 자유연상(free association)을 사용하기 시작하였다. 자유연상은 마음속에 떠오르는 생각이나 느낌을 검열하거나 조직하지 않은 채 그대로 보고하는 방법인데, 이 방법을 사용하여 신경증 환자의 억압된 생각이나 욕망에 다가갈 수 있었다. 자유연상을 하는 도중에 어떤 사람들은 간혹 화제를 바꾸거나 자유연상을 하지 않으려고 하는데, 이와 같은 저항(resistance)은 욕망과 갈등이 인간 심리의 심층에 얼마나 강력하게 억압되어 있는지를 보여 준다. 억압(repression)은 현실적으로 인식하거나 수용하기 어려운 생각이나 감정 또는 본능적 충동을 무의식(unconsciousness)에 억누르는 것을 말한다.

프로이트는 신경증 환자들을 치료하면서 인간의 마음이 의식과 무의식으로 구성되어 있고, 무의식 안에서 무엇을 하고 싶어 하는 욕망(카텍시스, cathexis)과 욕망을 억누르는 항카텍시스 간의 싸움이 일어나는 것이 심리적 갈등이라고 보았다. 무의식에 억압된 기억과 욕망 그리고 감정에는 신체적 쾌락을 추구하는 성적인 내용이 담겨 있고, 이는 유아기까지 거슬러 올라간다. 이렇듯이 정신분석학 (psychoanalysis) 또는 정신역동학(psychodynamics)이라고 불리는 프로이트의 이론은 아동기 성욕에 집착했다는 점 때문에 후대의 학자들에 의해 비난을 받았다. 그러나 그의 이론은 일반 아동과 성인들의 심층심리에 있는 욕망과 갈등을 파악하고, 이것이 인간의 성격구조가 발달하는 과정에 어떻게 관련되는지를 잘 설명해 준다(Crain, 2005).

1) 기본 개념

프로이트의 이론에 포함된 기본 개념에 대해 살펴보면 다음과 같다.

신경증 환자들을 치료하던 프로이트는 인간의 정신세계가 의식(consciousness), 전의식(preconsciousness), 무의식(unconsciousness)으로 이루어져 있음을 알게 되었다. 이러한 정신세계는 [그림 3-1]과 같이 빙산에 비유된다.

의식은 수면 위에 떠 있는 부분으로, 우리가 주의를 기울이는 순간에 곧 알아차릴 수 있는 정신이다. 전의식은 주의집중을 하고 회상의 노력을 기울이면 의식할 수 있는 정신의 한 부분으로, 갑작스럽게 통찰을 하거나 창의적 발상을 하는

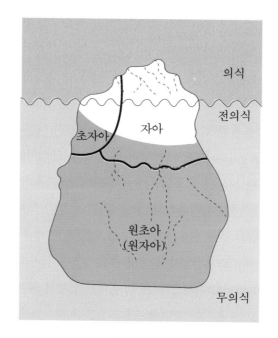

[그림 3-1] 정신세계와 성격의 구조

경우가 전의식에 해당된다. 수면 아래에 잠긴 무의식은 주의집중하거나 회상하려고 노력하는 정도에 관계없이 의식되지 못하는 정신의 한 부분이다. 무의식에는 억압된 본능, 충동, 소망, 정서가 포함되어 있고, 무의식에 억압된 내용은 의식의 힘이 약해지는 틈에 꿈, 사고(accidents), 실수, 신경증 증상을 통해 왜곡된 형태로 표현된다. 그래서 프로이트는 꿈이야말로 무의식에 이르는 왕도라고 보았고, 1900년에 『꿈의 해석(Die Traumdeutung)』을 출간하였다. 프로이트의 이론은 무의식에 있는 본능과 욕망 그리고 충동이 현재의 행동이나 증상 등에 강력한 영향을 미친다고 본다. 그래서 그의 이론은 심리결정론(psychic determinism)으로 분류된다.

의식, 전의식, 무의식으로 구성된 빙산 개념만으로 프로이트의 심리성적 성격발달이론을 온전하게 이해하기란 어렵다. 인간이 내면적으로 겪는 심리적 갈등은 욕망을 추진하는 힘(카텍시스)과 이를 저지하는 힘(항카텍시스)의 대립 경험인데, 이는 무의식 안에서 발생하기 때문이다. 내면적 갈등이 의식과 무의식 간 대립이

[그림 3-2] 성격의 구조

아니라 무의식 안에서의 대립이라면, 이를 적절히 이해하기 위한 별도의 구조적 체계가 필요하다. [그림 3-2]에서 볼 수 있듯이 프로이트는 성격의 원자아(원초아, id), 자아(ego), 초자아(superego)를 구분하였다. 성격의 구조를 이루는 세 요인 간 갈등이 문제를 발생시킨다고 볼 수 있다.

원자아는 전적으로 무의식에 위치해 있고, 충동과 생물학적 본능으로 구성되어 있으며, 쾌락 추구를 목표로 작동한다. 자아와 초자아가 작동하는 데 필요한 정신 에너지의 저장고이기도 하다.

자아는 의식, 전의식, 무의식에 걸쳐 있다. 현실적 제약조건과 요구에 직면하면서 1세 말~2세 사이에 원자아로부터 분리되어 발달하며, 현실 원리에 따라 작동한다. 외부 현실, 쾌락을 추구하는 원자아, 초자아의 제한 간의 갈등을 조정하며 만족을 얻고 현실에 적응하는 역할을 하는 성격의 한 부분이 바로 자아다.

초자아는 의식, 전의식, 무의식에 걸쳐 있고, 어린 시절에 주로 부모로부터 영향을 받아 형성되며, 사회적 가치나 도덕 등이 내면화된 것이다. 초자아는 만 3~5세에 부모와의 동일시(identification) 과정을 통해 자아로부터 분리되어 발달하는 성

격이다. 초자아는 내면화된 도덕과 가치에 위배되는 행동이나 생각을 할 때 죄책
감을 느끼는 양심(conscience)과 내면화된 도덕과 가치에 일치하는 행동이나 생각
을 할 때 자부심을 느끼는 자아이상(ego ideal)으로 구성된다.

2) 심리성적 성격 발달단계

프로이트는 인간의 성격발달이 다섯 단계를 거치며 일어난다고 보았다. 성격
발달단계의 구분은 성적 에너지를 뜻하는 리비도(libido)가 집중되는 신체부위에
따라 구분된다. 따라서 그의 발달이론을 심리성적 발달(psychosexual development)
이라고 한다. 각 발달단계의 특징을 살펴보면 다음과 같다.

(1) 구강기(0~1세)

구강기(oral stage)는 구순기라고도 하는데, 출생 후 대략 1년 동안에 해당되는
신생아 시기다. 이 시기에는 리비도가 입과 그 주위의 입술에 있기 때문에 주로
빨거나 먹는 행위를 통해 쾌감을 충족시킨다. 수유와 이유를 통해 욕구 충족이 좌
절되거나 반대로 과도하게 충족되는 경험을 하면 구순 고착(oral fixation) 성격을
갖게 된다. 이것은 후에 과식이나 과음, 과다 흡연 등과 같은 행동 특성으로 나타
나기도 하고, 때로는 타인에 대한 지나친 의존 혹은 타인에 대한 분노나 신랄한
비판, 빈정거림, 수다 등으로 표현된다.

(2) 항문기(1~3세)

항문기(anal stage)는 대략 2, 3세에 해당되는 영아기로서 리비도가 항문에 집중
된다. 이 시기에는 주로 배설과 보유의 행위를 통해 안도감과 쾌감을 얻는다. 이
시기에 시작되는 대소변 가리기 훈련(배변훈련)을 통해 영아는 처음으로 외부로부
터 본능적 욕구 충족을 통제받는 경험을 한다. 대소변 가리기 훈련과 관련하여 너
무 엄격하고 강압적인 경험을 하거나 반대로 너무 느슨한 경험을 하게 되면 항문
고착(anal fixation) 성격을 갖게 된다. 항문 고착 성격은 항문 강박적 성격과 항문

폭발적 성격으로 구분된다. 전자의 경우는 지나치게 엄격한 대소변 가리기 훈련을 받은 사람들에게서 발견되는데, 고집이 세고 완고하며 검소한 반면에 인색하고 규율의 엄수를 지나치게 강조하는 완벽주의 성격이 특징이다. 후자의 경우는 대소변 가리기 훈련을 너무 느슨하게 받은 사람들로, 성장한 이후에도 지저분하고 정리정돈을 잘하지 못하며 방탕하고 낭비벽이 심한 행동 특성을 나타낸다.

(3) 남근기(3~5세)

남근기(phallic stage)에는 리비도가 항문에서 남녀의 성기로 옮아 간다. 이 시기 동안에 유아는 성기를 통한 리비도의 만족을 추구하는데, 성역할과 성적 특징에 대한 관심이 고조된다. 남아의 경우 이성 부모인 어머니에 대해 성적인 욕망과 애착을 느끼며, 아버지를 경쟁자로 생각하지만 이길 수 없다고 느끼는 오이디푸스 열등의식(Oedipus complex)을 가진다. 이러한 과정에서 남아에게는 거세 불안(castration anxiety)이 유발되는데, 불안을 감소시키기 위해 어머니에 대한 성적인 욕망과 아버지에 대한 적대감을 억압하게 되며, 아울러 아버지에 대한 동일시(identification)를 통하여 남성다움을 발달시켜 나간다. 여아의 경우, 이성의 부모인 아버지에 대해 성적인 애착을 느끼며, 경쟁자인 어머니를 이길 수 없다고 느끼는 엘렉트라 열등의식(Electra complex)을 나타낸다. 이러한 과정에서 여아에게는 남근 선망(penis envy)이 나타난다. 남녀 아동은 동성 부모와의 동일시를 통해 오이디푸스 열등의식과 엘렉트라 열등의식을 해결하고, 각자의 성에 적합한 역할을 배우며, 동성 부모의 가치와 이상을 수용함으로써 초자아를 발달시킨다. 이 시기에 고착이 되면 남성다움의 과시, 야심, 공격적이고 경쟁적인 인간관계 같은 남근기적 성격이 나타난다.

(4) 잠복기(6~12세)

잠복기(latency stage)는 6세부터 12세 무렵까지의 아동기에 해당되며, 대체로 초등학교 재학 시기와 일치한다. 이 시기는 오이디푸스 열등의식이나 엘렉트라 열등의식을 극복하고 성적 욕구나 갈등이 억압되는 평온한 시기라고 볼 수 있다.

이 시기에 아동은 지적 활동이나 운동 등 사회적으로 용인되는 활동에 많은 에너지를 투입하며, 특히 지적인 탐색이나 주위 환경에 대한 탐색이 활발하게 나타난다. 따라서 사회적 관계가 확장되고, 도덕성이 강화된다. 이 시기에 고착될 경우에 과도한 성욕의 억압에서 오는 수치심과 혐오감이 나타난다.

(5) 생식기(사춘기 이후 전 생애)

생식기(genital stage)는 성기기라고도 하는데, 사춘기 이후 전 생애에 걸쳐 계속되는 시기로서, 리비도가 다시 성기로 돌아온다. 이제 청소년과 성인은 단순한 쾌감이 아닌 이성에 대한 진정한 관심을 가지고 사랑의 대상을 추구하며, 성행위를 통해 성적인 만족을 얻으려고 한다. 이 시기에 이르면 이성에 대한 성숙한 사랑을 할 수 있으며, 이 단계에 이르기까지 순조롭게 발달한 사람은 이타적이고 원숙한 성격을 지니게 된다. 단, 잠복기 동안에 원자아, 자아, 초자아 간에 이루었던 균형이 깨지면서 갈등과 혼란을 겪게 되면 청소년 자살, 비행, 불안 등의 문제가 발생하기도 한다.

3) 프로이트 이론의 교육적 시사점

프로이트 이론이 가지는 교육적 시사점은 다음과 같다.

첫째, 만 5세까지 아동 초기의 경험과 부모-자녀 간 관계가 성격발달의 토대가 된다는 점이다. 건강하고 원만한 성격발달을 돕기 위해 부모의 자녀양육방식에 대한 부모훈련과 자문을 제공할 필요성이 강조되었다.

둘째, 생물학적 욕구가 적절히 충족되어야 학습이 가능하다는 점이다. 학교에서 학생들의 기본적인 생물학적 욕구가 지나치게 충족되거나 좌절되지는 않는지를 살펴볼 필요가 있다. 또한 각 단계의 욕구가 적절히 충족되지 못할 경우에 그 단계에서 욕구 충족이 고착되어 다음 단계로의 발달이 어려워지므로 단계별 욕구가 적절히 충족되고 있는지 살펴볼 필요가 있다.

셋째, 아동 초기에 형성된 부모-자녀 간 관계에서 해결되지 못한 채 남아 있는 감정과 충족되지 못한 욕구를 가진 아동은 학교에서 교사에게 전이(transference)를 드러낼 수 있다는 점이다. 원래 전이란 내담자가 과거에 중요한 타인(예: 부모)에 대해 가졌던 감정이나 그와의 관계에서 해결하지 못한 욕구를 상담자에게 옮겨서 드러내는 현상을 의미한다. 학생이 과거 어린 시절에 부모와의 관계에서 겪었던 감정과 경험을 학교에서 교사에게 표현할 수도 있으므로 교사는 학생의 전이를 통해 이 학생의 부모-자녀 관계를 이해할 수 있을 것이다. 또한 학생의 호소 문제를 듣는 과정 중에 교사는 자신이 과거에 중요한 타인(예: 자신의 부모)과의 관계에서 가졌던 감정과 경험을 무의식적으로 학생에게 역전이(countertransference)할 수도 있다. 교사는 교사와 학생 간에 나타날 수 있는 전이와 역전이를 이해하고 적절히 대응해야 할 것이다.

4) 프로이트 이론에 대한 비판

프로이트가 인간의 무의식적 욕망과 본능의 영향력을 언급하기 전까지 인간은 동물과 구분되는 고매한 인격을 가진 존재였다. 심리성적 성격 발달이론은 인간을 바라보는 사고의 코페르니쿠스적 전환인 셈이다. 프로이트의 이론 때문에 우리는 우리가 미처 인정하지 못했던 자신의 심층심리를 조금이나마 알게 되었다. 그럼에도 불구하고 프로이트는 비판을 받아 왔는데, 프로이트 이론에 대한 비판점을 살펴보면 다음과 같다.

첫째, 프로이트의 이론은 소수의 신경증 환자들의 치료경험에 근거한 이론이라는 점이다. 따라서 그의 이론은 다수의 정상적인 사람들의 정신세계와 성격을 충분히 설명하지 못한다. 이론을 이해하기도 어렵고, 이론에 대한 과학적 검증도 충분히 이루어지지 않았다.

둘째, 프로이트 이론에서는 성적 본능과 욕구를 지나치게 강조하고 있고, 특히 아동기 성욕을 주장하여 이에 대한 비판이 강렬하였다.

셋째, 프로이트는 인간의 행동과 생각, 심지어 말실수나 심리적 문제가 대부분 무의식적 본능에 의해 결정된다고 강조하여 비합리적이고 비관적인 인간관을 표방한다. 인간은 자유의지를 가지고 스스로 선택하며 자신의 선택에 대해 책임을 지는 존재라고 보는 학자들이나 합리적으로 사고하고 합목적적으로 행동하는 존재라고 보는 학자들에 의해 프로이트 이론은 많은 비판을 받았다.

넷째, 프로이트 이론에서는 성격의 기초가 전적으로 생물학적 성숙에 있고 학령전기에 이미 완성된다고 본다. 그러나 인간의 성격발달은 개인적 경험과 사회문화적 환경의 영향을 받기도 하고, 생애 과정을 거치면서 변화할 여지도 있다. 이러한 점에서 프로이트 이론이 많은 비판을 받았다. 이에 후기 정신분석학자들은 사회적 환경과 인간관계가 성격발달에 중요한 영향을 미치고 성격발달은 평생 동안 이루어지는 과정이라고 주장하였다. 아들러(A. Adler), 호나이(K. Horney), 설리번(H. S. Sullivan), 융(C. G. Jung), 에릭슨(E. Erikson) 등의 이러한 주장은 한마디로 사회적 정신역동이론 또는 심리사회적 성격 발달이론으로 요약된다.

▲2 에릭슨의 심리사회적 성격 발달이론

에릭슨은 1902년 독일 프랑크푸르트에서 출생한 심리학자다. 어린 시절, 어머니가 유대계 남성과 재혼하면서 유대인 마을에서 살게 된 에릭슨은 북유럽인의 외모 때문에 또래들의 놀림거리가 되곤 하였다. 형식적인 학교 분위기에 잘 적응하지 못했지만 역사와 예술에 관심이 많았던 그는 여행을 하면서 자신을 찾으려는 노력을 기울였다. 청년 시절에는 지그문트 프로이트의 딸 안나 프로이트가 설립한 비엔나의 신설학교에서 아이들을 가르치는 일을 했고, 안나 프로이트로부터 아동정신분석학을 배웠다. 에릭슨은 미국으로 이주한 뒤로 아동정신분석가로서 큰 성공을 거뒀지만 자신의 정체성에 대한 그의 물음은 끊이지 않았다. 자신의 출생배경과 성장과정을 반영하듯이, 에릭슨은 주류 문화권에 속하지 않은 아동들의 삶을 연구하기 시작했고, '나는 누구인가?' '나는 누구와 중요한 관계를 맺고 있는가?'와 같은 물음에 대한 대답을 찾고자 하였다. 이는 에릭슨이 프로이트의 영향을 많이 받기는 했지만 인간발달에 대한 독특한 관점을 발전시키는 계기가 되었다(Crain, 2005). 이처럼 정체감 형성과 정체감 위기는 에릭슨이 평생 동안 관심을 두면서 연구한 주제다. 에릭슨의 이론에서 개인은 주요한 타인들과 특별한 관계를 맺고 상호작용하는 과정을 거치면서 성격을 발달시켜 나간다. 인간발달에 있어 중요한 것은 본능적 성이 아니라 후천적인 사회문화적 인간관계다.

1) 기본 개념

성격의 핵심구조로 원자아를 강조했던 프로이트와 달리, 에릭슨의 심리사회적 성격 발달이론에서는 자아가 성격의 핵심구조로 간주된다. 인간은 미숙하지만 자아를 가지고 출생하며, 자아는 평생 동안 생물학적 본능과 사회적 요구 사이의 갈등을 조정하는 역할을 한다. 자아가 기능함으로써 인간은 사회적 맥락 안에서 주요한 타인과 관계를 맺고 상호작용할 수 있으며, 이러한 사회적 관계와 상호작용 안에서 개인의 성격과 사회성이 발달한다.

자아정체감(ego identity)은 '나는 누구인가?' '내 삶은 무엇을 향해 가고 있는가?' '나는 앞으로 어떻게 될 것인가?'에 대한 질문과 이러한 질문에 대한 고뇌를 통해 형성되는 심리적 상태를 말한다. 한 사회 안에서 함께 사는 타인들의 관심과 행동양식 그리고 태도와 가치관을 어느 정도 공유할지라도, 개인은 타인들과는 구별되는 독특한 존재라는 인식을 가지고 있다. 이처럼 자신이 타인과는 다른 존재라는 인식(개별성), 시간이 경과할지라도 자신이 한결같은 사람이라는 인식(계속성), 자신의 생각, 행동, 가치, 동기 등 여러 측면들은 전체적으로 통합되어 있다는 인식(총체성)을 가지게 되면서 자아정체감을 형성할 수 있다(정옥분, 2008).

한편, 에릭슨의 발달이론에서 핵심적인 개념은 심리사회적 위기(crisis)인데, 위기란 발달의 기회를 제공하는 심리사회적 도전을 말한다. 모든 사람이 위기를 완전히 해결할 수 있는 것도 아니고, 한 단계에서의 위기를 해결하지 못했을 때 다음 단계의 발달이 힘들어질 수는 있지만 완전히 실패하는 것도 아니다. 각 발달단계에서 심리사회적 위기를 겪으면서 긍정적 대안과 부정적 대안을 모두 겪어 보지만 긍정적 대안을 더 많이 경험할 때 위기를 성공적으로 해결할 수 있다 (Erikson, 1963).

2) 심리사회적 성격 발달단계

에릭슨의 심리사회적 성격발달의 각 단계는 위기의 개념으로 표현된다. 위기란 재앙이나 위험이 아니라 해결해야 할 일종의 발달 과업으로 누구나 겪는 것이다. 각 단계에서 위기는 '긍정적 대안'과 '부정적 대안'으로 구성되는데, 위기를 어떻게 극복하는가에 따라 긍정적 발달과 부정적 발달이 이루어진다. 각 단계에서 부정적 대안보다는 긍정적 대안을 좀 더 많이 경험하면서 위기를 성공적으로 해결하면 긍정적 성격의 발달이 이루어지고, 부정적 대안을 더 많이 경험하면서 위기를 해결하지 못하거나 위기 자체를 회피하면 부정적 성격의 발달이 초래된다. 각 발달단계의 특징을 요약하면 다음과 같다.

(1) 기본적 신뢰감 대 불신감(0~1세)

출생 후 1년 동안의 신생아기는 프로이트의 구강기에 해당되는 시기이지만, 에릭슨의 이론에서는 신생아가 엄마와의 사회적 상호작용을 통해 세상에 대한 신뢰(trust) 대 불신(mistrust)의 심리를 발달시키는 시기다. 엄마가 신생아의 신체적 욕구에 민감하게 반응해 주고 충분한 사랑과 안정감을 제공하면, 신생아는 주위 세상을 신뢰하기 시작할 것이며, 이러한 기본적 신뢰감은 타인에 대해서뿐만 아니라 자신에 대한 태도에도 영향을 준다. 반면에 엄마가 거부적이고 무관심하며 행동에 일관성이 없으면 신생아는 주위 세상에 대한 불신의 태도를 발달시킨다. 이처럼 양육의 질에 따라서 이 세상에 대한 신뢰 혹은 불신의 태도가 발달하게 된다. 신뢰감 대 불신감의 위기를 잘 극복하면 희망(hope) 덕목을 가지게 된다.

(2) 자율성 대 회의감과 수치심(2~3세)

생후 2~3세경의 영아기는 프로이트의 항문기에 해당하는 시기로, 아동은 다양한 신체적·정신적 능력을 발달시킨다. 부모의 도움을 받아서 용변 처리를 하다가 최초로 스스로 할 수 있게 되고, 걷고 말하는 등 아동 스스로 많은 일을 할 수 있게 되는데, 이 과정에서 자율성(autonomy)을 경험하게 된다. 그러나 아동이 자율적인 의지를 실천하도록 허용되지 않으면 타인과의 관계에서 수치심(shame)을 느끼거나 자신에 대한 회의감(doubt)을 가지게 된다. 이 시기에 자율성 대 회의감과 수치심의 위기를 잘 극복하면 의지력(will) 덕목이 발달한다.

(3) 주도성 대 죄책감(4~5세)

이 시기는 프로이트의 남근기에 해당된다. 이제 아동의 운동능력이나 지적 능력은 더욱 완전하게 발달하고, 독립적 활동을 더욱 많이 할 수 있으며, 활동의 목표나 계획을 세워 이를 달성하고자 노력한다. 이 과정에서 주도성(initiative)이 발달하는데, 간혹 환상적 형태의 주도성으로서 이성 부모에 대한 소유욕이 나타나기도 한다. 새로운 자기주도적 활동이나 환상에 대해 처벌하거나 금기시하고 나쁜 것으로 느끼도록 하면 죄책감(guilt)이 발달한다. 이 시기에 주도성 대 죄책감의 위기를 원만하게 해결하면 삶의 목적(purpose) 덕목을 획득하게 된다.

(4) 근면성 대 열등감(6~12세)

6~12세경의 아동기는 프로이트 이론에서는 잠복기에 해당된다. 이 시기에는 아동의 세계가 상당히 확대되고, 집 밖 특히 학교에서 새로운 영향을 많이 받는다. 집이나 학교에서 활동하면서 근면성을 학습하기 시작하는데, 이것은 주로 타인으로부터 인정받고 과제의 완수로부터 오는 즐거움을 통해 얻게 된다. 이때 부모나 교사가 아동의 과제수행 내용과 수준에 관한 정보를 알려 주는 칭찬이나 강화를 주면 아동의 근면성(industry)이 발달하지만, 조롱하고 거부적인 태도를 보이거나 부정적인 평가만 하면 부적합감이나 열등감(inferiority)이 발달한다. 따라서 이 시기는 근면성 대 열등감의 위기로 특징지을 수 있고, 이러한 위기를 잘 극복하면 유능성(competence) 덕목을 가지게 된다.

(5) 정체감 대 역할 혼돈(청소년기)

12~18세의 청소년기는 프로이트의 성기기에 해당된다. 이 시기의 청소년은 급격한 신체 변화와 사회적 요구에 당황하게 되며, 진로와 진학에 대한 고민을 많이 하고, 자신의 존재에 대한 의문과 새로운 탐색을 시작한다. 청소년은 이러한 심리적 유예기를 거쳐 정체감을 형성한다. 정체감이란 사회와의 관계 안에서 자신이 차지하는 역할, 위치, 능력, 책임, 의무에 대한 분명한 인식을 말한다. 청년기는 아동기와 성인기 간의 과도기로서 정체감을 형성하고 수용하는 일이 지극히 어렵고 불안한 과제가 된다. 정체감이 형성된 개인은 확신을 가지고 성인기에 대비하지만, 실패한 개인은 정체감 위기, 즉 역할 혼돈(role confusion)에 빠진다. 그래서 에릭슨은 정체감 대 역할 혼돈을 청소년기의 위기로 보았다. 이 시기의 위기를 잘 극복하면 자신에 대한 충실성(fidelity) 덕목이 형성된다.

(6) 친밀감 대 고립감(성인 초기)

성인 초기에는 부모로부터 독립하여 직업을 선택하고 배우자를 찾으면서 성숙하고 책임 있는 성인으로서의 역할을 시작한다. 생산적인 일에 종사할 뿐만 아니라 우정이나 이성관계 또는 부부관계의 형태로 타인과 친밀한 관계를 맺는다. 이때 자신의 정체감을 잃지 않으면서도 자신의 정체감을 타인과 조화시켜야 할 필요가 생긴다. 이러한 방식으로 주요한 타인과 친밀한 관계를 수립하는 데 실패한 사람은 고립감과 소외감을 가지게 되고 타인과의 접촉을 회피하거나 자신에게 위협적으로 느껴지는 사람에게 거부적이고 공격적인 태도를 형성하게 된다. 따라서 이 시기의 위기는 친밀감(intimacy) 대 고립감(isolation)으로 나타나고, 이러한 위기를 잘 극복하면 성숙한 사랑(mature love) 덕목을 획득한다.

(7) 생산성 대 침체감(성인 중기)

중년기 또는 장년기에는 자신이 종사하는 분야에서 직업적인 성취나 학문적·예술적 업적을 이루고 자녀 양육이나 후속세대를 위한 사회봉사활동에 참여하면서 생산성(generativity)을 발휘한다. 이 세상에 의미 있는 공헌을 하지 못했다고 여기며 생산성을 경험하지 못한 개인은 침체감(stagnation)에 빠지고 따분함을 느끼며 빈곤한 대인관계를 형성한다. 그래서 이 시기의 위기를 생산성 대 침체감으로 표현한다. 이러한 위기를 잘 극복하면 배려(care) 덕목을 가지게 된다.

(8) 자아통합감 대 절망감(성인 후기~노년기)

노년기에는 신체적인 노쇠와 직업으로부터의 은퇴, 친한 친구나 배우자의 사망 등으로 인하여 무력감에 빠지기 쉽다. 이 시기의 사람들은 자신이 살아온 삶을 되돌아보면서 자신의 선택과 결정에 부여한 의미에 따라 자아통합감(ego integrity) 대 절망감(despair)의 위기를 겪는다. 만일 성취감과 만족감으로 생을 회고하며 성공이든 실패든 수용한다면 자아통합감을 가지게 된다. 이와 달리 자신의 삶이 무의미한 것이었다고 느끼면 절망감에 빠지게 된다. 이 시기의 위기를 잘 극복하면 지혜(wisdom) 덕목을 가지게 된다.

이처럼 에릭슨 이론에서 인간 성격의 핵심을 이루는 자아는 전 생애 동안 8단계를 거치면서 발달한다. 자아 발달의 단계는 만인에게 보편적일 뿐만 아니라 점성 원리(epigenetic principle)에 따라 진행된다. 여기에서 'epi'는 '위에', 'genetic'은 '발생 또는 출현'을 의미한다. 발달의 점성 원리는 각 단계에서 달성해야 할 발달 과업이 우세하게 출현하는 최적의 시기, 즉 결정적 시기가 있고, 발달은 기존의 기초 위에서 이루어진다는 점을 강조한다. 단계별 발달 과업의 달성은 이전 단계에서 성취한 발달 과업들의 영향을 받으며, 모든 발달단계를 계획대로 거쳐 나갈 때 완전한 기능을 하는 성격이 형성된다.

[그림 3-3]은 점성 원리에 따른 에릭슨의 심리사회적 성격 발달 8단계 중에서 청소년기의 발달 과업인 '정체감 대 역할 혼돈'이 그 이전 4개 단계에서의 과업 달성에 의해 영향을 받는다는 점, '정체감 대 역할 혼돈'이 청소년기에 현저하고 특징적인 발달 과업일지라도 전 생애에 걸쳐 나타날 수 있다는 점을 보여 준다.

우선, 그림의 가운데 세로를 보면, 1단계의 '기본적 신뢰감 대 불신감'이 '상호 인정 대 자폐적 고립감'으로, 2단계의 '자율성 대 회의감과 수치심'이 '자아상의 확립 대 자기회의'로, 3단계의 '주도성 대 죄책감'이 '역할 예견 대 역할 억제'로, 4단계의 '근면성 대 열등감'이 '업무 동일시 대 무용감'으로 출현하여 청소년기의 주요 발달 과업인 '정체감 대 역할 혼돈'에 누적적으로 영향을 미친다(한상철, 2014). 다음, 가운데 가로로 제시된 8개 위기는 '정체감 대 역할 혼돈'이 청소년기에 국한되지 않고 여타의 발달단계에서도 나타난다는 점을 보여 준다.

청소년기에는 급격한 신체적 변화와 성적 성숙이 일어나기 때문에 원자아의 본

8단계								자아통합감 대 절망감
7단계							생산성 대 침체감	
6단계						친밀감 대 고립감		
5단계	시간 조망 대 시간 혼미	자기 확신 대 자의식	역할 실험 대 역할 고착	도제 대 활동 불능	정체감 대 역할 혼돈	성역할 인식 대 양성 혼미	지도성 수행 대 권위 혼미	이념 수행 대 가치관 혼란
4단계				근면성 대 열등감	업무 동일시 대 무용감			
3단계			주도성 대 죄책감		역할 예견 대 역할 억제			
2단계		자율성 대 회의감과 수치심			자아상 확립 대 자기 회의			
1단계	기본적신뢰감 대 불신감				상호인정 대 자폐적고립감			

[그림 3-3] 에릭슨의 점성 원리에 의한 자아 발달

출처: 한상철(2014).

능적 욕구와 초자아의 규제 간 균형을 이루기 위해 강력한 자아가 필요하고, 아동기에서 성인기로 전환하는 과도기에 처한 청소년들은 자신의 위치와 역할을 규정하는 일에 많은 고민을 기울이며, 진학과 진로 등 여러 가지 결정과 선택을 해야 하고, 추상적 사고의 발달로 말미암아 과거-현재-미래를 조망하는 능력이 발달한다(정옥분, 2006). 그렇기 때문에 정체감 형성이 청소년기의 주요 발달 과업으로 출현할지라도 일생 동안 계속되는 발달과정이다.

3) 에릭슨 이론에 대한 평가

에릭슨은 프로이트의 영향을 많이 받았지만 몇 가지 측면에서 프로이트의 이론과는 다른 매우 독특한 방식으로 인간발달에 대해 설명하였다. 우선, 에릭슨에게 발달이란 평생 동안 개인이 다양한 사회적 맥락의 상호작용을 통해 이루어 가는 과정이다. 그렇기 때문에 에릭슨의 이론은 건강한 성격발달을 지원할 만한 방안을 다방면에서 찾는 데 유용한 근거가 된다. 또한 에릭슨의 이론은 이전 단계에서 해결하지 못한 위기는 다음 단계에서 해결할 기회를 얻을 수도 있음을 강조하기 때문에 결정론적인 프로이트의 이론과는 대조적으로 유연하고 희망적이다.

그러나 에릭슨 이론은 몇 가지 측면에서 비판을 받았다. 그가 제시한 개념들은 명확하게 정의되지 않은 채 모호하고 추상적이다. 또한 발달을 일으키는 원인과 발달단계를 전환시키는 기제에 대한 그의 설명은 여전히 명쾌하지 않다. 성인기와 그 이후의 발달단계를 구분하는 연령 구분이 모호하며, 문화와 시대에 따라서 단계별 연령 구분이 보편적으로 적용될 수 없다는 점도 남아 있다. 마지막으로, 에릭슨의 이론을 검토하고 지지할 만한 경험적 자료와 임상적 자료가 부족한 편이다.

4) 마시아의 정체감 지위 이론

마시아(J. E. Marcia)는 에릭슨의 이론을 발전시켜 청소년기에 발달하는 정체감

표 3-1 정체감 지위의 2차원과 4유형

		위기 (자신의 정체감을 찾기 위해 적극적으로 노력했는가?)	
		그렇다	아니다
결정 및 전념 (자신의 가치관, 관심사, 진로 등에 대한 결정을 내렸고 그것에 전념하고 있는가?)	그렇다	정체감 성취	정체감 유실
	아니다	정체감 유예	정체감 혼미

지위(identity status)를 연구하였다. 정체감 지위는 〈표 3-1〉에서 볼 수 있듯이 위기 (crisis) 차원과 결정 및 전념(commitment) 차원의 조합에 따라 정체감 성취 (achievement), 정체감 유실(foreclosure), 정체감 유예(moratorium), 정체감 혼미 (diffusion)의 네 가지 유형으로 분류된다(Marcia, 1980).

정체감 성취는 자신의 정체감을 찾기 위해 많은 고민을 했고, 스스로 결정을 내 렸으며, 자신이 결정한 것에 책임감을 가지고 전념하는 상태다. 정체감 유예는 정 체감을 찾으려고 여러 대안을 탐색하고 고민했으며 몇 가지 대안은 실험 삼아 시 도해 보았지만 아직 결정을 내리지는 못한 상태다. 정체감 유실은 자신의 정체감 에 관한 의문을 가지고 정체감을 찾으려는 노력을 하지 않은 상태에서 부모나 역 할모델의 가치, 기대, 결정을 수용한 상태다. 정체감 혼미는 정체감 확립을 위한 노력이나 고민을 하지 않았고 정체감에 대한 결정이나 전념을 하지 않는 상태다.

여기에 정체감 유실의 특수한 상태로 부정적 정체감(negative identity)이 추가되 었다. 부정적 정체감은 긍정적이고 올바른 가치관이나 사회적 규범을 접해 보지 못한 청소년이 그와 반대되는 태도, 신념, 가치관, 행동방식 등을 자신의 것으로 수용한 상태를 말한다(Lloyd, 1985).

한편, 에릭슨은 청소년기의 정체감 발달에 있어서 유예 기간의 중요성을 강조 하였다. 정체감 형성에는 동일시하고자 하는 인물이나 사회 집단의 영향력이 중요할지라도 청소년이 닮고자 하는 모델을 바로 모방하여 정체감을 형성하는 것보다는 독서나 여행, 많은 사람과의 대화와 만남 등 청소년기만의 독특한 경험을 통해 서서히 정체감을 형성하는 것이 더욱 바람직하다(Erikson, 1968). 마시아에 의하면 정체감 유예(moratorium: M) 상태는 정체감 성취(achievement: A)를 이루는 과정으로 나아가고, 다시 정체감 유예(M)를 경험한 다음에 다시 정체감 성취(A)에 도달하는 등 정체감 유예(M)와 정체감 성취(A)를 반복하는 경우가 있다. 인생은 정체감을 찾는 MAMA 사이클을 반복하는 과정이고, 자아정체감 형성은 청소년기에 국한되지 않고 전 생애에 걸쳐 달성해야 할 과업이다(Stephen, Fraser, & Marcia, 1992).

3 콜버그의 도덕성 발달이론

제2장에서 우리는 피아제가 인간의 인지발달에 대해 제시한 매우 영향력 있는 이론을 배웠다. 피아제는 인지발달과 관련시켜 도덕성 발달에 대해서 연구했고, 콜버그(L. Kohlberg)는 피아제의 영향을 받아 도덕성 발달이론을 더욱 체계적으로 연구하였다. 인지능력의 발달에 토대를 둔 피아제와 콜버그 둘 다 도덕적 정서나 도덕적 행위가 아닌 도덕적 추론능력의 발달단계를 구분하였다.

피아제에 의하면 대략 5세경부터 시작되는 도덕성 발달은 2단계를 거쳐 진행된다. 첫째, 외부의 규칙에 의존하는 타율적 도덕성 단계에서는 외부에서 정해진 규칙을 행위에 대한 절대적 판단기준으로 삼고, 규칙을 변화시킬 수 없다고 본다. 이를 도덕적 사실주의라고도 하고, 약 10세경까지 지속된다. 둘째, 10세 이후에는 선악을 스스로 평가하는 자율적 도덕성 단계로 이행된다. 이는 자기중심적 사고의 감소와 추상적 사고의 발달에 의한다. 이 시기의 아동은 규율을 신성불가침한 불변의 것으로 인식하지 않고, 상황에 맞게 또는 구성원들의 합의에 따라 규칙을 바꿀 수 있다고 본다. 이러한 도덕적 사고를 협력의 도덕성 또는 도덕적 상대주의라고도 한다.

피아제 이론의 영향을 받은 콜버그 역시 도덕성 발달을 인식능력의 발달에 의한 결과로 간주하였다. 그러나 소수 아동들의 행동을 관찰하고 그들을 대상으로 면접을 했던 피아제와 달리, 콜버그는 다수의 사람들에게 도덕적 갈등상황(도덕적 딜레마, moral dilemma)을 제시한 후 면담을 하는 독특한 방법을 사용하였다. 다음에 제시된 하인츠(Heinz)라는 가상인물을 설정하여 만든 '하인츠 딜레마'는 콜버그가 사용했던 도덕적 갈등상황의 한 가지다.

도덕적 갈등상황을 제시한 다음, 두 가지 질문을 한다. 첫째, 도덕적 딜레마 속 등장인물의 행위가 도덕적으로 옳다고 보는지 옳지 않다고 보는지를 묻는다("하인츠가 약을 훔친다면, 그것은 옳은 행동인가 옳지 않은 행동인가?"). 둘째, 옳거나 옳지 않다고 판단한 이유를 묻는다("하인츠의 행동이 옳은 행동이라고 또는 옳지 않은 행동이라고 생각한 이유는 무엇인가?"). 콜버그는 다양한 연령대의 사람들로부터 얻은 대답의 내용을 분석하여 도덕성 발달단계를 3수준 6단계로 구분하였다.

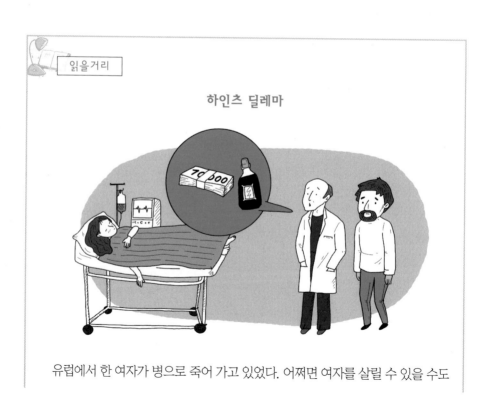

읽을거리

하인츠 딜레마

유럽에서 한 여자가 병으로 죽어 가고 있었다. 어쩌면 여자를 살릴 수 있을 수도 있는 한 가지 약이 있기는 했다. 그 약은 어느 제약회사에서 개발한 것인데, 약의 재료비가 비싸기도 했지만 제약회사는 원가의 10배나 비싸게 아주 적은 양의 약을 2천 불이나 받고 팔았다. 여자의 남편인 하인츠는 약을 사려고 아는 사람을 모두 찾아가 돈을 꾸었지만, 약값의 절반인 천 불밖에 마련하지 못하였다. 하인츠는 제약회사를 찾아가 아내가 죽어 가고 있으니, 약을 반값에 팔든지 아니면 나중에 나머지 돈을 갚겠으니 약을 달라고 간청했다. 그러나 제약회사는 약을 개발하느라 시간과 돈을 매우 많이 투자했으니 이제부터는 수익을 내야 한다면서 하인츠의 요청을 거절했다. 절망에 빠진 하인츠는 약을 훔치기 위해 밤에 제약회사에 몰래 침입하였다.

출처: Kohlberg (1963).

1) 콜버그의 도덕성 발달단계

콜버그의 도덕성 발달이론에 의하면, 상이한 발달단계에서의 도덕성은 상이한 인지능력을 요구한다(Walker, 1980). 자기중심적 사고는 전인습적 수준의 도덕적 판단에 머물게 하고, 조망수용능력(타인의 관점과 입장을 이해하는 능력)이 발달하면서 자기중심적 사고에서 벗어나면 인습적 수준의 도덕적 판단이 가능해지고, 추상적 사고를 할 수 있게 되면 후인습적 수준의 도덕적 판단이 가능해진다.

(1) 전인습적 수준

전인습적(인습 전, pre-conventional) 수준의 도덕성은 사회 인습 이전의 원초적 도덕성이라 할 수 있다. 벌이나 물질적 보상이 도덕성 판단의 기준이 되고, 두 가지 하위단계로 나뉜다.

1단계: 벌과 복종에 의한 도덕성

어린 아동은 행동의 결과로 벌을 받는가, 피할 수 있는가 또는 행위를 강요한 사람이 누구인가를 선악 판단의 주요 기준으로 삼는다. 이 단계의 아동은 벌을 받지 않는 행동은 좋은 행동이고 벌을 받는 행동은 나쁜 행동으로 판단하며, 권력을 가진 사람에게 무조건 복종하는 것이 가치 있다고 생각한다. 예를 들면, 하인츠 딜레마에 대해 "경찰서에 잡혀가니까 약을 훔치는 것은 나쁜 짓이야."라고 대답하는 아동은 1단계로 분류될 것이다.

2단계: 욕구 충족 수단으로서의 도덕성

이 단계에서는 자신의 필요나 욕구 또는 타인의 필요나 욕구를 충족시켜 주는 행위를 옳다고 판단한다. 그래서 어떤 행위의 결과로 보상을 받으면 이를 옳은 행위로 간주한다. 그래서 이를 도덕적 쾌락주의(hedonism)라고도 한다. "하인츠는 요리를 잘하는 아내의 도움을 필요로 하니까 아내를 살리려고 한 행동은 나쁘지 않아."라고 대답한 아동은 2단계로 분류된다.

(2) 인습적 수준

인습적(conventional) 수준의 도덕성은 사회 인습에 비추어 내리는 도덕적 판단을 말한다. 이는 두 가지 하위단계로 나뉜다.

3단계: 대인관계의 조화를 위한 도덕성

이 단계에 해당하는 아동은 타인의 인정을 받거나 타인을 기쁘게 해 주거나 타인과 좋은 관계를 유지시키는 행동을 좋은 행동이라고 간주한다. 예를 들면, 하인츠 딜레마에 대해 "하인츠가 약을 훔치면 동네 사람들이 나쁜 사람으로 볼 테니까 훔치는 건 나쁜 행동이야."라고 대답한 아동은 3단계에 속한다.

4단계: 법과 질서 준수로서의 도덕성

이 단계에 있는 사람들은 개인적 문제보다 공동체 전체를 위한 의무감을 더 중요하게 생각한다. 사회에는 행동통제를 위한 법과 질서가 있는데, 이를 지키는 것은 좋은 행동이고 어기는 것은 나쁜 행동이라고 판단한다. 예를 들면, 하인츠 딜레마에 대해 "남의 물건을 훔치는 것은 법을 어기는 행동이니까 훔치면 안 돼."라고 대답했다면, 이는 4단계에 해당된다.

(3) 후인습적 수준

후인습적(인습 후, post-conventional) 수준의 도덕성은 전통적인 방식의 선악판단에서 벗어나 내면화되는 시기다. 이 시기의 도덕성도 두 가지 하위단계로 나뉜다.

5단계: 사회계약으로서의 도덕성

법이 사회적·합리적 유용성에 따라 바뀔 수도 있다는 인식이 발달하면 도덕성발달의 5단계에 해당된다. 예를 들면, 마리화나와 같은 환각제를 사용하는 행위는 법에 저촉되지만 약학자들이 인체에 해롭지 않도록 활용할 수 있는 방법을 연구한다면 마리화나의 사용이 도덕적으로 나쁘지 않은 행위라고 생각한다. 이 단계에서는 사회적 계약과 개인적 권리의 균형을 이루는 것과 합의를 통한 결정이 중요시된다. 만일 하인츠 딜레마에 대해 "제약회사가 어렵게 약을 개발했으니까 소유권을 주장할 수 있지만, 소유권을 인정하는 법규가 개인의 복지에 해를 끼친다면 법규를 재고해 봐야 해."라고 대답했다면, 이는 5단계에 속한다.

6단계: 보편적 원리로서의 도덕성

이는 도덕성이 가장 깊게 내면화된 단계로, 이때 사람들은 개별 사회의 법규에 제약을 받지 않고 스스로 선택한 보편적 도덕원리인 양심에 비추어 행위의 도덕성을 판단한다. 이는 논리적 일관성이 있어야 하며 모든 사람에게 적용되는 원리이지만, 실제로 이 단계까지 도덕성이 발달하는 사람은 극소수에 불과하다(Colby, Kohlberg, Gibbs, & Lieberman, 1983). 예를 들면, 하인츠 딜레마에 대해 "생명 존중이 어떤 권리의 주장보다도 중요해."라고 대답한다면, 이는 6단계에 해당된다.

2) 콜버그의 도덕성 발달이론의 교육적 시사점

콜버그의 도덕성 발달이론은 장기간의 종단연구를 통해 체계화되었으며, 도덕교육에 많은 영향을 주었다. 특히 도덕적 사고의 발달을 촉진시키는 방안으로 제시된 소집단 토론은 다음과 같이 도덕교육의 방법에 큰 변화를 가져왔다.

첫째, 콜버그의 이론은 학생의 인지발달 수준에 맞는 도덕교육의 방법을 결정하고 실행할 필요성을 제기하였다. 학생이 자신의 인지발달 수준보다 높은 도덕적 판단을 할 것으로 기대하기보다는 학생의 인지발달 수준에 맞는 내용과 방법으로 교육해야 한다는 점이다.

둘째, 콜버그의 이론은 '~을 해야 한다' '~을 해서는 안 된다'라고 도덕적 행동을 지시하거나 강요하는 훈련의 한계를 지적하였다. 이보다는 어떤 상황에서 어떤 행동을 '왜' 해야 하는지 또는 '왜' 하면 안 되는지에 대해 학생들에게 생각해 보게 하는 도덕적 사고력의 증진을 강조한다.

셋째, 소집단 토론을 통해 학생들은 각자의 도덕적 판단을 다른 학생들과 비교해 봄으로써 하나의 사건에 대해 다양한 관점이 있다는 것을 이해할 수 있게 된다. 자유롭고 안전한 분위기 안에서 또래들과 상호작용하며 각자의 의견을 솔직하게 표현하는 사회적 경험은 조망수용능력을 발달시킬 것이고, 이로써 점차 더 높은 수준의 도덕적 판단이 가능해질 것이다.

3) 콜버그의 도덕성 발달이론에 대한 비판

콜버그의 도덕성 발달이론이 도덕적 판단능력의 발달을 위한 도덕교육에 중요한 시사점을 주기는 했지만, 그의 이론은 몇 가지 문제점도 가지고 있다.

첫째, 도덕적 딜레마에 대한 응답을 채점하는 방식이 주관적이어서 개인의 도덕성 발달단계를 분명하게 결정하기가 어렵다. 더구나 사람들은 처해 있는 상황에 따라 서로 다른 단계에 해당하는 도덕적 판단을 하므로(즉, 여러 도덕성 단계가 혼재될 수 있으므로) 도덕성 발달단계의 구분은 더욱 어려워진다.

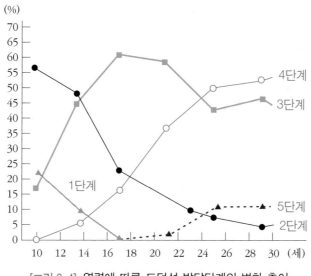

[그림 3-4] 연령에 따른 도덕성 발달단계의 변화 추이

출처: Colby, Kohlberg, & Gibbs (1979).

둘째, 도덕성 발달단계와 관련하여 후인습적 수준의 적합성에 대한 논란이 끊임없이 제기되었다. [그림 3-4]에서 볼 수 있듯이 대부분의 성인들은 3단계나 4단계의 도덕적 판단을 주로 많이 한다(Colby, Kohlberg, & Gibbs, 1979; Colby, Kohlberg, Gibbs, & Lieberman, 1983). 10세 이후부터는 1, 2단계의 반응이 급속도로 감소하고 청소년 중기까지 3단계의 반응이 급속히 증가하지만 그 이후에는 점차 감소하며, 4단계의 반응은 10대 초반에 미미하게 나타나기 시작하여 성인기까지 계속 증가한다. 10대 말경에 나타나기 시작한 5단계의 반응은 그 이후에도 크게 증가하지 않으며 그리 많지도 않고, 6단계에 해당하는 사람은 극히 드물다.

셋째, 도덕적 판단과 도덕적 행동이 불일치한다는 문제점이 있다. 예를 들면, 어떤 사람이 4단계의 도덕적 판단을 할지라도 실제로 그의 행동은 2단계에 머물 수 있다. 일상생활에서 발생하는 도덕적 갈등상황은 강렬한 정서를 경험하게 하므로 도덕적 정서(예: 죄책감, 수치심, 자부심)를 고려하지 않은 채 도덕적 행동(예: 이타행동, 기부행동)을 설명하기 어려운데, 콜버그의 도덕성 발달단계는 순수하게 인지적 판단에 근거해 구분되기 때문이다.

넷째, 도덕적 판단은 한 사회에서 공유하는 가치를 반영하는데, 콜버그의 이론은 미국의 백인 중산층을 중심으로 발전한 것이므로 문화적으로 편향되어 있다. 개인의 권리와 복지 그리고 합리성을 중시하는 백인 문화권(예: 미국)에 사는 청소년과 성인들의 도덕적 판단 능력은 대체로 4, 5단계까지 발달하지만, 집합주의적 가치와 관계성을 중시하는 문화권(예: 멕시코, 타이완)에 사는 청소년과 성인들은 대체로 3, 4단계에 해당하는 도덕적 판단을 한다(Kohlberg & Kramer, 1969; Snarey, 1985).

다섯째, 도덕성이 성별에 의해 완전하게 결정된다고 볼 수는 없을지라도 성별과 관련될 여지는 있다. 그럼에도 불구하고 콜버그의 이론은 여성과 남성의 상이한 도덕적 판단근거를 고려하지 못하였다. 콜버그의 도덕적 딜레마는 정의(justice)의 추론을 탐지하는 데 더 잘 활용되므로 배려(care)를 지향하는 도덕성은 이 딜레마에 의해서 잘 드러나지 않는다(Kurtines & Gewirtz, 2004). 실제로, 콜버그의 발달단계 분류체계를 여성들에게 적용하면 다수가 3단계에 해당되지만, 이러한 결과가 여성의 도덕성이 남성보다 미숙함으로 증명하는 것은 아니다. 길리건(C. Gilligan, 1982)은 『다른 목소리로(In a Different Voice)』라는 저서에서 남성은 정

표 3-2 여성의 도덕성 발달: 3수준 2전환기

수준 1	전인습적 도덕 (자기 지향)	자신의 욕구만족, 이익, 생존에 몰두
전환기 1	이기심에서 책임감으로	도덕적 판단기준이 독립적이고 이기적인 것에서 다른 사람과의 관계와 책임감으로 옮겨 가기 시작함
수준 2	인습적 도덕 (자기희생으로서 선)	사회적 조망이 발달하면서 자신의 욕구 충족을 억제하고 타인에 대한 배려, 책임감, 자기희생을 지향
전환기 2	선에서 진실로	다른 사람을 위해서 자신을 희생하는 이유에 대한 의문을 갖기 시작함. 도덕적 판단기준이 자기 주변의 타인에서 더욱 넓은 범위의 타인에 대한 관심으로 발전하기 시작함
수준 3	탈인습적 도덕 (비폭력의 도덕성)	개인의 권리 주장과 타인에 대한 책임감이 조화를 이룸. 비폭력, 평화, 박애를 지향

출처: 신명희 외(2014).

의의 도덕성을, 여성은 배려의 도덕성을 가지고 있다고 주장하였다. 〈표 3-2〉에서 볼 수 있듯이 배려의 도덕성 역시 전인습적 수준(생존에 대한 관심과 자신에 대한 배려), 인습적 수준(책임에 대한 관심과 타인에 대한 배려), 탈인습적 수준(자신과 타인에 대한 상호 의존적 배려)을 거치면서 발달하고, 앞 수준에서 다음 수준으로 전환하는 2개의 전환기를 거친다.

4 감정이입과 사회적 조망수용의 발달

콜버그의 도덕성 발달이론이 가진 문제점에서 살펴봤듯이 도덕성의 발달은 도덕적 판단능력만으로 결정되는 것은 아니다. 도덕적 판단뿐만 아니라 도덕적 정서(이상적인 기준에 못 미치는 행동이나 판단을 했을 때 느끼는 죄책감과 수치심, 이상적인 기준에 도달했을 때 느끼는 자부심), 감정이입(공감, empathy), 타인의 조망을 수용하는 능력의 발달도 도덕적 행동을 동기화하는 데 작용한다(Kurtines & Gewirtz, 2004; Walker, 1980).

1) 감정이입의 발달

인지발달론자들(예: 콜버그)에게는 인지(정의에 대한 신념, 정의로운 판단)가 도덕적 행동의 동기화에 중요하지만, 도덕사회화 이론가들[예: 호프만(Hoffman)]에게는 감정이입이 도덕적 행동의 동기화에 중요한 것이다(Kurtines & Gewirtz, 2004). 고통받는 사람의 고통을 이해하고 그의 감정을 대리적으로 경험할 수 있는 능력은 그 사람을 돕는 이타적 행동을 할 수 있게 한다.

간단히 말하면, 감정이입은 타인의 감정을 경험할 수 있는 능력이다. 좀 더 상세히 설명하면, 감정이입은 타인의 생각과 감정 그리고 처지를 '정확하게 이해하고', 그 사람이 느끼는 것과 같거나 유사한 '감정을 느끼며', 내가 그의 처지를 이해하고 있음을 '표현하는' 것이다(장휘숙, 2002; Eisenberg, 2000). 고통에 빠진 사람을 보고 감정이입을 하는 학생은 친사회적 기술을 더 많이 사용하고(Rubin et al., 2006), 원만한 사회적 관계를 유지하고, 강한 유대감을 가지며(장휘숙, 2002), 문제행동을 적게 한다(Zins, Bloodworth, Weissberg, & Walberg, 2004). 여기서는 호프만(1980, 1987)이 제안한 감정이입의 발달단계를 살펴보고자 한다. 호프만은 인지적 관점이 아닌 정서적 관점에서 이타성의 발달을 연구한 대표적 학자다.

감정이입의 발달은 〈표 3-3〉과 같이 4단계를 거치면서 일어난다. 3세 정도 되면 감정이입할 수 있는 기본능력이 발달하기 시작한다. 아동기 이후에는 눈앞에 보이는 사람 또는 그 사람이 한 행동이나 표현한 감정에 대해 감정이입할 수 있을 뿐만 아니라 눈앞에 보이지 않는 사람에 대해서도 상상하며 감정이입할 수 있는

표 3-3 호프만의 감정이입 발달단계

1단계 총체적 감정이입의 단계	0~1세	• 자신과 타인의 존재를 구분하지 못함 • 고통받고 있는 사람을 보면 불쾌한 감정을 가지며, 다른 사람의 고통이 마치 자신에게 일어난 것처럼 행동함(예: 옆의 아동이 울면 자신도 따라서 운다.)
2단계 자기중심적 감정이입의 단계	1~2세	• 대상영속성 개념의 획득에 따라 자신과 타인을 구분할 수 있게 되고, 자신이 아니라 타인이 고통을 받고 있음을 이해함 • 자신의 감정과 타인의 감정이 다르다는 것을 이해하지 못하므로 고통을 받고 있는 사람을 보고 적절한 반응을 하지는 못함
3단계 타인지향적 감정이입의 단계	2~3세	• 자신과 타인이 서로 다른 감정을 느낄 수 있음을 이해하기 시작함 • 고통받는 사람이 눈앞에 있을 때만 타인의 감정을 이해함
4단계 타인의 삶에 대한 감정이입의 단계	아동기	• 일시적 감정을 공유하는 데 그치지 않고, 타인의 일반적인 삶의 경험에 대한 이해를 토대로 감정이입하는 단계 • 고통을 받은 사람이 눈앞에 보이지 않더라도 상상하는 것만으로도 감정이입이 가능함

출처: Hoffman (1987).

정도로 발달한다.

2) 사회적 조망수용의 발달

조망수용(perspective taking)은 다른 사람의 생각, 감정, 의도, 행동을 생각할 수 있고 그 사람의 입장에서 정확하게 이해하는 능력을 의미한다. 역지사지(易地思之)의 마음자세를 말하는데, 공간적 조망수용(물리적 조망수용이라고도 함)과 사회적 조망수용(역할수용, role-taking이라고도 함)으로 구분된다.

앞에서 배웠던 피아제의 세 산 실험과제는 공간적 조망수용 능력의 발달을 평가하는 데 사용되었다. 피아제의 인지발달단계에서 전조작기에 해당하는 아동들은 타인도 자신과 동일한 관점에서 세 산 모형을 바라볼 것이라고 생각한다. 이러한 자기중심적 사고는 공간적 조망수용 능력의 부족을 반영한다.

만일 사회적 상호작용이나 대인관계 안에서 타인의 입장, 관점, 감정을 추론하고 이해할 수 있다면 사회적 조망수용(social perspective taking) 능력이 발달했다고 본다. 사회적 조망수용 능력을 갖춘 사람은 자신과 타인을 객체로 파악하여 타인의 관점에서 자신의 행동을 이해하고 상대방의 입장에 서서 그 사람의 능력, 특징, 기대, 감정, 동기 등을 정확하게 추론할 수 있기 때문에 타인과의 사회적 관계를 정확하게 예측할 수 있고, 그 사람의 요구에 효과적으로 반응할 수 있으며, 효율적으로 의사소통할 수 있고, 우정을 지속할 수 있으며, 어려운 사회적 문제도 해결할 수 있다(Eisenberg & Strayer, 1987).

셀먼(R. L. Selman, 1980)은 사회적 조망수용 능력, 즉 역할수용 능력이 5단계를 거쳐 발달한다고 보았다. 사회적 딜레마를 읽은 다음에 딜레마 속 등장인물 각각의 조망을 잘 이해하는 정도에 따라서 사회적 조망수용 능력의 발달단계가 구분된다. 다음은 셀먼이 사용했던 사회적 딜레마 중에서 대표적인 '홀리의 딜레마'와 후속 질문을 예시한 것이다.

읽을거리 〈홀리의 딜레마〉

　　홀리는 마을에서 나무타기를 가장 잘하고 좋아하는 여덟 살 난 여자아이다. 어느 날 나무 높이 올라가다가 떨어졌다. 다치지는 않았지만 홀리의 아버지는 크게 놀라셨고 다시는 나무타기를 하지 말라고 당부하셨다. 홀리도 그렇게 하겠다고 약속했다. 며칠 후 홀리와 친구들은 친구 샘을 만났다. 샘의 아기 고양이가 나무 위에 올라가 있는데 혼자서는 도저히 내려올 수 없는 상황이었다. 곧바로 고양이를 구조하지 않으면 떨어져 다칠 수도 있었다. 당장 고양이를 구조할 사람은 홀리밖에 없었지만, 홀리는 아버지와 한 약속을 떠올리면서 어떻게 해야 하나 망설이고 있다.

〈후속 질문〉
- 샘은 홀리가 나무에 올라가지 못하는 이유를 알고 있을까?
- 나무에 다시 올라간 홀리를 아버지가 보신다면 홀리를 벌하실까?
- 당신이라면 이 상황에서 어떻게 할 것인가?

출처: 장휘숙(2002).

　　〈표 3-4〉에서 볼 수 있듯이 아동기 초기에는 타인의 관점을 자신의 것과 구분할 수 없지만, 똑같은 사건에 대해서도 사람마다 다른 방식으로 느끼고 생각할 수 있다는 것을 점차 깨닫게 되고, 타인의 관점뿐만 아니라 제3자의 관점 그리고 합의된 사회적 규범과 가치를 참조하여 자신과 상대방의 관점을 고려할 수 있게 된다(신명희 외, 2014). 이러한 사회적 조망수용 능력의 발달은 피아제의 인지발달과 밀접하게 관련되어 있다. 전조작기 아동들의 사회적 조망수용 능력은 0단계에 머물지만, 구체적 조작기 아동들의 사회적 조망수용 능력은 1, 2단계로 발달하며, 형식적 조작기의 청소년들은 3, 4단계의 사회적 조망수용 능력을 가지게 된다(Krebs & Gillmore, 1982). 그러나 형식적 조작의 발달만으로는 사회적 조망수용 능력의 발달을 온전히 설명할 수 없다. 추상적 사고능력뿐만 아니라 동시에 여러 정

보를 고려할 수 있는 능력이 발달할 때 비로소 높은 단계의 사회적 조망수용 능력
이 형성된다(장휘숙, 2002).

　다행스럽게도 사회적 조망수용 능력은 고정 불변의 것이 아니라 격려와 지도에

표 3-4	셀먼의 사회적 조망수용 능력 발달단계	
0단계 자기중심적 미분화 단계	3~6세	• 자신의 입장과 타인의 입장을 구별하지 못함 • 타인도 자신과 동일한 생각과 느낌을 가지고 있다고 생각함 • 다른 사람의 입장을 물어보면 자신의 입장을 말함
1단계 사회정보적 · 주관적 조망수용 단계	5~9세	• 사람들이 서로 다른 사회적 정보를 가지고 있기 때문에 동일한 상황에 대해 저마다 다른 생각을 할 수 있다고 깨닫기 시작하지만 여전히 자신의 입장에서 이해하려고 함 • 타인의 의도, 감정, 사고를 추측할 수는 있지만 숨은 의도나 감정을 알아차리지는 못함
2단계 자기반성적 조망수용 단계	7~12세	• 타인의 관점을 이해하고 타인의 관점에서 자신을 바라볼 수 있음 • 나의 관점과 타인의 관점이 다르고, 그 누구도 옳을 수 있고 틀릴 수도 있으므로 어느 누구의 관점이 전적으로 옳은 것은 아님을 깨닫게 됨 • 서로 입장을 바꾸어 생각할 수 있지만 제3자의 입장에서 너와 나의 입장을 객관적으로 바라보지는 못함
3단계 제3자적 조망수용 단계	10~15세	• 자신의 관점과 타인의 관점을 동시 상호적으로 각각 이해할 수 있음 • 자신의 관점과 타인의 관점을 제3자의 관점에서 객관적으로 또는 공평하게 고려하기 시작함
4단계 사회인습적 조망수용 단계	12세~성인	• 제3자의 관점을 확대하여 사회 구성원들이 가지는 일반화된 관점, 즉 모든 사람이 공유하는 일반타자, 합의된 집단관점, 사회제도적 · 인습적 · 도덕적 측면의 관점을 고려하기 시작함 • 자신의 관점을 상대방에게 전달하고 자신이 상대방의 관점을 이해하려면 합의된 사회적 인습을 파악하고 참조해야 함을 깨닫기 시작함

출처: 장휘숙(2002), Selman (1980).

의해 변화 가능하다. 다른 사람의 입장에서 그 사람의 처지나 어려움을 생각해 보거나 문제 상황을 바라보는 연습을 통해 사회적 조망수용 능력을 발달시킬 수 있다. 예를 들면, 분노에 차 있고 공격적으로 행동하는 아동들에게 사회적 조망수용 능력 훈련을 꾸준히 시켰을 때, 이들의 분노표현과 공격적 행동이 감소하였다(Chalmers & Townsend, 1990). 또한 사회적 조망수용 능력은 사회문화적 환경의 영향을 받아 증감한다. 예를 들면, 개인주의 문화권에 사는 사람들보다 집합주의 문화권에 사는 개인들이 더 높은 수준의 사회적 조망수용 능력을 가지고 있다(Keats & Fang, 1992). 이러한 연구결과는 괴롭힘 가해학생 또는 학교폭력 가해학생의 사회적 조망수용 능력을 이해하고 증진시킬 방안을 강구하는 데 유용한 교육적 시사점을 가진다.

탐 구 문 제

1. 프로이트와 에릭슨의 이론을 토대로, 청년기까지 단계별로 발달적 차이점을 비교하시오.

2. 프로이트와 에릭슨이 건강한 성격의 발달에 필수적인 요인이라고 제안한 것을 학교에서 어떤 방식으로 조성할 수 있을지에 대해 조별 토론하시오.

3. 콜버그의 이론에 비추어 도덕적 판단능력을 증진시키기 위한 도덕적 딜레마를 하나 만들어 보고, 그 딜레마를 사용하여 도덕성 발달단계를 확인하기 위한 면접을 실시해 보시오.

4. 학교에서 교과수업과 연계하여 실행할 수 있는 감정이입 증진활동을 구성해 보시오.

5. 셀먼의 사회적 조망수용 이론에 비추어 발달단계별 특징을 서술하시오.

04 교수이론

이 장에서는 먼저 가르치는 일, 즉 교수의 정의와 그 성격에 대해 알아본다. 그리고 나서 현대 교수이론에서 가장 영향력이 큰 캐롤(J. B. Carroll), 블룸(B. S. Bloom), 브루너(J. S. Bruner), 가녜(R. M. Gagné) 그리고 글레이저(R. Glaser)의 교수이론의 개요를 살펴본다. 마지막으로, 이 분야에서 최근 가장 각광을 받고 있는 구성주의 교수이론의 배경 및 시사점을 고찰한다.

1 교수의 성격

교육에서 학습 혹은 배움에 대한 상대적인 개념은 교수(敎授), 즉 가르침(teaching)이다. 교수의 정의는 매우 다양하지만, 저명한 교육심리학자 게이지(N. L. Gage)는 다음과 같이 정의하였다(Gage, 1981).

교수란 다른 사람의 학습을 촉진시키려고 하는 어떤 사람의 활동을 뜻한다. 비록 그러한 활동에는 종종 언어가 수반되지만 꼭 그럴 필요는 없으며, 오로지 합리적이며 지적인 과정에만 의존할 필요도 없다. 우리는 학생들에게 조용히 시범을 보이거나 모델을 제시하여 모방하게 함으로써 가르칠 수도 있다. 또한 우리는 정의적(情意的, affective) 요소로 구성된 태도나 감상법을 가르침으로써 가르치기도 한다.

이렇게 본다면, 교수란 언어적 · 비언어적 방법을 통하여 지, 정, 체의 영역을 학습하도록 지도하는 활동이라 할 수 있다.

그런데 게이지에 의하면 교수에는 예술성(art)과 과학성(science) 또는 기술공학

(technology)적 성격이 모두 있다. 가르치는 것을 하나의 실제적이고 실용적인 예술 행위로 보는 것은 하이에트(G. Highet, 1950)의 저서 『교수의 예술성(The art of teaching)』에 잘 나타나 있다. 이 책에서는 하나의 실제적인 예술로서의 교수란 미의 창조나 미학적 쾌락을 불러일으키는 예술이라기보다는 직관, 창의력, 임기응변성, 표현력 등이 요구되는 과정이라고 말한다. 그래서 아이스너(E. W. Eisner)는 문학, 미술, 음악 등 다른 예술 형태에 적용된 것과 같은 감식력과 비평을 교수에도 적용하여 평가해야 한다고 주장한 바 있다(이용남, 1990).

이와 달리 교수를 과학적 지식을 효율적으로 이용하는 기술공학적 통제과정으로 보는 견해는 스키너(Skinner, 1968)의 『교수공학(The Technology of Teaching)』이라는 책에 잘 나타나 있다. 이 책에서는 가르치는 것을 철저한 과학적 법칙에 따르는 기술이나 기법으로 보고, 그런 예언력과 통제력이 높은 엄밀한 법칙, 예를 들면 행동주의 학습원리를 잘 따르면 언젠가는 훌륭한 교수에 도달할 수 있다고 본다. 그렇게 될 경우 교수는 자동화되고 기계화됨으로써 교사가 없어도 교육이 가능하다고 본다.

여기서 게이지는 절충적 입장을 취한다. 교수에 예술성이 있다고 해서 교사 마음대로 즉흥적으로 가르치는 것이 아니라, 교실 수업에서 교사가 어떻게 가르치면 학생들이 잘 배우는가에 대한 과학적 연구에 기초하여 교사가 적절하게 창의적으로 예술성을 발휘하여 가르쳐야 한다. 또한 교수가 과학적 연구에 기초해야 한다고 하지만, 실제 교수 사태에서는 수많은 변수가 한꺼번에 상호작용하기 때문에 교사는 예술가로서 최선의 교수방법에 대해 임상적·예술적 판단을 하지 않으면 안 된다.

한편, 브루너(1966)는 가르치는 행위에 대한 교수이론의 성격은 학습이론의 성격과 차이가 크다고 하였다. 앞 장에서 보았듯이, 학습이론은 학습자가 무엇을 어떻게 배워 가는가를 자세히 서술하거나 기록하는 기술적(記述的, descriptive) 성격을 띤 이론이다. 또한 학습이론은 무엇을 효과적으로 배우기 위해서는 어떻게 해야 하는가에 대해서 직접 지시해 주지 않기 때문에 교육에 있어 간접적(indirective) 성격을 띤 이론이라 할 수 있다.

이에 비해 교수이론은 처방적(處方的, prescriptive)·규범적(規範的, normative) 성격을 띤 이론이라 할 수 있다. 우선, 교수이론은 마치 의사가 환자에게 치료방법을 처방해 주는 것과 마찬가지로, 학생이 어떤 지식, 태도, 기능을 가장 효과적으로 학습하도록 하기 위하여 필요한 조건과 방법을 마련하는 데 관심을 갖는다는 점에서 처방적이라 할 수 있다. 그리고 그런 지식, 태도, 기능을 일정한 수준까지 도달하도록 하는 데 있어 모든 학년에 공통적으로 적용할 수 있는 일반성 수준을 높게 진술한다는 점에서 규범적이라 할 수 있다.

그러나 교수이론과 학습이론의 성격이 다르다고 하여 이 두 이론이 독자적으로 발달한다면, 교육 실제나 수업의 개선에 도움이 되지 않을 것이다. 따라서 브루너는 두 이론 간에 모종의 합의점(congruence)이 있어야 된다고 하였다. 이런 견지에서 보면, 1980년대 이후는 인지심리학의 영향으로 인해 교수이론이나 학습이론 모두 교과지식을 가르치고 배우는 과정에 관심을 집중해 왔다.

지금까지의 교수이론 중 가장 강력한 영향을 주고 있는 것은 캐롤, 블룸, 브루너, 가네, 글레이저의 교수이론이다. 그리고 비교적 최근에 대두된 것으로는 구성주의(constructivism) 교수이론이 있다. 다음에서는 이 교수이론들의 개요를 살펴본다.

2 캐롤의 학교학습 모형

캐롤(1963)은 오랫동안 외국어 교육을 연구하고 경험하여 얻은 결과를 토대로 학교학습에 대한 가설적 모형을 제시하였다. 이 모형은 교수-학습에 있어서 여러 변인을 고려한 가장 체계적인 모형으로 오늘날까지 끊임없이 영향력을 발휘하는 최초의 모형이다. 그에 의하면 학습의 정도는 학습자가 어떤 과제의 학습을 위해서 필요로 하는 시간량에 비추어 얼마만큼의 시간을 그 학습에 실제로 사용하느냐의 비율에 따라 결정된다. 여기서 학습의 정도란 도달되어야 할 목표 기준에 비추어 보았을 때 실제 학습성취의 정도를 가리키고, 필요시간량이란 학습과제를 완전학습(mastery learning)이라는 기준선까지 학습하는 데 소요되는 총 시간량을 말한다. 그리고 사용시간량이란 학습을 하는 과정에서 흘러간 시간량만을 말하는 것이 아니라 학습자가 능동적으로 학습과제에 주의를 집중시켜 학습에 열중하는 시간량을 말한다. 이와 같은 정의에 입각하여 캐롤의 명제를 방정식의 형식으로 표현하면 다음과 같다.

학습의 정도＝f(학습에 사용한 시간량/학습에 필요한 시간량)

여기서 f는 방정식의 양 변이 함수관계에 있음을 나타낸다. 이 방정식의 의미는 간단하다. 학습의 정도를 백분율로 표시하면, 한 학습자에게 학습에 필요한 시간량과 학습에 실제로 사용한 시간량이 같을 때 학습의 정도는 100%가 될 것이다 (예: 2/2, 4/4, 10/10). 또한 사용시간량이 필요시간량에 비해서 줄어들수록 학습의 정도는 그만큼 낮아질 것이다(예: 5/6, 3/4, 1/2). 그리고 학습에 필요한 시간량의 크기에 관계없이 학습에 사용한 시간량이 0일 때는 학습의 정도도 0%일 것이다 (예: 0/10, 0/5, 0/2).

캐롤은 학습에 필요한 시간량과 학습에 사용한 시간량을 결정하는 변인으로서 두 군으로 분류될 수 있는 다섯 가지 변인을 제시하였다. 이것은 학습자 자신에게 내재하는 개인차 변인으로서 적성(aptitude), 수업이해력(ability to understand instruction), 지속력(perseverance)이 있고, 학습 조건에 속하는 수업 변인으로서 수업의 질(quality of instruction)과 학습 기회(opportunity to learn)가 있다. 여기서 개인차 변인 중 적성과 수업이해력, 그리고 수업 변인 중 수업의 질은 학습에 필요한 시간량을 결정하고, 개인차 변인 중 지속력과 수업 변인 중 학습 기회는 학습에 사용한 시간량을 결정한다고 하였다. 이러한 점을 고려하여 각 변인을 앞에 나온 방정식에 대입해 보면 다음과 같다.

학습의 정도＝f(지속력×학습 기회)/(적성×수업이해력×수업의 질)

다음에서는 각 변인에 대해서 살펴본다.

1) 적 성

적성이란 특정 학습과제를 학습하는 데 요구되는 학습자의 특수 능력을 말한다. 학습 적성은 학습과제의 종류와 성질에 따라 달라지는 특수한 변인이다. 따라서 수학 공부에 높은 적성을 가진 학생이 국어에 대해서도 반드시 높은 적성을 가졌다고 말할 수는 없다. 이러한 적성은 특수과제에 대한 사전학습 또는 선수학습(previous or prior learning)의 양에 의해 상당히 좌우된다. 한 과제의 학습에 있어서 과거에 이미 상당한 정도의 학습성취를 보인 학습자는 앞으로 그리 많은 학습시간을 필요로 하지 않을 것이다. 캐롤에 의하면 이러한 적성은 학습자가 최상의 수업 조건에서 주어진 학습과제를 기준 지점까지 학습하는 데 필요로 하는 총 시간량으로 정할 수 있다고 한다. 여기서 중요한 사실은 학습의 정도가 곧 학습 적성의 함수라고 하는 전통적인 적성-학습 인과설이 부정되고 학습자의 적성은 학습에 필요한 시간을 결정할 뿐이며, 학습의 정도, 즉 학업성취를 결정하는 데는 간접적으로만 작용할 뿐이라는 점이다.

2) 수업이해력

수업이해력은 적성과는 달리 수업 내용이나 수업에서 이용되는 여러 자료 및 학습 절차를 이해하는 학습자의 일반적인 능력을 말한다. 적성과 수업이해력 사이의 가장 중요한 차이점은 적성이 과제의 종류와 성질에 따라 변하는 특수 능력(specific ability)임에 반하여, 수업이해력은 여러 수업 장면에 걸쳐 그 이해를 위해 필요한 일반 능력(general ability)이라는 점이다. 캐롤은 수업이해력이 일반 지능(general intelligence)과 언어능력(verbal ability) 두 요인으로 구성되어 있다고 하였다. 이러한 능력들은 교재나 교과서를 잘 이해하는 데 필요할 뿐만 아니라 교사가 사용하는 언어의 의미를 이해하는 데도 중요하므로 수업이해력의 구성요인이라

할 수 있다.

3) 수업의 질

수업의 질이란 학습과제의 제시, 설명 및 구성 방법이 적절한 정도를 말하는데, 이는 수업 변인으로서 학습에 필요한 시간을 결정하는 데 작용한다. 교사가 정성을 다한 밀도 있는 수업은 학생의 학습에 필요한 시간량을 단축시키는 데 공헌하는 반면, 질이 저하된 수업은 필요시간량만 연장시키는 결과를 가져올 것이다. 따라서 훌륭한 수업은 학습자가 빠른 속도로 효율적인 학습을 해낼 수 있도록 하는 수업이다. 지금까지 교육계에서는 수업의 질을 흔히 교사의 질과 혼동해 왔으며, 모든 학습자에게 적합한 표준적인 수업방식이 있다고 가정해 왔다. 그러나 최근의 연구에 의하면 종전의 이러한 주장과는 달리, 수업의 질은 교사의 질과 다른 차원이며, 수업도 학습자의 개인차에 따라 지적 특성과 정의적 특성을 고려하는 방식을 택해야 함을 알 수 있다(이용남, 1990).

4) 지속력

지속력은 학습자가 스스로 인내심을 발휘하여 학습에 더욱 많은 시간을 보내려고 하고, 학습과정에서의 여러 불편과 고통을 이겨 내며, 난관과 실패에 굴하지 않고 성공하기 위해 계속 노력하려는 것을 말한다. 따라서 지속력은 학습동기나 흥미, 태도와 일정하게 관련되어 있다고 할 수 있다. 캐롤은 이러한 지속력을 시간적인 개념으로 해석하여 '학습자가 학습을 위해 사용하려고 하는 시간'으로 정의하면서 학습에 실제로 사용한 시간과 구별하였다. 한편, 지속력은 개인에 따라 그리고 개인에 있어서도 과제에 따라 크게 다를 수가 있다.

5) 학습 기회

학습 기회는 어떤 과제의 학습을 위해 학교에서 실제로 학습자에게 허용한 시간량을 말한다. 바꾸어 말하면, 교사가 열심히 가르치고 학습자가 자기의 학습을 위해 능동적으로 실제 투입한 수업시간량이다. 그런데 학습자는 적성, 수업이해력 등에 따라 필요 시간이 다르므로 학습 기회 또는 실제 사용시간량도 서로 달라야 한다. 그러나 현재 학교에서는 그러한 개인차를 무시하고 일정한 과제의 학습을 위해 모든 학생에게 일정한 시간을 배당하고 있다.

지금까지 캐롤의 교수이론에 대한 대체적인 윤곽을 살펴보았다. 그의 이론은 학습 문제를 시간의 함수로 본 최초의 이론으로서 이후의 교수이론에 지대한 영향을 미쳤다. 특히 교육심리학이나 교수이론 연구 분야에서 그의 주장 이후 학교에서의 시간 이용에 관한 연구가 최근까지 하나의 큰 주류를 이루고 있다(Gettinger, 1984).

3 블룸의 완전학습이론

캐롤의 학교학습 모형은 이후의 교수이론에 많은 영향을 주었다. 그중에서도 블룸의 완전학습(mastery learning) 이론은 가장 큰 영향을 받았다. 블룸은 캐롤의 학교학습 모형 외에도 교육목표 분류학, 인간 특성과 학교학습 그리고 교육평가에 대한 자신의 이론을 토대로 독자적인 교수이론을 구축하였다. 그의 학교학습에 대한 이론은 『인간 특성과 학교학습(Human Characteristics and School Learning)』(Bloom, 1976)에 잘 나타나 있다.

여기서 블룸은 자신의 이론에 있어 핵심적인 세 가지 상호 관련 변인을 들었다. 첫째, 성취해야 할 학습에 기본적인 선행조건을 이미 학습한 정도, 둘째, 학생이 학습과정에 참여하려고 동기화된 정도, 셋째, 제공될 수업이 학습자에게 적절한

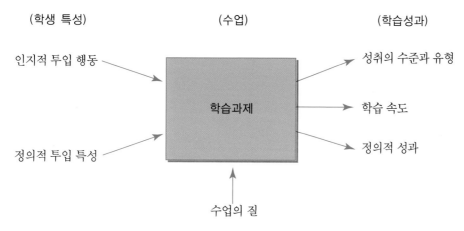

[그림 4-1] **블룸의 학교학습 이론상의 주요 변인**

정도가 그것이다. 이러한 변인이 서로 상호작용하여 다양한 학습성과를 낳는데, 이를 그림으로 나타내면 [그림 4-1]과 같다.

[그림 4-1]에서 알 수 있듯이 학습과제(learning task)를 중심으로 하여 인지적 투입 행동(cognitive entry behaviors), 정의적 투입 특성(affective entry characteristics) 그리고 수업의 질이 상호 관련되어 있다. 인지적 투입 행동은 세 가지 상호 관련 변인 중 첫 번째 변인에 해당되고, 정의적 투입 특성은 두 번째 변인에 해당되며, 수업의 질은 세 번째 변인에 해당된다. 따라서 학교학습은 학생의 심리적 특성과 교사의 수업이 상호작용한 결과 얻어진 것이라고 볼 수 있다. 각각의 주요 변인에 대해 좀 더 자세히 살펴보면 다음과 같다.

1) 인지적 투입 행동

인지적 투입 행동을 이해하기 위해서는 학습과제의 성질에 대해 알아야 한다. 학습과제는 [그림 4-2]에서 계열적(sequential)으로 배열된 경우가 교수-학습에 있어 더 바람직하다. 이때 예를 들면, [그림 4-2]의 오른쪽에서 3단계 학습을 하기 위해서는 1단계와 2단계를 선결요건(prerequisite)으로서 이미 학습하고 있어야 한다.

비계열적 배열   계열적 배열

[그림 4-2] 학습과제의 배열

이와 같이 계열적으로 배열된 학습과제는 학습과제들 사이에 상하좌우의 연결 관계가 잘 나타나 있는데, 인지적 투입 행동으로서 학업성취에 가장 결정적인 요인은 바로 이러한 특정 학습과제의 선결요건에 대한 사전 성취(prior achievement 또는 previous achievement) 여부다.

블룸은 그 외 인지적 투입 행동으로 특정 교과에 있어서의 적성을 들고 있다. 일반적으로 적성에는 가정, 학교 또는 더 넓은 환경에서 이루어진 사전학습, 추후 학습을 용이하게 하는 특정 능력, 그리고 어느 것이든지 추후의 특정 교과에서의 학습을 예언하는 것이면 모두 포함된다. 블룸은 특히 적성을 특정 교과목의 추후 학습을 적절히 예언할 수 있는 사전학습 정도를 대체하는 지수로 본다.

사전학습이나 적성은 특수한 인지적 투입 행동이며, 이 외에도 블룸은 보편적인 인지적 투입 행동으로서 독서 이해력(reading comprehension)과 일반 지능을 들고 있다. 대부분의 학습자료는 많은 독서량을 요구한다. 따라서 학습자료를 잘 읽을 수 있다면 수업의 질이 약간 낮더라도 학습을 충분히 해낼 수 있다. 독서 이해력을 많이 요구하지 않는 학습자료를 개발할 수 있는지 또한 그렇게 해야 하는지에 대해서는 현재 미지수이나 학교학습에서 독서 이해력이 뛰어나다는 것은 추후의 학습에 큰 영향을 준다.

일반 지능은 오랫동안 학교학습을 결정하는 보편적인 인지적 투입 행동으로 간주되었다. 따라서 학생의 선발, 예언, 의사결정에 주요인으로 이용되었다. 그러나 최근에는 특정 학습과제에 요구되는 특수한 인지적 투입 행동과 중첩되는 정도에 한해서만 학습을 예언할 수 있다고 본다. 그러므로 일반 지능의 학교학습에 대한 예언도는 특정 학습과제에 대한 인지적 투입 행동보다는 떨어진다고 볼 수 있다. 그렇지만 일반 지능 또한 학교학습에서 여전히 무시할 수 없는 예언도를 나타내고 있다.

2) 정의적 투입 특성

정의적 투입 특성으로서 중요한 것은 교과 관련 애착심(subject-related affect)을 들 수 있다. 학생은 특정 교과에 대한 흥미나 태도를 갖고 있는데, 이는 하나의 연속선상에서 나타날 수 있다. 즉, 어떤 교과에 대한 긍정적 견해나 애호 또는 긍정적 애착심으로부터 혐오 또는 부정적 태도에 이르기까지 그 호오(好惡)의 정도를 알 수 있다. 이러한 교과 관련 애착심은 과거 학습자의 성공이나 실패 경험, 현재의 과제가 갖고 있는 도전감, 미래의 목표나 목적의식에 의해 결정되며, 학생의 학습에 큰 영향을 주게 된다.

학교 관련 애착심 또한 학습자의 정의적 투입 특성으로 중요한데, 이는 학교나 학교교육 일반에 대한 태도, 흥미 또는 동기를 말한다. 학생들은 상당한 기간 동안 학교에 다니면서 학교에 대한 긍정적 · 부정적 태도를 형성하는데, 이것들은 학습자의 학습을 결정하는 중요한 변인의 하나로 작용한다.

학교나 학교학습에 대한 태도와 밀접하게 관련된 것으로 학업적 자아개념을 들수 있는데, 이는 학교학습에 관하여 학생 자신이 갖고 있는 태도다. 이것 또한 학습자의 정의적 투입 특성으로서 학습을 결정하는 데 작용하는 중요한 변인 중 하나다. 이는 특히 교사나 동료 또는 부모나 형제로부터 받는 평가에 의해 대부분 직접 결정되는 경향이 있다. 이렇게 볼 때 학업 자아개념은 다른 정의적 투입 특성들과 마찬가지로 학교학습에 영향을 주면서 동시에 그것의 영향 또한 받는다는 것을 알 수 있다.

3) 수업의 질

수업의 질과 관련하여 블룸은 단서(cues), 강화(reinforcement), 참여(participation), 피드백 및 교정절차(feedback and correctives)를 들고 있다. 각각의 요인에 대해 살펴보면 다음과 같다.

먼저, 단서란 학습될 내용에 대한 지시 및 학습자가 학습과정에서 해야 할 내용에 대한 지시를 말한다. 학교학습은 교사나 교수자료에 의해 제공된 설명이나 지시사항의 명료성, 다양성, 유의미성 및 그 강도와 관련이 있으므로, 이러한 단서가 수업의 질을 결정하는 한 요인이라는 것이다.

강화는 학생이 학습에 대해 보상을 받거나 칭찬을 들은 정도를 말한다. 대부분의 학습이론가는 강화를 받을 때 학습은 더욱 효과적이라고 한다. 학교학습은 제공된 강화의 종류, 사용된 강화의 빈도 그리고 학급 내 서로 다른 학생에게 주어진 강화의 양 및 종류와 관계가 있는데, 이러한 강화도 수업의 질을 결정하는 중요한 요인이다.

참여는 학생이 학습에 적극적으로 참가한 정도를 말한다. 참여는 학생이 단서를 이용하는 데 적극적으로 참여하고, 적절히 반응하며, 획득한 반응을 자신의 행동 목록의 일부가 될 때까지 연습하는 것을 말한다. 또한 외현적인 참여뿐만 아니라 내면적인 참여도 포함된다. 이와 같이 학생의 참여를 적극적으로 유도한 수업일수록 질이 높은 수업이라고 할 수 있다.

마지막으로, 피드백 및 교정절차도 수업의 질과 관련되는데, 피드백은 특히 각 학습과제가 끝났을 때 간단한 형성검사(formative test)를 이용하여 학생이 무엇을 학습했으며, 그 과제를 완전학습하기 위하여 무엇을 더 학습할 필요가 있는가를 시사해 주는 것이다. 교정절차는 기존의 학습자료나 새로운 학습자료에서 학생이 검토해야 할 것을 제시하는 것, 학생이 실수한 특정 아이디어에 대해 다른 학생이나 교사가 추가로 설명하는 것, 연습 문제를 풀어 보게 하는 것 등이 포함된다.

지금까지 블룸의 교수이론에 대한 대체적인 윤곽을 살펴보았다. 여기에는 크게 두 가지 기본가정이 깔려 있다. 하나는 학습자의 학습사(history of learning)이고, 다른 하나는 학습의 변화 가능성(alterability of learning)이다. 즉, 학생은 어떤 과제를 학습할 때 서로 다른 인지적 · 정의적 투입 특성뿐 아니라 학습에도 변화를 가져올 수 있다. 완전학습이란 학급의 80% 내지 90%의 학생이 학습과제를 80% 내지 90% 이상 학습해 내는 것을 말하는데, 블룸은 이러한 일이 가능하다는 여러 가지 증거를 제시하고 있다(Bloom, 1976).

4 브루너의 교수이론

브루너는 원래 지각 및 인지 심리학자였으나 교육 문제에도 많은 관심을 가졌다. 그의 교육에 대한 아이디어는 『교육의 과정(The Process of Education)』(1960)과 『교수이론 서설(Toward a Theory of Instruction)』(1966)에 잘 나타나 있는데, 전자가 교육과정에 관한 일반이론이라면, 후자는 그것의 실현 수단을 구체적으로 보여 주는 것이라고 볼 수 있다. 특히 『교수이론 서설』과는 달리 『교육의 과정』은 자신의 저서라기보다는 러시아의 인공위성 스푸트니크 충격(Sputnik shock) 이후 교육과정 개혁을 위한 회의 결과의 종합보고서라고 할 수 있다. 그럼에도 두 저서 사이에는 논리적 일관성이 엿보인다. 즉, 그에게 있어 교육 내용과 방법은 별개의 것이 아니라 서로 밀접한 관계를 가지고 있는 것이었다. 여기서는 그의 교수이론을 주로 살펴보고자 한다.

브루너는 교수이론이란 교수활동에 관한 규범적이고 처방적인 일반이론이라 정의하였다. 즉, 학습을 촉진하기 위하여 따라야 할 일반적인 방법상의 지침이지 특정 내용을 특정 대상 학생에게 가르치는 요령을 시사해 주는 세부적인 지침이 아니라는 것이다. 사전 성향(pre-disposition), 지식의 구조(structure of knowledge), 계열(sequence), 강화가 일반이론에 포함되는데, 이에 대해서 자세히 살펴보면 다음과 같다.

1) 사전 성향

사전 성향은 학생의 학습 의욕이나 동기와 관련된 문제라고 할 수 있다. 이는 학생에게 학습하고자 하는 의욕이 생겨(activation) 계속 유지(maintenance)되고, 학생에게 방향감(direction)을 주기 위해서는 어떻게 해야 할 것인가에 해당된다. 학습이나 문제해결에서는 여러 가지 대안이나 가능성을 탐색하는 것이 중요하다.

우선, 탐구 의욕이 생기도록 해야 하는데, 그러기 위해서는 학습과제가 최적의 불확실성(uncertainty or ambiguity)을 가져야 한다. 호기심은 바로 여기에서 생긴다. 즉, 학습과제가 너무 어려워도 안 되지만 해결책을 너무 쉽게 얻을 수 있는 것도 적절하지 않다는 것이다. 답을 알 듯 말 듯한 가운데서 학습 의욕이 생기는 것이다.

그다음 일단 일어난 탐구심을 계속 유지하기 위해서는 탐구 결과 얻은 이득이 실패로 인한 위험 부담보다 더 커야 한다. 학생이 틀린 답을 제시했을 때에도 교사가 꾸짖거나 비웃거나 무시하지 않을 때 학생은 실패에 대한 불안 없이 계속 과제에 집중하게 된다. 교수활동이 다른 활동과 다른 점은 학생이 잘 모르는 것을 알게 하는 데 있으므로, 학생이 모르는 상태에서 저지르는 실수가 그에게 심각한 결과를 초래해서는 안 된다는 것이다.

마지막으로, 탐구활동이 방향감을 갖도록 하기 위해서는 두 가지 사항을 고려해야 한다. 하나는 학습과제가 무엇을 향해 나아가고 있는지의 목적의식이고, 다른 하나는 학생이 얻은 답이 목표 달성에 적합한지 아는 것을 말한다. 따라서 가르치는 사람은 학습자가 현재 어떤 위치에 있는지 계속 알려 주어야 한다.

2) 지식의 구조

브루너의 교수이론에서 두 번째 요소인 지식의 구조는 교육 내용이나 교육과정에 대한 그의 생각을 가장 잘 나타내고 있다고 볼 수 있다. 이는 또한 『교육의 과정』에서 그의 가장 핵심적인 주장 내용이기도 하다. 그에 의하면 지식의 구조는 각 학문 내지 교과의 기저를 이루는 일반적인 핵심 아이디어나 개념 또는 원리를 뜻한다. 따라서 교수이론에서 학생들에게 해당 학문의 지식을 가장 잘 가르치려면 무엇을 가르쳐야 하는지 물었을 때 브루너의 답은 지식의 구조를 가르쳐야 한다는 것이다. 그래서 그의 교육과정이론을 구조중심 또는 학문중심(discipline-centered) 교육과정이론이라고 한다.

　브루너에 의하면 지식의 구조에는 세 가지 특징이 있다. 첫째는 경제성(economy), 둘째는 생성력(power), 셋째는 표현방식(mode of representation)이다. 먼저, 경제성이란 머릿속에 기억되었다가 내용을 이해하는 데 동원되는 정보의 양을 말한다. 따라서 어떤 내용을 이해하는 데 더욱 많은 정보가 요구되고 결론을 얻기까지 더욱 여러 단계의 처리과정이 요구될수록 비경제적이며, 간단할수록 경제적이다. 지식의 구조는 각 학문의 핵심 내용을 요약한 것이므로 경제적이고 기억하기에도 좋다. 둘째, 생성력이란 학생이 학습한 명제들(propositions)이 얼마만큼의 지적 산출력을 가졌는가, 즉 얼마나 쉽게 응용 또는 전이될 수 있는가를 말한다. 지식의 구조는 해당 학문 분야의 핵심 아이디어들이므로 그것들을 잘 이해하고 있으면 여러 가지 새로운 사태의 문제를 해결하는 데 쓰일 수 있다. 셋째, 표현방식이란 어떤 지식이 그 조작 가능성에 따라 달리 표현되는 것을 말한다. 표현방식에는 대략 세 가지가 있는데, 적절한 행위를 통해 어떤 결과를 얻는 동작적(enactive) 표현방식, 어떤 개념을 충분히 정의하지 않고 대체적인 이미지나 그래프로 나타내는 영상적(iconic) 표현방식, 명제를 형성·변형하는 규칙이나 법칙에 지배되는 상징체제로부터 도출한 일련의 상징적·논리적 명제에 의한 상징적(symbolic) 표현방식이 그것이다. 브루너는 학생의 발달단계에 따라 그들을 이해시키는 데 적절한 표현방식이 있다고 보았다. 따라서 어떤 내용, 즉 지식의 구조를 가르치더라도 표현방식을 달리하여 가르치면 어떠한 연령층의 아동에게도 그 내용의 지적 성격에 충실한 형태로 가르칠 수 있다는 것이다. 이것이 바로 브루너의 학문중심 교육과정이론을 나선형(spiral) 교육과정이론이라고도 하는 이유이며(이홍우, 1992), 이렇게 함으로써 초보지식과 고등지식의 간격을 좁힐 수 있다.

3) 계 열

브루너의 교수이론에서 세 번째 요소인 계열은 학생들이 학습 내용을 이해하는 데 도움이 되도록 학습과제를 조직, 제시하는 순서의 원리를 말한다. 학습자의 능력 발달에 따라 대체로 동작적, 영상적, 상징적 표현 순으로 하는 것이 좋지만, 이 것이 반드시 최선책은 아니며 사전학습, 발달단계, 자료의 성격, 학습자의 개인차에 따라 다를 수 있다. 또한 계열의 문세는 탐구 성향을 자극하기 위해 적절한 수준의 불확실성이 유지되도록 하는 것과도 관련이 있다. 그리고 최적의 계열을 정할 때는 학습 속도, 망각에 대한 저항, 전이 가능성, 표현방식, 경제성, 생성력 등을 고려해야 한다.

4) 강 화

브루너의 교수이론에서 강화의 문제는 보상이나 벌의 문제와 관련이 있다. 이때 중요한 점은 처음에는 교사의 칭찬이나 상 등과 같은 외재적(extrinsic) 보상을 사용하다가 차츰 문제를 스스로 해결했다는 데서 오는 즐거움과 같은 내재적(intrinsic) 보상으로, 그리고 어떤 행위가 끝났을 때 바로 주는 즉각적(immediate) 보상으로부터 차츰 얼마 후 주게 되는 유예된(deferred) 보상으로 바꾸어 가는 것이 효과적이라는 점이다. 특히 강화는 내재적 보상과 관련하여 학습결과가 교정적 정보로 사용되었을 때 효과가 있다. 왜냐하면 학생 스스로가 자신의 학습활동 결과가 맞았는지 틀렸는지 알아보는 등 결과에 대한 지식(knowledge of result)을 가졌을 때 만족 또는 불만족을 느끼고, 그것에 비추어 앞으로의 학습 방향을 정할 수 있기 때문이다.

이와 같은 성격을 지닌 결과에 대한 지식은 문제해결 과정에서 학생 자신이 시도한 결과와 성취하려는 어떤 준거를 비교할 때 제시되어야지 너무 빠르거나 늦으면 효과가 없다. 학생이 지나친 욕망을 갖거나 높은 불안 수준을 보이는 등 정서적으로 불안정할 때 제시되는 결과에 대한 지식은 기능적 고착상태(functional fixedness)에 빠지게 하고 여러 대안을 검토하기 어렵게 하므로 효과가 없다. 또한 결과에 대한 지식은 학습자의 심리상태, 예를 들면 알맞은 표현방식으로 번역될 때 효과가 있다. 마지막으로, 학습자가 스스로 교정적 정보를 자신의 학습에 활용할 수 있었을 때 결과에 대한 지식은 효과가 있다.

지금까지 브루너의 교수이론에 대한 대체적인 윤곽을 살펴보았다. 그의 교수이론에 부합하는 학습이론으로는 발견학습(discovery learning)이나 탐구학습(inquiry learning)을 들 수 있다. 여기서 교사는 문제의 해결책을 알고 있더라도 직접 전달하거나 설명해 주지 않고 학습자가 스스로의 노력으로 답을 찾아내도록 적극적으로 유도하거나 탐구를 촉진하는 역할을 한다. 이러한 브루너의 생각은 1960년대 교육계에 많은 영향을 주었으나 1970년대에 와서는 그 열기가 약간 식었다. 그러나 1980년대에 오면서 그의 생각들이 재음미되었다(Glaser, 1984).

5 가네의 학습의 조건

가네의 교수이론은 그의 대표적 저서 『학습의 조건과 교수이론(The Conditions of Learning and Theory of Instruction)』(1985)에 잘 나타나 있다. 이 책은 이전에 출간된 저서를 계속 개정한 것으로서 이전 판들과는 내용이 약간씩 달라지고 있다. 여기서는 주로 이 판을 토대로 하여 그의 교수이론에 대해 살펴보려고 한다. 그는 처음에는 행동주의자였으나 최근에는 인지이론, 특히 정보처리이론의 입장을 수용하여 이러한 입장에서 자신의 이론을 전개하고 있다.

가네는 우선 학교학습의 문세를 [그림 4-3]과 같이 3차원의 모형으로 설명한다. 이 그림에서 보듯이 학교학습에는 학습의 성과(outcomes), 학습의 사태(events) 그리고 학습의 조건(conditions) 등 세 가지 요소가 관여한다. 학습의 성과란 학습의 결과 얻어지는 대상 또는 목표를 말하고, 학습의 사태란 학습자 내부에서 정보가 처리되는 과정을 말하며, 학습의 조건이란 학습의 내적 과정에 맞게 외부에서 부여하는 수업을 말한다. 이에 대해 자세히 살펴보면 다음과 같다.

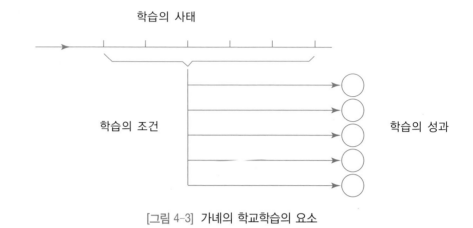

[그림 4-3] 가녜의 학교학습의 요소

1) 학습의 성과

가녜는 지적 기능(intellectual skills), 인지전략(cognitive strategies), 언어정보(verbal information), 운동기능(motor skills), 태도(attitudes)의 다섯 가지를 학습의 성과로 제시하였다.

우선, 지적 기능은 방법적 지식(knowing-how) 또는 절차적 지식으로서 구어(口語), 읽기, 쓰기, 수의 사용 등과 같이 상징 또는 기호(symbols)를 사용하는 것을 말한다. 이것은 다시 어떤 사물의 속성들 간 차이점을 말할 수 있는 변별(discrimination), 대상을 어떤 부류(class)에 속하게 하는 개념(concept), 개념 간의 의미 있는 관계를 나타내는 규칙(rule), 규칙이 여러 개 조합된 절차(procedure), 그리고 문제해결 사태에서의 사고에 동원되는 복잡한 고등규칙(higher-order rule)의 하위 범주로 나누어진다.

다음으로 인지전략은 학습자 자신의 주의집중, 학습, 기억, 사고를 통제하는 내부의 통제과정을 말한다. 그리고 언어정보는 명제적 지식(knowing-that) 또는 선언적 지식(declarative knowledge)으로서 어떤 사실 또는 일련의 사건에 대해 구두로 말하거나 글로 진술하여 쓰는 것을 말한다. 운동기능은 어떤 일을 수행하기 위한 몸의 움직임을 말하며, 마지막으로 태도는 어떤 대상에 대한 찬·반 또는 호·

오를 선택하게 하는 개인의 내적 · 정신적 경향을 의미한다.

2) 학습의 사태

앞에서 살펴보았듯이 서로 다른 학습의 성과 또는 목표를 달성하기 위해서 학습자는 이를 배워야 하는데, 이때 학습자의 내부에서 일어나는 일련의 정보처리 과정을 학습의 사태 또는 학습의 내적 조건이라 한다. 가녜에 의하면 이러한 인지적 학습의 과정은 아홉 단계를 거쳐 이루어진다. 이를 차례대로 나타내면 다음과 같다.

① 수용(reception)

② 기대(expectancy)

③ 작업기억으로의 인출(retrieval to working memory)

④ 선택적 지각(selective perception)

⑤ 의미의 기호화(semantic encoding)

⑥ 반응(responding)

⑦ 강화(reinforcement)

⑧ 인출 및 강화(retrieval and reinforcement)

⑨ 인출 및 일반화(retrieval and generalization)

이는 학생이 학습할 때 머릿속에서 일어나는 일련의 일반적 과정이다. 바꾸어 말하면 다음과 같다. 학생은 우선 어떤 대상에 주의를 집중한 결과 감각기관을 통해 들어온 신경자극의 형태를 받아들이면, 통제과정의 하나로서 그에 대해 어떠한 기대가 일어나게 된다. 그다음 우리가 이미 가지고 있는 관계된 정보를 작업기억 속으로 인출하여 그것과 관련지어 본다. 그러고 나서 들어오는 자극을 모두 받아들이는 것이 아니라 받아들일 수 있는 것을 골라서 지각한다. 그다음 지각된 것의 의미를 찾아 머릿속에 새기고 나면, 어떠한 반응이 일어난다. 이에 대해서 강화가 일어나고, 이렇게 새로 획득한 것을 다시 인출하고 재강화한다. 그리고 나서 마지막으로 다시 인출하여 다른 상황에 널리 적용함으로써 일반화한다.

3) 학습의 조건

가네에 의하면 학습의 조건은 특히 학습의 외적 조건으로서 교사가 하는 수업 절차를 말한다. 그런데 수입도 교사의 마음대로 아무렇게나 하는 것이 아니라 학습자의 학습과정을 도와주는 측면에서 이루어져야 한다. 또한 학습성과에 따라 수업이 서로 달라져야 한다. 수업의 일반적 과정을 제시하면 다음과 같다.

① 주의집중 획득(gaining attention)
② 수업 목표의 고지(informing learners of the objective)
③ 사전학습 재생(recalling of prior learning)
④ 자료 제시(presenting stimuli)
⑤ 학습 안내(learning guidance)
⑥ 수행 유도(eliciting performance)
⑦ 피드백(feedback)
⑧ 평가(assessing)
⑨ 파지 및 전이(retention and transfer)

수업의 과정을 좀 더 자세히 살펴보면, 먼저 교사는 학생들의 시선을 집중시키고 나서 그 시간에 달성할 수업 목표를 알려 준다. 다음으로 이러한 수업 목표와 관련된 사전학습의 내용을 재생시켜 그 관련 여부를 밝힌다. 그다음 학생들이 지각할 수 있도록 강조하면서 그 시간의 새로운 학습자료를 제시한다. 그러고 나서 기억 속에 오래 남도록 의미의 이해를 도우면서 학습을 안내한다. 그리고 학습한 것을 수행해 보게 하여 학습결과를 평가한다. 마지막으로, 연습문제 등을 제시하여 기억에 남도록 파지를 돕고 응용력을 길러 전이 가능성을 높인다.

학습과정   수업과정

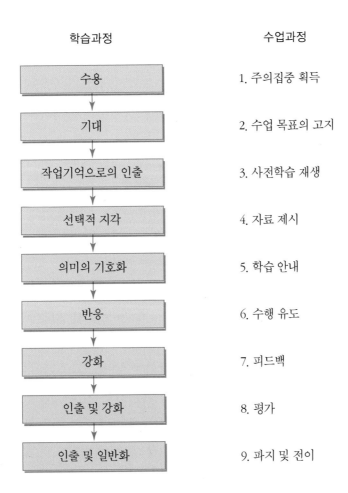

학습과정	수업과정
수용	1. 주의집중 획득
기대	2. 수업 목표의 고지
작업기억으로의 인출	3. 사전학습 재생
선택적 지각	4. 자료 제시
의미의 기호화	5. 학습 안내
반응	6. 수행 유도
강화	7. 피드백
인출 및 강화	8. 평가
인출 및 일반화	9. 파지 및 전이

[그림 4-4] 학습과정과 수업과정의 관련도

여기서 이야기하는 학습의 외적 조건으로서의 수업절차는 학습의 내적 조건인 학습사태, 즉 내적 과정과 상호 긴밀한 관계를 갖는다. 사실, 수업과정상의 각 단계는 학습과정상의 각 단계가 잘 이루어지도록 도와주는 격이다. 이러한 점을 염두에 두고 이를 그림으로 표시하면 [그림 4-4]와 같다. 여기서 보듯이 각 단계는 서로 연결되어 있다.

지금까지 학습성과의 차이에 따라 서로 다른 교수과정이 있다는 가녜 이론의 대체적인 윤곽을 살펴보았다. 그런데 가녜의 교수이론에서 수업이 성공하기 위해

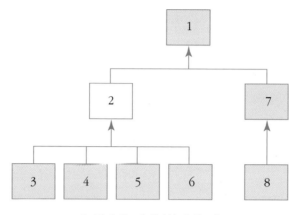

[그림 4-5] 과제분석의 한 예

서는 기대되는 특정 학습성과에 대한 학습분석(learning analysis)이 먼저 이루어져
야 한다. 이러한 학습분석을 과제분석(task analysis)이라고도 한다. 과제분석의 한
가지 예를 도표화하면 [그림 4-5]와 같다.

　[그림 4-5]에서 보듯이 과제분석은 학습과제를 그것을 구성하고 있는 하위요소
들로 나눈 다음, 그들 사이의 선후(先後)·상하(上下)의 연결관계를 밝혀 학습위계
(learning hierarchy)를 정하는 것을 말한다. 이렇게 하면 어떤 것을 학습하기 위해
서는 그전의 선결요건(prerequisite)인 사전학습으로서 무엇이 이미 학습되어 있어
야 하는가를 쉽게 알 수 있다. 따라서 사전학습이 이루어지지 못한 사람을 보충학
습을 시키거나 교정학습을 시키기에 편리하다. 또한 가녜는 학습과제를 분석할
때, 각 학습과제를 학습성과에 따라 분류하고 행위동사를 사용하여 구체적인 학
습목표로 진술해 두라고 주장한다. 그렇게 했을 때 성취해야 할 대상이 분명해지
고 교수 및 학습활동이 활발히 전개된다고 본다.

6 글레이저의 수업심리학

　글레이저는 가녜와 마찬가지로 처음에는 행동주의자로 출발하였으나 최근에

와서는 인지이론가로서 활약하고 있다. 그의 교수이론의 윤곽은 수업심리학 (instructional psychology)에 관한 그의 글에 잘 나타나 있다(Glaser, 1984). 그는 이 분야에서 현존하는 학자들 가운데 가장 뛰어난 이론가 중 한 사람으로서 미국 내 외에서 많은 영향력을 행사하고 있다. 그의 이론을 살펴보면 다음과 같다.

글레이저는 먼저 인지심리학적 관점에서 교육을 보고 인지과정과 교육조건을 밀착시키려고 하였다. 전자는 지적 기능에 관심을 갖는 기초적·과학적 연구인데 비해, 후자는 지식활동에 관심을 갖는 응용적·실제적 연구 분야다. 따라서 양자 는 불가분의 관계에 있다고 볼 수 있다. 사실, 손다이크(E. L. Thorndike)와 듀이(J. Dewey)는 심리학과 이것의 교육에의 응용 간의 활발한 교류를 주장하였으나 양 자는 각자의 길을 독자적으로 걷게 되어 연계성이 상당 기간 동안 약화되었다. 심 리학자들은 심리학을 자연과학처럼 정밀(hard)과학으로 만들기 위해 실험실로 들 어가 이론적 탐구에 집중하였으며 교육 실제에는 관심이 없었다. 반면, 교육학자 들은 실제적인 문제의 도전에 직면하여 교직을 확립하는 데 전력하면서 그 이론 적 탐색은 다소 등한시하였다.

그러나 스키너(B. F. Skinner)의 조작적 심리학이 교육 장면으로 들어오면서 양 자의 동반관계는 활기를 띠었다. 그가 개발한 프로그램 학습과 교수 기계(teaching machine)는 이러한 시도하에서 탄생된 것들이다. 그러나 그의 이론은 행동주의 심 리학에 근거하고 있어 한계가 쉽게 드러났다. 또한 심리학의 주류가 행동주의에 서 인지주의로 바뀌게 되면서 스키너에 대한 관심이 점차 사라졌다.

이러한 분위기 속에서 교수이론 내지 수업심리학은 처음으로 체계를 세워 갔 다. 따라서 이후의 수업심리학은 연계과학(linking science)으로서 과학적 기초 연 구와 실제 응용 간의 간격을 좁히는 데 주력하고 있다. 현재는 실험실 업적 및 이 론이 응용에 유용할 뿐만 아니라 응용 또한 심리학 이론의 주요 산출자이자 검증 자다.

수업심리학의 접근방법에는 거시적(macro) 접근방법과 미시적(micro) 접근방법 의 두 가지가 있는데, 글레이저는 이 둘을 서로 통합해야 한다고 보고 있다. 거시 적 접근방법은 수업시간의 사용, 교실관리, 피드백과 강화, 교사-학생 상호작용,

학습자 배경에 대한 교실의 적응력, 교육과정 자료 그리고 교육 내용 및 평가 내용 등이 교수에 주는 영향을 다루는 전반적 학교과정(school process)을 말한다. 반면에 미시적 접근방법은 사고, 문제해결, 학교 교과의 학습과 같은 인지과정을 다룬다.

글레이저는 특히 최근의 인지심리학 발달에 맞추어 지적 기능과 지식의 통합에 관심을 갖고 독서, 수학, 지능 및 적성 등과 같은 지식의 구조와 조직화, 과제수행과정 등에 초점을 둔다. 그에 의하면 수업심리학은 유능성(competence)의 획득 및 교과 내의 인지과정과 구조의 발달을 위해서, 첫째, 느리고 조야한 변인 대신에 일관성 있고 자동적이며 빠르고 자세한 수행(예: 책을 읽거나 계산하기), 둘째, 작은 단일 반응이나 단계적·산술적 절차 대신에 크고 통합된 수행(예: 자전거 타기), 셋째, 구체적·표면적·외현적·명세적 지각 대신에 전체적·추상적·규칙지배적 기저의 원리(예: 주요 교과)에 관심을 가져야 한다.

또한 글레이저는 수업심리학의 지도 원리로서 다음의 다섯 가지를 들고 있다. 첫째, 학습과 수행(performance) 양자 모두에 관심을 둔다. 둘째, 각 교과의 지식 영역에 초점을 둔다. 셋째, 규범적·처방적 이론의 접근방법을 취한다. 넷째, 일반적 법칙보다는 개인차 지향적이다. 다섯째, 그때그때의 형편에 맞추어 가는 역동적인 상태 의존적 수업설계여야 한다.

이와 같은 원리에 근거를 둔 글레이저 교수이론의 구성요소는 [그림 4-6]과 같이 네 가지로 이루어진다.

첫 번째 구성요소인 유능한 수행(competent performance)은 달성해야 할 교육목표를 말한다. 이는 교사에 의해 사전에 분석되어야 하는데, 두 가지로 나뉠 수 있

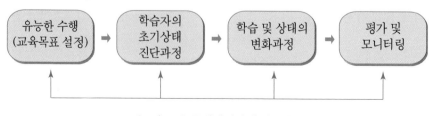

[그림 4-6] 글레이저의 수업 모형

다. 하나는 지식의 형식으로서 수행에 필요한 정보의 구조와 선언적 또는 명제적(proposition) 지식을 말한다. 다른 하나는 심리적 과정으로서 그러한 정보에 적용된 인지전략과 방법적 또는 절차적 지식을 말한다. 이 두 가지는 서로 상호작용하고 교육목표 속에 섞여 있으므로 사전에 분석되어 각각 달성될 수 있도록 하여야 한다.

두 번째 구성요소는 학습자의 초기상태 진단과정이다. 이는 초기에는 학습자를 분류하거나 명명(label)하는 데 이용되었으나, 그렇게 되어서는 안 되고 교과학습의 기초자료로 이용되어야 한다. 여기서는 우선 지능이나 적성검사로 학생의 학습능력(ability to learn)을 진단한다. 그다음으로는 각 교과의 강·약점을 진단한다. 그리고 학습자의 발달 수준을 알아보고 준비도(readiness skill)를 진단한다.

세 번째 구성요소인 학습 및 상태의 변화과정은 수업 절차나 기법 또는 자료 등의 설계된 환경 조건을 말한다. 여기에는 다양한 접근방법이 있는데, 글레이저는 이를 크게 행동적 접근방법과 인지적 접근방법으로 나눈다. 먼저, 행동적 접근방법으로는 스키너의 프로그램 학습이 있다. 그리고 인지적 접근방법으로는 소크라테스 식 개인교수(Socratic Tutoring), 수크먼(R. J. Suchman)의 탐구훈련 그리고 마시알라스(B. G. Massialas)의 사회적 탐구모형이 있다.

마지막 구성요소인 평가 및 모니터링(monitoring)은 수업이 끝난 뒤 학습 성과를 평가하고 평가결과를 피드백하는 단계다. 여기서는 과제분석 과정에서 시사점을 얻어 목표 달성도에 따라 평가하는 준거지향적(criterion-referenced) 절대평가를 해야 하며, 순위에 따라 평가하는 규준지향적(norm-referenced) 상대평가를 해서는 안 된다. 이는 평가 결과에 근거하여 잘못된 정보구조와 절차상의 지식을 확인하는 단계로, 학습에 대한 장기적인 질적 관리를 위해 장기적인 연구가 필요하다.

지금까지 글레이저의 수업 모형의 대체적인 윤곽을 살펴보았다. 그의 초창기 모형과 비교하면 별 차이가 없는 듯 보이지만 실제 내용은 많이 달라진 것을 알 수 있다. 즉, 그의 교수이론이 행동주의에서 정보처리적 인지이론으로 바뀌었음을 알 수 있다.

7 구성주의 교수이론

지금까지는 특정 학자 개개인이 제시한 교수이론을 중심으로 논의하였다. 그런데 최근에는 구성주의(constructivism)라는 이름하에 등장한 새로운 교수이론이 각광을 받고 있다. 그러나 구성주의는 원래 교수이론이 아니라 새로운 철학적 인식론이다. 이처럼 새롭게 등장한 인식론은 철학 자체뿐 아니라 사회, 교육 등 다양한 방면에 큰 영향을 미쳤다.

전통적 인식론(지식론)은 지식에는 절대적이고 확실한 객관적인 지식이 있으며, 인간의 인식에는 확실한 기반이 있다고 생각해 왔다. 그 기반이 무엇인가에 대해 오랫동안 논쟁해 왔는데, 이와 관련하여 로크(J. Locke)의 경험론과 데카르트(R. Descartes)의 합리론 논쟁이 대표적이다. 경험론은 인식의 기반을 경험에서 찾는 반면, 합리론은 이성에서 찾는다. 그러나 두 입장 모두 절대적이고 객관적인 지식을 구한다는 점에서는 일치한다. 이러한 인식론은 근대의 학문, 교육, 사회의 각 방면에 오랫동안 큰 영향을 주어 왔다. 이들의 입장을 종합하여 객관주의(objectivism), 정초주의(foundationalism) 또는 근대주의(modernism)라고도 부른다.

그러나 최근에는 많은 철학자가 이러한 전통적 인식론의 입장에 회의를 품기 시작하였다. 절대적이고 객관적인 지식이란 존재하지 않으며, 모든 지식은 상대적이고 주관적이라는 것이다. 또한 인식에는 확실한 기반이 없으며, 인간은 환경과의 상호작용을 통해서 스스로 지식을 구성한다는 것이다. 이러한 입장은 최근에 큰 영향력을 발휘하고 있는데, 이를 상대주의(relativism), 반정초주의(anti-foundationalism) 또는 탈현대주의(post-modernism)라고도 한다. 교육에서의 구성주의도 이러한 시대적 · 학문적 배경에서 도입되었다.

교육에서의 구성주의 선구자들은 듀이, 피아제(J. Piaget), 비고츠키(L. S. Vygotsky)라 할 수 있다. 실제로 최근에 구성주의 교육이론을 전개하는 학자들은 그들에게 힘입은 바 크다. 듀이는 일찍이 실용주의 철학적 입장에서 지식의 상대성을 주장하였으며, 교육이란 이미 주어진 지식을 수동적으로 수용하는 것이 아니라 끊임없이 경험을 재구성하는 것이라고 보았다. 피아제는 인지발달에 있어 무엇보다 중요한 것은 아동 자신이 환경과 능동적으로 상호작용하는 것이라고 하였다. 이러한 피아제의 입장을 따르는 구성주의를 급진적 구성주의라 한다. 그리고 비고츠키는 지식이란 중요한 사회적 문화유산으로서, 이미 입문해서 잘 알고 있는 부모, 교사, 선배와 같은 선진들과의 상호작용을 통해 지식을 구성하는 것이 바람직하다고 보았다. 이러한 입장을 따르는 구성주의를 사회적 구성주의라 한다.

교육에서의 객관주의와 구성주의를 비교해 보면 다음과 같다. 첫째, 객관주의는 지식을 고정적이고 확인할 수 있는 대상으로 본 반면, 구성주의는 지식을 개인의 사회적 경험을 바탕으로 하여 개인의 인지적 작용에 의해 지속적으로 구성·재구성되는 것으로 본다. 둘째, 객관주의의 최종 목표는 초역사적·초공간적·범우주적 진리를 찾는 것임에 반해, 구성주의는 특정 사회, 문화, 역사, 상황적 성격의 반영과 구현에 있다. 셋째, 객관주의는 교사에게는 지식의 전달자, 학생에게는 지식의 획득자로서의 관계를 강조한 반면, 구성주의는 교사를 학생의 학습을 도와주는 조언자 및 촉매자로, 학생을 자율적이고 적극적으로 책임감 있는 학습의 주체로 본다. 넷째, 객관주의는 현실은 예측과 통제가 가능하고 규칙과 법칙으로 이해될 수 있는 만큼 수업 설계를 수업 전에 미리 가능한 한 세밀하고 자세하게 계획할 수 있다고 본다. 또한 진리나 지식이 범우주적인 만큼 학생 당사자가 아닌 수업 설계자나 교사의 입장에서 선택된 것도 당연히 중요하며, 수업결과의 평가도 미리 결과를 예측하여 그것을 기준으로 객관적 평가를 내릴 수 있다고 본다. 반면, 구성주의는 진리나 지식이 사회적 참여를 하고 있는 개인의 인지 작용 결과인 만큼 주관적인 흥미와 관심에 초점을 맞춰야 하며, 일괄적으로 수업 전에 학생 당사자가 아닌 수업 설계자나 교사에 의해 결정된 세부적인 학습목표여서는 안 된다고 본다. 또한 평가는 수업과정 전체를 통해 처음부터 끝까지 매 수업시간에 이루어져야 하고, 학습자들은 각각 다르게 지식을 만들어 가기 때문에 시험을 통해 서열을 정하기보다는 학습자 내의 변화 정도에 주목해야 한다. 평가의 결과는 항상 교육과정의 진단 및 개정에 반영하되, 학습목표의 성취 여부뿐만 아니라 교사 자신의 수업방법의 질을 평가하는 자료로도 활용되어야 한다.

구성주의 교수이론의 원칙으로는 학습자의 학습에 대한 주인의식, 반성적 실천
(reflective practice), 협동학습(collaborative learning) 환경의 활용, 학습의 조언자 및
동료 학습자로서의 교사의 역할, 구체적 상황을 배경으로 한 실제적 과제(참과제,
authentic task)에 초점을 두는 것을 들 수 있다.

구성주의 교수이론은 배로우즈(H. Barrows)가 시도한 문제기반학습(problem
based learning: PBL)에서 큰 영향을 받았는데, 여기서는 먼저 학생들이 스스로 당
면한 문제를 분석하여 학습목표를 결정하고, 가정에서 각자 자율학습 단계를 거
쳐 맡은 분야를 철저하게 학습한 후 다시 모여 토의를 통해 문제를 해결하며, 이
후 동료평가와 자기평가를 거친다. 이 방법의 장점은 학생들이 실제로 사회에 나
와서 대면하게 될 과제나 활동과 유사한 과제를 통해 그들의 사회적응력을 높일
수 있는 학습 환경을 제공한다는 데 있다. 구성주의 접근을 적용하는 방법에는 다
음과 같은 것이 있다.

1) 인지적 도제제도

인지적 도제제도는 중세의 도제제도(apprenticeship)와 같이 장인(교사)과 도제
(학생)라는 두 축을 중심으로 특정 사회집단에 참여하여 지속적으로 실제적 과제
들을 해결해 나가는 과정을 통해서 문제해결을 하고 학습해 나가는 것을 말한다.
브라운(Brown)에 의하면, 첫째, 실제적 과제를 가지고 전문가(교사)가 문제해결의
전 과정을 시범 보이는 모델링(modeling) 단계, 둘째, 교수적 도움을 주는 비계설
정(scaffolding) 단계, 그리고 마지막으로 교수적 도움의 중지라는 용암(fading) 단
계의 세 단계로 진행된다. 이는 학습이나 지식 획득은 활동을 통해 이루어져야 하
며, 또한 그 특정 사회집단의 문화적 양상이 내재되어 있는 특정 상황과 맥락에서
이루어져야 한다는 것을 특징으로 한다.

인지적 도제 이론에서 추구하는 기술과 지식은 단순히 외부에서 관찰 가능하고
정형화될 수 있는 과정만으로는 충분히 획득될 수 없다. 그러므로 인지적 도제 이
론에서는 이러한 인지적 기술을 획득하고 배양하기 위한 방법으로서 학습자의 내

부 인지 작용과 활동을 자극하는 지속적 반성을 강조한다. 지속적 반성은, 첫째, 내부 인지 작용을 필요로 하는 실제적 과제에 참여함에 있어서 자신의 행동을 관찰하고 조정하며, 둘째, 자신의 행동을 전문가의 행동과 비교해 보고, 셋째, 교사와 학생의 역할을 바꾸어 실행해 봄으로써 자신의 제한적 시각을 넓히는 것을 의미한다(강인애, 2000).

2) 정착교수이론

정착교수(anchored instruction)이론은 미국 밴더빌트(Vanderbilt) 대학의 브랜스포드(J. D. Bransford)를 중심으로 구성된 인지공학 연구팀이 개발한 호환성 비디오디스크를 수업에 활용하면서 나타난 이론이다. 이는 교사와 학생들이 복합적이고 실제적인 문제를 설정하고 해결하는 것을 북돋아 주는 것으로서, 교수-학습활동은 학생들에게 관심이 되는 문제나 쟁점이 들어 있는 이야기, 모험담, 상황 등과 같은 정황을 중심으로 이루어진다.

정착교수이론의 두 가지 원리는, 첫째, 교수-학습 활동은 이야기, 사례, 학생들의 관심사와 관련된 주제 또는 문제 등과 같은 정황을 중심으로 설계되어야 하고, 둘째, 학습자가 교육과정 자료의 문제를 탐구할 수 있어야 한다는 것이다. 정착교수이론에서 비디오 자료는 일반적인 비디오 자료와는 달리 학생들로 하여금 새로운 지식을 구성할 수 있도록 고안된 것이다. 따라서 어떤 단순한 강의 형식이 아니라 하나의 이야기로 주어진다. 그리고 학생들은 이 이야기를 비디오를 통해 탐색한다. 쉽게 구조화되고 정형화될 수 없는 성격을 지닌 과제를 여러 가지 다른 상황과 시각에서 접근하여 상황 의존적 인지구조의 연합을 형성한다.

정착교수는 주로 초등학교 수업에 많이 활용될 수 있는데, 여기서 학생들은 모험을 하면서 문제를 풀 때마다 새로운 개념을 하나하나 익혀 가게 된다. 이러한 특징으로 인해 정착교수이론을 문제해결학습의 한 형태라고도 볼 수 있다.

3) 상황학습이론

상황학습이론은 학습자가 실제적인 생활 맥락에 참여함으로써 학습이 이루어진다는 그리노(J. G. Greeno), 레스닉(L. B. Resnick), 로고프(B. Rogoff), 레이브(J. Lave) 등의 주장을 받아들인 것이다. 상황학습(situated learning)에서는 사회적인 교류가 학습의 중요한 요소를 이룬다. 학습자들은 특정한 신념과 행동을 획득할 수 있도록 하는 실천 공동체(community of practice)에 참여하게 된다. 겉으로 맴돌던 초심자나 낯선 학습자는 이러한 사회에 옮겨 옴으로써 새로운 문화에 점점 활동적으로 참여하게 된다. 그리하여 전문가가 되거나 고참이 된다.

상황학습이론의 원리는, 첫째, 지식은 실제적인 생활 맥락에서 제시되어야 하고, 둘째, 학습은 사회적인 교류와 협동을 필요로 한다는 것이다. 여기서는 교사와 학생으로 구성된 지식 탐구팀 간의 협동적 노력을 통해 문제해결의 전 과정, 즉 문제 자체를 형상화하여 문제의 해결책을 제시하기까지의 전 과정이 학생들의 주도로 이루어지는 생산적 학습(generating learning)이 강조된다(이용남 외, 2004).

탐 구 문 제

1. 교수이론과 학습이론의 차이를 비교하시오.

2. 캐롤의 학교학습 모형의 요소에 대하여 설명하시오.

3. 블룸의 학업성취의 결정요소에 대하여 설명하시오.

4. 브루너의 교수이론의 요소에 대하여 설명하시오.

5. 가녜의 교수이론에서 제시한 학습의 내적 조건과 학습의 외적 조건을 비교하시오.

6. 글레이저의 수업 모형의 구성요소에 대하여 설명하시오.

7. 구성주의 교수이론의 배경에 대하여 설명하시오.

Chapter

05

행동주의 학습이론

학습을 설명하는 이론에는 행동주의, 인지주의, 인간주의 그리고 최근에 대두된 상황학습이론 등이 있다. 행동주의의 경우에는 자극(stimulus: S)과 반응(response: R)의 연결에 의해 학습을 설명하는데, 이 경우에도 고전적 조건화의 계열을 따라 자극과 반응의 연결 그 자체를 강조하는 연합설과 자극과 반응의 연결에서 강화의 역할을 특히 강조하는 강화설로 나눌 수 있다. 그렇다면 조작적 조건화는 후자에 속한다고 볼 수 있다. 연합설에 속하는 대표적 학자로는 파블로프(I. P. Pavlov), 왓슨(J. B. Watson), 거스리(E. R. Guthrie)를 들 수 있고, 강화설에 속하는 학자로는 손다이크(E. L. Thorndike), 헐(C. L. Hull), 스키너(B. F. Skinner)를 들 수 있다(Sahakian, 1976).

한편, 관찰학습이론을 주장한 밴듀라(A. Bandura)는 원래 행동주의자로 출발하였으나 나중에 인지이론을 도입하여 자신의 이론을 보완, 설명하였다. 따라서 그는 행동주의와 인지주의의 가교 역할을 하였다고 볼 수 있다.

이 장에서는 학습이 무엇인지 알아보고, 그에 대한 이론을 살펴본다.

1 학습의 정의

학습(learning), 즉 배운다는 것은 무엇인가? 학습의 의미는 그것을 연구하는 이론적인 관점에 따라서 달라진다. 먼저, 행동주의에서는 학습을 어떤 자극에 대한 일정한 반응의 연합에 의한 행동의 변화로 본다. 이에 비해 인지주의에서는 외부의 정보나 지식이 두뇌 속의 사전지식에 통합되는 것, 즉 지식의 획득을 학습이라고 본다. 한편, 인간주의에서는 지, 정, 체가 조화된 유의미한 실존적 체험을 학습이라고 한다. 그리고 상황학습이론에서는 학습을 실제 현장 상황에서 구성된 주관적인 경험이라고 본다.

이 분야에서 가장 널리 인용되는 학습에 대한 정의는 힐가드(E. R. Hilgard)의 정의다. 힐가드는 학습이란 경험에 의한 비교적 지속적인 행동의 변화라고 정의하였다(Hilgard & Bower, 1975). 이 정의에 따르면 학습은 경험에 의한 것이며 후천적으로 환경의 영향을 받은 것이므로, 자연적 · 유전적 · 생득적 성숙에 의한 것은 학습에 포함되지 않는다. 예를 들면, 키가 자라거나 체중이 증가하는 것과 같은 변화는 학습으로 간주할 수 없다. 또한 학습은 비교적 지속적인 변화로서, 약물이나 피로 등의 영향으로 일어나는 일시적인 변화는 학습으로 간주할 수 없다. 그리고 학습을 행동의 변화라고 정의하였는데, 이를 통해 이 정의가 행동주의적 정의임을 알 수 있다. 여기서 행동은 반응이라고도 할 수 있으며, 밖으로 드러나는 외현적인 행동뿐만 아니라 관찰되지 않는 내면적인 행동을 모두 포함한다.

2 파블로프의 고전적 조건화

러시아의 생리학자이자 노벨상 수상자였던 파블로프는 개를 대상으로 소화과정을 연구하던 중 우연하게 조건화라 불리는 학습 현상을 발견하였다. 그의 학습 이론은 고전적 조건화(classical conditioning)라고 하는데, '고전적'이라는 수식어는 오래되었다는 의미로 나중에 붙여진 것이다. 그가 실험실에서 관찰한 내용은 다음과 같다.

우선, 실험의 첫 단계는 배고픈 개에게 종소리를 들려주더라도 이것이 침을 흘리게 하지 않는다는 것을 확인하는 일이었다. 종소리는 개에게 보통 고개를 돌리고 귀를 기울이는 정도의 정위반응(orienting response)만을 유발한다. 물론 이 단계에서 먹이(고깃가루)를 제시하면 침을 흘리는 것은 당연하다.

다음 단계에서는 종소리를 들려주고서 먹이를 제시하였다. 여기서 개는 역시 침을 흘렸다. 이렇게 종소리와 먹이를 짝지어 제시하는 것을 여러 차례 반복하였더니 나중에는 종소리만 들려주어도 개는 침을 흘렸다. 이때 조건화가 성립되었다고 한다.

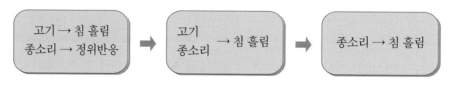

[그림 5-1] **고전적 조건화 과정**

여기서 종소리는 조건 자극(conditioned stimulus: CS), 먹이는 무조건 자극(unconditioned stimulus: UCS)으로 표현된다. 그리고 먹이에 대한 반응으로서 타액 분비는 무조건 반응(unconditioned response: UCR), 종소리에 대한 반응으로서 타액 분비는 조건 반응(conditioned response: CR)으로 표현된다. 따라서 조건화는 조건 자극에 대한 조건 반응의 결합(CS-CR)으로 나타낼 수 있다. 이러한 과정을 간략하게 도식화하면 [그림 5-1]과 같다.

파블로프는 이러한 실험을 통해 학습에 관한 여러 연구 결과를 얻었다. 그가 얻은 대표적인 학습원리는 다음과 같다.

1) 소거 및 자발적 회복

조건화가 성립된 이후에 무조건 자극이 따르지 않고 조건 자극만을 반복 제시하게 되면 조건 반응이 사라진다. 이러한 현상을 소거(extinction) 또는 소멸이라고 부른다. 그러나 소거가 일어난 후 얼마 동안의 휴식 시간을 가진 뒤 조건 자극을 다시 제시하면 조건 반응이 되살아나는데, 이러한 현상을 자발적 회복(spontaneous recovery)이라고 부른다. 소거가 일어난 후에 원래의 조건 자극과 무조건 자극을 짝 지어 제시하면 처음의 조건화보다 신속하게 조건화가 형성되는데, 이것을 재조건화(reconditioning)라 한다.

2) 자극 일반화와 변별

일반적으로 조건화의 초기 단계에서 조건 자극과 비슷하게 지각된 자극에 대해서도 조건 반응이 유발되는데, 이러한 현상을 자극 일반화(generalization)라고 부른다. 그러나 조건화가 진행됨에 따라 자극을 변별(discrimination)하는 능력이 생겨서 처음에 무조건 자극과 연합된 특정 자극에만 반응을 나타낸다.

3) 고차적 조건화

조건화가 일단 획득되면 이 조건 자극과 새로운 자극을 짝지어 반복 제시하는 과정을 반복함으로써 2차 조건화를 형성할 수 있을 것이다. 이러한 방식으로 계속 3차, 4차 등의 조건화를 유도할 수 있으며, 이를 통틀어서 고차적 조건화(higher-order conditioning)라고 부른다. 그러나 현실적으로 특히 하등 동물의 경우 고차적 조건화에 한계가 있는 것은 당연하다.

3 왓슨의 행동주의

왓슨은 파블로프의 생리학 실험을 보고, 이를 심리학의 학습이론으로 전환시킨 뒤에 최초로 행동주의라는 명칭을 부여한 인물이다. 그는 이렇게 함으로써 당시에 두뇌라는 암 상자(black box)를 연구하는 마음의 과학인 심리학을 객관적 학문인 행동의 과학으로 바꾸어 놓았다.

왓슨은 자신의 연구결과를 토대로 좋은 행동이든 나쁜 행동이든 모든 행동은 후천적으로 학습된 것이라고 천명하였다. 그래서 나쁜 행동은 제거하고 바람직한 행동으로 대치시킬 수 있다고 하여 행동수정기법의 초석을 쌓았다. 그리고 누구든지 자신에게 데려오면 의사나 변호사 심지어 거지까지도 상대방이 원하는 대로 만들어 줄 수 있다고 호언하였다. 또한 그는 개인적인 일로 대학을 떠난 뒤 광고

회사를 차려 고전적 조건화를 이용한 광고기법을 개발하기도 하였다.

4 거스리의 인접설

거스리는 파블로프나 왓슨과 마찬가지로 자극과 반응의 연합을 강조하는 입장에서 인접설 또는 근접설(contiguity theory)을 제안하였다. 이것은 어떤 자극이 주어지면 그것과 시간적으로 매우 근접해 있는(동시적인) 반응이 일어나고, 이들 자극과 반응 사이에 바로 결합이 일어난다는 것이다. 파블로프나 왓슨이 학습은 자극과 반응의 반복된 연합으로 나타나는 것이라고 본 반면에, 거스리는 자극이 반응과 맨 처음 짝지어질 때 충분한 연합 강도를 획득한다고 보았다. 즉, 학습은 한 번의 시행에서 실무율(all-or-none)적으로 일어나는 것이지 연습에 의해 영향을 받지 않는다는 것이다.

이렇게 거스리는 자극과 반응 사이의 연결을 '근접에 의한 연합'이라는 용어로 설명하였다. 즉, 학습이 일어나는 것은 바로 자극과 반응이 근접해서 제시되기 때문이며, 이것이 곧 습관의 형성이라는 것이다. 그러나 사람들은 같은 상황에 놓여 있을 경우라도 동일한 행동을 반복하지 않는데, 이에 대해 거스리는 자극 상황이 실제로는 같지 않기 때문이라고 주장하였다. 또한 습관이 깨지기도 한다는 주장에 대해서는 습관이 깨지는 것이 아니라 다른 습관으로 대치되는 것이라고 하면서, 나쁜 습관을 대치시킬 수 있는 세 가지 행동수정 방법을 제시하였다.

1) 역치법

역치(threshold)란 임계치 또는 한계값이라고도 한다. 이를 이용한 방법은 바람직하지 않은 반응을 일으킬 수 있는 자극을 제시하기는 하지만, 실제로 그런 반응을 일으키지 않을 정도로만 자극을 제시한다. 즉, 자극이 계속 제시되면서 자극의 강도가 증가하지만 항상 역치(반응을 일으키는 최소한의 자극 강도 혹은 수준) 이하로 유지된다. 이렇게 바람직하지 않은 반응을 일으키지 않고 묵인할 수 있는 수준에서 자극이 제시되기 때문에 이를 묵인법 또는 통제법(toleration method)이라고도 한다. 이 절차가 성공하면 자극이 최고 강도에 도달할지라도 원하지 않는 행동을 하지 않을 것이다. 수영을 배우기 시작하는 아동에게 물에 대한 공포 반응을 줄이기 위해 점진적으로 물에 익숙해지도록 하는 것은 이러한 기법을 적용한 사례라고 볼 수 있다.

2) 피로법

피로법(fatigue method)은 바람직하지 않은 반응을 없애기 위해 개인이 더 이상 반응할 수 없을 때까지 계속 자극을 제시하는 방법이다. 이런 측면에서 이를 소진법, 홍수법 또는 범람법이라고도 한다. 예를 들면, 아동에게 어떤 놀이를 못하게 하면 아동은 더 하려고 한다. 그럴 경우 지칠 때까지 실컷 하도록 하면 나중에는 싫증이 나서 그만두는 경우가 있다. 그 순간부터 개인은 다른 반응을 나타내게 되어 습관의 대치가 일어난다. 그러나 이 방법은 인간을 대상으로 적용하는 데 현실적으로 어려움이 있어(컴퓨터 게임의 경우 중독되는 수가 있음) 주로 야생마 길들이기에 많이 활용되었다.

3) 비양립 자극법

비양립 자극법(incompatible stimulus method)은 상황의 다른 특성들이 바람직하지 않은 반응을 억제할 때 그 자극을 제시하는 방법이다. 예를 들면, 수학이나 통계를 싫어하는 운동선수에게 스포츠 통계에 관한 문제를 제시한다거나 역사에 흥미가 없는 예술학도에게 예술사를 공부하게 한다.

5   손다이크의 시행착오설

　손다이크의 학습이론은 흔히 시행착오설(trial and error theory), 연결주의 또는 결합설(connectionism)이라 불린다. 그는 여러 가지 문제상자를 고안하여 배고픈 고양이를 활용한 실험을 하였다. 예를 들면, 고양이를 문제상자 안에 가두고 상자 밖에는 먹이를 놓아둔다. 상자 속의 한쪽에는 빗장이 달려 있고, 이 빗장을 누르면 상자 문이 열려 밖으로 나올 수 있게 되어 있다. 상자 속에 들어간 고양이는 처음에는 긁어 대고 물어뜯고 이리저리 뛰어다니는 등 여러 가지 시행착오적 반응을 반복하다가 마침내 빗장을 누르고 밖으로 나오게 된다.

　이때 빗장을 누르는 반응을 지속시키기 위해서는 고양이가 상자 밖으로 나올 때마다 먹이로 보상을 주어야 한다. 시행착오적 반응 자체만으로는 자극과 반응의 결합이 불가능하고 먹이 보상과 같은 강화가 있어야 한다. 이 실험에서 문제상자 내부가 자극 상황을 구성하고 있어야 한다. 이러한 상황에서 일어난 시행착오 과정을 간략하게 도식화하면 [그림 5-2]와 같다. 손다이크는 일련의 실험을 통하여 중요한 세 가지 학습 법칙을 발견하였다.

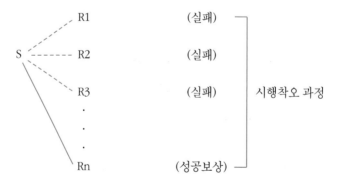

[그림 5-2] **시행착오 학습의 과정**

1) 효과의 법칙

효과의 법칙(law of effect)이란 강화를 받은 반응들은 학습되고, 받지 못한 반응들은 학습되지 않는 경향이 있다는 것이다. 즉, 학습의 과정이나 결과가 만족스러울 때는 결합이 더욱 강화되고, 불만족스러울 때는 결합이 약해진다는 법칙이다. 따라서 효과의 법칙에서는 학습이 자극과 반응 간의 단순한 접근보다는 반응의 결과인 강화에 의해 달라진다는 것이다.

2) 연습의 법칙

연습의 법칙(law of exercise)은 빈도의 법칙(law of frequency)이라고도 하는데, 여기에는 사용의 법칙(law of use)과 불사용의 법칙(law of disuse)이 포함된다. 이것은 연습의 횟수나 사용 빈도가 증가할수록 결합이 강화되고, 연습의 횟수가 적거나 사용되지 않을 때는 결합이 약화된다는 것이다. 따라서 자극-반응의 반복이 그 결합을 강화시키는 것이다.

3) 준비성의 법칙

준비성의 법칙(law of readiness)은 학습자의 준비상태에 따라 학습의 효과가 달라질 수 있다는 것이다. 성숙도, 지적 발달상태, 사전학습과 같은 요인은 학습의 정도를 결정한다. 이 법칙은 보상과 벌에 대한 근거를 제공하기도 한다. 어떤 사람이 무엇인가를 할 준비가 된 상황에서 그것을 하도록 허용되면 만족스러운 상태, 즉 보상이 이루어진다. 반면에 준비성을 갖추지 못했을 때 무엇인가를 하도록 강요되거나 혹은 준비성이 갖추어졌는데도 허용되지 않는다면 불만족스러운 상태, 즉 벌이 초래된다.

6 헐의 신행동주의

헐은 기계적인 S-R 이론에서 벗어나 소위 신행동주의라 부르는 S-O-R 이론을
제시하였다. 그는 인간의 행동을 외부로부터 주어지는 자극과 반응의 결합으로 설
명하지만, 그 자극과 반응 사이에 직접 관찰할 수 없는 유기체라는 내재 변인을 가
정하였다. 그리고 이 세 변인 간의 관계 속에서 유기체의 행동에 관한 체계적 학습
법칙을 확립하려고 노력하였다. 따라서 그의 이론을 체계적 행동설(systematic
behavior theory)이라고도 한다.

헐은 수량적인 자료를 바탕으로 하여 몇몇 조건 변인과 학습 정도 간의 수학적
함수 관계를 체계적으로 정립하여 행동 공식을 수립하려 하였다. 이때 그는 학습
을 규정하는 원리로서 충동 감소(drive reduction)를 가정하고 있다. 여기서 충동이
란 생리적 결핍상태, 즉 배고픔이나 목마름과 같은 것이다. 이를 감소시키는 것이
강화의 역할을 하여 행동을 일으키는 동기 변인이 된다.

헐의 학습이론에서는 반응을 확률적으로 접근하고 있는데, 반응의 확률은 충동
(drive)과 습관 강도(habit strength)의 두 요인에 의해 도출될 수 있다고 보았다. 이
를 공식화하면 '반응 경향성(E)＝충동(D)×습관 강도(H)'로 나타낼 수 있다. 이
공식이 의미하는 것은 학습 장면과 관련된 반응 경향이 충동과 습관 강도의 함수
라는 것이다.

여기서 충동의 강도는 결핍상태의 지속 시간으로서 측정이 가능하다. 즉, 10시
간 굶주린 쥐는 3시간 굶주린 쥐보다 충동이 강하다. 습관 강도는 측정이 어렵지
만, 이전에 경험한 강화 횟수가 중요한 요인이 된다.

이후에 헐은 유인가 변인을 공식에 추가하여, '반응 경향성＝f(충동×습관 강
도×유인가)'로 나타냈다. 유인가는 반응 이후에 얻은 강화물의 양 또는 질을 의
미한다. 그러므로 반응 경향성은 충동, 습관 강도, 유인가의 함수다. 그는 이러한
행동 공식을 적용하여 동물의 행동을 예측하는 데 큰 성공을 거두었으나 인간의
행동을 예측하는 데는 실패하였다. 그러나 그의 접근방법은 이후 수리심리학

(mathematical psychology)의 길을 여는 데 크게 공헌하였다.

7 스키너의 조작적 조건화

행동주의 학습이론이 S-R이라는 공통된 형식을 취하고 있지만 연합을 강조하고 있는 고전적 조건화 계열의 이론과 달리, 스키너는 반응에 따른 강화를 강조하는 입장이다. 특히 스키너의 조작적 조건화(operant conditioning)라는 표현은 파블로프의 고전적 조건화 이론과 비교하여 반응의 성격에서 차별성을 지닌다. 파블로프의 실험에서 보면, 종소리(조건 자극)나 고기(무조건 자극)가 제시되어야만 개가 침을 흘리는 반응을 나타낸다. 고전적 조건화에서 이렇게 자극에 의해서 유발되는 반응의 성격은 소극적이며 수동적이라고 볼 수 있다.

반면에 스키너는 자극에 의해 유발된(elicited) 반응보다는 유기체에 의해 스스로 방출되는(emitted) 반응에 관심이 있었다. 이런 측면에서 '조작적'이라는 용어를 사용하며, 이러한 방출된 반응 혹은 조작적 행동은 더욱 적극적이고 능동적이며 의도적인 성격을 지니게 된다. 즉, 유기체가 환경에 적극적으로 행위를 가하고, 이것이 주위에서 바람직하다고 간주되면 강화를 받는데, 이 강화가 바로 환경으로부터 받는 자극이 된다. 그래서 스키너는 파블로프의 조건화를 S형 조건화로, 그리고 자신의 조건화를 R형 조건화로 불렀다.

1) 강화의 개념

스키너 학습이론의 핵심은 강화(reinforcement)라고 볼 수 있다. 그의 학습이론을 흔히 강화이론으로 부르는 이유도 여기에 있다. 강화란 특정 행동이나 반응의 확률 또는 빈도를 증가시키는 현상을 말하며, 강화제 혹은 강화물(reinforcer)이란 강화의 수단으로 사용하는 물건이나 자극을 지칭한다.

강화제는 음식이나 물과 같이 생리적 만족을 주는 일차적 강화제와 칭찬, 상,

승진과 같은 이차적 강화제로 나뉜다. 이차적 강화제를 조건 강화제 또는 사회적 강화제라고도 한다. 이러한 이차적 강화제 중에는 활동 강화제도 있다. 즉, 더 좋아하는 활동(예: 컴퓨터 게임)은 덜 좋아하는 활동(예: 청소)에 대해 강화제의 역할을 한다. 이것을 이론화한 사람의 이름을 붙여 이를 프리맥(Premack)의 원리라고도 한다. 그리고 돈과 같은 것은 다른 많은 것과 교환할 수 있는 가치를 가지고 있는데, 이처럼 적용 범위가 넓은 강화제를 일반화 강화제라 한다.

강화는 크게 정적 · 긍정적 · 적극적 강화(positive reinforcement)와 부적 · 부정적 · 소극적 강화(negative reinforcement)로 구분된다. 정적 강화는 먹이, 사탕, 칭찬, 돈 등과 같이 쾌 자극이 제시되어 행동이나 반응의 빈도를 증가시키는 것이며, 부적 강화는 전기 충격, 큰 소음과 같은 불쾌 자극이 제거됨으로써 행동이나 반응의 빈도를 증가시키는 것이다.

여기서 한 가지 분명히 해 둘 것은 부적 강화와 벌 개념의 구분이다. 흔히 부적 강화와 벌이 동일한 개념으로 기술되는 경우가 있는데 이것은 잘못된 것이다. 벌(punishment)은 특정 행동이나 반응의 확률을 감소시키는 데 목적이 있기 때문에 강화와 상반되는 개념이다. 벌에는 불쾌 자극을 제공하는 일차적인 적극적 벌과 쾌 자극을 박탈하는 이차적인 소극적 벌이 있다. 스키너는 행동을 변화시키는 데는 벌이 강화에 비해 효과가 비교적 적다는 점을 지적하고 있다.

2) 강화계획

스키너는 동물 실험을 통해 강화의 유형 및 양과 학습 사이의 관계를 밝히려고 노력하였다. 흔히 강화가 이루어지는 방식을 강화계획이라 한다. 강화는 크게 연속 강화(continuous reinforcement)와 간헐 강화(intermittent reinforcement) 혹은 부분 강화(partial reinforcement)로 구분할 수 있다. 연속 강화는 기대되는 반응이 나타날 때마다 계속해서 강화가 주어지는 것이고, 간헐 강화는 기대 반응에 대해서 가끔 선택적으로 강화가 주어지는 방식이다. 간헐 강화 방식에는 가장 일반화된 유형으로서 다음과 같은 네 가지 방식이 있다.

- 고정간격(fixed interval) 강화계획: 이는 강화를 주는 시간적 간격을 고정시키는 것이다. 예를 들면, 기대되는 반응에 대해서 30초가 경과할 때마다 강화하는 방식이다.

- 고정비율(fixed ratio) 강화계획: 이는 강화를 주는 비율 또는 빈도를 고정시켜 활용하는 것이다. 예를 들면, 기대되는 반응이 다섯 번 일어날 때마다 강화를 주는 방식을 말한다. 그러나 시간이나 비율이 일정하면, 유기체가 이를 금방 알게 되어 강화의 효과가 줄어든다. 이를 피하기 위해 다음의 방법들을 사용한다.

- 변동간격(variable interval) 강화계획: 이는 평균 시간을 정해 두고, 이를 중심으로 왔다 갔다 하여 시간적 간격을 변화시키면서 강화를 해 주는 방식이다. 예를 들면, 기대되는 반응에 대해서 처음에는 3분이 경과했을 때 강화를 주다가, 다음에는 10분이 경과했을 때, 그다음에는 5분이 경과했을 때 강화를 주는 것이다.

- 변동비율(variable ratio) 강화계획: 이는 평균 비율이나 빈도를 정해 두고 왔다 갔다 하면서 강화를 주는 비율이나 빈도를 변화시키는 것이다. 예를 들면, 처음에는 기대된 반응이 열 번 일어났을 때 강화를 주고, 다음에는 세 번 일어났을 때, 그다음에는 다섯 번 일어났을 때 강화를 주는 방식이다.

한편, 연속 강화는 학습 초기에 학습 속도를 증가시키는 데 효과적인 것으로 알려져 있다. 그러나 연속 강화는 일단 학습된 것을 오랫동안 유지시키는 결과는 가져오지 않는다. 즉, 연속 강화를 받은 행동의 소멸 속도는 간헐적으로 강화된 행동보다 더 빠르다. 따라서 일반적으로 처음에는 연속 강화를 활용하다가, 나중에는 간헐 강화계획으로 바꾸는 것이 바람직하다. 간헐 강화 중에서는 변동비율 강화계획의 소멸 속도가 가장 느리게 나타난다.

8 밴듀라의 관찰학습이론

밴듀라(1977)는 원래 행동주의자로 출발하였다. 그러나 자신의 학습이론을 수립하고 나서 그것이 일어나는 기제를 설명할 때는 인지적 관점을 도입하였다. 따라서 엄격히 말하면 그는 인지적 행동주의자라 할 수 있다. 그의 학습이론은 흔히 관찰학습이론(observational learning theory), 사회학습이론(social learning theory), 대리학습이론(vicarious learning theory) 혹은 간접학습이론, 모델링(modeling) 학습이론 등 여러 이름으로 불린다.

관찰학습이란 어떤 사람이 다양한 인간관계 속에서 살아가면서 다른 사람의 행동이 주위 사람들로부터 칭찬 등의 강화를 받으면 이를 관찰하여 기억하고 있다가 자신에게도 같은 상황이 오면 그 사람의 행동을 따라서 하는 것을 말한다. 관찰학습이 일어나는 과정을 그림으로 나타내면 [그림 5-3]과 같다. 여기서 지각의

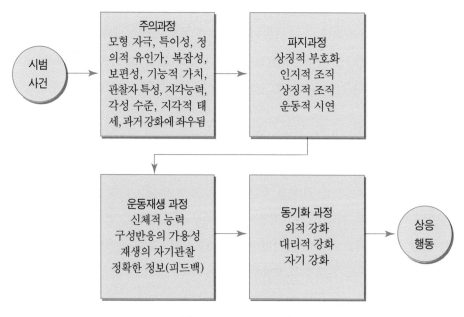

[그림 5-3] **관찰학습 과정**

핵심과정인 주의(attention)와 기억의 핵심과정으로서 저장 단계인 파지(retention)
는 인지과정이다.

탐 구 문 제

1. 학습이론에 따른 학습의 개념을 설명하시오.

2. 파블로프의 고전적 조건화 원리를 설명하시오.

3. 왓슨의 행동에 대한 과학적 연구 입장을 논하시오.

4. 거스리의 행동수정 방법을 설명하시오.

5. 손다이크의 학습 법칙에 대해 설명하시오.

6. 헐의 학습이론을 설명하시오.

7. 스키너의 강화계획에 대해 설명하시오.

8. 밴듀라의 학습이론을 설명하시오.

Chapter

06 인지주의 및 기타 학습이론

인지주의 학습이론으로는 우선 독일에서 시작된 형태주의 심리학과 쾰러(W. Köhler)의 통찰설, 그리고 그 영향을 받은 톨먼(E. C. Tolman)의 기호형태설을 들수 있다. 최근에 큰 영향을 준 앤더슨(J. R. Anderson)의 정보처리이론도 여기에 속한나.

인간주의 학습이론으로는 매슬로(A. H. Maslow)와 로저스(C. R. Rogers)의 학습이론을 들 수 있다. 그리고 최근에 대두된 상황학습이론으로는 그리노(J. G. Greeno), 레스닉(L. B. Resnick), 로고프(B. Rogoff) 등의 이론을 들 수 있다.

인지주의(cognitivism) 학습이론은 행동주의의 자극-반응 이론과는 달리 학습을 학습자의 두뇌 속에서 일어나는 정보처리 과정을 통한 지식의 획득으로 설명하는 이론적 입장이다. 최초의 인지주의 학습이론은 형태주의 심리학(Gestalt psychology)을 표방한 학자들에게서 찾아볼 수 있는데, 쾰러의 통찰설이 대표적이다. 그리고 이들의 영향을 받은 톨먼의 기호형태설(sign-gestalt theory)도 인지학습이론에 속하며, 최근에는 앤더슨의 정보처리이론이 대표적인 인지학습이론이라 할 수 있다.

1 쾰러의 통찰설

1) 형태주의 심리학

형태(Gestalt)란 독일어를 우리말로 번역한 단어로서 사물들 간 관계의 구조 전체라고 할 수 있다. 예를 들면, [그림 6-1]에서 점들이 만들어 내는 서로 다른 도형을 볼 수 있을 것이다. 이들은 단순한 점들의 집합이 아니라, 왼쪽의 그림은 삼각형처럼 보이고, 오른쪽 그림은 사각형처럼 보일 것이다. 이와 같이 형태는 요소들

[그림 6-1] **점들이 모여 이룬 형태의 예**

이 아무렇게나 흩어져 있을 때와는 달리, 이들이 모여서 전체로서 무언가 새로운 것을 만들어 내는 것이다.

인간의 지각(perception)에 있어서 이러한 점에 주목하고, 인간이 경험하고 학습하는 것은 통합된 전체로서의 장이며, 이를 행동주의처럼 자극-반응의 단위와 같은 개개의 요소로 분석하는 것은 무의미하다고 주장함으로써, 행동주의의 환원주의적인 원자론(atomism) 입장에 반대하는 전체론(holism) 입장을 취한 일군의 학자들을 형태주의 심리학자라 한다. 이들 주장의 요지는 전체가 단순한 부분의 합이 아니라 그 이상이라는 것이다. 따라서 이들은 하나의 통합된 형태로 체제화하는 것이 학습이며, 이러한 체제화 능력은 보편적이고 생득적인 경향성이라고 하였다.

형태주의 심리학자로는 베르트하이머(M. Wertheimer), 쾰러, 코프카(K. Koffka), 레빈(K. Lewin)을 들 수 있다. 이들 중 학습에 관한 연구로는 쾰러의 연구가 대표적이고, 베르트하이머는 인간의 지각 현상, 코프카는 기억 흔적의 재조직화, 그리고 레빈은 인간관계의 심리적 장(field) 연구에 집중하였다.

2) 쾰러의 이론

쾰러의 학습이론을 흔히 통찰설(insight theory)이라 한다. 쾰러는 8년간에 걸쳐 아프리카 해역의 테네리페(Tenerife) 섬에서 침팬지의 학습과정을 실험하고, 그 결과를 『유인원의 지능(The Mentality of Apes)』으로 발표하였다. 이 책에 의하면 침팬지의 손이 닿지 않는 천장에 바나나를 매달아 놓으면 침팬지는 바나나를 잡기 위해 손을 뻗치거나 발돋움을 하거나 뛰어오르는 행동을 한다. 이러한 시도가 실

[그림 6-2] **통찰 실험**

패하면 침팬지는 맹목적으로 시행착오적인 행동을 하는 대신에 주의 깊게 전체 장면을 관찰하여 수단과 목표 간의 관계라 할 수 있는 전체와 부분의 관계를 파악한 후 막대로 바나나를 따거나, 여러 개의 막대를 서로 끼워서 길게 만들 수 있는 경우에는 막대를 연결하여 사용한다. 또는 주위에 있는 상자를 쌓아 그 위에 올라서서 천장에 있는 바나나를 따는 행동을 하였다(그림 6-2] 참조).

이처럼 쾰러는 부분과 부분, 부분과 전체 또는 수단과 목표 간 관계의 이해를 통찰이라 보고, 통찰의 형성을 학습이라고 하였다. 이와 같이 통찰학습은 전체 상황의 구조적 관계를 파악하는 지능적인 행동의 학습을 의미한다. 사물들 간의 전체적인 관계의 구조인 형태를 어느 순간 갑자기 파악할 때 통찰이 일어나 문제가 해결되는데, 이때 문제의 미해결에서 해결로의 전환이 급격하고 완벽하게 일어나며, 아하(aha!) 경험을 하게 된다.

통찰에 의해 얻어진 해결책을 바탕으로 한 수행은 보통 원활하고 오류가 없으며, 상당 기간 동안 유지되고 기억된다. 또한 통찰에 의해 얻어진 원리는 쉽게 다른 문제에 전이되어 적용되는 특징을 갖는다. 이것은 기억 흔적의 단순한 재생 또는 재인을 뜻하는 것이 아니라 다음에 일어날 경험에 전체적으로 영향을 미친다는 뜻이다. 예를 들면, 아이가 배고플 때마다 우는 행위는 선천적인데, 울 때마다 어머니가 나타나면 어머니의 출현은 뇌 속에 기억 흔적을 남기고, 어머니의 모습은 수유의 흔적을 남기며, 수유의 흔적은 배고픔의 해결이라는 흔적을 남기게 된다. 따라서 이들 기억 흔적은 서로 독립적이지 않고 상호 통합적이며 전체적이라는 것이다.

2 톨먼의 기호형태설

톨먼의 학습이론은 기호형태설(sign-gestalt theory), 기호-의미이론(sign-significant theory), 기대이론(expectancy theory) 또는 목적적 행동주의(purposive behaviorism) 등 여러 가지 명칭으로 불리고 있다. 이러한 명칭에서 알 수 있듯이 그는 형태주의 심리학의 영향을 받았다.

톨먼은 학습이란 유기체의 기대와 이러한 기대를 충족시켜 주는 목표 간에 의미체계를 형성하여 그것에 도달하게 해 줄 것으로 예상되는 환경 내의 단서(기호) 간의 관계에 대한 인지의 획득이라고 정의하였다. 즉, 어떤 구체적인 자극은 일정한 행동의 결과로서, 어떤 결과를 획득할 수 있게 하는 수단이 되는 기호로서의 의미를 갖게 된다. 따라서 학습은 이러한 수단-목표 관계의 성립 또는 기호-의미체계 간의 관계의 성립으로 볼 수 있다. 이때 학습은 구체적인 행동이 아니라, 이들 목표와 수단의 관계에 관한 사전 인지(precognition)이며, 인지도(cognitive map)의 형성인 것이다. 톨먼이 자신의 학습이론을 입증한 대표적인 실험 세 가지는 다음과 같다.

1) 보상 기대 실험

보상 기대(reward-expectancy) 실험에서 미로상자 속의 동물은 자신이 어떤 장소에 가면 어떤 보상을 받을 것으로 기대하며, 만일 보상이 기대했던 것과 다를 때 좌절을 경험할 것이라고 가정할 수 있다. 예를 들면, 바나나로 보상받는 훈련을 받은 원숭이에게 덜 좋아하는 상추로 보상을 바꾸어 주면, 원숭이는 계속하여 바나나를 찾는다. 동물들은 행동할 때 특정 목표에 대해 사전 인지를 가지고 있어 '이렇게 하면 이런 결과가 나타날 것'이라는 기대를 가지는데, 보상이란 이러한 기대에 대한 확인을 의미한다고 보았다.

2) 장소 학습 실험

장소 학습(place learning) 실험에서 톨먼은 쥐의 미로 학습이 행동주의자들의 주장대로 자극과 반응의 결합인지 혹은 인지도에 의한 장소 학습인지를 실험하였다. 이와 같은 실험 결과, 대부분의 쥐들이 출발점을 바꾸어도 먹이가 있는 방향을 정확히 파악하여 갈림길에서 착오 없이 목표 지점에 있는 먹이를 찾는 것을 발견하였고, 이에 따라 유기체의 학습은 장소에 대한 인지도를 가진다고 주장하였다.

3) 잠재 학습 실험

잠재 학습(latent learning)이란 일반적으로 일정 기간 동안 유기체에게 잠재되어 있지만 수행으로 나타나지 않은 학습이라고 할 수 있다. 행동주의자들은 강화를 받은 행동만 학습되고 강화를 받지 않는 행동은 학습되지 않는다고 하였으나, 톨먼은 강화를 받지 않은 행동이라도 잠재 학습의 형태로 남아 있다가 다음 학습에 영향을 미친다는 것을 실험을 통해 증명하였다.

이상에서 본 바와 같이 보상 기대 실험, 장소 학습 실험, 잠재 학습 실험은 행동
주의자들의 주장과는 반대로, 유기체는 유목적적으로 행동하고 목적과 일치하지
않을 때는 지속적으로 목적 추구 행동이 일어남을 입증해 주었다. 또한 인간은 머
릿속으로 사고를 하고, 사고에 의해 인지도를 가지며, 학습은 인지도의 형성에 의
해서 일어난다는 사실을 입증해 주었다.

3 앤더슨의 정보처리이론

최근에 학습에 대한 인지주의 접근에서 정보처리적 입장을 가장 잘 설명한 학
자는 앤더슨이라 할 수 있다. 그는 학습을 정보처리를 통한 지식의 획득으로 본다.
그는 교육심리학자 가네(R. M. Gagné)와 마찬가지로 분석철학자 라일(G. Ryle)의
지식분류법의 영향을 받아 그것의 표상 및 획득에 관심을 집중하였다(Anderson,
1987).

지식에는 절차적(procedural) 지식과 명제적(propositional) 지식이 있다. 절차적
지식은 방법적 지식이라고도 하며, 소위 '~할 줄 안다(know how)'로 나타낼 수
있는 지식이다. 예를 들면, 피아노를 칠 줄 안다, 공부하는 전략을 안다와 같은 지
식이다. 문자나 숫자를 지각하는 것도 방법적 지식에 해당되는데, 이들은 명제적
지식을 획득하는 수단이 된다. 이에 비해 명제적 지식은 선언적(declarative) 지식
이라고도 하는데, 책, 논문집, 잡지 등 많은 인쇄물 속에 실려 있는 체계화된 지식
을 말한다. 이는 소위 '~라는 사실을 안다(know that)'로 표현되는 지식이다
(Gagné, Yekovich, & Yekovich, 2005).

절차적 지식은 자동화된 기본 기능(basic skill)과 전략적(strategic) 지식으로 나뉜
다. 자동화된 기본 기능은 많은 연습과 피드백(feedback)에 의해 획득되어 자동화
된 것으로, 우리가 어떤 일을 수행할 때 거의 무의식적으로 동원되는 지식이다.
예를 들면, 처음 운전을 배울 때 많은 고생을 하면서 배웠으나, 이제는 거의 의식
하지 않고 운전을 하는 경우를 들 수 있다. 또한 우리는 이제 '어머니'란 글자를

보고 재빨리 읽을 수 있으며, 글자를 하나씩 일일이 확인하고 나서 이를 다시 결합하여 '어-머-니'라고 읽지 않는다. 이에 비해 전략적 지식은 학습전략, 기억전략과 같이 의식적으로 우리의 인지과정을 통제하는 고차적인 절차다.

명제적 지식의 기본 단위는 아이디어를 나타내는 명제다. 이는 대체로 주부(예: 나)와 술부(예: 간다)로 구성된 문장(예: 나는 간다)으로 나타낼 수 있다. 그런데 명제들은 아무렇게나 우리 머릿속에 흩어져 있는 것이 아니다. 만약 그렇다면 그것은 정보에 지나지 않는다. 정보가 지식이 되려면 체계화되어야 하는데, 명제들은 서로 관련 있는 것끼리 가까이 모여 명제 망(propositional network)을 만듦과 동시에 조직화(organization), 정교화(elaboration)된다. 조직화란 명제적 지식들이 모여 서로 간에 상하, 선후, 좌우의 연결관계를 갖는 것을 말한다. 정교화란 어떤 명제와 관련된 풍부한 예나 세부사항을 가진 것을 말한다.

정보처리이론에서는 흔히 전문가(expert)와 초보자(novice), 또는 성공 집단과 실패 집단, 잘한 사람과 못한 사람을 비교한다. 어떤 분야의 전문가일수록 초보자에 비해 기본 기능의 자동화가 뛰어나고, 전략적 지식의 성공 가능성이 높으며, 선언적 지식은 더 잘 조직화·정교화되어 있다고 할 수 있다.

4 인간주의 학습이론

1) 인간주의의 배경

인간주의 심리학은 현상학적(phenomenological) 심리학이라고도 불린다. 그 이유는 이러한 심리학적 경향이 철학에 있어서 후설(E. Husserl)의 현상학 내지는 그의 제자인 하이데거(M. Heidegger), 야스퍼스(K. T. Jaspers), 사르트르(J. P. Sartre)와 같은 실존철학자들의 영향을 강하게 받았기 때문이다. 인간주의 심리학의 입장에서는 학습을 지(知)와 정(情)이 결합된 유의미한 실존적·인간적 경험이라고 본다.

이 접근방법에서는 어떤 사태에 대한 각 개인의 지각, 해석, 의미 등 인간의 주관적 경험을 강조한다. 따라서 결정론적 · 기계론적으로 인간의 행동을 예언하거나 통제한다든가 과거 동기의 역사에 관심을 갖지 않는다. 이러한 접근방법을 인간주의라고 하는 이유는 동물과 달리 인간의 긍정적 자기지향성 및 선택의 자유, 더 나아가 존재의 이유를 구성하는 주관적인 내적 경험이라고 할 수 있는 자아(自我, self)의 성장과 실현을 소중하게 여기기 때문이다.

인간주의는 인간의 자유의지를 믿고, 행위의 주체인 개인이 자신의 행위에 책임질 것을 강조한다. 따라서 자신의 문제에 관한 한 자기 자신이 가장 뛰어난 전문가라는 입장에서부터 출발한다. 또한 개인 내적 생활의 이해를 강조하여 잠재력 개발, 의식의 확장, 집단적 경험, 정의적 경험 등을 중시하는데, 이는 문학이나 예술, 역사, 철학을 통해서 가능하므로 이러한 것들을 강조한다.

인간주의 이론가의 대표적인 인물로는 올포트(G. W. Allport), 콤스(A. W. Combs), 매슬로, 로저스 등을 들 수 있다(장상호, 1988). 먼저, 올포트는 인간 행동의 연구에 있어서 일반적 원리의 발견에 관심을 갖는 법칙 정립적(nomothetic) 접근과 각 개인의 고유성을 이해하려는 개성 기술적(idiographic) 접근을 구별하고, 후자의 중요성을 강조하였다. 또한 그는 자아를 강조하였는데, 자아는 '느끼고 알려진 나'로서 이를 고유성(proprium)이라고 하며, 이를 통하여 건전한 성격이 발달한다고 보았다.

콤스는 학습의 인지적 측면보다 개인적 지각을 더 중시하여 교사가 학생에게 긍정적 자아개념을 갖도록 해야 한다고 하였다. 인간은 누구나 적합감(adequacy)을 갖기 원하므로 교사는 촉진자, 격려자가 되어야 한다는 것이다. 그렇게 하기 위해서 교사는 교과를 잘 알고, 다른 사람의 감정에 민감하며, 학생의 능력을 믿고, 자신도 긍정적 자아개념을 가지며, 최대한의 조력을 아끼지 않고, 다양한 교수법을 사용할 줄 알아야 한다.

인간주의의 대표적 인물로는 매슬로와 로저스가 있다. 다음에서 이들의 견해를 살펴보기로 한다.

2) 매슬로의 내재적 학습

매슬로(1968)는 인간이 인간으로서 가질 수 있는 가능성과 위대성을 찾고자 하였다. 이를 위해서는 인간 가운데 특히 건강한 인간을 연구하는 것이 최선의 길이라고 생각하였다. 그렇다면 최선의 모범적인 인간상을 대표할 인물은 누구인가? 그는 충분히 인간상을 실현시켰다고 판단되는 최선의 모범적인 인간상 49명을 선택하여 보통의 사람들과 분명히 구분되는 모종의 특성을 발견하였다. 그중에는 제퍼슨(T. Jefferson), 링컨(A. Lincoln), 스피노자(B. Spinoza), 아인슈타인(A. Einstein), 루스벨트(T. Roosevelt), 괴테(J. W. von Goethe)와 같은 역사적 인물이 포함되었다. 그들이 보인 공통적 특성을 요약하면 다음과 같다.

- 현실에 대한 보다 효과적인 지각과 현실과의 보다 편안한 관계
- 자연, 타인 그리고 자신의 수용
- 자발성, 단순성, 자연스러움
- 자신을 초월한 문제들에 대한 몰두
- 초연성과 사생활의 요청
- 자율성, 문화와 환경으로부터의 독립, 의지, 적극적 주체
- 감상의 끊임없는 참신성
- 신비스러운 경험, 정상의 경험
- 공동체 의식
- 심오한 인간관계
- 민주적 성격구조
- 수단과 목적, 선과 악의 식별
- 철학적이고 악의 없는 유머
- 창의성
- 문화화에 대한 저항, 특정 문화의 초월

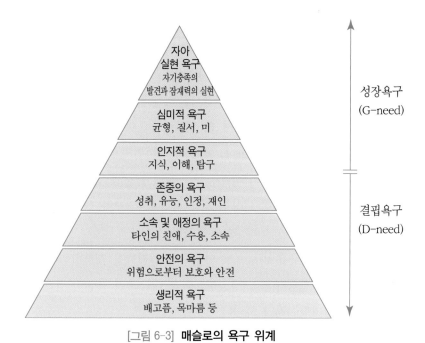

[그림 6-3] **매슬로의 욕구 위계**

또한 매슬로는 인간의 욕구를 연구하여 크게 결핍욕구와 성장욕구로 나누고 이들을 위계화하였다. 이를 그림으로 나타내면 [그림 6-3]과 같다. 먼저, 결핍욕구에는 생리적 욕구, 안전의 욕구, 소속 및 애정의 욕구, 존중의 욕구가 속하고, 성장욕구에는 인지적 욕구, 심미적 욕구, 자아실현 욕구가 속한다. 또한 한 개인이 고유한 인간으로서 실현할 수 있는 잠재 가능성을 최대한 수용하고 표현한 상태를 자아실현(self-realization)이라고 하였는데, 이것이 매슬로가 강조한 내재적 학습의 목표다.

또한 매슬로는 지식을 경험적 지식(experiential knowledge)과 방관자적 지식(spectator knowledge)으로 구분하였다. 경험적 지식은 경험하는 사람과 경험되는 것 사이의 직접적인 교류에서 얻어지는 지식을 말한다. 아이를 낳는 것, 수영을 해 보는 것, 치통을 앓아 보는 것 등은 직접적인 교류에서 얻어진 지식이다. 이에 비해 방관자적 지식은 경험하는 사람과 경험되는 것 사이에 상당한 거리가 있다. 그래서 개인은 경험되는 것에 대해 관찰자적 위치에 선다. 예를 들면, 축구의 관람자는 축구 선수와는 달리 방관자적 지식을 가지고 있다고 할 수 있다. 여기서 진정한 의미의 지적 학습은 경험적 지식이 학습자 편에 있어야 가능하다.

그는 학습을 외재적(extrinsic) 학습과 내재적(intrinsic) 학습으로 구분하였다. 외재적 학습은 어떤 외재하는 사실이나 정보를 수동적으로 받아들이는 것이다. 이는 전통적으로 학교에서 학생들에게 요구하는 학습으로, 학생은 졸업장을 받고 상급학교에 진학하기 위해 학습한다. 이런 학습은 인간의 자아실현과 관계가 없다. 이에 비해 내재적 학습은 외적 보상에 관계없이 진행되는 학습이다. 이는 학습 자체가 만족스러워 내재적 보상이 되는 학습으로, 장차 심리적 건강 및 만족 자체가 내재적 보상이 되는 자아실현을 돕는다.

매슬로는 이러한 연구를 바탕으로 인간주의 심리학을 제창하였다. 그리고 그 당시 세력을 떨치던 행동주의와 정신분석학에 대항하여 자신의 심리학을 제3세력(third force)의 심리학이라고 하였다.

3) 로저스의 인간학습

인간주의 학습이론의 대가는 로저스라고 할 수 있다. 그의 접근방법은 상담이론으로서뿐만 아니라 훌륭한 학습이론과 교육이론으로서 광범위한 영향력을 발휘해 왔다. 그의 자아이론 접근방법 및 학습이론, 교육에 주는 시사점 및 비판점을 살펴보면 다음과 같다.

로저스는 개인이 성장, 성숙, 긍정적 방향으로 변화하려는 경향을 타고났다고 믿었다. 즉, 인간은 잠재력을 충족, 실현, 유지 및 고양하려고 하는 동기가 되는 기본적인 힘이 있다는 것이다. 이를 자아실현 욕구라 한다. 그런데 인간은 자신과 관계된 모든 지각, 관념, 가치로 자아를 구성한다. 따라서 '나는 무엇인가?' '나는 무엇을 할 수 있는가?'와 같은 질문에 답하기 위해 부모나 타인의 평가에 의존하여 가치 있게 여기는 것은 보존하고 그렇지 않은 것은 버리려고 한다. 인간은 자아와 현실이 멀수록 불안하고 자아와 이상적 자아가 가까울수록 행복감을 느낀다.

로저스는 매슬로가 이야기한 자아실현인을 만발기능인(충분히 기능하는 인간, fully functioning person)이라는 용어로 표현하였다. 만발기능인은 자신의 경험에 대해 개방적이고, 실존적 생활방식을 택하며, 정당한 행동을 한다. 또한 창의적이고 건설적이며 신뢰할 수 있는 자유인이다. 로저스에게 있어 상담 내지 교육의 목적은 이러한 만발기능인을 양성하는 것이다.

로저스의 이론은 상담이론으로 더욱 널리 알려져 있는데, 흔히 내담자(client) 중심 또는 비지시적(non-directive) 상담이론이라고 한다. 이는 그 당시 세력이 컸던 정신분석적 접근에 대한 반동으로 나타난 접근방법으로서 인간 경험에 대한 내담자의 주관적 견해와 그의 책임을 강조한다. 상담과정에서 내담자는 이전에 인식하지 못한 감정을 경험하고 잠재력을 실현하며, 자발성, 자아에 대한 신념, 내적 지향성을 향해 나아간다.

또한 내담자는 문제를 해결할 수단도 가지고 있다. 정신적 건강은 이상적 자아와 현실적 자아가 합치될 때 가능하다. 부적응은 개인이 바라는 바와 현재의 개인 간의 괴리의 결과다. 따라서 상담의 목적은 내담자가 성장의 장애를 인식하고 이전에 부정된 자아의 측면을 경험하도록 자아탐색의 분위기를 마련하는 데 있다. 또한 경험에 대한 개방성, 자아에 대한 신뢰, 자발성과 생동감, 과정에의 충실함을 주는 것이다.

상담의 초점은 현재에 있으며, 감정의 경험 및 표현에도 있다. 따라서 상담자의 태도가 대단히 중요하다. 상담자는 진실, 온후, 공감(empathy), 긍정적 존중감을 가지고 능동적으로 청취하고, 감정을 반영하며, 명료화하고, 내담자를 위해 자신이 존재한다는 점을 전해야 한다. 그러면 내담자는 이러한 진실한 관계의 자아 학습에서 얻은 것을 다른 대인관계에도 적용시킨다. 이와 같은 로저스의 상담기법은 개인상담뿐 아니라 참 만남 집단(encounter group)과 같은 것을 통한 집단상담, 그리고 학생 중심의 교수법에도 많은 공헌을 하였다(Corey, 1976).

로저스는 특히 학습과 관련하여 유의미한 경험적 학습과 인지적 학습을 구별하였다. 여기서 경험적 학습은 개인의 인지적 측면과 정의적 측면이 전체적으로 통합된 학습으로서 개인의 전체적 참여가 요구되는 전인학습이다. 자발적이고, 태도 · 성격 · 행동에까지 영향을 미쳐 만연적이며, 학습의 책임을 학습자에 두어 스스로 평가하는 학습이다. 그리고 자신의 목적과 관련된 의미를 중시하고, 자아를 위협하지 않으며, 학습방법을 학습하는 것이다. 이에 비해 인지적 학습은 기존의 지식체제를 외워서 기억하도록 하는 학습으로서 학생의 능력을 믿지 못하고, 자료를 제시하는 것을 곧 학습한다고 본다. 또한 교육의 목표를 지식의 누적이라고 보고, 진리는 이미 알려져 있다고 생각하며, 평가가 교육이며 교육이 평가라고 믿고, 피동적인 인간을 양성하는 것이다. 따라서 인간주의에서는 당연히 학습의 자유를 보장하는 유의미한 경험적 학습을 진정한 학습으로서 강조한다.

이러한 학습이 일어나도록 하기 위해서 교사는 학습의 촉진자(facilitator)로서 학습자 중심의 수업이 되도록 도와야 한다. 또한 학생들에게 따뜻하고 긍정적이며 허용적인 태도를 보이고 서로 공감하도록 이해하며 진실한 태도를 보이면, 학생도 자아를 깨닫고 수용하게 된다. 이와 같은 학습자 중심의 교육이 되기 위해서는 학생의 능력을 믿고 학생의 의견을 장려해야 한다.

4) 인간주의에 대한 비판

인간주의에 대해서도 다음과 같은 많은 비판이 있다. 첫째, 인간주의의 가장 큰 약점은 애매한 탁상공론식의 말재간에 불과하고 그것을 뒷받침할 만한 실증적인 자료가 매우 적다는 점이다. 이 방법을 적용해 보면 인간주의자들의 주장과는 달리 학생들의 성적이 신통치 않으며 학문적 도야의 기회가 너무 적다.

둘째, 인간주의자들은 흔히 '너보다는 낫다(holier-than-thou)'는 식의 우월한 태도를 취하는데, 이것은 오류라는 비판을 받고 있다. 좋은 점이 모두 다 인간주의만의 독점물은 아니다. 다른 접근방법들도 장점이 충분히 있다. 달성하려는 목적에 따라서는 행동주의나 인지이론이 더 나은 점도 많다. 따라서 인간주의자들이 자신들만 신성한 것처럼 주장하는 것은 옳지 못하다고 할 수 있다.

셋째, 인간주의자들은 교과교육에서 가르쳐 주기 어려운 정체감이나 가치관을 가진 행복한 자아실현인을 양성한다고 하는데, 이는 지나친 과장이다. 실제 학급에서는 현실적으로 실현되기 어렵기 때문이다. 인간주의자들은 흔히 자기의 주장을 정당화하기 위해 중인이 아닌 대변인들을 내세우는 경우가 많다. 그러나 부모들은 교사가 자기 자식들에게 지식과 기능을 더 잘 가르쳐 주기를 기대한다. 따라서 인간주의자들의 생각은 대단히 비현실적인 것이다.

넷째, 인간주의자들의 방법은 교육방법이라기보다는 상담 내지 심리치료 방법이다. 따라서 잘못 사용하다가는 오히려 해가 될 가능성도 있다. 즉, 학생들이 싫은데도 억지로 참여하게 되면, 심리치료를 강제적으로 하는 것이나 다름없다. 그리고 학생들과 장기간에 걸쳐 밀접한 대인관계를 유지하기란 그렇게 쉬운 일이 아니다. 학생들은 미성숙자인데 그들에게만 맡겨 놓으면 제멋대로 행동하여 오히려 역효과를 낳는 경우가 많다. 따라서 인간주의는 방법상 오류 가능성이 많다.

지금까지는 대표적인 전통적 학습이론의 주장을 살펴보았는데, 어떤 이론이나 장점과 단점이 있다. 그러므로 학교 현장에서는 어느 한 이론에 치우치기보다는 이를 선택적으로 받아들여 학습사태의 종류에 따라 적절한 방법을 도입하여야 할 것이다. 아무리 훌륭한 이론이라 하더라도 실재의 부분만을 볼 뿐 전체를 볼 수는 없다. 그러므로 사고(思考, thinking)와 감정(feeling) 그리고 행위(action)가 모두 겸비된 전인(全人, a whole person)을 양성하기 위해서는 각 접근방법의 장점을 살려야 할 것이다. 행동주의에 기초한 형식적 직접교수(direct or expository teaching)는 학업성취에는 효과적이지만 인간의 정서, 발견의 희열이나 탐구의 즐거움을 뺏는다. 반면에 인지주의나 인간주의에 기초한 비형식적 개방교수는 독립심을 길러 준다는 점에서는 좋지만 잘못하면 오히려 역효과를 낼 가능성이 있으므로 현명한 선택과 접근이 요구된다. 다음에서는 최근 각광을 받기 시작한 상황학습이론에 대해 알아보기로 한다.

5 상황학습이론

1) 상황학습의 의미

학습자는 자신과 친숙한 맥락에서 새로운 정보와 기능을 이미 알고 있는 내용에 쉽게 관련짓게 되며, 맥락이 바뀔 때 습득된 지식을 한 맥락에서 다른 맥락으로 잘 전이하지 못하는 경향을 보인다. 또한 앎과 행함을 구별하는 맥락에서 지식을 배우면, 그 지식은 활성화되지 않고 활용되지도 않는다. 상황학습이론 또는 상황인지이론은 모든 인간의 사고가 환경, 즉 상황에 적응된다고 보고, 맥락이 학습에서 중요한 역할을 수행한다는 점을 설명하기 위한 이론이다.

상황학습은 브라운(J. Brown) 등이 쓴 논문에서 처음 소개되었는데, 이 논문에서 그들은 초보자, 일반인, 전문가를 비교하여 초보자에 비해 일반인과 전문가가 가진 특징을 그들 지식의 상황적 본질에서 찾았다. 즉, 초보자는 탈맥락적 방법으로 학교에서 배운 지식을 기억하는 경향이 있기 때문에 복잡한 실생활의 문제를 해결하는 데 어려움을 겪는 반면, 일반인과 전문가는 복잡한 문제를 해결할 상황적 단서를 활용하는 능력이 있다는 것이다.

상황학습의 개념 형성에 기여한 연구 전통은 소위 맥락주의로 불릴 수 있는 상호작용주의에서 찾아볼 수 있다. 상호작용주의의 근원은 실용주의자 제임스(W. James), 퍼스(C. S. Peirce), 듀이(J. Dewey) 등에서 찾을 수 있다. 또한 상황학습이론에 주요한 영향을 준 것으로 지각의 생태심리학, 비판적 교육학, 일상생활 인지 그리고 비고츠키(L. S. Vygotsky)의 사회문화이론 등이 있다.

2) 상황인지의 특성

(1) 살아 있는 실천으로서의 지식

상황학습이론은 사람이 지각하고 생각하며 수행하는 것은 근본적으로 사회적 맥락에서 발달한다고 보고, 개인의 인지과정에서 사회문화적 장면과 그 장면 내에 있는 사람들의 활동에 초점을 맞춘다. 지식은 사회에 살고 있는 사람들의 살아 있는 실천을 통해서 발생한다. 이러한 실천은 의미 있는 행위, 즉 어떤 문화체계를 기초로 해서 서로에게 의미 있는 관계를 갖는 행위다(Driscoll, 2002). 살아 있는 실천으로서의 지식은 일반적으로 사회적 측면과의 관계에서, 즉 일반적으로 학습자가 참여하는 사회적·문화적 공동체(실천 공동체)와의 관계에서 이해되어야 한다.

(2) 공동체에 대한 참여로서의 학습

상황학습이론에서 말하는 학습은 공동체에 대한 참여에서 비롯된다. 참여로서의 학습은 사람, 행위, 세상 간의 관계에서 발전적·지속적으로 새로워지는 상태에 초점을 둔다(Driscoll, 2002). 이러한 관점에서 학습은 모든 참여자가 세상에서 그들의 행위와 관계를 통해서 변화되는 상호 구성적 과정이다. 공동체에 대한 참여로서의 학습은 개인이 공동체에 참가하고, 그의 개인적 참여 궤적을 통하여 각 공동체에서 자신의 정체성을 형성해 나간다.

3) 상황학습이론의 유형

학습에 관한 상황론적 관점은 학습자와 맥락 간 상호작용, 즉 학습 공동체 내에서 학습자의 참여와 실천의 역할을 강조하고 있다. 다음에서는 주로 상황인지(situated cognition)와 관련하여 교육심리학이나 교육학 내에서 대표적인 연구자로 지목되고 있는 그리노의 생태심리학적 접근, 레스닉의 사회인지적 접근, 그리고 로고프의 인지인류학적 접근 이론을 개략적으로 기술하고자 한다.

(1) 그리노의 생태심리학 이론

상황학습 또는 상황인지를 강조하는 이론 중 그리노의 생태심리학적 이론은 산출성 지각(perceiving affordance)을 강조한다. 그는 상황인지가 마음 연구의 개념체계 내에서 고차적인 위치를 점한다고 설명하는데, 그 이유는 상황성(situativity)이 인지의 세부적인 하위유목에 속한다기보다는 일반적인 특징으로 가정되기 때문이다. 그의 상황인지이론은 인지활동이 주로 행위자와 물리적 체제 및 다른 사람들과의 상호작용의 산물로서 이해되어야 한다고 주장한다. 그는 생태심리학적 관점에서 산출성(affordance)이란 개념을 적용하여 상황인지의 기제를 설명하였다. 산출성이란 사람들 간의 상호작용에 기여할 수 있는 환경 내의 여러 가지 특성을 말한다. 이는 환경의 자극 자체가 상징적 표상으로 인식되기보다는 대상 자체로서 의미를 갖는다는 것이다. 더 나아가, 상황의 상태나 유형 그리고 시간적 연속성뿐만 아니라 정보처리의 여러 측면 또한 중요한 상황성의 요소가 된다.

사실, 그리노의 상황인지에 관한 가정은 지식을 학습자의 마음속에서 일어나는 어떠한 것으로 규정한 기존의 입장과는 크게 대비된다. 그는 상관주의 관점(relational view)에서 안다는 것은 특정 상황 내에서 대상과 다른 사람들 간의 상호작용에서 비롯된 것이고, 학습은 이러한 활동에 학습자가 더 잘 참여하도록 능력을 증진시키는 일이라고 규정하고 있다(염시창, 1998).

(2) 레스닉의 사회인지이론

비고츠키의 사회문화적 접근을 토대로 레스닉은 사회적 공유 인지(socially shared cognition)를 강조한다. 그는 사회적 상호작용이 인지의 구성요소를 규정한다고 주장한다. 사실, 인간의 인지는 다양하고 문화적 맥락에 민감하기 때문에 어떤 활동을 통해서 개개인의 지식이나 추리과정이 만들어지는가의 문제는 그 맥락 내에서 탐구되어야 한다. 즉, 상황에 대한 이해뿐만 아니라, 특정 상황에 대한 참여자의 주관적인 구성에 비추어 볼 때 비로소 인지활동을 타당하게 해석할 수 있다. 사실, 지각적 재인에서부터 기억이나 문제해결에 이르기까지 인간의 모든 지적 활동은 다른 사람들에 대한 표상은 물론이고 사회문화적 추리의 형식을 내포하고 있다.

레스닉은 실천적 지능과 학교 지식 간의 잘못된 연결을 지적하고 있다. 즉, 학교 내의 학습과 학교 밖의 인지활동 간에 우려할 만한 몇 가지 불연속선이 있다는 것이다. 사실, 전통적인 학교교육은 개인의 독자적인 활동과 사고에 초점을 맞추어 왔고, 경험보다는 상징의 정확한 조작이나 탈맥락적 기능에 초점을 맞추어 왔다. 이 때문에 부분적이나마 사고 및 지식의 구성과정을 가르치거나 상황 간 전이를 예시하는 데 실패를 거듭해 왔다. 획득된 지식의 구조와 그 구조를 활용해야 할 사회적 조건이 근본적으로 잘못 조합된 셈이다(염시창, 1998).

(3) 로고프의 인지인류학 이론

로고프 이론의 요지는 도제제도(apprenticeship)다. 이는 인지발달이 문화적 교과과정을 통해 아동의 학습을 진전시켜 나가는 사회적 환경과 불가분의 관계에 있다는 것이다. 발달의 초기부터 아동은 타인의 도움에 힘입어 여러 기능과 함께 사회를 보는 관점을 학습하게 된다. 로고프의 아이디어는 인류학적 배경에 힘입은 바 크지만, 발달심리학 내에서 크게 강조되고 있는 비고츠키의 근접발달영역(zone of proximal development)에 관한 주장에서부터 출발한다. 이로 인해 '지도된 참여(guided participation)'는 로고프의 이론에서 핵심 개념으로 받아들여지고 있다. 이 개념에 따르면 문화적으로 가치 있는 활동 내에서 지도된 참여는 공히 도제제도에서 본질적인 것이라고 본다.

지도는 묵시적이거나 명시적일 수 있고, 참여 또한 아동이나 부모가 어떻게 구성하느냐에 따라 다양하게 나타날 수 있다. 지도된 참여과정의 기저에는 간주관성(inter-subjectivity)이 가정되는데, 이는 그 과정 자체가 아동과 숙련된 성인 간에 초점이나 목적을 공유하는 활동인 동시에 아동에게 도전과 탐색을 장려하는 활동이기 때문이다. 전통적으로 지식의 전이는 학습자가 주관적으로 인지하는 과거의 상황과 새로운 상황 간의 유사성에 따라 결정되는 것으로 받아들여져 왔다. 그러나 다양한 맥락을 연결 짓는 학습자 개개인의 역할보다 더 중요한 것은 학습자가 새로운 상황에 정보나 기능을 적용하도록 지도하여 문제해결을 도와주는 다른 사람이나 문화 매체의 역할이다. 예를 들면, 적극적으로 역할을 수행한 아동일지라 도 그 학습자에게 새로운 문제해결에 필요한 지식의 변형이나 문제 간 관련성 발 견에 대한 독자적인 책임을 전가시켜서는 안 된다. 이는 기존 지식과 새로운 지식 간의 연결이 아동-성인 간 상호작용을 통해 지원되어야 한다는 점을 가정하기 때 문이다. 예를 들면, 아동의 활동을 도와주는 성인이 새로운 상황과 기존 상황 간 의 유사성을 구체화시켜 줄 수 있다. 또한 상황 간의 불일치를 도출하고 조명해 줌으로써 관련 기능이나 정보의 전이가 촉진될 수 있다. 더 나아가, 공식적 수업 이나 비공식적인 사회적 상호작용을 통해 관련 배경지식을 새로운 문제해결에 적 용시킨 소위 전문가 모형이 제공될 수 있고, 이를 통해 아동은 새로운 문제에 자 신의 지식을 일반화시켜 보는 기회를 경험할 수 있다. 그러나 지도의 효과는 아동 의 연령에 따라 다르고, 끌어내는 역할을 수행하는 성인 파트너의 준비도뿐만 아 니라 참여과정에서 나타나는 양측의 동기 관련 문제에 따라서도 다르게 나타난다 (염시창, 1998).

4) 상황학습이론의 시사점

(1) 인지적 도제제도

브라운 등은 학생들이 실천 공동체에 참여할 수 있는 하나의 수단으로서 인지 적 도제제도(cognitive apprenticeship)를 들고 있다. 학생들은 은연중에 도제가 됨 으로써 역사학자, 수학자 또는 과학자의 지식과 기술을 습득할 수 있다(Driscoll, 2002).

고등교육에 있어서 도제의 개념은 오랫동안 인턴 형태로 학위과정의 최종 학기 수업 프로그램의 한 부분이 되어 왔다. 인턴 기간의 일반적인 목적은 수년 동안 연구하면서 얻은 지식과 기술을 연습할 기회를 학생들에게 제공하는 데 있다. 학 생들이 실제 환경에 참여하고 연구과제를 다양화하는 데서 인턴의 장점은 높아진 다. 학생들과 학교 밖 학습자는 인턴과 같은 방식으로 도제가 될 수는 없지만, 그 들은 교사가 기재한 기술을 모범으로 삼고 따라 하려는 학습자를 지도해 주는 프로젝트를 통해서 인턴이 가진 장점의 일부를 경험할 수 있다.

(2) 정착교수

상황학습의 조건을 실행하는 수단으로서 정착교수(anchored instruction)란 개념이 소개되기도 하였다. 정착교수는 상황적 맥락을 비디오 환경과 같은 모의형태로 제공함으로써 복잡하고 현실적인 문제를 해결해 가도록 하는 수업사태를 의미한다. 비디오 환경이 학생들에게 참여자보다는 관찰자의 역할을 수행하게 한다는 비판을 받기도 하지만, 학생들에게 실천 공동체의 모범을 보여 줌으로써 학생들을 이야기에 몰입시키고, 직면한 문제에 가능한 해결책을 모색하며, 서로의 해결책을 비교하도록 동기를 유발시켜 준다는 점에서 효과적일 수 있다. 최근에는 원격 기술공학을 통한 네트워킹의 장점과 비디오를 활용한 정착교수를 통해 학습하는 학생들의 수업이 연구되고 있는데, 이러한 연구는 상황인지의 시사점을 내포하고 있다(Driscoll, 2002).

(3) 학습 공동체

실천 공동체의 상황적 개념이 학급 맥락에서 응용되기 위해서는 학급의 문화가 변화되어야 한다. 즉, 학급이 학습 공동체가 될 때, 학급의 사회구조는 교사와 학습자가 중요한 목표를 달성하기 위해서 협력적으로 노력하는 구조가 되어 학급의 교사가 주도하는 전통적인 일방구조와 달라지게 된다. 학습 공동체는 전문적 지식의 분산을 강조한다. 전문적 지식의 분산은 학생들이 상이한 흥미와 경험을 가지고 학습과제에 임하고, 공동체 내에서 상이한 것을 배울 기회를 갖도록 하는 아이디어를 말한다. 이런 의미에서 베레이터(C. Bereiter)는 상황학습이 실천 공동체에서 활동하는 방법을 학습하는 것이라고 표현한 바 있다(Driscoll, 2002).

(4) 현장 평가

상황적 관점에서는 학습과정의 평가를 강조한다. 상황학습을 측정하기 위한 방법으로 콜린스(A. Collins)가 제안한 세 가지 방법의 채택이 권장되고 있다.

첫째, 진단척도다. 진단을 통해 교사는 학습자의 진척 상황을 매 순간마다 분석하고, 실제 학습시간에 학습자의 요구를 충족시켜 주기 위해서 학습방법, 계열, 기타 조건을 조절하거나 맞추어 간다.

둘째, 요약통계의 척도다. 이것은 시간 경과에 따라 학습자의 수행 형태와 경향을 파악하는 것이다. 하이퍼미디어(hypermedia) 프로그램과 같은 기존 컴퓨터 기반 수업으로 요약통계의 수집이 간단히 이루어질 수 있다. 이러한 자료는 학습자가 어떤 수준에 도달한 시기와 적절한 속도로 향상되고 있는지의 상태를 보여 줄 수 있다.

셋째, 포트폴리오(portfolio)다. 포트폴리오 평가는 결과와 함께 과정을 강조하기 때문에 상황학습을 평가하는 데 적합하다. 포트폴리오 평가과정에는 학습자들을 참여시킨다. 왜냐하면 학생들은 교사의 지침에 따라 시간 경과에 따른 자신들의 진척사항과 성취를 나타내는 작품들을 선정하기 때문이다. 또한 포트폴리오는 학생들이 기록하고 교사가 검토해 주는 생활일기나 관찰일지로 확대될 수 있다. 이것은 학생들 스스로 학습을 평가하는 과정에 도움을 준다.

탐 구 문 제

1. 형태주의 심리학에서 말하는 학습에 대해 설명하시오.

2. 톨먼의 학습이론을 요약하여 설명하시오.

3. 정보처리이론에서 제시한 지식의 표상과 획득 방법을 설명하시오.

4. 인간주의 학습이론의 교육적 시사점을 논하시오.

5. 상황학습의 이론적 배경을 설명하고 교육적 시사점을 논하시오.

학습자의 인지적 특성

이 장에서는 학생의 학업성취에 영향을 주는 개인차 변인들 중에서 인지적 특성(지능, 창의성, 사고력, 지식, 메타인지, 인지양식)에 대해 살펴본다.

1 지능

지능(intelligence)은 인간의 지적 능력을 대표하는 개념이다. 지능의 본질, 내용, 구조에 대해서는 많은 학자들이 서로 다른 이론과 주장을 내세우고 있다. 지능에 대한 연구는 아직도 진행 중에 있기 때문에 지능에 대한 논의는 앞으로도 계속될 전망이고 지능의 본질, 내용, 구조에 대한 시각은 더욱 정교해지고 확대될 것으로 추측된다.

지능 연구자 스턴버그(R. J. Sternberg)는 이 분야 전문가들이 내린 지능의 정의를 분석하여 다음과 같이 몇 가지로 분류하였다(Sternberg, 1994a).

- 환경의 요구에 효과적으로 대응할 수 있는 적응력
- 지각과 주의집중 같은 기초적 정신과정
- 논리적 추론, 지적 표상(representation), 문제해결, 의사결정 같은 고차적 정신과정
- 경험으로부터 배울 수 있는 학습능력
- 문제 상황에 대처하는 효과적이고 목적지향적인 행동 능력

여러 지능이론은 심리측정적 접근과 대안적 접근으로 구분된다. 심리측정적 접근을 취하는 지능이론들과 대안적 접근을 취하는 지능이론들 중에서 대표적인 이론들을 살펴본다.

1) 지능에 대한 심리측정적 접근

지능에 대해 심리측정적 접근을 취하는 지능 연구자들은 흔히 다음과 같은 절차로 연구를 진행한다. 인간의 지적 능력을 대표할 만한 다수의 행동표본들을 검사 문항으로 제작하고, 이 검사를 실시하여 얻은 문항 점수들에 요인분석이라는 통계분석 방법을 적용한다. 그러면 인간의 지능을 구성하는 하위능력들을 구분할 수 있는데, 이러한 하위능력들을 비교함으로써 개인의 인지적 강점과 약점을 파악할 수 있다. 지능에 대한 대표적 심리측정이론은 다음과 같다.

(1) 지능에 대한 초기의 심리측정이론

지능에 대한 심리측정이론의 선구자로는 영국의 골턴(F. Galton)과 프랑스의 비네(A. Binet)를 들 수 있다. 골턴은 노동능력과 물리적 자극에 대한 감수성을 지능의 기초로 보았다. 그중에서 물리적 자극에 대한 감수성을 측정하기 위하여 무게의 변별과 같은 기초적인 심리적 능력에 초점을 맞췄다. 한편, 비네와 그의 제자 시몽(T. Simon)은 지적 장애가 있는 아동들을 분류하기 위한 검사를 제작하였다. 이 검사에서는 어휘, 산술적 추리, 시공간적 능력, 언어적 모순, 개념 간 유사점과 차이점을 측정하였다. 이는 나중에 미국인 터먼(L. M. Terman)에 의해 스탠퍼드-비네(Stanford-Binet) 지능검사로 개작되었다.

(2) 스피어먼의 일반요인 이론

영국의 심리학자 스피어먼(C. E. Spearman)은 요인분석을 통해 지능의 두 가지 요인을 찾아냈다. 하나는 일반요인(g요인, general factor)이고, 다른 하나는 특수요인(s요인, specific factor)이다. 일반요인은 모든 사람이 어느 정도는 가지고 있고, 모든 종류의 지적 과제를 해결하는 데 기여하는 지적 능력을 말한다. 예를 들면, 경험을 통한 학습력, 이해력, 추론능력은 일반요인에 해당된다. 특수요인은 특정 과제를 해결하는 데만 관여하는 지적 능력으로 어휘력, 공간지각력, 수리연산능력 등이 해당된다. 스피어먼은 특정 영역에 한정된 s요인보다는 일반적인 지적 능력인 g요인이 인지적 과제의 수행과 문제해결에 더 많은 영향을 미친다고 보았다.

(3) 서스톤의 기본정신능력 이론

미국의 심리학자 서스톤(L. Thurstone)은 스피어먼의 일반요인 이론을 비판하면서 지능의 7개 요인을 구분하였다. 즉, 지능은 7개의 서로 다른 '기본정신능력(Primary Mental Abilities: PMA)'으로 구성되어 있다는 것이다. 이를 기본정신능력 이론 또는 지능의 다차원론이라고 한다. 여기에는 언어이해력(동의어와 반의어 등 어휘에 대한 지식), 언어유창성(단어와 문장 산출 능력), 수리력(기초 연산 및 숫자 문제해결), 공간지각력(대상을 시각화하고 조직하는 능력), 추리력(일반적 원칙을 찾아내고 적용하는 능력), 기억력(단어나 문장 또는 도형을 회상하는 능력), 지각속도(신속하게 대상을 재인하고 차이를 변별하는 능력)가 포함된다. 후속 학자들은 이러한 7개 기본정신능력을 파악하면 학생의 학업성취도를 추정할 수 있을 것으로 보고 서스톤의 이론을 토대로 지능검사를 개발하였다. 오늘날 실시되는 다수의 지능검사에는 7개 기본정신능력을 측정하는 소검사들이 포함되어 있다.

(4) 길포드의 지능구조 이론

길포드(J. P. Guilford)는 3차원 입방체의 형태로 된 지능구조모형(Structure of Intellect model: SOI model)을 제안하였다. [그림 7-1]에서 볼 수 있듯이 지능구조를 이루는 세 가지 차원은 내용, 조작(과정), 산출(성과) 차원이다. 내용이란 사고의 대상, 즉 지적 조작이 수행되는 정보나 자료의 유형을 말하는데, 시각적 내용, 청각적 내용, 단어의미, 상징, 행동이 해당된다. 조작은 사고의 과정, 즉 정보처리에 필요한 인지적 작용을 말하는데, 인지(오래된 정보를 깨닫고 새로운 정보를 발견하는 과정), 기억 부호화(기억 저장의 과정), 기억 파지(일정 기간 동안 기억을 지속적으로 유지시키는 과정), 수렴적 사고(문제에 대한 하나의 해결책을 찾는 과정), 확산적 사고(문제에 대한 다양한 해결책을 산출하는 과정), 평가(어떤 것이 좋은지 나쁜지를 결정하는 과정)를 포함한다. 산출은 사고의 성과, 즉 지적 조작의 결과로 파생된 산물을 말하는데, 단위지식, 유목, 관계, 체계, 변형, 함축이 해당된다. 지능은 이러한 요

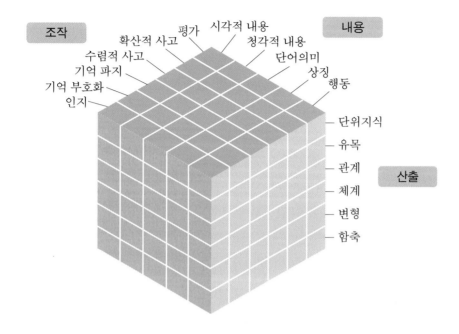

[그림 7-1] **길포드의 지능구조모형**

소 능력들의 조합에 의해 만들어지는 복합적 능력이다.

(5) 캐텔-혼의 유동성 지능-결정성 지능 이론

캐텔(R. B. Cattell)은 일반능력(g)을 유동성 지능(fluid intelligence: Gf)과 결정성 지능(crystallized intelligence: Gc)으로 구분하여 유동성 지능-결정성 지능 이론(Gf-Gc theory)을 제안하였다. 유동성 지능이란 이전에 경험한 적이 없는 새로운 사태에서 논리적으로 사고하고 새로운 패턴과 관계를 파악하여 문제를 분석하고 해결하는 능력을 말한다. 예를 들면, 서열화, 분류, 시각적 사고력, 연역적 추론, 귀납적 추론, 논리적 문제해결력 등 사고에 융통성을 부여하는 능력이 유동성 지능에 해당된다. 결정성 지능은 문화, 교육, 경험의 영향을 받으면서 일생을 통해 습득하는 기술과 지식을 활용하는 지적 능력을 말한다. 예를 들면, 문법지식, 어휘, 단어유추, 외국어 학습능력, 과학정보, 일반상식을 활용하는 능력이 결정성 지능에 해당된다.

유동성 지능과 결정성 지능은 유전과 환경의 영향을 받는 정도, 신경학적 기초, 연령에 따른 변화의 양상에서 대조를 보인다. 유동성 지능은 문화적 영향을 비교적 적게 받고 생리적 구조(예: 대뇌피질)의 영향을 많이 받기 때문에 성인기 이후에 퇴보하는 경향을 보이는 반면, 결정성 지능은 문화와 형식적 및 비형식적 교육의 영향을 많이 받기 때문에 시간경과에 따라 퇴보하지 않고 오히려 지속적으로 증가하는 양상을 보인다.

캐텔의 제자 혼(J. Horn)은 요인분석 연구를 통해 Gf-Gc 모형을 확장하여 10개의 능력을 구분하였다(Sattler, 2001). 따라서 오늘날 Gf-Gc 모형이라고 하면, 그 이름과 달리 2개의 지능만 구분하는 모형이 아니다. Gf-Gc 모형에는 유동성 지능, 결정성 지능, 시각적 처리능력, 청각적 처리능력, 단기기억, 장기기억, 수량적 능력, 읽기/쓰기 능력, 처리속도(비교적 긴 시간에 걸쳐 해결해야 하는 과제를 수행하는 속도), 정확한 결정속도(단순한 자극에 대해 반응하는 속도)가 포함된다.

(6) 캐텔-혼-캐롤의 지능이론

캐텔과 혼이 일반지능(g)을 부정하면서 Gf-Gc 모형을 발전시켰다면, 캐롤(J. B. Carroll)은 일반지능(g)의 중요성을 인정하면서 인간의 지능을 연구하였다. 지능의 구조와 지능검사에 관한 연구결과를 대대적으로 검토한 캐롤(1993)이 『인간의 인지능력(Human Cognitive Abilities)』이라는 책을 출판하였다. 당시에 이 책은 현존하는 문헌에 기초하여 인간지능에 관한 일관되며 체계적인 실증적 분류체계를 제공한 업적이라는 극찬을 받았다. 이 책에서 캐롤은 지능의 3층 모형을 제안하였다. 3층에는 일반지능(g)을, 2층에는 8개의 넓은 인지능력을, 1층에는 수많은 좁은 인지능력을 배치하였다.

일반지능(g)을 부인하는 Gf-Gc 모형과 일반지능(g)을 인정하는 3층 모형 사이에서 검사개발자들이 인간지능의 구조에 대한 혼란을 겪을 수밖에 없었다. 이를 해소할 목적으로 두 모형을 결합하여 CHC(Cattell-Horn-Carroll) 이론이라는 포괄

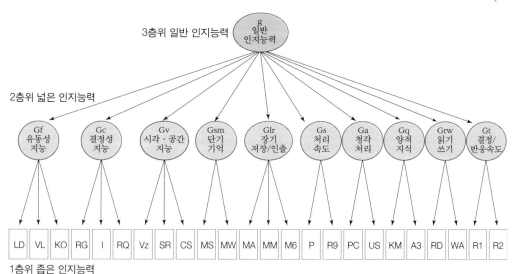

3층위 일반 인지능력

2층위 넓은 인지능력

1층위 좁은 인지능력

[그림 7-2] CHC 이론에 따른 지능의 3층위 위계구조

주: 1층위 좁은 인지능력의 경우 일부 능력만 제시하였음.
출처: 김상원, 김충육(2011).

적 용어에 대한 합의가 이루어졌다. 2001년에 미국에서 출간된 우드칵-존슨 지능검사 제3판(WJ-Ⅲ)에 처음으로 CHC 이론이 소개되었다. [그림 7-2]에서 볼 수 있듯이 CHC 이론은 지능의 3층위 위계구조를 제시하는데, 1층위에는 80여 개의 좁은 인지능력이, 2층위에는 10개의 넓은 인지능력이, 3층위에는 일반 인지능력이 있다(McGrew, 2005). 현재 CHC 이론은 여러 개인용 지능검사[예: 웩슬러 아동용 지능검사(WISC-IV), 웩슬러 성인용 지능검사(WAIS-IV), 카우프만 아동지능검사(KABC-II), 스탠퍼드-비네 지능검사(SB-5)]의 개정과 검사결과의 해석을 위한 이론적 토대를 제공하고 있다. 지능의 구조에 대한 연구는 계속 진행 중에 있으므로 CHC 이론 역시 앞으로 계속 발전할 것이다.

2) 지능에 대한 대안적 접근

(1) 정보처리이론

정보처리이론에서 지능은 명제(proposition) 또는 이미지 등의 지적 표상(representation)과 이러한 지적 표상들에 작용하는 일련의 처리과정(processing)으로 구성된다. 즉, 지능이 높은 사람은 낮은 사람보다 정보를 더욱 분명하고 정확하게 표상하고 더욱 신속하고 효율적으로 처리한다. 이러한 지능에 대한 인지이론은 인지 상관(cognitive correlates), 인지 요소(cognitive components), 인지 내용(cognitive contents) 접근법으로 구분된다.

첫째, 인지 상관 접근법은 헌트(E. Hunt) 등이 주로 쓰는 방법으로 어떤 과제에 대한 기본 정보처리과정을 추출하여 이를 지능검사 점수와 관련짓는다. 예를 들면, 피험자는 'A A' 'A a' 'A b'와 같은 철자 쌍 중에서 물리적으로 모양이 같은 철자 쌍이나 이름만 다른 철자 쌍을 가능한 한 재빨리 찾아야 한다. 이 문제는 언어지능을 평가하는 검사 문항에 포함될 수 있는데, 언어지능은 기억으로부터 어휘 정보(예: 철자 이름)를 가능한 한 빨리 인출하는 능력이라는 가정에 근거를 두고 제작된 문항이다.

둘째, 인지 요소 접근법은 스턴버그가 제안한 방법이다. 예를 들면, 'time: second=length:(a) hand, (b) foot'과 같은 유추추리 과제를 사용하여 반응시간을 측정함으로써 정보처리과정의 요소를 추출하였다. 스턴버그는 똑같은 인지과정이 다양한 지적 과제에 적용되고 이것이 바로 지능의 기초라고 주장하였다. 이와 유사한 접근방법을 택한 학자로는 스노(R. E. Snow), 레스닉(L. B. Resnick), 캐롤(J. B. Carroll) 등이 있다.

셋째, 인지 내용 접근법은 지적 기능에 있어서 지식의 역할을 강조한다. 특히 전문가와 초보자를 비교하여 전문가들은 어떤 영역의 문제해결에서 초보자들보다 지식의 양과 질, 조직화에 있어서 훨씬 뛰어남을 밝혔다. 이러한 접근방법을 택한 학자로는 치(M. T. H. Chi), 글레이저(R. Glaser) 등을 들 수 있다.

이상의 지능에 대한 정보처리 접근법은 지능의 표상과 표상에 대한 처리과정을 검토함으로써 지능을 평가하고 이해하는 데 기여하였다. 그러나 정보처리 접근은 지능이 작용하는 환경 맥락을 충분히 고려하지 않았다는 제한점을 가지고 있다.

(2) 인지적 맥락 이론

정보처리과정이 다양한 환경 맥락 안에서 어떻게 작동하는가를 설명하기 위하여 지능에 대한 인지적 맥락(cognitive context) 이론이 제안되었다. 이러한 접근방법의 대표적 인물로는 가드너(H. Gardner)와 스턴버그를 들 수 있다.

가드너는 일반적 · 공통적 · 보편적 단일지능 대신 다중지능(multiple intelligences: MI)을 제안하였다(Gardner, 1983, 2000, 2006). 장애를 가지고 있지만 뛰어난 업적을 남긴 위인들, 인류의 진화적 발전이나 문화적 발전, 특정 두뇌 영역이 손상된 사람들을 연구한 가드너는 인간의 지능이 여러 개의 독립적인 능력으로 구성되어 있음을 발견하였다.

다중지능이론에 의하면 모든 사람은 언어 지능, 논리-수학 지능, 공간 지능, 음악 지능, 신체운동 지능, 개인 간 지능, 개인 내 지능, 자연 지능을 가지고 있다. 최근에는 영적 지능과 실존 지능이 다중지능이론에 추가되었다(Gardner, 1999). 이 두 지능은 과학적으로 증명될 수 없는 신비한 능력이 아니다. 영적 지능은 우주와 삼라만상에 관심을 가지고 인간 존재의 의미를 인식하는 능력을 말하고, 실존 지능은 자신의 삶의 의미와 인생의 참된 가치를 찾고 삶과 죽음과 같은 존재론적 문제를 탐색하는 능력을 말한다. 이러한 지능들이 상호작용할 때 비로소 개인이 주어진 환경 맥락에 적응하게 되고 인간의 삶에 유용한 산물을 생산할 수 있게 되지만, 사실 이들 지능은 서로 독립적이다. 그러므로 어떤 학생의 언어 지능이나 논리-수학 지능이 저조할지라도 여타의 지능 역시 저조하다고 말할 수 없다. 기존의 지능이론에서는 주로 언어 및 논리-수학 지능을 강조했던 것과 달리, 가드너의 다중지능이론은 각 개인이 가진 다양한 장점과 재능을 인정한다는 점에서 매우 중요한 교육적 시사점을 가지고 있다.

다음, 스턴버그(1985, 1988)는 삼원지능이론(triarchic theory)을 제안하였다. 삼원지능이론에서는 지능의 세 가지 측면, 즉 분석적 측면, 종합적(경험적) 측면, 맥락적 측면을 구분한다. 분석적 측면은 분석, 판단, 비교, 평가하는 데 필요한 정신과정과 인지전략을 포함한다. 이는 지식획득 요소, 수행 요소, 메타 요소로 구성되므로 요소하위이론이라고도 한다. 종합적(경험적) 측면은 현재 경험을 과거 경험과 연결시켜 새로운 패턴이나 새로운 아이디어를 탐색, 발견, 상상, 창안하는 능력이다. 따라서 지능의 종합적(경험적) 측면은 경험하위이론이라고도 한다. 이는 선택적 부호화, 선택적 결합, 선택적 비교로 구성되어 있다. 맥락적 측면은 외부의 사회문화적 환경에 적절하게 적응하는 능력, 실용적 능력, 일상생활의 문제해결 능력, 응용력이다. 따라서 지능의 맥락적 측면은 상황하위이론이라고도 한다. 이는 환경에 대한 적응, 환경의 선택, 환경의 조성 능력으로 구성되어 있다.

지능의 세 측면은 스턴버그의 성공지능(successful intelligence) 개념 안에서 통합된다(Sternberg, 2005). 분석력, 창의력, 응용력을 조화롭게 사용하여 자신의 장점을 최대한 살리고 단점을 보완하여 자신이 속한 사회문화적 환경 맥락에 적응하는 능력을 성공지능이라고 한다.

(3) 생물학적 이론

지능에 대한 생물학적 접근방법은 뇌의 전체적 기능, 뇌의 반구적 전문화, 전위 또는 뇌파, 혈류, 유전관계 등을 연구한다. 여기서는 지능의 구조와 지능검사의 개발을 위한 이론적 토대를 중점적으로 살펴보고자 한다.

뇌의 전체적 기능은 헵(D. O. Hebb), 루리아(A. Luria) 등이 주장하였다. 헵에 의하면 특정 감각 수용기에 대한 계속적인 자극은 뇌의 관련 영역에 점차적으로 세포의 집적(cell assembly)을 형성한다. 그리고 루리아에 의하면, 뇌는 고도로 분화된 체제로서 대뇌피질 영역에 따라 서로 다른 종류의 사고와 행위를 유발한다. 뇌는 세 개의 주요 단위로 구성되어 있다. 첫째, 각성(arousal) 기능의 단위는 뇌간과 중뇌에 해당되는데, 구체적으로는 연수, 망상체, 뇌교, 시상, 시상하부 등이 포함된다. 둘째, 감각입력과 부호화 기능의 단위는 대뇌피질 중에서 측두엽, 두정엽,

표 7-1	PASS 모형에서 구분하는 네 가지 인지기능	
뇌 영역	뇌 기능단위	인지기능
전두엽	기획, 조직화	Planning(목표 달성을 위한 계획, 결정, 선택, 지식의 활용, 평가, 인지적 활동에 대한 통제)
뇌간, 망상체 등	각성	Attention(주의집중, 인지적 활동의 초점화)
측두엽, 두정엽, 후두엽	감각 입력, 부호화	Simultaneous Processing(감각정보의 동시적 처리)
		Successive Processing(감각정보의 순차적 처리)

후두엽에 해당된다. 셋째, 기획과 조직화 기능의 단위는 전두엽 피질에 해당된다.

이를 토대로 다스(J. P. Das)와 내글리에리(J. A. Naglieri)가 네 가지의 인지기능을 뇌의 특정 영역 및 기능과 관련지어 PASS 모형을 제안하였다. 이 모형에 따라 개발된 지능검사로는 CAS(Cognitive Assessment System)가 있다. 이 검사는 우리나라에서 종합인지기능 진단검사라는 이름으로 번안·표준화되었다(문수백 외, 2007). 이 검사로 측정하는 네 가지의 인지기능은 〈표 7-1〉과 같다.

한편, 뇌의 반구적 전문화(hemispheric specialization) 이론은 지적 수행과 뇌 영역의 관계에 관한 것이다. 스페리(R. Sperry)는 뇌의 두 반구를 연결하는 뇌량(corpus callosum)이 단절된 환자들의 연구를 통해 인간의 뇌가 교차적으로 신체를 통제함을 발견하였다. 즉, 뇌의 좌반구는 오른손 쪽을, 우반구는 왼손 쪽을 통제한다는 것이다. 지적 기능에 있어서도 좌반구는 언어적 표현에, 우반구는 시각적·공간적 표현에 관련된다. 그러나 정상인은 뇌량을 통해 좌반구와 우반구에서 처리되는 정보를 교류함으로써 통합된 지적 능력을 발휘할 수 있다.

2 창의성

창의적 인간상은 과거 어느 때보다도 근래에 바람직한 교육의 목표로 강조되고 있다. 위인이 창의적 업적을 만들어 내거나 일반인들 중에서도 특별한 사람들이 발명품을 만들어 내는 능력만을 창의력으로 보기 쉽지만, 보통 사람들이 일상의 경험과 행동 그리고 사건에서 새롭고도 의미 있는 통찰을 해내는 능력도 창의력에 속한다(Beghetto & Kaufman, 2007). 예를 들면, 등산가 조지 드 메스트랄(George de Mestral)이 알프스 등반 중에 옷에 달라붙은 가시를 떼어 내기 어려웠던 개인적 경험을 의미 있게 해석함으로써 벨크로를 단추 대용품으로 사용하면서 삶의 편의성을 높이는 데 기여하였다.

위인들의 업적부터 일상적인 주변 생활에 이르기까지 삶의 여러 영역에서 창의력의 산물을 관찰할 수 있지만, 사실 창의성(creativity)에 대한 보편적인 정의는 없다. 창의성을 주제로 발표된 90여 개 연구결과를 종합적으로 분석한 결과, 창의성이 사회에서 새롭고 유용한 업적을 산출하는 능력과 특성으로 정의된 바 있다(Plucker, Beghetto, & Dow, 2004). 즉, 창의성은 기존의 아이디어나 산물과는 다른 독창적이고 새롭고 문제해결에 적합하며 실제 생활에 유용한 업적을 산출하는 데 기여하는 능력과 특성을 말한다(Sternberg, 1999).

창의성에 대한 관심은 오래전부터 있어 왔다. 처음에는 창의성에 대한 신비주의적 접근을 채택하여 창의성을 초자연적인 힘이나 신적인 영감에 의한 결과로 간주하였다. 이렇게 접근하면 창의성에 대한 과학적 연구나 교육적 개입을 하기 어렵다는 단점이 있다(Sternberg & Williams, 2009/2010).

다음, 창의성에 대한 심리측정적 접근이 대두되었다. 지능에 대한 심리측정적 접근과 마찬가지로 검사점수에 통계분석을 적용하여 창의성 요인들을 도출하는 방식을 따른다. 예를 들면, 토랜스(Torrance, 1974)는 창의적 사고검사를 실시하여 창의성을 측정하고자 하였다. 이보다 앞서, 창의성에 대한 체계적인 심리학적 관심은 길포드로부터 시작되었다. 길포드(Guilford, 1967)는 그의 지능구조모형을 구성하는 3차원 중에서 조작(사고의 과정) 차원에 속하는 확산적 사고를 창의력에 가까운 지적 능력으로 간주하였다. 수렴적 사고(문제에 대한 하나의 정답을 찾는 능력)와 달리, 확산적 사고는 문제에 대한 기발하고 다양하며 예기치 않은 아이디어를 산출하고 새로운 지식을 생산하는 능력을 말한다. 길포드(1950)는 확산적 사고를 평가하기 위해 피검자에게 일상생활에서 흔히 사용하는 물건을 다르게 사용할 수 있는 방법을 제안하게 하였는데, 이 방법으로 창의성도 측정할 수 있다.

스턴버그(1999)는 삼원지능이론을 구성하는 세 가지 하위이론 중에서 경험하위이론에 해당하는 지적 능력을 창의력으로 보았다. 현재의 경험을 과거의 경험과 연결지어 새로운 패턴이나 아이디어를 탐색, 발견, 창안, 상상하는 능력으로서 창의력은 선택적 부호화, 선택적 결합, 선택적 비교의 세 가지 능력으로 구성된다. 예를 들면, 조선시대 왕의 이름을 순서대로 기억하는 데 도움이 되는 방법을 창안하거나, 화성에 물이 있다면 어떤 일이 발생할지를 상상해 보거나, 미세먼지 발생의 예방을 주제로 한 노래가사를 써 보거나, 소설 '흥부와 놀부'의 새로운 결말을 쓰는 활동은 창의력의 발휘를 요구한다.

1) 창의성 연구의 4P

창의성에 대한 연구는 크게 네 가지 주제를 중심으로 수행되었다. [그림 7-3]에서 볼 수 있듯이 이를 창의성 연구의 4P라고 한다(Kaufman, Plucker, & Baer, 2008/2011; Rhodes, 1961). 첫째, 창의적인 사람(Person)의 특징을 밝히려는 연구, 둘째, 창의적인 문제해결의 과정(Process)을 밝히려는 연구, 셋째, 창의성을 향상시키거나 억제하는 환경(Press)의 특징을 밝히려는 연구, 넷째, 창의적인 산물(Product)의 특징을 밝히려는 연구다.

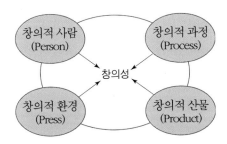

[그림 7-3] **창의성 연구의 4P**

(1) 창의적 사람

창의력에 관한 연구나 이론 중에는 독창적이고 유용한 업적을 남긴 사람의 개인적 특징, 즉 지능, 지식, 사고방식 같은 인지적 특징과 성격, 동기 같은 비인지적 특징을 중점적으로 다루는 것이 있다(Kaufman, Plucker, & Baer, 2008/2011; Sternberg & Lubart, 1991, 1996). 여기서는 아마빌(Amabile, 1996)의 창의성 요소 모형(Componential Model of Creativity)을 간략하게 살펴본다.

아마빌(1983)의 창의성 요소 모형에 의하면, 창의적 사람은 세 가지 요소(창의력과 관련된 일반적인 기능, 특정 분야에 중요한 지식과 기술, 주어진 과제를 해결하겠다는 동기)에서 특징적이다. 첫 번째 요소는 모호함과 복잡한 문제에 대해 포기하지 않는 끈기, 자기절제, 위험을 기꺼이 감수하려는 자발성 등 대체로 영역-일반적인 특징을 나타내고, 두 번째 요소는 창의성을 발휘해야 하는 특정 분야에 관련된 지식과 기술을 나타내며, 세 번째 요소는 보상이나 명예 같은 외현적 목표에 집착하지 않고 과제 그 자체를 즐기는 내적 동기와 높은 에너지를 포함한다.

(2) 창의적 과정

창의적 과정에 관한 연구는 개인 내에 존재하는 창의적 사고과정 또는 창의적 문제해결 과정에 대한 것이다. 창의적 사고과정은 개인 내적인 경험이기 때문에 객관적으로 확인하기가 어렵기는 하지만 위대한 예술가나 과학자의 창조활동을 분석하거나 창의적인 사람들을 면담하는 방식을 통해 창의적 사고과정에 대한 단서를 얻을 수 있다.

창의적 사고과정은 준비 단계, 부화 단계(또는 배양 단계라고도 함), 영감 단계, 검증 단계, 정교화 단계의 5단계를 거친다(장휘숙, 2002). 준비 단계에서는 관련된 문제에 대한 자료의 수집과 관찰, 문제가 타당한지의 검토, 이전에 문제해결의 실패 원인을 알아본다. 부화 단계(배양 단계)에서는 일정 기간 동안에 머릿속으로 문제에 대해 심사숙고하는데, 이때 가설을 설정한다. 영감 단계에서는 문제에 대한 기발하고 좋은 아이디어들이 많이 떠오르는데, 이때 '아하!' 통찰을 얻음으로써 창의적 아이디어를 발상한다. 검증 단계에서는 발상한 아이디어의 적절성이나 타당성을 검토하는데, 이때 문제해결에 적절하지 않거나 타당하지 않은 아이디어는 폐기된다. 마지막으로, 검증 단계를 거쳐 적절하고 타당하다고 인정받은 아이디어일지라도 정교화 단계에서 계속 수정·보완한다. 이러한 다섯 단계가 직선적 과정이 아니라 순환적 과정을 거치며 반복되면서 수많은 창의적 아이디어가 생산될 수 있다.

창의적 과정을 연구하는 또 다른 방법은 생성탐색모형(geneplore model)에서 찾아볼 수 있다(Finke, Ward, & Smith, 1992). 이 모형은 '생성(generate)' 단계와 '탐색(explore)' 단계로 구성된다. 생성 단계에서는 다양한 새로운 아이디어의 심적 표상을 가능한 한 많이 만들어 낸다. 탐색 단계에서는 생성 단계에서 만들어진 아이디어들을 평가하고 최선의 아이디어를 선택한다. 생성 단계와 탐색 단계를 수차례 반복함으로써 창의적 산물을 만들 수 있다(Kaufman, Plucker, & Baer, 2008/2011).

창의적 과정의 5단계 모형이나 생성탐색모형에서 알 수 있듯이, 확산적 사고와 수렴적 사고 둘 다 창의적 과정에 관여한다(Brophy, 1998). 다양한 아이디어를 생성하는 데 필요한 확산적 사고뿐만 아니라 제안된 여러 아이디어들 가운데 최선의 아이디어를 선정하는 데 필요한 수렴적 사고가 창의적 사고과정을 이룬다.

한편, 창의성 연구자 토랜스(1974)는 창의성을 "개인과 사회에 가치 있는 것으로 간주되는 새로운 산물을 만들어 내고, 기존의 아이디어를 비판하며, 강한 성취동기와 높은 에너지를 가지고 혼란스럽고 복잡한 문제도 해결해 낼 수 있는 능력"으로 정의하였다. 이러한 정의에서 나타났듯이, 창의적 문제해결은 창의성의 핵심요소다. 토랜스가 개발한 창의적 사고 검사(Torrance Tests of Creative Thinking: TTCT)는 유치원 아동부터 대학원 학생까지를 대상으로 실시 가능하고, 언어문제와 그림문제로 구성된다.

언어문제는 다음과 같은 일곱 가지 종류의 문제들로 이루어져 있다.

- 질문: 제시된 그림 속에 어떤 일이 일어나고 있는지를 구두로 대답하는 문제
- 원인 추측: 제시된 그림 속에서 일어나고 있는 일의 원인을 가능하면 많이 추측하는 문제

- 결과 예측: 제시된 그림 속에서 일어나고 있는 일의 결과를 가능한 한 많이 예측하는 문제
- 작품 개선: 제시된 작은 장난감을 비용에 대한 걱정 없이 더 재미있게 가지고 놀 수 있게 바꾸는 문제
- 사물의 특이한 사용: 제시된 사물(예: 빈 마분지 상자, 우유팩)을 독특하게 사용할 수 있는 방법을 제안하는 문제
- 득이한 질문: 다른 사람의 관심과 호기심을 끌 수 있는 방식으로 어떤 물건에 대한 질문을 만드는 문제
- 상상: 발생 불가능한 어떤 상황이 사실이라면 일어날 흥미 있는 일들을 상상하는 문제

그림 문제는 미완성된 기하학적인 그림들 각각이 무엇처럼 보이는지에 대해 대답하거나 그림을 자유롭게 완성하는 문제와 선을 활용하여 그림을 그리는 문제들로 구성되어 있다.

토랜스의 창의적 사고 검사는 과제의 유형이 무엇이든지 상관없이 실시 가능한 영역-일반적 창의성을 평가한다. 검사 문항에 대한 피검자의 반응을 채점하여 다음의 특성을 확인한다.

- 유창성(fluency): 수검자가 제안한 답의 빈도
- 융통성(flexibility): 수검자가 제안한 답이 속하는 범주의 빈도
- 독창성(originality): 수검자가 새롭고 희귀한 반응을 제안한 정도
- 정교성(elaboration): 수검자가 정교하고 상세한 반응을 제안한 정도

(3) 창의적 환경

창의성에 대한 사회심리적 접근은 창의적 사고에 영향을 주거나 사람들로 하여금 창의적 산물을 만들어 내도록 하는 환경에 주목한다. 예를 들면, 학생들이 다양한 문화를 경험할 수 있고, 남들과 다른 생각을 주저 없이 제안할 수 있으며, 자

신이 좋아하는 일을 하는 데 도움이 되는 환경 안에서 더욱 창의적일 수 있다 (Amabile, 1996; Simonton, 1988, 1994).

창의성을 촉진시키는 여덟 가지 직무환경이 제시되었다. 적절한 정도의 자유 허용, 도전적인 일의 제시, 적합한 자원의 제공, 자신을 지지해 주는 상사, 마음을 터놓을 수 있는 동료, 잘한 일에 대한 인정, 협동을 장려하는 풍토, 창의성을 지원해 주는 조직 안에서 창의성이 발달한다. 반면에 창의성을 제한하는 네 가지 직무 환경으로는 시간적 압박, 빈번한 평가, 현상유지의 강조, 조직 내 과도한 정치적 풍토가 있다(Kaufman, Plucker, & Baer, 2008/2011).

학교와 학급의 풍토 중 일부는 교직원과 학생들이 함께 조성할 수 있으므로 다음과 같은 방식으로 창의적 환경을 만들 수 있다. 첫째, 학생들의 실수를 허용하고 독창적인 발언을 인정해 주는 환경에서 학생들은 여타의 사람들이 하지 않는 과제를 시도하거나 새로운 관점을 발표하는 등 모험을 두려워하지 않고 창의적 아이디어들을 발상한다(Sternberg & Williams, 2009/2010). 둘째, 다양한 관점을 가진 또래들로 이질집단을 구성하고 소집단별로 상호작용할 수 있는 협동학습을 격려함으로써 새롭고 다양한 아이디어들을 제안하도록 도울 수 있다. 셋째, 다양한 주제의 프로젝트를 선택하고 반성적으로 심사숙고할 수 있는 기회와 시간을 허용하는 환경 안에서 학생들의 창의성이 개발될 수 있다. 또한 가정에서 부모가 자녀의 요구와 생각을 민감하게 알아차리고 따뜻하게 대해 줄 때(민감성과 온정), 인지적 자극을 제공하되 자녀에게 과도한 성취압력을 부과하지 않을 때(지적 자극과 적절한 성취압력), 열심히 일하여 높은 성취를 이루는 역할모델을 제공할 때 자녀의 창의성이 향상된다(Winner, 2000).

(4) 창의적 산물

창의적 산물에 대한 연구에서는 사람들이 만들어 낸 산물이나 제안한 아이디어가 얼마나 독창적이고 양질의 것이며 유용한지에 관심을 둔다. 어떤 산물 또는 아이디어가 얼마나 창의적인지에 대한 평가는 쉽지 않은데, 주로 합의적 평가기법이 적용되고 있다. 이는 전문가들이 오로지 산물 그 자체의 창의적인 정도에만 초점을 두고 평가하여 합의를 도출하는 방법이다(Kaufman, Plucker, & Baer, 2008/2011).

추진모형(Propulsion Model; Sternberg, Kaufman, & Pretz, 2001)은 창의적 산물에 관한 이론모형 중 하나다. 이 모형에 의하면 특정 산물이 해당 분야의 점진적 발전에 기여하거나, 현행 패러다임을 거부하거나, 새로운 패러다임으로 대체한다면 창의적 산물로 인정받는다. 예를 들면, 어떤 분야를 새로운 출발점으로 되돌리고 출발점부터 다시 시작해서 진보를 이루는 것을 재시도(re-initiation)라고 하는데, 재시도에 기여하는 아이디어들은 창의적 산물로 간주된다.

2) 창의성에 대한 융합이론

창의성에 대한 최근의 연구는 창의성에 대한 종합적 접근인 융합이론(confluence theory)을 중심으로 수행되고 있다. 융합이론에서는 여러 요소들의 결합이 창의성의 발휘에 필요하다고 보는데, 스턴버그와 루바트(Sternberg & Lubart, 1991, 1992, 1996)의 창의성 투자이론이 대표적이다. 창의성 투자이론에 의하면, 창의성은 여섯 가지 변인들(지적 능력, 지식, 사고양식, 성격, 동기, 환경)이 융합된 결과로 발휘된다. 이러한 여섯 가지를 갖춘 사람은 현재는 별로 인기가 없고 잘 알려져 있지 않지만 다른 문제를 해결할 가능성과 잠재력이 큰 아이디어를 싸게 구입해서 시간과 노력을 투자하여 풍부한 해결방안을 만들어 내고 이를 비싸게 파는 훌륭한 발명가로 묘사된다(Sternberg & Lubart, 1992).

첫째, 지적 능력은 해결해야 할 가치가 있는 문제를 발견하고 분명하게 정의하는 능력, 문제를 새로운 방식으로 볼 수 있는 종합적 능력, 어떤 아이디어가 추구할 가치가 있는지 인식할 수 있는 분석적 능력, 자신의 아이디어를 다른 사람에게 설득시킬 수 있는 실제적-맥락적 능력을 포함한다. 둘째, 지식은 특정 분야에 대해 충분히 잘 알고 있는 것을 말한다. 셋째, 사고양식(thinking style)은 생각하는 방식을 말하는데, 새로운 방식으로 사고하는 것, 문제해결이 가능하도록 여러 대안을 제안하는 확산적 사고, 최선의 해결책을 선택하는 수렴적 사고가 모두 중요하다. 넷째, 성격 요인으로는 기존 아이디어에 대한 비판적 태도, 새로운 경험에 대한 개방적 자세, 모호함과 불확실성에 대한 인내심, 위험을 기꺼이 감수하겠다는 의지, 주변의 적대적이거나 비판적인 의심과 저항에 대응하는 자기주장적 특성, 자제력을 유지하는 성격 특성이 있다. 다섯째, 동기 요인으로는 과제해결 지향성, 내적 동기, 성공에 대한 높은 기준, 열정, 자기효능감(자신이 어떤 과제를 성공적으로 해결해 낼 능력을 가지고 있다는 신념) 등이 있다. 여섯째, 환경 요인으로는 창의적 아이디어를 긍정적으로 평가하고 이에 대해 지원하는 보상체제, 숙고의 시간을 허용하면서 시간압박을 지나치게 부과하지 않는 환경 등이 중요하다. 창의적인 사람은 자신의 창의적 활동이나 작업을 지지할 환경을 적극적으로 선택한다.

3) 창의적 사고 증진 기법

창의적 사고를 증진시키기 위한 다양한 기법들이 개발되었다. 여기서는 교육현장에서 활용할 수 있는 기법들을 중심으로 살펴본다.

(1) 발문 기법

교사가 어떤 질문을 어떻게 하는지에 따라 학생들의 창의성은 향상되거나 감소된다. 그런데 아무리 훌륭한 발문 기법을 적용할지라도 학생들이 교과내용에 대해 충분히 알고 있지 못하다면 창의적 아이디어를 생각해 내기란 어려운 일이다. 그러므로 무엇보다도 먼저 교사는 학생들이 해당 교과내용에 대해 온전히 이해할 수 있도록 도와주어야 한다. 다음으로 창의적 아이디어를 생성해 내는 데 익숙하지 않은 학생들이 많을 경우에는 교사 스스로 또는 창의적 인물을 모델로 제시하면서 기발한 아이디어와 독창적 행동이 무엇인지를 시범으로 보여 주어야 한다. 또한 정답은 아니지만 새롭고 독창적이며 유용한 의견을 제시한 학생에게는 칭찬이나 보상을 제공할 필요도 있다.

다음은 창의성 증진에 도움이 되는 몇 가지 발문 기법이다.

첫째, 폐쇄형 질문('네' 또는 '아니요'의 대답을 요구하는 질문, 단답형 질문)보다는 개방형 질문(자신의 생각을 자유롭게 표현할 수 있는 질문)을 제시한다.

둘째, 여러 가지의 대답이 가능한 문제를 동시에 여러 명의 학생에게 제시하면, 학생들이 동일한 대상에 대해 다양한 관점이 가능하다는 경험을 할 수 있다.

셋째, 무엇을 질문하는지 분명해야 한다. 모호한 질문은 학생들이 독창적인 아이디어를 탐색하는 데 도움이 되지 않고, 오히려 학생들을 혼란에 빠뜨린다.

넷째, 독창적인 아이디어를 생각해 내는 것이 쉬운 일이 아닐지라도 학생들이 쉽게 대답할 수 있는 방식으로 질문을 만들어 제시한다. 예를 들면, 문제를 가설적인 상황으로 표현하거나("만일 ○○일이 생긴다면 어떻게 될까?" "○○하다고 상상해 보자."), 학생들이 개별적으로 생각한 것을 우선 자유롭게 공책에 적은 다음에 말하게 하거나, 예를 들어 대답하게 하거나, 실험을 하는 교과수업에서는 실험결과를 예측해 보게 한다.

다섯째, 교사는 질문을 한 후에 학생들에게 생각할 시간을 주어야 한다. 질문에 대해 학생들이 정답을 신속하게 말하지 못한다고 해서 교사가 묻고 교사 또는 성취수준이 높은 한두 명의 학생이 대답하고 끝내는 방식은 피해야 한다.

여섯째, 완벽한 대답을 요구하기보다는 학생의 실수를 허용하고 실수를 통해 배우게 한다.

(2) 브레인스토밍

오스본(A. F. Osborn)이 1938년에 고안한 브레인스토밍(brainstorming)은 창의적 아이디어의 생성을 위한 기법으로 세계적으로 많이 활용되고 있다. 두뇌활성화 기법이라고도 하는데, 참가자들이 문제에 대해 많은 아이디어를 제안하고, 제안된 아이디어들의 결합을 통해 개선된 아이디어를 도출하는 방법이다. 브레인스토밍은 다음의 몇 가지 원칙에 따라 실행된다.

• 집단구성의 원칙: 성별, 연령 등 배경과 주제에 대한 관점이 상이한 사람들로 집단을 구성하거나 외부 사람들을 참가시키면 새로운 아이디어를 발상해 내는 데 도움이 된다. 동질적인 집단에서는 아이디어가 어느 한쪽으로 치중되

는 '집단극화' 현상이 발생할 수 있다. 집단의 크기는 대체로 5~7명 정도가 적절하지만 어린 학생들 또는 브레인스토밍에 대한 경험이 없는 학생들에게 실시할 경우에는 구성원 수를 늘리는 것도 도움이 된다.

- 발상 시간의 원칙: 발언에 앞서 각자 자신의 생각을 배양할 시간을 준다. 충분한 발상 시간 없이 발언을 요구할 경우, 타인의 생각이나 의견을 듣고 따르는 데 치중할 수 있다.
- 질보다 양의 원칙: 가능한 한 많은 아이디어를 쏟아 내도록 격려한다.
- 비판금지의 원칙: 한 라운드가 끝날 때까지 산출된 아이디어들을 비판, 평가, 또는 검열하지 않는다. 질과 타당성의 검토는 나중에 한다.
- 자유로운 발상과 발언의 원칙: 자유롭게 생각하고 발언한다. 우스꽝스러운 아이디어라도 수용해야 한다. 지위가 높거나 연장자(교사, 전문가, 직장 상사)가 먼저 발언하지 않아야 자유롭고 민주적인 발상과 발언의 분위기를 유지할 수 있다. 또한 더 이상의 발상과 발언이 어려워질 경우에는 도중에 휴식시간을 배정한다.
- 결합과 개선의 원칙: 제안된 아이디어들을 결합시켜 아이디어를 개선한다.

한편, 브레인스토밍에 익숙하지 않은 참가자들이 많은 경우나 특정 참가자의 발언이 좌중을 압도할 것이 염려되는 경우, 브레인라이팅(brainwriting)의 방법을 대신 쓸 수 있다. 6인 1조의 각 조원들이 3개의 아이디어를 5분 동안 작성한 다음에 옆 조원에게 용지를 돌리는 방식으로 6차에 걸쳐 진행되므로 처음에는 6·3·5 기법이라고 불렸다. 총 30분 1라운드 동안에 〈표 7-2〉와 같은 브레인라이팅 용지 여섯 장이 작성되므로 한 번의 라운드에서 최대 108개의 아이디어가 창안될 수 있다.

한 라운드가 종료되면, 각 참가자는 자기 앞에 있는 용지에 기록된 아이디어들 중에서 좋다고 생각되는 아이디어 1~3개를 선택한다. 다음, 모든 참가자가 이러한 기본 아이디어들을 가지고 토론함으로써 아이디어를 발전시키거나 최선의 아이디어를 선택하면, 브레인라이팅의 절차가 종료된다.

표 7-2 브레인라이팅 용지 예시

주제:			
	아이디어 1	아이디어 2	아이디어 3
1차(~5분)			
2차(~10분)			
3차(~15분)			
4차(~20분)			
5차(~25분)			
6차(~30분)			

(3) 시넥틱스

대부분의 발명과정은 유추 추론(analogical reasoning: 어떤 현상을 관찰하여 다른 현상을 연상하거나 어떤 아이디어로부터 다른 아이디어를 추론해 내는 것)을 포함한다 (Gordon, 1961). 이러한 원리를 토대로 개발된 창의력 증진 기법을 시넥틱스 (synectics), 요소결합법이라고 한다.

일반적으로 시넥틱스 기법은 두 가지 방식으로 실행된다. 하나는 친숙한 것을 낯설게 보면서 새로운 것을 창안하는 방식이고, 다른 하나는 친숙하지 않은 것을 친숙하게 수용하는 방식이다. 주변에 있는 사물을 너무 친숙하게 보고 당연시하거나 친숙하지 않다고 해서 관심을 두지 않으면 새로운 아이디어를 만들어 낼 수 없다. 주변에서 접하는 친숙한 것을 새롭게 바라보고 친숙하지 않은 것은 수용하는 훈련을 통해 창의적 사고를 증진시킬 수 있다.

(4) 육색 모자 사고 기법

육색 모자 사고 기법은 드 보노(E. de Bono)가 고안한 기법으로, 하나의 주제에 대해 다양한 사고를 연습하고 문제해결을 위한 새로운 관점을 발견하는 일종의 역할놀이 기법이다. 여섯 가지 색깔의 모자는 각기 다른 사고의 유형을 대표하는

데, 다양한 색깔의 모자를 의도적으로 바꿔 써 봄으로써 다양한 사고를 집중적으로 연습할 수 있다. 집단 구성원 각자 한 번에 하나씩 모자를 쓰고 그 모자의 색이 의미하는 유형의 사고를 연습하며, 각 집단의 리더나 교사가 신호를 보내면 다른 색의 모자로 바꿔 쓰고 다른 유형의 사고를 연습한다. 실제 모자를 구하기 어려운 교실에서는 여섯 가지 색깔의 도화지로 고깔모자를 만들어 사용할 수 있다.

각각의 모자가 나타내는 의미는 다음과 같다.

- 청색 모자(조절적 사고): 목표, 순서, 규칙을 정하고 전체 토론과정을 관리하며 다섯 개 모자의 발표내용을 요약하고 결론을 내린다. "○○에 대한 결론을 내리자." "○○에 대해 요약하자."

- 백색 모자(중립적 · 객관적 사고): 비판도 해석도 덧붙이지 않는 객관적인 정보, 사실, 자료에 근거한 사고를 한다. "○○에 대해 우리가 알고 있는 것이 무엇일까?"

- 적색 모자(직관적 사고): 감정, 육감, 첫인상에 의지한 판단을 한다. "○○에 대한 솔직한 감정을 말해 보자."

- 흑색 모자(부정적 · 비판적 의견): 잘못된 점이나 부족한 점, 실패할 만한 이유, 잠재된 위험요인을 찾아낸다. "○○에는 어떤 어려움, 위험, 문제가 도사리고 있을까?"

- 황색 모자(낙관적 · 긍정적 · 희망적 사고): 잘된 점이나 칭찬할 점, 성공의 요인, 이점을 찾아낸다. "○○는 어떤 이점 또는 가치를 가지고 있을까?"

- 녹색 모자(생산적 · 성장지향적 사고): 더 좋게 만들기 위해 보완할 점 또는 새로운 아이디어를 창안한다. "○○을 실행하려면 무엇을 보완해야 하지?"

(5) PMI 기법

드 보노가 개발한 PMI(plus, minus, interesting) 기법은 어떤 사물이나 아이디어의 P(plus, 좋은 점), M(minus, 나쁜 점), I(interesting, 흥미로운 점)을 제안하는 방법이다. 다양한 시각과 관점을 연습할 수 있도록 P, M, I 각각을 철저하게 분리해서 생

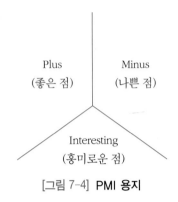

[그림 7-4] **PMI 용지**

각하도록 지도하는 것이 중요하다([그림 7-4] 참조).

(6) SCAMPER 기법

스캠퍼(SCAMPER) 기법은 원래 오스본(Osborn, 1963)이 창의적 문제해결을 위한 75개의 질문을 9개로 정리했던 체크리스트를 에이벌(Eberle, 1971)이 일곱 가지로 재구성한 역할놀이 기법이다. 제시된 일련의 질문에 따라 대답하고 토론하다 보면 여러 가지 발상을 하고 새로운 아이디어를 자극할 수 있게 된다.

- S(substitute, 대체하기): 사물의 원래 기능을 유지하면서 다른 재질이나 부품으로 대체할 수 있을까? (예: 스테인리스 젓가락 → 나무젓가락)
- C(combine, 결합하기): 두 가지 이상의 기능이나 요소를 결합할 수 있을까? (예: 전화 기능＋카메라 기능＋PC 기능＝스마트폰, PDA 휴대성＋노트북 기능＝태블릿 PC)
- A(adapt, 변경하기): 사물을 다른 조건이나 목적에 맞게 바꿔 보면 어떨까? (예: 구부러지는 빨대, 야생식물의 씨앗 → 벨크로, 장미넝쿨 → 철조망)
- M(magnify or minimize, 확대 또는 축소하기): 사물의 크기, 밀도, 빈도를 확대하거나 축소시킬 수 있을까? (예: 3분 라면, 대형 휴대폰 → 소형 휴대폰)
- P(put to other uses, 다르게 사용하기): 다른 용도로 사용할 수 없을까? (예: 접착력이 약한 풀 → 포스트잇에 활용)

- E(eliminate, 제거하기): 어떤 것의 일부분을 없애면 어떨까? (예: 컨버터블 카, 우편봉투의 주소 창)
- R(reverse, rearrange, 재배열하기): 순서, 역할, 위치를 바꾸거나 다르게 배열해 보면 어떨까? (예: 거꾸로 학습 플립트 러닝, 누드 김밥, 거꾸로 세우는 케첩 통)

3 사고력

  심리학 분야에서 사고력에 대한 체계적인 연구는 20세기 초반 베르트하이머(M. Wertheimer), 코프카(K. Koffka), 쾰러(W. Köhler) 등 게슈탈트(Gestalt) 심리학자들에 의해 수행되었다. 그들은 자극의 구조에 대한 이해가 새로운 문제 사태로의 전이(transfer)를 촉진할 수 있다고 보았다(Glaser, 1984). 그 후 인지심리학자 브루너(J. S. Bruner)는 문제해결에 있어 지식의 구조와 형식, 지식의 표현 양식 그리고 이것이 수행에 미치는 영향에 대해 연구하였다.

  1960년대 당시에는 텍스트의 이해에 필요한 추리력과 비판적 사고, 수학적 이해와 문제해결, 과학적 문제해결 등 고차원의 문제해결을 다룬 연구결과는 거의 없었다. 그 대신 일반적 사고력, 즉 일반적 문제해결력과 학습능력에 관심을 두고 이러한 능력을 고취시키기 위한 사고력 증진 프로그램이 개발되었다. 그중에서 대표적인 사례 몇 가지를 살펴보면 다음과 같다.

  첫째, 일반적인 추리와 문제해결의 절차를 중요한 사고력으로 간주하고 이러한 사고력의 오류를 피하고 정확한 추리와 문제해결의 절차를 훈련하는 데 중점을 둔 프로그램들이 개발되었다. 예를 들면, 휨베이와 로크헤드(Whimbey & Lochhead, 1980)의 『문제해결과 이해: 분석적 추리의 단기과정(Problem solving and comprehension: A short course in analytical reasoning)』에서는 추리과정상의 오류가 문제해결의 실패를 초래한다고 가정하였다. 문제에 관련된 모든 사실을 관찰하고 이용하지 못하거나, 문제에 대해 체계적이고 단계적으로 접근하지 못하거나, 비약적인 결론을 내리고 이를 점검하지 않거나, 문제에 대한 표상을 하지 못하면 문제해결을 하지 못한다.

둘째, 일상생활의 친숙한 문제를 해결하거나 친숙한 지식을 활용하여 사고하는 능력을 중요시하고 이를 훈련하는 프로그램들이 개발되었다. 예를 들면, 코빙턴 등(Covington et al, 1974)의 『생산적 사고 프로그램: 사고력 학습의 과정(The productive thinking program: A course in learning to think)』은 '도시 재개발 계획 설립'과 같은 실제적 문제해결능력을 기르기 위한 프로그램이다. 이는 친숙한 지식을 이용하여 학생 자신이 문제 진술, 의문점 제기, 정보 분석, 새로운 아이디어 제시, 가설 검증, 행동경로 평가를 할 수 있도록 훈련시킨다. 또한 드 보노(1984)의 CoRT(Cognitive Research Trust) 사고력 프로그램도 친숙한 지식을 활용하여 '새로운 직업으로의 전환'과 같은 일상생활의 관심사에 대한 문제해결능력을 기르기 위한 프로그램이다. 여기서는 메타인지와 자기조절 능력의 증진을 강조한다.

셋째, 특정 교과 영역에서 문제를 이해하고 발견하며 해결하는 능력을 중요한 사고력으로 간주하고 이를 훈련하는 프로그램들이 개발되었다. 예를 들면, 위켈그렌(Wickelgren, 1974)의 『문제해결 방법: 문제와 문제해결 이론의 요소(How to solve problems: Elements of a theory of problems and problem solving)』는 수학, 과학, 공학과 같은 형식적이고 잘 구조화된 영역에서의 발견적 문제해결능력을 기르는 데 관심을 둔다. 어떤 교과 영역에서 더욱 전문화된 방법을 배우거나 특정 교과 영역과 관련된 자료나 특별한 종류의 문제를 이해하려면 이러한 문제해결 증진 프로그램이 도움이 될 것이다.

넷째, 리프만 등(Lipman, Sharp, & Oscanyan, 1980)의 『아동을 위한 철학 (Philosophy in the classroom)』은 학교 교육과정이라는 특수 맥락에서 사고능력을 증진시키려는 프로그램이다. 이는 지식 획득을 강조하는 교육에서는 논리적 사고력이 덜 강조된다고 보고, 기본 기능의 획득과 관련하여 철학적 논리와 탐구절차의 습득을 강조한다.

일반적 사고력, 즉 일반적 문제해결력을 기르기 위한 기타 프로그램이 다수 개발되었으나, 개발자들의 주장과 달리 그 효과는 미미하였다(Glaser, 1984). 사람들은 새로운 상황에 직면했을 때 일반적인 문제해결 방법에 의존하지만 지식과 구체적인 과제 구조가 있는 상황에서는 이러한 방법들이 별로 효과가 없다. 따라서 사고력에 대한 최근의 연구는 지식의 구조와 인지과정의 상호작용이 문제해결에 중요하다는 것을 밝히는 방향으로 진행되고 있다. 즉, 일반적 문제해결력 연구로부터 영역 특정적(domain-specific) 문제해결력 연구로 전환하고 있다. 이는 특정 영역의 문제해결에 있어 전문가와 초보자의 차이를 비교해 보면 잘 알 수 있다.

대체로 우리가 살아가면서 부딪히는 복잡한 문제들은 특정 영역의 지식이 풍부해야만 해결될 수 있는 것들이 많다. 그런데 지식의 각 영역에는 그 분야에 오랫동안 종사해 온 전문가들이 있다. 그들은 초보자에 비해 해당 영역의 문제를 해결하는 방법뿐만 아니라 그 결과로 얻은 체계적인 지식도 가지고 있다. 따라서 해당 영역의 문제해결력, 즉 사고력이 뛰어난 것이다. 그러므로 어떤 영역의 초보자에게 그 분야의 사고력을 기르려 한다면, 그 분야의 방법과 지식을 제대로 가르치는 일이 중요하다.

4 지 식

앞에서 언급한 바와 같이 영역 특정적 사고력의 기저에는 지식(knowledge)이 자리 잡고 있다. 지식은 특정 영역의 체계화된 정보이고, 지식의 영역은 인류가 지금까지 쌓아올린 문화 영역만큼이나 다양하다. 예를 들면, 언어, 수학, 자연과학, 사회과학 등과 같이 오늘날 학교에서 주요 교과라고 가르치는 지식들이 대표적이다.

그 밖에도 인간의 지식은 매우 다양하다. 도덕, 참선, 다도, 음악, 미술, 태권도, 컴퓨터 등 인간의 탐구가 많아질수록 그 종류도 더욱 다양해지고 그 깊이도 더욱 심화된다. 이를 지식의 횡적 상대성과 종적 상대성이라 할 수 있다. 따라서 우리는 이 모든 영역에서 전문가가 될 수는 없다. 우리는 어느 한두 영역에서 전문가가 되고, 전문가가 될수록 그 영역의 종적 상대성의 사다리에서 보다 높은 위치를 차지하게 되며, 그보다 낮은 위치에 있는 사람들을 가르치는 위치에 서게 된다.

이와 같이 인간의 지식을 영역별로 분류하는 방식도 있지만, 기능적으로 분류하여 연구하는 것이 최근 인지심리학의 추세다. 원래 분석철학자 라일(Ryle, 1949)이 지식의 기능 차원을 고려하여 어떤 행위를 수행하는 방법에 관한 지식(know-how)과 사실적인 정보에 관한 지식(know-what)을 구분하였다. 방법에 관한 지식, 즉 방법적 지식이란 무엇을 어떻게 하는가를 아는 지식, 어떤 것을 아는 데 수단이 되는 지식으로 절차적 지식(procedural knowledge)이라고도 한다. 방법적 · 절차적 지식을 통해 획득되는 사실적인 정보나 내용에 관한 지식은 무엇이 어떻다는 것을 아는 것으로서 서술적 지식(declarative knowledge, 선언적 지식이라고도 함)이라고 한다. 우리가 통상 지식이라고 부르는 것은 바로 서술적 지식이다. 책 속에 들어 있는 체계화된 정보인 명제적 지식(propositional knowledge)이 서술적 지식의 대표적 한 예다.

그 후 이러한 지식의 분류를 교육심리학자 가네(Gagné, 1985)가 교수-학습 연구에 도입하였다. 방법적 지식에는 문자나 숫자의 지각과 사칙연산을 하는 것과 같은 지적 기능, 악기나 공을 다루는 것과 같은 운동기능, 도서관의 자료를 이용하는 것과 같은 학습전략 등의 인지전략(cognitive strategies)이 해당된다. 그리고 서술적 지식은 방법적 지식을 활용하여 획득된 언어정보(verbal information)다.

그 후 인지심리학자 앤더슨(Anderson, 1990)은 이러한 지식들의 표상방법과 획득방법을 체계적으로 연구하였다. 지식의 표상이란 장기기억과 작업기억 속에서 지식을 표현하는 방법이다. 방법적 지식의 표상 단위는 산출(production)이고, 서술적 지식의 표상 단위는 명제(proposition)다.

방법적 지식의 표상 단위인 산출이란 '만일 ~하면, ~한다(if ~ then ~)'와 같은 조건-행위 규칙을 말한다. 예를 들어, '만일 어떤 도형이 이차원의 평면이고 세 변이 있으며 세 변이 맞물려 있으면, 그 도형은 삼각형이다.'와 같은 진술문이 이에 해당된다. 이를 통해 우리는 삼각형이라는 도형을 지각하는 것이다. 그런데 피아노를 치는 것과 같이 복잡한 방법적 지식의 경우 여러 개의 산출이 연속적으로 발생하는데, 이를 산출체제(production system)라 한다.

이러한 방법적 지식의 획득을 위해서는 많은 연습과 피드백이 필요하다. 그렇게 함으로써 방법적 지식이 자동화되어야 서술적 지식의 획득이 순조로워진다. 초보자에 비해 전문가의 방법적 지식이 훨씬 더 잘 자동화되어 있다(Gagné, Yekovich, & Yekovich, 2005).

서술적 지식의 표상 단위는 명제인데, 이는 정보의 기본 단위로서 대략 하나의 아이디어에 해당한다. 이는 알기 쉽게 문장으로 나타낼 수 있는데, 문장에는 논지(argument)를 나타내는 주부와 관계(relation)를 나타내는 술부가 있다. 예를 들면, '원은 둥글다'에서 원은 논지를 나타내고, 둥글다는 관계를 나타낸다. 이러한 명제들이 여러 개 모여 명제 망(proposition network)을 형성한다.

이때 서술적 지식이 만들어 내는 명제 망은 여러 개의 문장이 아무렇게나 머릿속에 뒤섞여 있는 것이 아니다. 새로 들어온 지식은 가장 관련이 깊은 사전지식, 즉 기존의 명제에 가까이 놓여 서로 상하좌우의 연결관계를 맺는다. 그렇게 함으로써 지식은 조직화(organization)되는 것이다. 한편, 전문가의 지식은 초보자에 비해 잘 조직화되어 있을 뿐 아니라 정교화(elaboration)도 잘 되어 있다. 많은 사례나 세부사항이 조직화된 지식에 추가되어 있을 경우에 정교화가 잘 되어 있다고 한다. 따라서 서술적 지식의 획득을 위해서 방법적 지식의 자동화뿐만 아니라 지식의 조직화와 정교화도 필요하다. 방법적 지식이 자동화되어 있고 서술적 지식이 조직화·정교화되어 있을 때 지식은 수준 높은 사고력의 기반이 된다.

5 메타인지

메타인지(meta-cognition)에서 메타(meta)는 상위(上位)를 의미한다. 따라서 메타인지는 인지에 대한 인지, 즉 인지과정 전체를 의식적으로 계획하고 점검하며 평가하고 관리하는 역할을 하는 상위인지(上位認知)를 말한다(Flavell, 1985). 자신이 무엇을 알고 무엇을 모르며 더 잘하려면 어떤 전략을 선택해서 활용해야 하고, 시간을 어떻게 분배하여 사용할 것인지를 아는 것이 모두 메타인지 활동이다.

메타인지는 '지각'-'작업기억'-'장기기억'-'인출'-'반응산출'로 이어지는 일련의 정보처리과정을 자각하고 통제할 수 있게 해 준다(Eggen & Kauchak, 2010/2011). 그러므로 학습자가 직면한 문제가 무엇인지를 파악하고, 문제의 성격을 결정하며, 자신이 기억, 주의집중, 읽기, 쓰기, 계산하기 등의 인지전략을 얼마나 가지고 있는지 또는 얼마나 부족한지를 평가하고, 과제의 요구와 달성하고자 하는 목표에 적합한 인지전략을 선택하여 적용하며, 목표 달성을 위해 인지전략을 잘 활용하고 있는지를 도중에 점검하며, 외부의 피드백을 정확하게 해석하고, 비효과적인 인지전략에 대해서는 사용 중지의 명령을 내렸다면, 이러한 학습자는 메타인지 능력을 가지고 있다고 볼 수 있다. 다시 말해서, 메타인지는 목표를 설정하고, 목표를 어떻게 달성할 것인지를 계획하며, 목표 달성을 조정하고, 계획을 수정하는 과정을 포함한다(Wagner & Sternberg, 1984).

메타인지는 메타인지 지식(meta-cognitive knowledge)과 메타인지 조절(meta-cognitive regulation)로 구성된다. 메타인지 지식은 자기지식(자신이 어떤 인지적 자원을 가지고 있는지를 아는 것)과 과제지식(주어진 과제의 특징과 과제해결에 필요한 인지전략이 무엇인지를 아는 것)으로 구성된다. 메타인지 조절은 자신이 가지고 있는 지식, 인지전략, 인지과정을 조절하는 능력이다. 흔히 메타인지 조절은 다음과 같은 과정을 거친다. 첫째, 달성할 목표를 설정하고, 둘째, 자신이 가지고 있는 지식이나 인지전략 중에서 과제의 성공적 수행에 필요한 것을 선택하고, 셋째, 선택한 지식과 인지전략을 사용할 계획을 수립하고, 넷째, 사용한 지식과 인지전략의 효과를 평가하며, 마지막으로, 과제수행이나 목표 달성에 도움이 되지 않았던 불필요한 지식이나 비효과적인 인지전략을 수정하고 목표를 변경한다.

학교학습 성공 집단과 실패 집단을 비교해 보면, 메타인지 능력에서 의미 있는 차이가 난다는 것을 알 수 있다. 일반적으로 학업실패를 보이는 집단의 학생들은 과제 곤란도를 판단하고 자신의 이해를 통제하며 공부시간을 할당하고 자신의 수행결과를 예측하는 데 어려움을 겪는다. 반면에 자신의 공부방법이나 기억전략 또는 학습전략의 장단점을 잘 파악하고 있고 과제에 적합한 방법과 전략을 선택하여 사용하는 학생들의 학업성취도는 상대적으로 높다(Anderson & Nashon, 2007;

Kuhn & Dean, 2004).

학업성취도가 낮은 학생들의 메타인지 능력이 부족한 것으로 밝혀졌으므로 이러한 학생들의 메타인지 능력을 기르기 위한 프로그램들이 개발되었다.

한 예로, 댄서로우 등(Dansereau et al., 1979)은 대학생들의 일반적 학습능력을 기르기 위해 'MURDER' 프로그램을 개발하였다. 여기에서 'M'은 공부할 기분 (mood)을 갖는 것, 'U'는 이해(understanding)를 위한 독서를 하는 것, 'R'은 텍스트를 보지 않고 자료를 회상(recalling)하는 것, 'D'는 자료를 소화(digesting)하는 것, 'E'는 스스로 탐구를 통해 지식을 확장(expanding)하는 것, 'R'은 시험이나 연습문제에서 실수한 것을 검토(reviewing)하는 것이다. 학생들은 M, U, R, D, E, R의 방법을 연습한다.

한편, 벨몬트 등(Belmont, Butterfield, & Ferretti, 1982)은 문제해결능력을 기르기 위해 다음과 같은 메타인지 단계의 훈련을 제안하였다. 첫째, 목표의 결정, 둘째, 목표도달 계획의 수립, 셋째, 계획의 시도, 넷째, 계획의 효과에 대한 질문, 다섯째, 계획의 실행에 대한 질문, 여섯째, 계획의 잘못된 점에 대한 질문(계획의 잘못된 점이 확인되면 두 번째 단계로 되돌아가기)이다.

또한 사고력 신장을 위한 코빙턴 등의 생산적 사고 프로그램과 드 보노의 CoRT 사고력 프로그램도 한편으로는 메타인지 능력을 향상시키는 데 유용하다. 그 외의 많은 메타인지 훈련 프로그램의 개발과 보급에도 불구하고 그 효과에 대해서는 아직 유보적이다. 와그너와 스턴버그(Wagner & Sternberg, 1984)에 의하면 대규모 메타인지 훈련은 아직 충분히 실제적이지 못하다. 메타인지 활동이 학생에 의해 자발적으로 행해지지 않고 외부에서 부과되면 그 효과가 감소될 수 있다. 그리고 어떤 전략이 좋다는 것을 안다고 해서 학생이 실제로 그 전략을 사용하는 것은 아니다. 뿐만 아니라 전략이 효과적이려면 잘 학습되어 실제 학습을 방해하지 않으면서 수행되어야 한다. 마지막으로, 특정 영역 지식과 관련된 메타인지 전략의 훈련은 그 일반화에 한계가 있다.

6 인지양식

인간이 사물이나 상황을 지각하고 정보를 처리하는 데 있어 일관되게 드러내는 방식의 개인차를 인지양식(cognitive style)이라고 한다. 인지양식은 지각, 기억, 사고하는 독특한 선호방식인데, 서로 다른 인지양식을 가진 사람들은 성격이나 대인관계의 측면에서도 차이를 나타낸다. 학자들에 따라 장독립적 대 장의존적 인지양식(Witkin et al., 1977), 충동적 대 숙고적 인지양식(Kagan, 1966), 엄격한 대 유연한 인지양식(Gardner, 1960), 민감한 대 둔감한 인지양식(Klein, 1961), 분석적 대 전체적 인지양식(Kagan, 1964) 등 다양한 방식으로 분류된다. 이 중에서 가장 많이 연구되어 온 위트킨(H. A. Witkin)의 분류와 케이건(J. Kagan)의 분류를 살펴보고, 스턴버그(Sternberg, 1994b)가 기존의 이분법적 분류를 지양하며 제안한 정신자치제 이론에 대해 살펴볼 것이다.

1) 장독립적 대 장의존적 인지양식

위트킨(1973)은 짙은 안개나 구름 속처럼 복잡하거나 모호한 상황에 처했을 때 주변 상황(장)의 영향을 덜 받으며 자신의 내적 기준에 따라 판단하고 행동하는 사람과 주변 상황의 영향을 많이 받는 사람을 구분하고자 장독립적(field independent) 인지양식과 장의존적(field dependent) 인지양식의 분류를 제안하였다. 장독립적 인지양식은 어떤 사물을 지각할 때 그 사물이 놓여 있는 배경이나 상황의 영향을 받지 않는 인지양식이고, 장의존적 인지양식은 그 사물의 배경이나 주변 상황의 영향을 받는 인지양식으로 정의된다.

개인의 장독립적 또는 장의존적 인지양식을 평가하는 검사로는 막대 테두리 검사(Rod and Frame Test), 신체 조정 검사(Body Adjustment Test), 잠입 도형 검사(Embedded Figure Test) 등이 있다.

막대 테두리 검사는 희미한 공간 속에서 회전하는 네모 테두리 안에 수직 막대를 세우는 검사다. 이 검사에서 장독립적인 사람은 테두리의 기울어진 정도에 관계없이 막대를 수직으로 세우지만, 장의존적인 사람은 자신의 몸과 막대를 테두리가 기울어진 정도로 기울여 테두리와 막대가 수직을 이루도록 조정한다.

　신체 조정 검사는 회전식 방에 부착된 의자에 앉아 자신의 신체의 수직 여부를 묻는 검사다. 장독립적인 사람은 방의 기울기 여부에 관계없이 자신의 신체를 수직으로 세우지만, 장의존적인 사람은 주변 상황의 영향을 받아 의자가 기울어져 있어도 방과 자신의 위치가 맞으면 자신이 수직으로 앉아 있다고 지각한다.

　잠입 도형 검사는 [그림 7-5]와 같은 도형을 이용하는 지필식 검사로 학교에서도 쉽게 실시할 수 있다. 그림에서 보는 바와 같이, 왼쪽의 간단한 자극도형을 오른쪽의 복잡한 탐색도형 안에서 찾아내야 한다(Witkin, Oltman, Raskin, & Karp, 1971). 검사 결과, 장독립적인 사람은 자극도형이 탐색도형 안에 어디에 있는지를 비교적 신속하고 정확하게 찾아내지만, 장의존적인 사람은 복잡한 탐색도형 안에

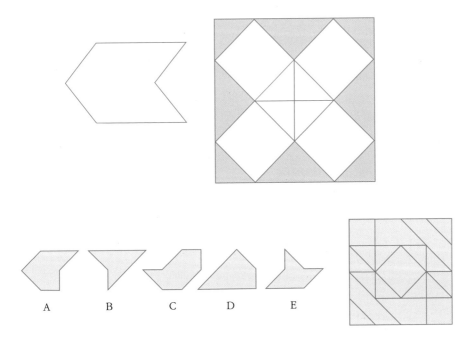

[그림 7-5] **잠입 도형 검사의 문항**

서 자극도형을 찾는 데 시간이 오래 걸리거나 틀린 대답을 한다. 이 검사에서 피검자가 자극도형을 신속하고 정확하게 찾아낼수록 높은 점수를 받기 때문에 점수가 높을수록 장독립성이 높은 것이다.

이러한 인지양식은 쉽게 변화하지 않고, 선호하는 학습과제와 수업방법, 대인관계, 성취동기 수준 등 다방면에서 개인차를 초래한다. 이를 중심으로 두 인지양식을 비교하면 〈표 7-3〉과 같다. 이처럼 인지양식이 장독립형 대 장의존형으로 이분될지라도 두 유형이 사물의 지각방식이나 여타의 특징에서 완전히 상반된다거나 같은 유형에 속하는 사람들의 지각방식이나 여타의 특징이 모두 동일한 것은 아니다. 장독립형과 장의존형은 연속선을 이루고 있어서 같은 인지양식 안에도 개인차가 있다.

표 7-3 장독립적 인지양식과 장의존적 인지양식의 비교

	장독립적 인지양식	장의존적 인지양식
기본특징	• 주변 상황의 영향을 적게 받음 • 자신의 내적 기준을 따름 • 분석적, 논리적, 지시적 • 체계화, 구조화 능력이 높음	• 주변 상황의 영향을 많이 받음 • 주변 상황의 기준이나 지시를 따름 • 종합적, 직관적, 비지시적 • 체계화, 구조화 능력이 낮음
선호하는 학습과제 및 학습방법	• 비구조화된 학습과제 • 수학, 과학 • 자신이 세운 목표와 자기강화가 적용되는 학습과제 • 자기주도학습, 발견학습	• 학습목표가 구체적이고 분명한 과제 • 문학, 역사, 사회 • 외적 강화체계가 적용되는 학습과제 • 협동학습, 수용적 분위기의 토의법
대인관계	• 개인주의적, 독립적, 자율적 • 타인의 감정과 사고에 민감하지 못함 • 지도력이 있음	• 관계지향적, 의존적, 강한 집단동조성 • 타인의 감정과 사고에 민감함 • 배려심이 있음
성취동기	• 내재적 동기가 강함	• 외재적 동기가 강함
단점을 보완하는 방법	• 자신의 행동이 집단에 미치는 영향을 반추하는 활동 • 개별적 정보나 지식의 전체 의미를 파악하는 활동	• 비구조화된 과제에서 문제의 핵심요소를 추출해 내는 활동 • 과제해결을 위해 거쳐야 하는 하위과제의 순서를 결정하는 활동

2) 충동적 대 숙고적 인지양식

충동적(impulsive) 인지양식 대 숙고적(reflective) 인지양식은 주어진 문제를 해결하거나 정보를 처리하는 속도와 관련된 개인차를 구분하기 위해 케이건(Kagan, 1966)이 제안한 인지양식 유형이다. 충동형은 주어진 문제에 대해 시간을 들여 생각하지 않고 즉각적으로 대답을 하고, 숙고형은 주어진 문제를 해결하는 여러 방안을 꼼꼼하게 비교하고 따져 본 다음에 대답을 한다. 학교에서 충동적으로 행동하는 학생은 특히 읽기과제와 기억과제에서 오답을 많이 하기 때문에 저조한 학업성취도를 보인다(Stahl, Erickson, & Rayman, 1986).

[그림 7-6]은 충동적 인지양식과 숙고적 인지양식을 확인하기 위하여 실시하는 그림 맞추기 검사(Matching Familiar Figures Test: MFFT)다. 가장 위에 있는 그림과 똑같은 그림을 아래의 여섯 개 그림 중에서 찾아내야 한다. 충동적 인지양식을 가진 학생의 충동성을 감소시키기 위해 교사는 수업시간에 학생들이 돌아가며 질문과 대답을 하도록 순서를 정해 주거나 개별과제를 할 때 문제해결의 과정을 말로 표현해 보는 '소리 내어 생각하기(think aloud)' 기법을 활용한다(Sternberg & Williams, 2009/2010).

[그림 7-6] **그림 맞추기 검사**

3) 정신자치제 이론

스턴버그(1994b)는 기존의 이분법적 인지양식 분류에 반대하면서 국가 정부의 조직과 운영방식에 비유하여 다양한 사고양식을 구분하는 정신자치제 이론 (theory of mental self-government)을 제안하였다. 〈표 7-4〉에서 볼 수 있듯이 기능, 형식, 수준, 범위, 경향의 다섯 가지 차원에 따라 사고양식이 구분된다. 각각의 사고양식 중에서 어떤 것이 더 좋고 어떤 것이 더 나쁘다는 가치판단을 하지 않고, 다만 선호하는 사고양식의 차이를 구분한다. 각각의 사고양식이 가진 특징을 간략하게 기술하면 다음과 같다(임규혁, 임웅, 2007; Dai & Feldhusen, 1999; Sternberg & Williams, 2009/2010).

표 7-4 정신자치제 이론

기능	형식	수준	범위	경향
• 입법적	• 군주제	• 전체적	• 내부지향적	• 자유주의적
• 행정적	• 계급제	• 지엽적	• 외부지향적	• 보수주의적
• 사법적	• 과두제			
	• 무정부제			

(1) 사고의 기능

사고의 기능 차원에서는 입법적 사고 기능, 행정적 사고 기능, 사법적 사고 기능이 분류된다. 첫째, 입법적 사고 기능이 현저한 학생은 문제해결의 절차나 공부 계획을 스스로 세우고, 자신이 세운 규칙과 계획에 따라 과제를 수행하며, 창의적 산물을 만들어 내는 활동을 선호한다. 둘째, 행정적 사고 기능이 현저한 학생은 규칙이나 지시문이 분명하게 정해져 있을 때, 해결해야 할 문제가 잘 구조화되어 있을 때, 선택해야 할 주제의 범위가 일정할 때 과제수행을 잘한다. 셋째, 사법적 사고 기능이 현저한 학생은 규칙이나 절차 또는 결과에 대해 평가, 비교, 분석하며 대립적인 관점들을 조율하는 활동을 선호한다.

기능 차원에서 구분되는 사고양식과 학업성취의 관계는 단순하지 않고 어떤 과제를 수행해야 하는지에 좌우된다. 분석력과 창의력을 요하는 과제가 주어졌을 때, 입법적 사고 기능과 사법적 사고 기능을 가진 학생들은 높은 학업성취를 이룬 반면에 행정적 사고 기능을 가진 학생들의 학업성취는 저조하였다(Grigorenko & Sternberg, 1997). 그러나 구조화된 문제를 정해진 규칙에 따라서 효율적으로 해결해야 하는 조건이라면, 아마도 행정적 사고 기능을 가진 학생들의 성취수준이 높을 것으로 추측된다.

교사는 학생의 사고 기능을 이해하고 학생의 사고 기능에 적합한 학습과제와 수업방법을 설계할 필요가 있다. 예를 들면, 입법적 사고 기능을 가진 학생들에게는 프로젝트 수업을 실시하여 학생들이 주도적으로 과제를 선택하고 창의적 아이디어를 제안하도록 하는 게 유리할 것이고, 행정적 사고 기능을 가진 학생들에게는 구조화된 문제나 선택의 폭이 너무 넓지 않은 문제를 제시하고 계획에 따라 문제를 해결하도록 돕는 것이 적절하며, 사법적 기능을 가진 학생들에게는 주제에 대해 여러 관점에서 분석하고 비교하여 평가하는 과제를 제공하는 것이 유용할 것이다.

(2) 사고의 형식

사고의 형식 차원에서는 군주제적 사고 형식, 계급제적 사고 형식, 과두제적 사고 형식, 무정부제적 사고 형식이 구분된다. 첫째, 군주제적 사고 형식이 현저한 학생은 어느 하나의 관점이나 요인만을 고려하여 결정을 내리거나 한 번에 하나씩 처리하기를 선호한다. 둘째, 계급제적 사고 형식이 현저한 학생은 과제를 수행하기 위해 해야 할 일들의 목록을 만들고 우선순위를 정하여 순서대로 일하기를 선호한다. 셋째, 과두제적 사고 형식이 현저한 학생은 해야 할 여러 일들을 동시다발적으로 처리하는 특징을 보인다. 넷째, 무정부제적 사고 형식이 현저한 학생은 특정 절차나 순서 또는 형식에 얽매이지 않으면서 과제를 수행한다.

(3) 사고의 수준

사고의 수준 차원에서는 전체적 수준과 지엽적 수준이 분류된다. 첫째, 전체적 수준에서 사고하기를 선호하는 학생은 주어진 주제나 정보가 주는 전체적인 의미와 구조 또는 윤곽에 주의를 기울인다. 둘째, 지엽적 수준에서 사고하기를 선호하는 학생은 주어진 주제나 정보 안에 포함된 세부적인 내용에 주의를 기울인다.

(4) 사고의 범위

사고의 범위 차원에서는 내부지향적 사고 범위와 외부지향적 사고 범위가 구분된다. 첫째, 내부지향적 학생은 개별적인 활동과 과제(예: 개별 탐구활동, 개별 독서활동)를 선호한다. 둘째, 외부지향적 학생은 여러 사람들과 상호작용하는 활동과 과제(예: 토론, 협동학습)를 선호한다.

(5) 사고의 경향

사고의 경향 차원에서는 자유주의적 사고 경향과 보수주의적 사고 경향이 구분된다. 첫째, 자유주의적 사고 경향이 현저한 학생은 기존의 규칙과 문제해결방안을 따르기보다는 새로운 접근을 찾아 적용하기를 선호한다. 이들에게는 독창적인 해결방안을 찾는 재미를 줄 수 있는 과제를 제시하는 것이 적절하다. 둘째, 보수주의적 사고 경향이 현저한 학생은 과제수행이나 문제해결의 절차, 규칙, 조건이 정해져 있고 전통적으로 행해 온 방식을 준수하는 풍토 안에서 수행하는 과제를 선호한다. 이러한 학생들에게는 기존의 방식대로 해결 가능한 과제를 먼저 제시하고 그다음에 새로운 접근을 요하는 과제를 제시하는 것이 자연스러울 것이다.

탐 구 문 제

1. 학생의 지능을 단일한 능력으로 보는 교사와 다수의 하위능력들로 구성된 능력이라고 보는 교사가 학생지도에 대해 어떤 다른 관점을 가질지에 대해 논의하시오.

2. 가드너의 다중지능이론과 스턴버그의 삼원지능이론이 지능을 개념화하고 측정하는 방식에 있어서 전통적인 심리측정적 접근과 어떻게 다른지를 설명하시오.

3. 스턴버그의 삼원지능이론을 특정 교과수업에 적용하여 학생들의 분석적 능력, 창의적 능력, 실용적 능력을 증진시키는 활동을 제안하시오.

4. 창의성 연구의 주제 네 가지(4P)를 약술하시오.

5. SCAMPER 기법을 적용하여 S, C, A, M, P, E, R의 예시를 하나씩 제시해 보시오.

6. 사고력과 지식의 관계를 설명하시오.

7. 절차적 지식과 서술적 지식의 획득방법에 대해 설명하시오.

8. 메타인지의 구성요소를 기술하고, 학생들의 메타인지 능력을 증진시키는 방안을 제안해 보시오.

9. 교사의 인지양식과 학생의 인지양식이 일치하는 조합과 상반되는 조합을 상상해 보시오. 교사와 학생의 인지양식 조합이 학생의 학업성취와 교사–학생관계 또는 교사의 지도방식과 소진에 어떤 영향을 줄지 말해 보시오.

Chapter

08 학습자의 정의적 특성

인간의 정의적 특성은 인지적 특성보다 훨씬 더 다양하다. 그러나 학교학습과 관련지어 보면, 그 수는 상당히 줄어든다. 이 장에서는 학교학습에서 학습자의 학업성취에 영향을 미치는 정의적 특성들을 다룬다. 여기에는 동기로서 학습동기와 성취동기, 학습 태도, 학업적 자아개념, 흥미, 기대, 귀인, 시험불안 등이 있다. 이에 대한 구체적 내용들은 다음과 같다.

1 동 기

인간의 정의적 특성 중 학습 관련 특성에는 동기, 태도, 자아개념, 흥미, 귀인, 기대, 불안 등이 있다. 이 중에서 동기, 태도, 자아개념, 흥미, 기대는 학업성취와 정적(+) 상관관계를 가지고 있다. 즉, 이러한 정의적 특성이 높을수록 학업성취 정도가 높고, 낮을수록 학업성취 정도도 낮다. 귀인은 적응적 귀인인지 부적응적 귀인인지에 따라 학업성취와 정적(+) 또는 부적(−) 상관관계를 이룬다. 그러나 마지막 불안 중에서도 특히 시험불안은 학업성취와 부적(−) 상관관계를 가지고 있다. 다시 말해서, 시험불안은 부정적 정서로서 그것이 높으면 학업성취가 낮고, 그 반대로 그것이 낮은 학생들이 대체로 학업성취가 높다는 것이다.

먼저 동기(motive)의 어원은 '움직이다'는 뜻의 영어 단어 move와 마찬가지로 라틴어에서 '움직이다'는 뜻의 단어 movere(모베레)에서 유래한다. 따라서 동기란 행동을 일으키는 원인이 되는 우리 내부의 욕구 또는 심리적 에너지라고 할 수 있다. 그런데 동기는 어떤 목표대상을 지향하므로 행동에 방향을 정해 주는 기능이 있다. 그리고 동기는 또한 어떤 행동을 얼마나 강하게 유지하게 하는지 행동의 강도와도 관계가 있다.

머레이(Murray, 1938)는 여러 가지 동기를 찾아 분류하였는데, 그중에서 특히 많이 연구된 동기에는 성취동기, 권력동기, 친애동기가 있다. 이 중에서 학교학습과 관련이 깊은 것은 성취동기라고 할 수 있다. 왜냐하면 학교야말로 학업성취를 중심으로 가장 성취지향적인 사회의 하나이기 때문이다. 그런데 학교에서 학생들에게는 우선 학습이라는 활동이 당면과제이므로, 이에 대해 먼저 살펴보기로 한다.

1) 학습동기

학습동기(learning motive)란 학생이 학습을 시작하여 얼마나 지속적으로 그 활동에 임하는지에 관련된 동기라고 할 수 있다. 그런데 학생들이 학습을 시작하는 이유는 여러 가지가 있을 수 있다. 어떤 학생들은 무엇인가 모르는 것에 대한 답을 찾기 위해 공부한다. 이에 비해 어떤 학생들은 부모나 교사에게 칭찬을 받기 위해 공부하기도 한다. 전자를 흔히 내재적 동기(intrinsic motive)라 하고, 후자를 외재적 동기(extrinsic motive)라 한다.

좀 더 자세히 말하면, 내재적 학습동기는 학습자가 자신의 지적 호기심을 충족시키기 위해 학습하는 것을 말한다. 이는 외부의 보상과는 관계없이 공부하는 것 그 자체가 좋아서 학습하는 동기다. 이는 또한 무엇인가 모르는 것을 알려고 흥미를 가지고 학습에 임해 거기에서 바라는 답을 찾고, 그 결과 만족감이나 성취감을 맛보려는 동기를 말한다. 따라서 내재적 동기가 강한 학습자가 갖는 목표는 숙달목표(mastery goals; Dweck & Leggett, 1988) 또는 과제 관여 목표(task-involved goals)다(Nicholls, 1984).

이에 비해 외재적 학습동기는 학습자가 외부로부터 주어지는 상벌에 의해 학습이 유발되는 동기를 뜻한다. 예를 들면, 칭찬, 점수, 보상, 상장을 받거나 비난, 벌, 압력 등을 피하기 위해 학습하려는 동기를 말한다. 따라서 외재적 동기에 의해 학습하는 학생은 학습활동 그 자체보다는 그 결과에 더 관심이 많다. 그러므로 외재적 동기가 강한 학습자가 갖는 목표는 수행목표(performance goals) 또는 자아 관여 목표(ego-involved goals)다.

그런데 학교에서는 내재적 동기와 외재적 동기가 모두 필요하다. 바람직한 것은 학생들이 내재적 동기에 이끌려 학습하는 것이지만, 모든 학생에게 당장 이를 기대하기는 쉽지 않다. 처음부터 내재적 동기에 의해 학습하는 학생들은 대체로 소수이고, 처음에는 외재적 동기에 의해 학습하다가 차츰 학습하는 재미와 즐거움을 맛보는 가운데 내재적 동기가 유발되는 경우가 보통이다. 다행히 학교에서 가르치는 교육의 소재들은 인류가 오랫동안 갈고 닦아 쌓아 올린 문화유산 중에서 최고의 결정체라고 생각되는 것을 선정해 놓은 것으로서, 지속적으로 학습활동을 하다가 보면, 대체로 내재적 동기가 유발되게 되어 있다.

이러한 내재적 동기 유발과 관련하여 브루너(Bruner, 1966)는 일찍이 하나의 제안을 한 바 있다. 그에 의하면 학습과제가 최적의 불확실성(optimal uncertainty)을 가져야 한다는 것이다. 쉽게 말하면, 학습과제가 학습자의 현재의 지적 수준에 비해 약간 어려운 것으로서 알 듯 말 듯해야 한다는 것이다. 그래야 학습자의 지적 흥미나 호기심을 유발할 수 있어 학습활동에 지속적으로 임하게 되기 때문이다.

2) 성취동기

머레이의 제자 중 맥클랜드(McClelland, 1965)는 성취동기(achievement motive)에 특히 관심을 집중하였다. 그에 의하면 성취동기란 기대수준이 탁월성(excellence)에 있는 동기를 말한다. 여기서 탁월성이란 높이 평가 받을 수 있는 업무수행의 정도를 말한다. 다시 말해서, 성취동기란 탁월한 업적을 남기려고 하는 욕구라고 할 수 있다. 따라서 성취동기를 성취욕구(need for achievement: nAch)라고도 한다.

그런데 이러한 성취동기를 측정할 때는 흔히 심리검사에서 사용되는 일반적인 지필검사와는 다른 주제통각검사(Thematic Apperception Test: TAT)를 이용한다. 이는 프로이트(S. Freud)의 자유연상(free association)에서 시사 받은 바 크다. 이는 [그림 8-1]과 같은 애매한 그림이나 사진을 약 20초 정도 보여 주고, 다음 요령에 따라 이야기를 만들어 작문을 하도록 한다.

• 무슨 일이 일어나고 있는가? 등장인물은 어떤 사람(들)인가?

[그림 8-1] **TAT용 그림**

출처: 이우경, 이원혜(2012).

- 과거에 무슨 일이 있어서 사태가 이렇게 되었는가?
- 등장인물(들)은 무엇을 생각하며 원하고 있는가?
- 장차 어떤 행동을 해서 무슨 일이 일어날 것 같은가?

이러한 검사에 의해서 성취동기를 측정하면, 성취적 사고를 하는 사람은 대체로 다음과 같은 특징이 있다. 첫째, 자기가 하는 일 그 자체를 좋아한다. 둘째, 타인과의 경쟁에서 이기려는 욕구가 강하다. 셋째, 자신이 설정한 탁월한 목표수준과 경쟁해서 현재의 자신보다 월등한 인물로 발전하려는 욕구가 강하다. 넷째, 비범한 과업에 가담하여 독특한 업적을 달성하여 명성을 떨치려는 욕구가 강하다. 다섯째, 장기적인 목표를 세우고 이를 달성하기 위해 온갖 노력과 지략을 투자한다(정범모, 1974).

원래 성취동기에 대한 연구는 교육 밖의 경제 분야에서 먼저 연구되었다. 경제가 발전된 서구 국가들은 제3세계의 여러 나라에 비해 국민들의 성취동기가 대체로 높다. 그 원인의 하나는 각국의 교과서를 분석해 보면 알 수 있다. 서구 국가들의 교과서들이 훨씬 더 성취지향적인 내용을 담고, 학교에서 이를 학생들에게 가르치기 때문이다. 이에 비해 제3세계 국가들의 교과서는 대부분 그렇지 않다.

그 후 학교 자체가 성취지향적인 사회이므로 학교에서도 성취동기에 관심을 가졌다. 같은 능력을 가진 두 학생이 있는 경우, 성취동기가 더 높은 학생의 학업성취가 더 높다는 실증적 연구들이 많이 있다. 그래서 성취동기를 육성하기 위한 프로그램들도 개발되었다.

2 태도

일반적으로 신념(belief)이란 어떤 사람이 다른 사람, 대상, 아이디어에 대해서 갖고 있는 사실적 · 비사실적 정보를 말한다. 예를 들면, 내가 '그 사람이 성실하다.'고 믿는다면, 이는 곧 그 사람에 대한 나의 신념을 나타낸다. 따라서 신념은 어떤 사람이 실제로 성실한지 성실하지 않은지는 모르고, 자기가 가지고 있는 정보의 한계 내에서 갖는 믿음이다.

이에 비해 태도(attitude)는 어떤 사람, 대상, 아이디어에 대한 일반적이고 지속적인 평가적 지각이다. 따라서 태도는 어떤 것에 대해 좋아하거나 싫어하는 호오(好惡, like-dislike)의 감정이나 어떤 의견에 대해 찬성하거나 반대하는 감정 상태를 말한다. 예를 들면, "나는 학교 가기를 좋아한다." 또는 "나는 한국군의 이라크 파병을 반대한다."는 어떤 사람의 태도를 나타내는 진술이다.

태도를 나타내는 영어 단어 attitude의 어원은 라틴어 apto(적성, aptitude 또는 fitness)와 acto(신체적 자세)인데, 이는 모두 산스크리트어로 '행동' 또는 '하다'라는 의미를 가진 ag에서 온 것이다. 원래 18세기에 태도는 신체적 방향 또는 자세를 의미했다. 그런데 19세기 중엽 스펜서(H. Spencer)와 베인(H. Bain)은 태도를 행동 준비를 위한 내적 상태의 의미로 사용했다.

한편, 골턴은 서로 간의 신체적 방향에 따라 대인 간 태도의 측정 가능성을 주장했다. 그리고 20세기 초 서스톤이 태도의 결정요인에 대해 경험적 연구를 통한 측정 가능성을 주장했다. 그는 자신의 물리심리학(psychophysics)에 기반을 두고, 태도를 신체적 방향보다는 어떤 자극에 대한 순수한 정의적 지각, 즉 감정으로 파악했다. 또한 그는 단일 차원의 연속선상에 최대의 긍정부터 최대의 부정까지 일련의 진술문을 배열함으로써 태도를 잴 수 있는 자기보고식 척도를 개발했다 (Cacioppo, Petty, & Crites, 1994).

1) 학업 태도

학교 상황에서는 여러 가지 태도 중에서 학업 태도(academic attitude)가 가장 중요하다고 할 수 있다. 이는 학교에서 공부를 하고 성취를 하는 것에 대해 좋아하는지 싫어하는지, 또는 긍정적 감정을 가지고 있는지 부정적 감정을 가지고 있는지를 말한다. 학업 태도와 관련된 것에는 학습, 교과, 교사 그리고 학교에 대한 태도가 있다.

먼저, 학습 태도(learning attitude)란 학교에서 공부하는 것 자체를 좋아하는지 싫어하는지에 관계된다. 그리고 교과 태도(subject matter attitude)는 특정 교과 내지 교과 일반을 좋아하는지 싫어하는지와 관계가 있다. 교사 태도(teacher attitude)란 특정 교사 내지 교사 일반에 대한 호감 또는 비호감의 정서를 갖는 것을 말한다. 마지막으로, 학교 태도(school attitude)란 이러한 태도들이 일반화되어 전반적으로 학교 가기를 좋아하는지 싫어하는지와 관계된다.

학업 태도가 긍정적인 학생들은 전반적으로 학습활동이 적극적이다. 따라서 학업성취 정도도 높다. 이에 비해 학업 태도가 부정적인 학생들은 일반적으로 학습활동이 매우 소극적이다. 그 결과 학업성취가 낮고, 어떤 변화를 유도하는 조처가 취해지지 않는 한 이러한 악순환은 계속되기 쉽다.

2) 태도 형성

태도란 '자유 발언은 좋다.'나 '전체주의 정치 체제는 나쁘다.'와 같이 어떤 대상에 대한 평가다. 그런데 태도는 일단 형성되면, 사회적 환경을 해석할 때 경험에 의거하는 법칙(rule of thumb)으로 작용하여 행동의 지침이 된다. 이러한 태도 형성(attitude formation)에는 문화, 세대 또는 동년배(cohort)의 영향, 사회적 역할, 법률, 대중매체, 소속 기관, 학교, 부모와 가족, 동료 및 참조 집단(reference group) 그리고 직접 경험 등이 영향을 준다(Douglass & Pratkanis, 1994).

3) 태도 변화

태도 변화(attitude change)는 어떤 사람, 대상, 문제에 대한 개인의 일반적이고 지속적인 호, 불호의 평가적 지각상의 변화를 말한다. 그런데 교육으로 인한 지식이나 기능의 변화, 타인의 감시나 제재에 의한 행동의 변화, 즉 순응(compliance), 생득적인 반사행동이나 고정된 행동양식, 나이에 따른 활력의 저하로 인한 불가역적 변화는 태도 변화가 아니다. 태도 변화는 강요에 의하지 않은 자기통제나 사회적 통제의 특수한 형태다.

역사적으로 물리적 힘에 의하지 않고 태도 변화에 의해 사회적 통제를 한 시기는 네 번뿐이었다. 먼저, 플라톤(Platon)과 아리스토텔레스(Aristoteles)가 설득을 중요시한 고대 아테네의 약 100년간, 키케로(Cicero)가 웅변과 설득에 대해 저술한 고대 로마의 약 100년간, 이탈리아 문예부흥기(Renaissance) 약 100년간, 그리고 현재의 대중매체 시대다. 현재의 대중매체 시대에 적절한 태도 변화 방법에는 다음과 같은 것들이 있다(Cacioppo, Petty, & Crites, 1994).

(1) 행동수정

태도 변화 방법으로서 우선 행동주의 심리학의 행동수정(behavior modification) 방법들인 조건화(conditioning)와 모델링(modeling)이 있다(이성진, 2006). 먼저, 조건화에는 고전적(classical) 조건화와 조작적(operant) 조건화가 있는데, 전자는 쾌·불쾌 상황과 관련하여, 그리고 후자는 긍정적·부정적 결과와 관련하여 호·불호의 태도가 형성된다고 설명한다. 그런데 이는 태도 변화보다는 태도 형성에 더 효과적인 방법이라고 할 수 있다. 그리고 모델링 이론은 남의 행동을 관찰하고 나서 주위에서 강화를 받으면 모방하는 것이므로 태도 형성의 간접적·대리적 측면을 설명한다(홍준표, 2009).

(2) 언어 학습

태도 변화는 제2차 세계대전 중 가장 활발했다. 연합군은 대중매체를 통해 군인을 선발하고, 세뇌시키며, 아군의 사기를 유지하고, 적군의 사기를 떨어뜨리는 데 이용했다. 특히 호블런드(J. Hovland)가 주축이 되어 '누가, 무엇을, 누구에게 말해, 어떤 효과가 있었는지'에 연구의 관심이 집중되었다.

이 접근방법에서는 태도 변화에 영향을 주는 메시지의 학습과 설득의 결정요인에 관심을 가졌다. 독립변인으로서는 정보원의 전문성과 신뢰성, 일방적 또는 쌍방적 메시지의 전달 방식, 메시지 수용자의 성별과 지능, 그리고 시각, 청각 또는 시청각 의사소통 방식의 효과에 관심을 가졌다. 그리고 종속변인으로서는 설득 메시지에 포함된 논지에 대한 주의, 이해, 파지(retention) 정도를 측정했다.

(3) 지각-판단

지각-판단은 태도 변화 시 개인의 과거 경험에 따라 판단에 영향을 받는다는 접근방법이다. 여기서는 동화(assimilation)와 대조(contrast)라는 두 가지 판단의 왜곡(judgmental distortion) 현상이 중요하다. 먼저, 동화는 핵심부(anchor)를 지향하는 판단의 변화이고, 대조는 핵심에서 이탈하는 판단의 변화다. 그런데 핵심부는 두드러진 상황적 자극에 대한 평균적·정의적 가치 또는 개인의 초기 태도가 되기도 한다.

(4) 인지적 일관성

인지적 일관성은 태도 변화란 개인이 인지적 요소, 즉 정보 단위 간 일관성 또는 평형을 유지하려 할 때 잘 일어난다는 접근방법이다. 일관성이 깨진 비평형(disequilibrium) 상태는 불유쾌한 감정을 유발하는데, 사람들은 이를 없애기 위해 요소들 간의 일관성을 회복하도록 동기화된다. 이를 설명하는 두 가지 주요 이론이 있다.

먼저, 하이더(F. Heider)의 균형(balance) 이론은 정보의 요소와 그들 간의 관계에 대한 개인의 견해를 강조한다. 균형은 모든 요소가 내적 일관성을 이루는 조용하고 조화로운 동기 상태다. 따라서 균형은 좋아하는 것에 동의하고 싫어하는 것에 동의하지 않는 상태다. 그리고 불균형은 좋아하는 것에 동의하지 않거나 싫은 것에 동의하는 경우다.

그리고 페스팅거(L. Festinger)의 인지 부조화(cognitive dissonance) 이론은 사람들은 자신의 생각과 다른 것을 접했을 때, 이를 원상태로 회복하려고 노력하고, 이때 태도 변화가 가장 잘 일어난다는 것이다. 따라서 신뢰성 낮은 정보원, 낮은 유인가, 많은 노력 또는 적절한 위협이 태도 변화를 잘 일으킨다는 것이다. 이는 외적 행동을 변화시킴으로써 내적 상태인 태도에 변화를 주려는 것이다.

(5) 귀인

귀인(attribution)은 행동의 원인에 대한 추론을 말한다. 행동의 원인에 대한 개인의 추론이 태도의 적절한 매개자가 될 수 있다. 이에 따르면, 첫째, 그럴듯한 원인이 많을수록 단일한 원인의 생명력이 약화된다는 감소(discounting) 원리가 작용한다. 둘째, 증폭(augmentation) 원리로서 기득권에 반하는 주장을 하는 정보원이 더 설득력 있는 것처럼, 예기치 않은 행동일수록 귀인이 더 잘 된다는 것이다.

(6) 확률론

태도 변화는 논리적 일관성과 쾌락적 일관성(hedonic consistency), 즉 개인적 희망사항의 함수라는 것이다. 먼저, 피쉬바인(M. Fishbein)과 에이젠(I. Ajzen)의 합리적 행위(reasoned action) 이론은 태도 저변의 신념, 태도의 합리적 근거, 태도와 행동의 일관성을 강조한다. 이에 따르면, 행동의 최대 예언자는 개인의 행동 의도(intention)인데, 이는 행동에 대한 태도와 주관적 규범의 함수다. 그런데 이는 투표와 같은 자발적 행동은 예언을 잘하나, 담배 끊기나 체중조절과 같은 비의도적 행동의 예언에는 잘 안 맞는다는 단점이 있다. 최근의 계획적 행동(planned behavior)

이론은 개인의 태도와 주관적 규범 외에 행동에 대한 개인의 지각된 통제력 정도를 포함시킨다. 그 외에 태도와 행동의 일관성에 대한 다른 이론들은 문제에 적절한 사고, 태도에 대한 기억 내 접근 용이성, 자기통제와 인지 필요성 정도, 행동의 의도성 등도 강조한다.

(7) 자기설득

자기설득(self-persuasion) 이론은 태도 변화란 외부에서 제공된 정보의 결과보다는 자신이 가진 사고, 아이디어, 주장의 결과라는 것이다. 사람은 설득적 의사소통의 기회를 만나면, 문제에 적절한 정보, 즉 메시지의 주장을 자신이 가진 사전지식과 관련지으려는 경향이 있다. 그래서 태도 변화의 성격과 정도는 문제에 적절한 사고의 쾌락적 균형이 결정한다는 것이다.

3 자아개념

1) 자아개념의 의미

자아를 나타내는 서양의 용어에 self와 ego 두 단어가 있다. 먼저, self는 의식적·무의식적으로 느끼는 전체적인 자신을 말한다. 이에 비해 ego는 의식적으로 느끼는 자신이다. 따라서 우리가 자아개념(self-concept)이라 할 때는 자기 자신에 대한 총체적 지각으로서 자신의 생각, 감정, 태도의 전체라고 할 수 있다. 여기에는 자신의 과거 경험, 현재의 사회적 상황, 미래에 대한 기대 등이 영향을 미쳐 일관성 있는 하나의 체계를 만들어 낸다.

2) 자아개념의 구조

자아개념에 대한 연구들을 보면, 자아개념이 [그림 8-2]와 같은 위계 구조를 이루고 있다고 본다(송인섭, 1998; Shavelson, Hubner, Stanton, 1976). 이 그림을 보면, 위계상 맨 위에 일반적 자아개념이 있고, 그 아래에 학업적 자아개념과 비학업적 자아개념이 있다. 이 비학업적 자아개념에는 신체적, 정서적, 사회적 자아개념이 포함된다. 그리고 위계의 맨 아래에는 구체적인 자아개념들이 있다. 먼저, 학업적 자아개념에는 국어, 수학, 과학, 사회 등과 같은 구체적 교과목의 능력에 대한 자아개념이 있다. 그리고 비학업적 자아개념 중 신체적 자아개념에는 신체적 능력과 외모에 대한 자아개념, 정서적 자아개념에는 희로애락의 구체적 정서에 대한 자아개념, 사회적 자아개념에는 자신의 동료, 부모, 교사 등 유의미한 타인들(significant others)과의 관계에 대한 자아개념이 있다.

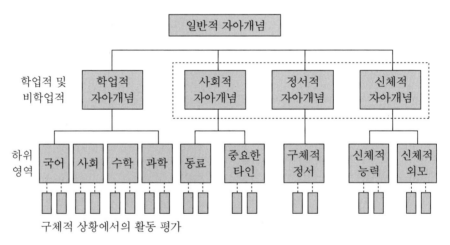

[그림 8-2] **자아개념의 위계 구조**

출처: Shavelson & Marsh (1993).

3) 자아개념과 학업성취

자아개념 중에서 학업성취와 가장 관계가 깊은 것이 학업적 자아개념이다. 이러한 학업적 자아개념을 능력 자아개념이라고도 한다. 왜냐하면 이는 각 교과의 능력과 밀접한 관련을 가지고 있기 때문이다.

그런데 학업적 자아개념은 한편으로는 학업성취의 결과 형성된 것이지만, 다른 한편으로는 후속하는 학습의 선행조건이 되기도 한다(Bloom, 1976). 학교에서 계속해서 높은 학업성취로 인해 성공적인 경험을 하는 학생의 학업적 자아개념은 계속해서 긍정적인 방향으로 발달한다. 이에 비해 계속해서 낮은 학업성취로 인해 실패 경험을 하는 학생의 학업적 자아개념은 부정적인 방향으로 발달한다. 그리고 학업적 자아개념이 긍정적인 학생들은 학습동기가 높아 학습활동을 더욱 적극적으로 하고, 또 이로 인해 높은 학업성취를 거두게 된다. 이에 비해 학업적 자아개념이 부정적인 학생들은 학습동기가 낮아 학습활동도 훨씬 더 소극적이고, 그 결과 낮은 학업성취를 거두게 된다.

그러면 구체적으로 학업적 자아개념과 학업성취 간에는 어느 정도 관계가 있는가? 핸스포드와 해티(Hansford & Hattie, 1982)는 20개의 연구에서 얻은 상관계수들을 기초로 메타 분석한 결과, 학업적 자아개념과 학업성취 간의 상관계수가 .42 정도라고 보고하였다. 이는 상당히 높은 정적 상관관계라고 할 수 있다. 또한 상관계수를 제곱하면 결정계수라는 통계치가 나오는데, 이는 학업성취의 약 17~18%($.42^2 = .1762$)가 학업적 자아개념에 의해 예언 또는 설명된다는 뜻이다.

4 흥미

흥미(interest)의 어원은 inter + esse로서 '사이에 있는 것'의 의미다. 이는 곧 거리가 있는 두 사물을 관련짓는 것을 뜻한다. 따라서 흥미란 활동 차원에서 이야기하자면, 초기의 미완성된 상태와 나중의 완성된 상태가 구분되어 있으며, 그 사이에 중간 단계가 있다는 것이다. 그래서 흥미란 활동들을 서로 떨어진 것으로 파악하는 것이 아니라, 끊임없이 발전되어 가는 사태의 한 부분으로서 서로 연결된 것으로 파악한다는 뜻이다(Dewey, 1996).

한편, 흥미는 활동의 핵심이 되는 대상, 그리고 그 활동을 실현하는 데 수단과 장애를 제공하는 대상에 마음이 사로잡혀 있다는 뜻이다. 그래서 어떤 사람이 어떤 것에 흥미가 있다고 할 때는 그 사람이 그 대상에 몰두한다든가 푹 빠져 있다는 그의 개인적 태도를 직접 강조한다. 이렇게 보면, 흥미란 개인적인 정서적 경향성으로서 어떤 대상에 자아가 몰입되어 있는 상태를 나타낸다.

교육적 측면에서 흥미의 중요성을 설파한 인물이 바로 듀이(1916)인데, 그는 학습이 진정한 학습자의 흥미에 의해서가 아니라 강요에 의해서 행해진다면, 그것이 비록 효율적이라 해도 비효과적이라고 했다. 다시 말해서, 교육적 상황에서는 학습자가 학습을 잘하고(효과적으로) 빨리 학습하기 위해서(효율적으로) 그들이 배워야 할 학습에 흥미를 가지고 있어야 한다. 그리고 타일러(Tyler, 1973)에 의하면 만일 학습자가 학습에 흥미를 가지고 있지 않으면, 교사에게는 어떤 형태의 강요가 필요하게 된다. 여기서 강요란 대체로 외재적 동기유발 방법을 의미한다. 그러나 이러한 강요된 외재적 방법은 그 효과가 장기적으로 볼 때는 의문시되는 경우가 매우 많다.

흥미는 학습자료가 학생의 활동을 불러일으키고, 그것을 일관성 있게 그리고 지속적으로 수행하도록 하는 기능이 있다. 그러므로 흥미는 학습에서 대단히 중요한 정의적 특성이라는 사실을 알 수 있다. 특히 흥미는 구체적 교과목을 학습하는 데 있어서는 목적을 위한 중요한 수단이 된다. 물론 교과목의 학습에 있어서 그 목적은 인지적 수업목표를 효과적·효율적으로 학습해 내는 것이다. 따라서 학생이 어떤 교과목이나 학습자료에 흥미가 있어야 그것의 학업성취가 높아진다고 할 수 있다.

흥미에 대한 교육심리학적 접근에서 보면, 흥미는 사람으로 하여금 주의집중 또는 획득을 위해 어떤 특정한 대상, 활동, 이해, 기술 또는 목표를 추구하도록 자극하는 경험을 통하여 조직된 기질이다(Getzels, 1966). 흥미의 중요한 특징의 하나는 바로 그 강도인데, 흥미는 비교적 높은 강도를 가진 정의적 특성이다. 또한 흥미는 어떤 대상을 추구하도록 만들기 때문에 행동지향적이다. 그리고 흥미는 무흥미부터 높은 흥미까지의 범위를 지니고 있다. 또한 흥미는 학습된 것이며, 학습을 통하여 조직된다.

그런데 흥미에 대한 초기의 과학적 연구는 교육 분야보다는 군대나 산업계에서 먼저 시작되었다(Alkin, 1992). 이때의 흥미란 개인의 정서적 경향성보다는 능동적 발달의 전반적 상태, 즉 사람이 종사하는 일, 직업, 전문적 활동 등을 말한다. 예를 들면, 그 사람의 흥미가 정치, 언론, 자선사업, 고고학, 한국화, 은행업이라고 말하는 경우다.

일찍이 미군에서는 신병들을 군무에 배치시킬 때 해당 업무에 대한 능력 외에 그 업무에 대한 태도, 즉 직업적 흥미를 중시하였다. 그 후 산업계에서도 인력의 선발, 배치, 훈련에 있어 흥미의 중요성을 도입하였다. 그리고 나서 교육계에서도 이를 도입하기 시작했다. 예를 들면, 상담에서 자신에 대해 더 잘 알고 싶어 하는 내담자를 위해서, 그리고 개인의 교육, 훈련, 진로를 계획하기 위한 정보를 위해서 흥미를 측정하였다(Alkin, 1992).

흥미를 측정하는 검사는 대단히 많이 개발되었는데, 그중에서도 스트롱(Strong, 1966)의 직업흥미검사(the Strong Vocational Interest Blank)와 쿠더(Kuder, 1966)의 직업흥미검사(the Kuder Occupational Interest Survey)가 가장 유명하다. 전자는 1920년대에 맨 처음 개발되었는데, 그 후 여러 차례에 걸쳐 개정되었다. 이는 요인분석(factor analysis)이라는 통계적 방법을 이용하여 과학, 사회복지, 문학, 노동, 문서보존, 기업, 미학 요인을 찾아냈고, 따라서 이 분야의 흥미를 측정한다. 후자 또한 맨 처음에는 1930년대에 개발되었는데, 그 후 몇 차례 개정을 하였다. 이 또한 같은 방법을 이용하여 기계, 계산, 과학, 설득, 미술, 문학, 음악, 사회봉사 및 사무적 요인을 찾아냈고, 따라서 이러한 분야의 흥미를 측정한다.

그 후 홀랜드(Holland, 1973)는 직업 세계와 관련된 여섯 가지 흥미 유형을 발표하고, 이를 측정할 수 있는 검사를 개발하였다. 여섯 가지 흥미 유형이란 현실적, 탐색적, 예술적, 사회적, 기업적, 관습적 흥미다. 그런데 그는 이 여섯 가지 유형의 흥미를 찾는 데에서 더 나아가, 각각의 흥미 점수를 여러 가지 방식으로 조합하면 많은 개인과 직업의 특징을 파악할 수 있다고 제안하였다.

앞에서 보았듯이 흥미는 학생들의 학습에 있어서 아주 중요한 정의적 특성이다. 그런데 그동안 흥미는 주로 직업 세계와 관련하여 연구되었다. 그리고 학생들의 학습과 관련하여서는 거의 과학적으로 연구되지 않았다. 따라서 앞으로는 이와 관련된 연구가 더욱 필요하다고 하겠다.

5 기 대

1) 기 대

기대(expectation)란 사전 경험, 현재의 여건 또는 다른 정보 원천에 근거하여 미래의 결과를 예측하는 신념이다. 기대는 일반적으로 행동으로 이끄는 최종적 통로다. 따라서 사람들은 자신의 기대에 맞게 행동하는 경향이 있다. 그래서 사람들은 즐겁거나 이득이 된다고 기대하는 것에 접근하려 하고, 고통스럽거나 골치 아프다고 기대하는 것을 회피하려 한다.

일찍이 우리에게 기호형태설(sign-gestalt theory)로 알려진 인지학습이론가의 선구자인 톨먼(E. C. Tolman)은 사람들이 자신의 행동 결과에 대해 어떤 기대를 하거나 예견을 하고 학습한다고 하였다. 따라서 그는 기대가 행동의 중재자라고 가정하였다. 그리고 그는 이러한 기대도 사전 경험에 의해 결정된다고 하였다(Tryon, 1994).

로터(J. B. Rotter)는 톨먼의 기대이론을 사회적 행동에 적용하여 사회학습이론(social learning theory)을 정립하였다. 그의 사회학습이론은 소위 모방학습 또는 관찰학습으로 알려진 밴듀라(A. Bandura)의 사회학습이론과는 약간 다른데, 로터 이론의 핵심은 기대와 강화 가치다. 이에 따르면 어떤 학생이 열심히 공부하는 것은 그것이 가치 있는 강화를 가져온다는 기대에 의해 결정된다는 것이다. 그리고 그의 통제 소재(locus of control)의 개념도 이러한 기대이론의 연장이다. 통제 소재에는 내적 통제와 외적 통제가 있는데, 전자는 어떤 사태가 자신의 능력이나 노력과 같은 내적 요인에 의해 통제된다고 기대하는 데 반해, 후자는 운이나 타인의 행동과 같은 외적 요인에 의해 통제된다고 기대하는 것이다(Stipek, 1999).

밴듀라의 이론 또한 사회학습이론 또는 사회인지이론이라 하는데, 그 핵심은 인지작용이 행동에 영향을 미치는 환경의 영향을 중재한다는 것이고, 그 가운데 기대가 있다. 그에 의하면 타인, 즉 자신의 모델이 어떤 행동을 하고 주위로부터 강화받는 것을 관찰하고 나서 그 행동을 모방하는데, 이때 그 행동에 수반될 강화가 무엇인가에 대한 기대가 과거의 강화 경험보다 인간의 행동에는 더 중요하다는 것이다. 그리고 그는 대부분 사람들이 물질적 보상보다는 어떤 행동을 했을 때 얻을 수 있는 효능감(efficacy)을 더 가치 있게 여긴다고 보았다. 결국 인간의 모든 심리적 과정들은 개인적 효능감을 통해 행동에 영향을 준다는 것이다. 따라서 그의 자아효능감(self-efficacy)이론도 기대이론의 연장이라는 것을 알 수 있다(Bandura, 1977).

셀리그먼(Seligman, 1975)의 학습된 무력감(learned helplessness) 이론도 기대이론의 연장선상에서 볼 수 있다. 전기쇼크로부터 도망갈 방법이 전혀 없는 상태에 계속 놓인 개는 나중에는 그러한 무기력 상황에서 반응을 하지 않았으며, 심지어 전기쇼크를 피할 수 있는 상황으로 옮겨 놓아도 그것을 피하려는 어떤 시도도 하지 않게 되었다. 이는 전기쇼크를 피할 수 없다는 사전 경험의 결과, 상황의 통제 불가능성을 기대하기 때문이다. 이와 같이 실패를 통제할 수 없는 것으로 기대하는 것이 곧 학습된 무력감이다. 이는 또 학습동기의 저하, 학습 결손, 그리고 더 나아가 우울증으로까지 이어진다.

그런데 기대를 가장 체계적으로 자신의 이론에 도입한 사람은 성취동기 연구가 앳킨슨(Atkinson, 1964)이다. 그의 이론을 기대-가치이론이라 하는데, 이를 통해 그는 사람들이 성취과제에 접근할 것인지 혹은 회피할 것인지를 예측하고자 하였다. 그는 성취행동을 과제에 접근하려는 경향과 회피하려는 경향 간의 함수로 개념화하였다. 이러한 두 가지 상반되는 경향은 특정의 목표를 성취하려는 기대와 그것의 가치에 의해 강화되거나 약화된다.

먼저, 과제에 접근하려는 경향에 영향을 주는 요인으로는 성공동기(motive for success: Ms)가 있다. 이를 성취욕구 또는 성취동기라고도 하는데, 이는 성공을 위해서 노력하는 비교적 안정된 성질 또는 성취 상황에서 자부심을 경험할 능력이라고도 한다.

그리고 성취과제를 지향하는 데는 두 가지 변인이 더 관여한다. 하나는 지각된 성공 가능성(perceived probability of success: Ps)이고, 다른 하나는 성공 유인가(incentive value of success: Is) 또는 자부심에 대한 기대다. 어떤 과제를 수행할 때 성공할 것이라고 기대하는 사람이 그렇지 않은 사람보다 더 기꺼이 그 과제를 수행하려고 한다. 그리고 성공 가능성이 높은 쉬운 과제보다는 성공 가능성이 낮은 어려운 과제에서 성공했을 때 더 큰 자부심을 느낀다. 따라서 성공 가능성과 성공 유인가 간의 관계는 $Is=1-Ps$이다.

이렇게 보면, 과제에 접근하려는 경향(tendency to approach: Ta)은 무의식적이고 안정적인 성공동기와 의식적이고 상황적인 성공에 대한 기대 및 예상되는 자부심에 의해 결정된다. 따라서 성취활동에 접근하려는 경향을 공식으로 표현하면, $Ts=Ms \times Ps \times Is$라고 할 수 있다.

한편, 실패 회피 동기(motive to avoid failure: Maf)는 실패 상황에서 수치심을 감내할 능력으로서, 이는 사람들을 성취과제로부터 벗어나게 하는 무의식적이고 안정적인 요인이다. 일반적으로 실패 회피 동기는 학교와 같은 성취지향적인 곳에서는 시험 상황에서 유발되는 불안으로 정의되고, 이를 토대로 측정된다.

그리고 성취 노력을 억제시키는 데는 두 가지 상황 변인이 더 있다. 하나는 지각된 실패 가능성(perceived probability of failure: Pf)이고, 다른 하나는 실패 유인가(incentive value of failure: If) 또는 예상되는 수치심이다. 어떤 과제를 수행할 때 실패할 것이라고 기대하는 사람이 그렇지 않은 사람에 비해 그 과제를 더 회피하려고 할 것이다. 그리고 사람들은 성공 가능성이 낮은 어려운 과제보다 가능성이 높은 쉬운 과제를 실패했을 때 수치심을 더 크게 느낀다. 따라서 실패 가능성과 실패 유인가 간의 관계는 $If=1-Pf$이다.

이렇게 보면, 과제를 회피하려는 경향(tendency to avoid failure: Taf)은 무의식적이고 안정적인 실패에 대한 두려움과 의식적이고 상황적인 실패에 대한 기대 및 예상된 수치심에 의해 결정된다. 따라서 성취과제를 회피하려는 경향을 공식으로 나타내면, Taf=Maf×Pf×If라고 할 수 있다.

결국, 앳킨슨에 따르면 순수하게 성취활동을 하려는 결과적 경향성(the resultant tendency of achievement activity: Ta)은 과제에 접근하려는 경향의 강도(Ts)에서 과제를 회피하려는 경향의 강도(Taf)를 뺀 것이다. 따라서 과제에 접근하려는 경향이 더 강하면 과제를 수행할 것이고, 과제를 회피하려는 경향이 더 강하면 이를 회피할 것이다. 이를 공식으로 나타내면 다음과 같다.

$$Ta = Ts-Taf$$
$$Ta = (Ms \times Ps \times Is)-(Maf \times Pf \times If)$$

그런데 앳킨슨의 이론은 성공과 실패의 유인가는 과제의 중요성에 관계없이 성공 가능성에 의해서만 결정된다고 하는 단점이 있다. 또한 과제의 가치는 성공 가능성과 반비례의 관계에 있어 성공보다는 실패가 예상되는 과제가 더 가치 있다고 가정하는데, 사실 사람들은 자신이 더 잘할 수 있다고 믿는 과제에 더 가치를 부여한다(Stipek, 1999). 그럼에도 불구하고 그의 이론은 성취행동에 영향을 주는 요소로 기대와 정서를 포함시켜 이 분야의 이론 발전에 많은 공헌을 하였다.

2) 교사 기대

기대 중에서 학생의 학업성취에 영향을 주는 것으로 빼놓을 수 없는 것이 교사 기대(teacher expectation)다. 이는 교사가 어떤 학생에 대해 어떻다고 기대하거나 믿으면, 그 학생은 실제로 그렇지 않더라도 점점 교사의 기대에 맞추어 간다는 것이다. 학교에서 교사 기대의 효과는 자기충족적 예언 또는 자성예언(self-fulfilling prophecy)이라는 이름으로 연구되었고, 또 이에 대한 별칭도 많은데, 예를 들면 피그말리온 효과(Pygmalion effect), 로젠탈 효과(Rosenthal effect) 등이 그것이다.

피그말리온은 고대 그리스의 신화에 나오는 뛰어난 조각가였는데, 그는 아름다운 여인상을 조각하고 나서 갈라테아(Galatea)라 이름 짓고 그와 사랑에 빠졌다. 그러나 무생물인 조각상과 사랑한다는 고뇌에 빠져 조각상이 살아나도록 신에게 간절히 기도했다. 이를 가련하게 여긴 사랑의 여신 아프로디테[Aphrodite: 로마에서는 비너스(Venus) 신으로 불림]가 몰래 조각상에 생명을 불어넣어 주었다. 여기서 유래하여 우리가 무언가를 간절히 갈구하면, 실제로 그러한 일이 일어날 수 있다는 것이다(Fleming & Manning, 1994).

자성예언을 학문적으로 정립한 사람은 사회학자 머튼(R. Merton)이다. 그는 제2차 세계대전 후 인종적 고정관념(stereotype)을 연구하면서 자성예언을 개념화하였다. 그는 처음에는 잘못된 신념일지라도 이것이 새로운 행동을 일으켜 나중에는 원래 잘못된 신념이 현실화되는 현상에 이러한 개념을 적용하였다. 하나의 예를 들면, 20세기 초 미국의 흑인 노동자들은 노조의 원칙에 반대한다고 하여 노동조합의 지도자들에 의해 노조 가입이 배제되었다. 그러나 노조가 파업을 일으키면 실제로 이를 대체할 인력들은 흑인 노동자들이었다. 그래서 노조 지도자들은 더욱더 흑인 노동자들을 반노조주의자(anti-unionist)로 보게 되었다.

이와 관련된 문제가 명명 또는 낙인(labelling) 문제다. 이는 소수 집단의 구성원, 경제적 빈곤층, 신체적 또는 지적 장애아 등에게 어떤 고정관념을 가질 만한 별칭을 부여하는 것이다. 그러면 이는 지각적 여과기(perceptual filter)의 기능을 하고, 사람들은 이를 통해 그들에 관한 모든 정보를 처리하여 그들을 '○○'라고 낙인찍게 되는 것이다.

학교에서 교사의 자성예언의 효과를 최초로 연구한 대표적 인물은 로젠탈과 제이콥슨(Rosenthal & Jacobson, 1968)이었다. 그들은 초등학교 교사들에게 그들 학급의 일부 학생들은 당해 학년 동안 지적으로 대성할 것이라고 믿도록 말하였다. 그러나 사실은 그 학생들은 무작위로 선발된 학생들이었다. 그런데 학년말에 실시된 지능검사 결과, 대성할 것이라고 예언한 학생들의 지능지수가 실제로 더 높았다. 이는 교사들의 신념이 현실화된 것인데, 교사들이 높은 기대를 하는 학생들에게는 실제로 양적·질적으로 다른 교육방법을 썼기 때문이다.

이와 같이 학교에서 교사 기대 또는 자성예언은 대단히 일반적인 현상인데, 실제로 학교에서 이러한 현상이 어떻게 일어나는가? 연구 결과 여기에는 여러 요인이 작용하는 것으로 드러났다. 먼저, 교사들은 학생들의 과거 학업수행을 근거로 기대를 한다. 이는 교사가 가장 흔히 이용할 수 있는 정보다.

또한 교사는 고정관념과 같이 학업수행에 직접 관련이 없는 변인에 의해서도 학생들에 대한 기대에 영향을 받는 것으로 드러났다. 예를 들면, 교사들은 학생의 형제자매의 수행 정도, 그리고 학생의 신체적 매력도에 의해서도 영향을 받는 것으로 밝혀졌다. 즉, 학생의 다른 형제자매가 잘하거나 학생의 인물이 좋으면, 으레 잘할 것이라 기대했다. 그 외에도 '남학생이 여학생보다 수학에 더 재능이 있다.' '백인 학생들이 흑인 학생들보다 더 우수하다.' '고소득층 학생들이 저소득층 학생들에 비해 더 열심히 공부한다.'와 같은 고정관념들도 교사의 기대에 상당히 영향을 주는 것으로 밝혀졌다(Stipek, 1999).

3) 학생 기대

학교에서 학생은 자신의 학업성취에 대한 기대를 한다. 어떤 경우에는 다가오는 중간고사에서 어느 정도 점수를 받겠다는 것을 목표로 한다든가 또는 학기 말에 어느 정도의 학점을 받으려고 한다든가 하는 기대를 한다. 이처럼 학생이 달성하려고 세운 자신의 구체적 목표수준을 포부수준(Level of Aspiration: LOA)이라 한다.

이때 자신이 목표보다 더 많은 성취를 하면 성공했다고 생각하고, 목표에 덜 미치면 실패했다고 생각한다. 이 관계를 그림으로 나타내면 [그림 8-3]과 같다.

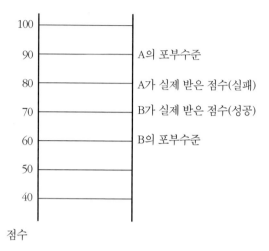

[그림 8-3] 포부수준에 따른 성공과 실패

출처: 이용남, 김은아(2013), p. 101.

6 귀 인

　귀인(attribution)이란 어떤 사람이 왜 어떤 방식으로 행동했는가에 대한 설명 또는 추론이다(Weary, Edwards, & Riley, 1994). 이러한 인과적 귀인에는 두 가지 큰 범주가 있다. 하나는 성향적(dispositional) 또는 내적 귀인인데, 이는 그 사람의 성격, 능력 또는 노력 등으로 귀인하는 것을 말한다. 그리고 다른 하나는 상황적(situational) 또는 외적 귀인인데, 이는 운 또는 재수, 타인의 행동, 과제 곤란도와 같이 어떤 행동이 일어난 사람에게 외적인 상황의 속성에 귀인하는 것을 일컫는다.

　이러한 귀인의 이론적 출발은 하이더의 상식심리학 또는 일상심리학(naive or folk psychology)이다. 이는 보통의 일반적인 사람들이 사태를 이해하는 방식에 관심을 갖는다. 예를 들면, '왜 그는 시험을 못 봤을까?' '어떻게 해서 그녀는 거기에 취직했을까?' '왜 엄마가 아이를 때릴까?' 등이다. 그는 이와 같이 사람들의 일상 언어와 경험 속에 표현된 덜 세련된 개념들이 인간관계를 이해하는 데 더 좋은 도구라고 생각했다. 그리고 나서 그는 사람들의 행동은 환경과 개인 변인의 상호 작용의 함수이고, 따라서 사람들은 자신들의 행동에 대해 환경, 즉 외적 요인 아니면 자신, 즉 내적 요인으로 귀인한다고 주장했다. 그리고 그는 개인 변인으로 노력과 능력을 거론하고, 환경 변인으로 과제 곤란도(task difficulty)를 들었다.

한편, 로터는 이러한 하이더의 아이디어를 더욱 발전시켜 통제 소재(locus of control) 이론을 정립하였다. 이는 사람이 자신의 행동이나 행동 결과에 대한 책임을 받아들이는 정도를 말한다. 사실, 귀인이론은 이러한 로터의 통제 소재를 더욱 정교화한 것이라고 할 수 있다.

로터에 의하면 통제 소재 또한 인간의 일반화된 신념으로서 중요한 정의적 특성이다. 그에 의하면 통제 소재에는 내적 소재와 외적 소재 두 가지가 있다. 내적 통제 소재는 어떤 사태나 결과가 자기 자신의 행동이나 개인적 특성, 예를 들면 노력이나 능력과 관련이 있다는 신념이다. 이에 비해 외적 통제 소재는 어떤 사태가 개인의 통제를 벗어난 요인, 예를 들면 운이나 과제 곤란도 등과 관련이 있다는 신념을 말한다.

로터의 통제 소재는 웨이너(Weiner, 1980)에 의해 더욱 정교화되었다. 그는 이를 성취행동과 관련시켜 인과적 귀인(causal attribution)이라 했는데, 이는 곧 성취 결과의 원인에 대한 지각을 뜻한다. 그리고 나서 그는 안정성(stability) 차원을 도입하여 〈표 8-1〉과 같이 정리하였다.

표 8-1 성취행동의 인과적 귀인

통제 소재 / 안정성	내적	외적
안정적	능력	과제 곤란도
불안정적	노력	운(재수)

출처: Weiner (1980).

그런데 웨이너는 차후에 안정성뿐 아니라 통제 가능성(controllability) 차원을 새로 도입하여 성취 결과의 내적 원인을 다시 구분하였다. 그리고 나서 이를 더욱 정교화하였다. 그 결과가 〈표 8-2〉와 같다.

표 8-2 인과적 귀인의 정교화

통제 소재 통제 가능성	내적		외적	
안정성	안정적	불안정적	안정적	불안정적
통제 불가능	능력	기분	과제 곤란노	운
통제 가능	전형적 노력	즉각적 노력	교사의 편견	일시적 도움

출처: Weiner (1980).

그런데 귀인에 대한 연구결과에 의하면, 학교에서 계속 실패하는 학생들은 이를 자신의 능력 부족으로 귀인하려 하고, 성공을 외적 요인으로 귀인하려는 경향이 강하다. 이는 학교에서 가장 경계해야 할 사항이다. 왜냐하면 실패를 능력으로 귀인하는 학생은 실패를 통제할 수 없는 것으로 간주하여 학습된 무력감에 빠지고, 그 결과 자포자기의 상태가 되기 때문이다. 또한 성공 집단의 경우에도 그것을 자신의 우수한 능력으로 귀인하는 학생은 자만에 빠지기 쉽다. 그러므로 학교에서는 학생들이 노력으로 귀인하도록 가르치는 것이 바람직하다 할 것이다(Gagné, Yekovich, & Yekovich, 2005). 그러나 실패했을 때 노력에 귀인하는 학생은 죄책감과 수치심을 경험할 수도 있으므로 노력 귀인의 부정적 측면에도 관심을 기울일 필요가 있다(Weiner, 1980).

7 불안

1) 불안

불안(anxiety)이란 지각된 위험이나 위협에 대한 우리 신체의 자연적 반응이다(Meadows & Barlow, 1994). 일찍이 프로이트는 불안이란 대상이 없는 막연한 위험이나 위협에 대한 느낌이라 하고, 두려움(fear)은 구체적 대상으로부터의 위험이나 위협에 대한 느낌이라고 말했다. 그래서 불안에는 단서가 없지만, 두려움에는 단서가 있다. 이에 비해 공포(phobia)란 이유가 없는데도 불구하고, 어떤 대상이나 상태에 대해 느끼는 강렬하고, 지속적이며, 비합리적이고, 과장된 두려움이다 (Riskland & Mercier, 1994).

그런데 학자에 따라서는(Spielberger, 1972) 불안을 일시적인 정서상태를 나타내는 상태 불안(state anxiety)과 만성적으로 안정적 성격 특성이 된 특성 불안(trait anxiety)으로 나누기도 한다. 예를 들면, 전자는 시험이 닥쳤을 때 일어났다가 시험이 끝나면 사라지는 것과 같고, 후자는 항상 시험에 대한 두려움에 사로잡혀 있는 것을 말한다.

불안은 적응과 부적응 기능을 모두 가지고 있다. 적절한 불안은 불안이 전혀 없는 경우보다 작업 능률을 올리기도 한다. 그리고 정상적인 정서상태로서의 불안은 현실적 위협이나 위험한 사태에 대해 적응적인 반응이 된다. 즉, 위험한 상황에서 불안은 사람들이 재빨리 효율적으로 이에 대응하게 해 준다. 예를 들면, 밤길을 홀로 거닐 때는 조그만 위험 상황에도 주의를 기울이도록 한다. 이러한 능력이 없었다면, 인류는 무수한 자연의 위험 속에서 지금까지 생존하기 어려웠을 것이다.

그러나 과도하게 자주 일어나는 만성적 특성 불안은 부적응적이다. 이는 사람에게 심한 스트레스를 주고, 항상 사람을 염려와 걱정에 사로잡히게 하며, 종종 신체적 증상으로도 나타난다. 이는 예측 불가능하여 사람이 항상 쉬지 않고 주의를 기울이도록 하고, 또한 통제 불가능하여 무력감이나 우울증에 빠지게 한다. 따라서 이는 오히려 작업 능률을 떨어뜨린다.

그러나 불안에 대한 이러한 이분법적 구분보다는 [그림 8-4]와 같은 불안의 연속선을 생각해 볼 수 있다. 이 그림에서 보면, 한쪽 끝은 불안이 전혀 없는 겁 없음 (fearlessness)의 상태이고, 다른 쪽 끝은 극도의 불안상태로서 불안장애(anxiety disorder)나 공포(phobia) 상태를 말한다. 불안이 거의 없는 겁 없음의 상태에 있는 사람들은 위험한 행동을 저지를 가능성이 크므로 문제이지만, 불안장애나 공포는

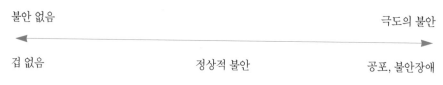

[그림 8-4] **불안의 연속선**

임상적으로 문제다. 후자에 대해서는 추후에 다루기로 한다. 그 외에 가운데 대부분의 경우는 정상적인 불안상태다. 따라서 사람은 어느 정도 불안을 안고 살아가는 존재다.

불안의 종류는 그 대상에 따라 아주 다양하다. 따라서 이를 분류하는 것도 쉽지 않은 일이다. 그런데 비교적 최근에 이를 분류하는 하나의 방법이 제시되었다. 이는 다음과 같은 다섯 개의 차원으로 구성되었다. 첫째, 사회적 상황과 관련된 불안이다. 둘째, 환경 및 장소와 관련된 불안이다. 셋째, 피, 상처, 병, 죽음과 관련된 불안이다. 넷째, 성적 · 공격적 장면과 관련된 불안이다. 다섯째, 작은 동물과 관련된 불안이다.

2) 불안장애

불안과 관련된 장애를 불안장애(anxiety disorders)라 하는데, 여기에는 여러 가지가 있다. 이에 대한 분류로는 미국 정신의학회에서 편찬한 『정신장애 진단통계편람(Diagnostic and Statistical Manual of Mental Disorders: DSM)』이 가장 유명하다. 이는 1952년에 처음 발간된 뒤로 여섯 차례 크고 작은 개정을 거듭했는데, 가장 최근에 출판된 것으로는 2013년에 출판된 『DSM-5』가 있다(American Psychiatric Association, 2013).

여기서는 불안장애의 초점을 공황발작(panic attack)과 광장 공포증(agoraphobia)에 두고 있다. 공황발작이란 비정기적인 강한 두려움이나 불쾌감이 〈표 8-3〉 중 적어도 네 가지 이상의 항목에서 갑작스럽게 나타나고, 몇 분 이내에 증상이 최고조에 달한다. 한편, 광장공포증은 다음의 증상을 가진다. 첫째, 대중교통수단(버

표 8-3	공황발작 증상

- 가슴, 심장 두근거림, 심장박동수 증가
- 떨림 또는 전율
- 질식감
- 메스꺼움 또는 복부 고통
- 어지럽거나, 불안정하거나, 머리 아프거나, 기절할 것 같은 느낌
- 자제력 상실 또는 미칠 것 같은 두려움
- 감각 이상증(마비감 또는 찌릿찌릿함)
- 땀 흘림
- 숨 가쁜 느낌, 숨 막히는 감각
- 흉부 통증 또는 불쾌감
- 현실감 상실(비현실감) 또는 이인화
- 죽음에 대한 두려움
- 오한 또는 얼굴이 화끈 달아오름

스, 기차, 비행기, 배 등)을 이용하거나 개방된 공간(공원, 대형마트, 다리 위 등)에 있거나 폐쇄된 공간(엘리베이터, 극장 등)에 있거나 줄을 서거나 군중 속에 있거나 집 밖에 혼자 있는 상황 중 두 가지 또는 그 이상에서 극심한 두려움이나 불안을 느낀다. 둘째, 공황발작 같은 증상, 정상적인 활동을 하지 못하게 만드는 증상, 당혹스러운 증상을 일으키는 상황을 피하기 어렵거나 도움을 받지 못할 것이라는 생각 때문에 이러한 상황을 두려워하거나 회피한다(American Psychiatric Association, 2013). DSM-5는 불안장애를 〈표 8-4〉와 같이 분류한다.

표 8-4	불안장애 분류표

- 분리불안장애(Separation Anxiety Disorder)
- 선택적 무언증(Selective Mutism)
- 특정공포증(Specific Phobia): 동물형, 자연환경형, 혈액주사상해형, 상황형
- 사회불안장애(Social Anxiety Disorder), 사회공포증(Social Phobia)
- 공황장애(Panic Disorder)
- 광장공포증(Agoraphobia)
- 범불안장애(Generalized Anxiety Disorder)
- 물질/의약품 유발 불안장애(Substance/Medication-Induced Anxiety Disorder)
- 기타 의학적 상태로 인한 불안장애(Anxiety Disorder Due to Another Medical Condition)
- 달리 명시된 불안장애(Other Specified Anxiety Disorder)
- 명시되지 않는 불안장애(Unspecified Anxiety Disorder)

3) 시험불안

여러 가지 불안 중에서도 학교에서 학업성취와 가장 관계가 깊은 불안은 시험불안(test anxiety)이다. 대체로 시험불안과 학업성취는 역(-) 상관을 이룬다. 즉, 시험불안이 낮을수록 학업성취가 높고, 시험불안이 높을수록 학업성취가 낮다는 것이다. 그러나 엄격히 말하면, 시험불안과 학업성취 간에 직선적 관계가 있는 것은 아니다. 이 두 변인 사이에는 [그림 8-5]의 여키스-닷슨(Yerkes-Dodson) 법칙과 같이 곡선적 관계가 있다.

이 그림은 원래 각성(arousal)과 수행(performance) 수준 간의 관계를 다룬 그림이다. 그런데 사람이 불안상태에 놓이면 생리심리학적 각성을 유발하므로, 이를 불안과 수행 간의 관계로 보아도 무방할 것이다. 그리고 학교에서는 대표적인 불안이 시험불안이고, 수행은 학업성취로 대체할 수 있으므로, 이를 시험불안과 학업성취와의 관계로 보아도 될 것이다.

이 그림에 의하면 학생에게 시험불안이 거의 없으면 학습동기가 너무 낮아 학업성취도 매우 낮을 것이다. 그리고 시험불안이 점점 증가하여 최적의 수준에 이를 때까지 학업성취도 증가한다. 그러나 그 이후는 시험불안이 높을수록 학습활

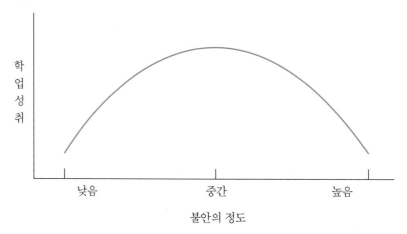

[그림 8-5] **여키스-닷슨 법칙 곡선**

출처: 이용남, 김은아(2013), p. 108.

동에 방해가 되어 학업성취도 점점 낮아진다.

그런데 학교에서 시험불안은 교과에 따라 다르다. 미국 학생들이 가장 불안을 느끼는 교과는 수학과 작문으로 나타났다(Stipek, 1999). 특히 수학에 대한 불안 또는 '수학 공포'는 일반적인 현상으로서 작문 불안보다도 더 높은 것으로 나타났다. 수학 불안은 초등학교 저학년 때는 낮으나, 고학년으로 올라갈수록 더 높아지고 있는 것으로 나타났다.

한편, 작문 불안 또한 학생들에게 상당히 심한 것으로 나타났다. 심지어 어떤 학생들은 어느 정도의 작문이 요구되는 과목이나 직업을 포기하기도 한다(Rose, 1985). 작문 불안이 높은 학생들은 그렇지 않은 학생들에 비해 도움과 격려보다는 비판을 더 많이 받으며, 이로 인해 성공에 대한 기대가 낮고, 또한 작문 수행 정도도 낮아진다. 그러나 이는 미국 학생들을 대상으로 연구한 결과이므로, 우리나라 학생들에게는 다른 결과가 나올 수 있다. 예상하건대, 우리나라 학생들의 경우는 수학과 영어에 대한 불안이 높게 나타날 가능성이 있지만, 이는 구체적 연구를 통해 추후 밝혀야 할 문제다.

그러면 시험불안은 어떻게 구성되어 있고, 또 어떻게 해서 학업성취에 부정적 영향을 주는가? 먼저, 시험불안은 인지적 요소와 정의적 요소로 구성되어 있다 (Sarason & Sarason, 1990; Spielberger & Vagg, 1995). 인지적 요소는 걱정과 고민 그리고 시험-무관 사고로 되어 있다. 걱정과 고민이란, 예를 들면 시험을 망치면 어떡하나 걱정을 하고, 시험 보는 동안 다른 학생들은 어떻게 보고 있는지 궁금한 것과 같은 것이다. 그리고 시험-무관 사고는, 예를 들면 시험 보는 동안 시험과 아무 관련 없는 생각이 떠오르는 것을 말한다. 정의적 요소는 불편감, 긴장과 신체적 반응을 말한다. 예를 들면, 시험 볼 때가 되면 마음이 편하지 않고 몸이 긴장이 되는 것을 말한다. 그리고 신체적 반응은, 예를 들면 시험이 시작되면 가슴이 울렁거리는 것과 같은 것이다.

한편, 토비아스(Tobias, 1986)에 의하면 시험불안이 학습 및 수행에 부정적 영향을 주는 것은 세 가지 수준에서 장애가 일어나기 때문이다. 첫째, 시험불안은 새로운 정보에 대한 주의집중 및 내적 표상인 사전 정보처리(pre-processing)를 방해한다. 둘째, 시험불안은 학습한 내용의 기억 및 문제해결 전략의 사용 등 정보처리를 방해한다. 셋째, 시험불안은 학습한 내용의 산출(output)을 방해한다. 따라서 시험불안이 높은 학생의 학업성취가 낮아질 수밖에 없는 것이다.

4) 불안의 극복

불안이란 부정적 경험으로서, 불안이 높으면 대체로 우리 일의 수행에 지장을 준다. 그러므로 이를 극복하는 것은 대단히 중요한 문제이고, 따라서 이를 위한 많은 방법도 개발되었다. 이에 대한 방법으로 이 책에서는 대체로 다음과 같은 것들을 소개하고자 한다(Greenberger & Padesky, 1999).

(1) 인지적 재구성

불안은 위험을 덜 지각하고 위험에 대처할 수 있는 자신감을 고취시킴으로써 감소될 수 있다. 불안에 대한 인지적 재구성(cognitive reconstruction)은 위험에 대한 평가를 다시 하고, 가능한 여러 가지 대처 방법이 존재한다는 것을 자각하는 것이다. 이는 어떤 대상에 대한 두려움이 있는지를 발견하도록 돕고, 더 나아가 그에 대한 대안적 설명들을 찾아내어 이를 믿도록 유도한다(Meichenbaum & Biemiller, 1998).

(2) 긴장 이완 훈련

긴장 이완 훈련(stress-reduction training)은 신체적 긴장을 풀어 주고 정신적 이완을 가져오는 방법이다. 우리 몸은 신체적으로 이완되었을 때 정신적으로도 이완되고, 그 반대의 경우도 마찬가지다. 우리 몸은 신체적·정신적으로 동시에 불안하면서 또 이완될 수는 없다. 따라서 긴장 이완 훈련을 하면 불안을 감소시켜 준다. 여기에는 다음의 몇 가지 방법이 있다.

첫째, 점진적 근육 이완법이다. 이는 우리 몸의 주요 근육을 차례로 긴장시켰다 이완하는 기법이다. 머리에서 시작하여 발끝으로, 또는 그 반대로 발끝에서 시작하여 머리로 나아갈 수도 있다. 예를 들면, 이마, 눈, 턱, 어깨, 허리, 팔, 손, 배, 엉덩이, 허벅지, 장딴지, 발 순으로 5초 동안 긴장시키고 10 내지 15초 정도 이완시켜 나간다.

둘째, 호흡 조절법이다. 사람들은 불안하면 숨을 불규칙적으로 쉰다. 이는 우리 몸의 산소와 탄소의 균형이 깨지기 때문이다. 우리 몸이 탄소와 산소의 균형을 유지하는 데는 4분 정도의 시간이 걸린다고 알려져 있다. 따라서 적어도 약 4분 동안 하나, 둘, 셋, 넷을 서서히 세면서 숨을 들이쉬고, 그러고 나서 같은 방법으로 넷까지 세며 숨을 서서히 내쉬는 것을 반복한다. 호흡법의 하나로 복식 호흡법이 효과가 있는 것으로 널리 알려져 있다.

셋째, 상상법이다. 이는 마음에 드는 고요하고 편안한 장면을 시각적으로 상상하여 긴장을 푸는 방법이다. 이때 떠올리는 장면은 실제 장소가 될 수도 있고 상상의 장면이 될 수도 있다. 그리고 그 장면에 미각, 청각, 촉각까지 가미될 수 있다면 긴장을 푸는 데 더 도움이 된다. 예를 들면, 빽빽한 나무로 둘러싸인 오솔길을 산책하고 있다고 상상할 때, 숲 속에서 노래 부르는 새, 나뭇가지 사이로 비치는 햇살, 그윽한 소나무 향기, 숲의 푸르름, 피부에 닿는 싱그러운 산들바람은 긴장을 더욱더 완화시키고 편안함을 가져다줄 것이다. 그 외에 이와 관련하여 명상법도 효과가 크다고 알려져 있다.

넷째, 주의 분산법이다. 우리는 불안하면 신체적 감각과 사고에 더 주의를 기울이게 된다. 따라서 불안하게 만드는 생각과 신체적 감각으로부터 주의가 분산된다면, 불안이 감소될 수 있다. 호흡 조절법과 마찬가지로 이것도 4분 정도 지속적으로 다른 생각이나 활동에 몰두하여 우리의 불안이 흩어지는 것을 계속 경험해 보아야 한다.

(3) 회피의 극복

사람은 어려운 상황을 피하면 처음에는 불안이 감소한다. 그러나 장기적으로는 불안을 더욱 키우게 된다. 따라서 사람은 두려워하는 장소나 사람을 회피할 것이 아니라 그에 접근하여 대처하는 법을 배워야 한다. 그 요령은 다음과 같다.

먼저, 우리가 가장 두려워하는 사건, 장면, 사람을 맨 위에 놓고, 가장 덜 두려워하는 것을 맨 아래에 놓기까지 불안의 수준에 따라 위계 목록을 작성한다. 다음, 긴장 이완 훈련을 통해 몸과 마음을 이완시킨다. 그리고 나서 긴장이 이완된 상태에서 목록의 가장 아래에 있는 상황에서 시작해서 성공하면 점진적으로 그 위의 상황을 시도해 본다. 이렇게 하면 나중에는 가장 두려워하는 상황도 극복할 수 있다. 이러한 방법을 체계적 둔감화(systematic desensitization)라고 한다.

(4) 약

불안을 감소시키는 데는 종종 진정제가 사용된다. 진정제는 기분을 좋게 하고, 이완되게 하며, 편안한 느낌을 준다. 그러나 진정제는 오랜 기간 사용하면 중독이 되기 쉽고 내성이 생겨 점점 더 많은 진정제가 필요해진다. 또한 오랜 기간 사용하다 갑자기 약을 중단하면, 메스꺼움, 땀 흘림, 안절부절못함 등의 금단증상이 나타나기도 한다. 따라서 약을 사용할 때는 의사의 처방을 받도록 해야 한다.

탐 구 문 제

1. 학습에 영향을 주는 학습동기와 성취동기의 관계를 설명하시오.

2. 학습과 태도의 관계를 설명하시오.

3. 학습과 흥미의 관계를 설명하시오.

4. 학업성취와 자아개념의 관계를 설명하시오.

5. 교사 기대의 효과를 설명하시오.

6. 학업성취에 따른 귀인의 결과를 논하시오.

7. 시험불안의 극복 방안을 제안하시오.

Chapter

09 생활지도와 상담

협의의 교육심리학은 교수-학습 과정에 대한 이해와 연구에 국한되지만, 광의의 교육심리학은 교과지도뿐만 아니라 학생의 정신건강과 심리적 적응을 돕는 생활지도와 상담에 관한 실제와 연구를 포함한다. 최근에는 부적응 문제에 대한 사후개입과 사전예방뿐만 아니라 적응능력의 증진과 인성교육이 강조되면서 생활지도와 상담에 대한 관심이 더욱 증가하고 있다. 이 장에서는 생활지도와 상담에 대해 살펴본다.

1 생활지도의 개념

1) 생활지도의 정의

생활지도에 해당하는 영어 단어 '가이던스(guidance)'는 지도와 안내의 의미를 모두 담고 있다. 학생의 학업발달, 진로발달, 인성발달, 합리적 의사결정, 문제해결을 지도하고 안내하는 절차와 과정을 생활지도라고 정의한다. 학생을 대상으로 상담을 하고 심리평가를 실시하여 그 결과를 해석해 주거나 심리평가 결과를 활용하여 학생에게 중요한 정보와 조언을 제공하는 등 전문적 활동 영역과 내용이 생활지도에 포함되며, 예절교육이나 출결석지도 또는 복장지도도 생활지도에 해당된다. 생활지도를 통하여 교사는 학생의 경험을 이해하고 학생의 전인적 발달과 건강한 적응을 촉진할 수 있다(박성수, 1987).

생활지도와 유사한 활동 중에 상담(counseling)이 있다. 상담은 도움을 필요로 하는 사람(내담자)이 전문적 훈련을 받은 사람(상담자)과의 '관계'를 통해 문제를 예방하거나 해결하며 인간적 성장을 이루도록 돕는 과정이다(홍경자, 2002). 상담의 구체적 활동과 목표에 대해서는 이론마다 학자마다 다른 의견을 제시하고 있지만, 상담이란 '관계'를 기반으로 전문적 도움을 제공하는 과정이라는 데 대해서는 이견이 없다. 일상적인 인간관계에서도 신뢰가 중요하듯이, 상담자와 내담자가 맺는 관계는 상담의 핵심요소이고 상담의 효과를 결정짓는 데 중요하다. 상담에서 내담자와 상담자의 관계를 라포(rapport)라고 하는데, 상담자가 내담자를 인간으로서 믿어 주고 조력자로서 자신의 능력을 믿을 때 비로소 라포가 형성된다(노안영, 2005). 상담자가 내담자와 라포를 형성할 수 있어야 내담자가 상담 장면에서 안전함을 느끼면서 자신을 있는 그대로 깊이 있게 탐색하고 문제를 해결할 수 있게 된다.

2) 생활지도의 목적

생활지도의 목적은 계속적으로 확장되어 왔으며, 주로 두 가지 목표를 추구한다. 하나는 '문제의 해결'이고, 다른 하나는 '예방과 성장'이다. 전자의 목표는 이미 발생한 문제와 어려움을 교정하거나 치료하는 데 있고, 후자의 목표는 문제가 발생하기 이전에 문제의 발생을 방지하고 내담자의 능력을 더욱 성장시켜 적응력을 증진시키는 데 있다.

문제의 해결은 생활지도가 시작되었던 초기에 주력했던 목표다. 예를 들면, 미국에서는 파슨스(T. Parsons)의 진로지도 운동에 힘입어 진로준비와 진로결정을 지원하는 지시적 상담활동이 주류를 이루었다. 우리나라의 경우에도 생활지도가 도입되었던 초기에는 훈육 문제를 해결하기 위한 활동이 주를 이루었다. 요즘에도 문제의 해결은 생활지도에서 빠질 수 없는 주요 목표다. 최근 학교폭력, 비행, 부적응적 생활습관, 저조한 학습동기, 부정적 또래관계 등 해결해야 할 문제가 적지 않게 발생하고 있기 때문이다.

이와 같은 문제의 해결과 교정에 더하여 문제의 예방과 역량의 개발이 생활지도의 목표에 반드시 포함되어야 한다. 생활지도를 통해 학생이 자신의 흥미와 장단점, 적성, 포부를 이해하고 현실적인 판단과 선택을 하도록 조력하며, 긍정적인 자기개념을 형성하고 건전한 가치관을 확립하도록 도와야 하기 때문이다.

3) 생활지도의 원리

생활지도는 다음과 같은 원리에 근거한다(이성진, 1996; Shertzer & Stone, 1981).

첫째, 학생의 전인적 개인발달에 초점을 둔다. 인지적 능력뿐만 아니라 인성, 정서, 신체 등 여러 영역에서 건강한 발달을 이루도록 조력해야 한다.

둘째, 문제를 겪고 있는 학생, 문제를 겪을 위험에 처한 학생(고위험군), 정상적으로 적응하고 있는 학생 등 모든 학생을 대상으로 한다. 그러므로 발생한 문제에 대한 사후치료식 개입뿐만 아니라 문제의 발생을 예방하고 역량과 적응 수준을 높이는 방법을 총동원한다.

셋째, 학생의 자율성과 책임을 강조한다. 학생의 문제를 대신 해결해 주는 것이 생활지도의 궁극적인 목적이 아니기 때문이다. 생활지도를 통해 학생의 문제를 해결할 뿐만 아니라 향후 유사한 문제가 발생할 경우에 학생이 스스로 문제를 해결할 수 있는 능력을 길러 주어야 한다. 교사는 학생의 자기실현 경향성을 존중하고 학생의 자발적 참여를 격려하는 방법을 강구해야 한다.

넷째, 과학적이고 객관적이며 경험적인 증거에 의해 그 효과성이 입증된 방식으로 이루어져야 한다. 상식에 근거하거나 편의에 따라서 실시하는 생활지도는 시행착오를 거치거나 중대한 오류를 범할 위험이 있다. 생활지도에 쏟는 시간과 노력은 교과지도에 쏟는 시간과 노력만큼 귀중한 것이다. 생활지도에 배정된 시간, 노력, 예산이 궁극적으로 학생의 안녕과 성장에 도움이 되지 않는다면, 학교와 담당교사는 비윤리적 실무에 대한 책임을 면할 수 없다.

다섯째, 지속적이며 연속적인 교육활동의 핵심과정으로 실시되어야 한다. 생활지도는 학교교육이 시작되는 시점부터 연속적으로 지속되어야 한다. 문제가 발생하거나 문제의 발생이 사회적 이슈가 되는 특정 시기에만 생활지도를 하는 것은 바람직하지 못하다. 생활지도가 학생의 발달단계에 맞추어 연계성을 이루려면 학교 교육과정에 일관성 있게 통합되는 것이 바람직하다.

2 생활지도의 영역

1) 생활지도, 상담, 심리치료의 구분

개인 또는 집단의 문제를 해결하거나 예방하고 적응 수준을 향상시키는 데 목표를 두는 전문적 도움활동은 생활지도, 상담, 심리치료 등 다양하다. [그림 9-1]과 [그림 9-2]에서 볼 수 있듯이 세 가지 조력활동이 담당하는 영역 간에는 중첩된 부분도 있고 차이도 있다. 우선, 생활지도, 상담, 심리치료를 구분할 필요가 있다.

첫째, 각각의 활동이 누구를 '대상'으로 하는지에 따라 생활지도, 상담, 심리치료가 구분된다. 생활지도는 문제를 가지고 있든 없든 전교생을 대상으로 하고, 상담은 정상적으로 적응하는 학생뿐만 아니라 일상생활에 부적응하고 있거나 경미한 문제를 겪고 있는 학생을 대상으로 하며, 심리치료는 심각한 정신장애를 겪고 있는 사람을 대상으로 한다(이장호, 1986).

둘째, 활동이 이루어지는 '장소'를 기준으로 생활지도, 상담, 심리치료가 구분되기도 한다. 생활지도는 학교에서, 상담은 학교, 지역사회 상담실, 기업체 등 비임상장면에서, 심리치료는 병원과 같은 임상장면에서 이루어진다.

셋째, 어떤 '호소문제'를 다루는지에 따라서 생활지도, 상담, 심리치료가 구분된다(홍강의, 1993). [그림 9-2]처럼 생활지도는 학교규칙의 준수와 같은 학교생활 적응 문제, 학업 문제, 진로 문제를 주로 다룬다. 상담은 심리적 갈등이나 불안, 우울, 비행과 같은 문제를 다루거나 적응과제의 달성을 돕는다. 심리치료는 심각한 행동 문제, 불안장애, 우울장애, 성격장애를 주로 다룬다.

학교에서 심리치료가 시행되는 경우는 드물기 때문에 심리치료를 제외할지라도 생활지도와 상담의 구분은 여전히 어렵다. 이재창(2005)은 생활지도를 교육의 한 '영역'으로, 상담을 생활지도의 한 '방법'으로 보았다. 이와 달리 박성희 등(2006)은 상담이 단순히 생활지도의 한 방법에 그치지 않는다는 점을 지적하면서,

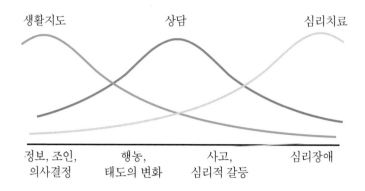

생활지도   상담   심리치료

정보, 조인,   행농,   사고,   심리장애
의사결정   태도의 변화   심리적 갈등

[그림 9-1] **생활지도, 상담, 심리치료의 영역**

출처: 이장호(1986), p. 8.

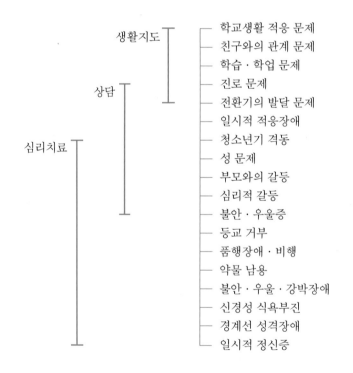

생활지도	— 학교생활 적응 문제
상담	— 친구와의 관계 문제
심리치료	— 학습 · 학업 문제

생활지도 — 학교생활 적응 문제
        — 친구와의 관계 문제
        — 학습 · 학업 문제
        — 진로 문제
        — 전환기의 발달 문제
상담 — 일시적 적응장애
        — 청소년기 격동
        — 성 문제
        — 부모와의 갈등
        — 심리적 갈등
심리치료 — 불안 · 우울증
        — 등교 거부
        — 품행장애 · 비행
        — 약물 남용
        — 불안 · 우울 · 강박장애
        — 신경성 식욕부진
        — 경계선 성격장애
        — 일시적 정신증

[그림 9-2] **호소문제에 따른 생활지도, 상담, 심리치료 활동의 비교**

출처: 홍강의(1993), p. 44.

학교에서 상담이란 전문적 상담활동을 의미하는 동시에 생활지도를 실천하는 교사가 준수해야 할 '기본 원리'를 포함한다고 주장하였다. 그러므로 수용, 공감, 경청, 무조건적 존중 등 상담의 기본 원리를 따르지 않는 일방적인 훈육이나 규칙의 강압적 부과를 생활지도로 보기는 어렵다(김계현 외, 2009).

2) 생활지도의 활동 영역

1900년대 초 미국에서 파슨스가 아동·청소년을 위한 직업지도를 한 것이 생활지도의 출발점이다. 그 이후에 생활지도의 활동 영역이 계속 확대되었고, 이제 생활지도는 진로지도에 그치지 않는다. 생활지도는 학생을 위한 교육활동의 중요한 요소이고, 생활지도의 영역은 내용, 조직, 활동에 따라 구분된다(권대훈, 2009; 신명희 외, 2014; Shertzer & Stone, 1981).

'내용'에 따라 생활지도의 영역은 교육지도(신입생, 전학생, 편입생, 귀국학생을 위한 오리엔테이션, 학습부진아의 선별평가와 보충수업 지원 등), 진로지도(진로적성의 평가, 진로 및 직업 관련 정보의 제공, 진학 및 직업선택의 지도 등), 인성지도(창의인성 개발 활동 지원 등), 사회성 지도(교우관계, 교사-학생관계의 평가와 지도 등), 여가지도(취미, 여가활동의 지도 등)로 구분된다.

생활지도의 '형태'는 개인 지도(학생 개인을 개별적으로 지도하는 형태)와 집단 지도(비슷한 문제를 겪고 있는 동질적 소집단, 배경이나 능력 또는 학업성취도가 상이한 이질적 소집단, 한 학급, 학년 전체, 전교생을 대상으로 지도하는 형태)로 나눈다.

생활지도의 '활동'으로는 학생조사 활동('학생이해 활동'이라고도 함), 정보제공 활동, 상담 활동, 배치 활동, 추수 활동, 자문 활동, 평가 활동이 있다. 각각의 활동은 다음과 같다.

(1) 학생조사 활동
학생조사 활동은 학생의 현재 적응상태, 심리적 및 신체적 건강, 학업성취도, 인지능력, 학습방법, 흥미, 적성, 교우관계, 진로에 대한 포부, 가정환경, 발달력

254

등에 관한 정보를 수집하여 학생을 이해하는 활동을 의미한다. 학생에 관한 정보를 수집하는 방법으로는 각종 심리검사(예: 표준화 학업성취도 검사, 지능검사, 성격검사, 대인관계문제검사, 행동문제 평정척도)의 실시, 행동관찰, 기록의 검토, 부모면담, 학생면담, 교사면담 등이 있다.

(2) 정보제공 활동

정보제공 활동은 학생조사 활동을 통해 수집된 정보를 학생, 학부모, 교사가 이해하고 활용하기 쉬운 형태로 정리하여 제공하는 활동을 말한다. 교사가 생활지도를 하면서 제공하는 주요 정보로는 교육정보(학교규칙, 교육부 규정, 학년별 교육과정, 상급학교 입학요건, 출결사항 등), 직업정보(직업의 종류, 취업에 필요한 훈련과 조건, 근무조건, 보수, 전망 등), 개인·사회적 정보(인성, 교우관계, 교사-학생관계, 정신건강, 청결과 위생, 여가활동, 가족관계 등)가 포함된다.

학생, 부모 또는 교사에게 제공된 정보는 정보제공에 그치지 않고, 학생을 위한 올바른 선택과 결정을 돕는 방향으로 사용된다. 그러므로 교사는 학생이 당면한 문제의 이해와 해결에 필수적인 정보를 제공하고 학생, 교직원, 학부모, 학교관리자 등 관련된 사람들에게 학생에 관한 정보의 수집과 올바른 사용이 학생을 이해하고 지도하는 데 매우 중요하고도 필요하다는 인식을 조성한다. 제공된 정보에 근거한 의사결정은 교사의 강요에 의해서가 아니라 학생과 학부모 그리고 책임 있는 교사와 전문가의 협의에 따른다.

(3) 상담 활동

학교에서 이루어지는 상담 활동은 내담자(호소문제를 가진 학생)와 상담자(상담에 관한 훈련을 받은 전문가, 전문상담교사) 사이의 신뢰관계를 통해 내담자가 겪고 있는 문제를 해결하고 내담자의 정신건강을 증진하며 사고, 정서, 행동의 성장을 돕는 학습과정이다. 상담 활동의 구체적 목표와 접근방법 및 과정은 내담자의 호소문제에 따라 결정된다. 그러나 내담자의 호소문제, 상담의 목표, 상담자의 이론적 배경이 무엇이든지 간에 상담자는 진솔한 태도를 유지해야 하고, 내담자를 존중하고 수용해야 하며, 내담자의 문제와 처지에 대해 공감적으로 이해해야 한다. 상담 활동에 대해서는 다음에 자세히 살펴보기로 한다.

(4) 배치 활동

배치(placement) 활동이란 학생의 능력이나 흥미에 맞게 적절한 교육 프로그램이나 활동, 집단, 다음 단계에 학생을 배치하는 활동을 말한다. 학생이 진학할 상급학교 계열, 학생이 선택할 교과목이나 체험활동, 학생상담이 포함된다. 예를 들면, 전교생을 대상으로 부적응 행동을 평가하는 검사를 실시했는데, 문제가 심각한 것으로 밝혀진 소수의 학생들을 전문상담교사에게 의뢰했다면, 이는 일종의 배치 활동이다. 또한 지능지수와 일상생활 적응능력이 현저하게 낮은 학생이 특수교육을 받아야 하는지를 알아보기 위해서 이 학생을 학교심리평가 팀에 의뢰했다면, 이것도 배치 활동에 해당된다. 심리평가의 결과에 근거하여 이 학생이 학습도움실에서 수업을 받게 하는 것도 배치 활동이다.

(5) 추수 활동

생활지도는 일회성으로 이루어져서는 안 된다. 일정한 기간 동안 생활지도를 받은 학생이 그 이후에도 적응상태를 잘 유지하고 있는지를 지속적으로 관찰하고, 필요하다면 추가적인 도움을 제공해야 한다. 이처럼 학생의 추후 적응상태를 관찰하고 추가적인 도움을 제공하는 활동을 추수(follow-up) 활동이라고 한다. 추수 활동을 통해 학생의 적응상태가 바람직한 수준에서 유지되도록 도울 수 있고, 학생에게 실시한 생활지도의 효과를 평가할 수도 있으며, 필요하다면 학교에서 실시하고 있는 생활지도의 방법에 대해 반성하고 개선하는 기회를 얻을 수도 있다.

(6) 자문 활동

학생의 문제를 더욱 효과적으로 예방하고 해결하며 학생의 적응을 증진시키기 위하여 교사, 학부모, 학교관리자, 기타 전문가가 협력하는 활동을 자문

(consultation)이라고 한다(Kampwirth & Powers, 2012). 자문은 학생에게 제공되는 대표적인 간접 서비스다. 자문은 교사(피자문인, consultee)가 전문가(자문인, consultant)에게 학생(내담자, client)의 문제를 가지고 자발적으로 도움을 요청함으로써 시작된다. 예를 들면, 심각한 우울을 겪고 있는 학습부진아를 이해하고 지도하기 위한 방법을 찾는 교사가 학교심리전문가나 전문상담교사에게 도움을 요청하면, 학교심리전문가나 전문상담교사는 학습부진아의 심리적 적응을 돕고 학습부진의 문제를 체계적으로 해결하는 데 필요한 지원을 교사에게 제공한다. 이렇게 자문을 받은 교사는 내담 학생을 만나 문제를 체계적으로 해결할 수 있도록 도울 뿐만 아니라 앞으로 이와 비슷한 문제를 가진 학생들을 돕는 역량을 기를 수 있고, 여타 학생들의 문제를 예방할 수도 있다.

(7) 평가 활동

평가 활동은 생활지도의 효과를 판단하는 일이다. 효과성이 입증된 생활지도 프로그램은 향후 다른 학생들에게도 효과적일 가능성이 높다. 주먹구구 또는 시행착오의 방식으로 실시한 프로그램이 효과적인 것으로 밝혀지면 다행으로 여기고, 효과가 없는 것으로 판단되면 다른 프로그램을 시험 삼아 시도해 보는 것은 비과학적일 뿐만 아니라 비윤리적이다. 효과성의 증거에 기반을 둔 개입방법(Evidence-Based Intervention: EBI)의 실행이 최근에 더욱 강조되고 있어서 생활지도의 효과성을 판단하기 위한 평가 활동 역시 중요시되고 있다.

3 상담의 윤리원칙

상담자는 어떤 경우에라도 내담자를 존중하고 내담자의 권익을 보호하는 윤리적 책임을 져야 한다. 내담자뿐만 아니라 상담자 자신을 보호하기 위해서도 상담자는 상담의 기본적인 윤리원칙을 준수해야 한다. 다음은 키치너(Kitchener, 1984)가 제안한 상담의 다섯 가지 윤리원칙이다(노안영, 2005).

- 자율성의 원칙: 타인의 권리를 해치지 않는 한 내담자가 자신의 행동을 스스로 선택할 권리를 보장한다.
- 무해성의 원칙: 상담자는 개인적 욕구를 충족시키기 위해 내담자를 희생시키거나 내담자에게 해가 되는 행동을 해서는 안 된다.
- 선행의 원칙: 상담자는 내담자에게 유익한 행동을 한다.
- 공정성의 원칙: 상담자는 성별, 성지향성, 인종, 지위 등에 관계없이 모든 내담자를 동등하게 대한다.
- 충실성의 원칙: 상담자는 내담자와 약속한 것을 잘 지키며 믿음을 주는 행동을 한다.

이러한 윤리적 책임을 다하기 위해 상담자가 할 수 있는 구체적인 방법은 다음과 같다(노안영, 2005).

첫째, 상담자는 전문성을 유지해야 하며 자신이 가진 전문성의 한계를 인식해야 한다. 이는 자신이 훈련받은 배경과 수준을 바탕으로 책임 있게 내담자를 도와야 한다는 말이다. 자신이 지닌 능력과 자격의 수준을 넘어서 부적절한 활동을 해서는 안 된다. 만일 의뢰받은 내담자의 호소문제가 상담자의 능력과 자격 이상을 요한다면, 상담자는 그 내담자를 적절한 전문가에게 기꺼이 의뢰해야 한다.

둘째, 상담자는 상담을 시작하기에 앞서 상담에 관련된 중요한 정보를 내담자에게 전달하고, 상담을 받을 것인지에 대한 자발적 사전동의(informed consent)를 내담자(내담자가 미성년자인 경우에는 보호자 또는 법적 대리인)로부터 받아야 한다. 상담과 관련된 정보는 상담의 목표, 기법, 과정, 규칙, 비용, 예상되는 효과, 한계, 상담자의 자격과 훈련, 상담회기 중 녹음이나 녹화에 관한 사항, 상담자를 선택할 권리, 상담을 거부할 권리 등에 관한 정보를 말한다. 또한 상담을 하는 과정 중에 심리평가를 실시할 필요가 생기면, 심리평가의 실시에 대해서도 사전동의를 받아야 한다.

셋째, 상담자는 특별한 경우를 제외하고 내담자의 비밀을 보장해야 한다. 비밀보장(confidentiality)은 상담자와 상담에 대한 내담자의 믿음 여부에 막대한 영향을 미치므로 반드시 지켜져야 한다. 비밀보장은 내담자나 보호자의 요청 또는 승인이 있는 경우를 제외하고는 타인에게 상담 내용을 공개하지 않는 것을 의미한다. 상담 내용이라 함은 상담과정 중에 알게 된 내담자의 문제, 신상정보, 상담 진행 관련 사항을 모두 포함한다.

상담 초기에 상담자는 내담자에게 비밀보장에 관한 규정을 알려 주고, 그와 더불어 비밀보장의 한계(예외사항)도 있음을 미리 알려 주어야 한다. 상담자가 비밀보상을 할 수 없는 예외사항은 내담지가 자신을 해치는 행동(예: 자살)을 할 가능성이 있는 경우, 내담자가 타인을 해치는 행동을 할 가능성이 있는 경우, 내담자가 학대(신체적, 성적, 심리적)를 받았다고 의심되는 경우, 내담자가 전염병을 앓고 있다고 의심되는 경우, 법적으로 정보의 공개가 요청되는 경우다.

넷째, 상담자는 객관적이고 전문적인 판단을 흐리게 하거나 내담자와의 상담관계에 영향을 줄 수 있는 이중관계 또는 다중관계를 피해야 한다. 이중관계 또는 다중관계란 상담자가 내담자와 상담관계 이외의 관계(예: 직장상사와 부하직원의 관계, 부모-자녀관계, 친인척관계, 연인관계, 채무관계)를 맺는 것을 말한다. 상담회기 이외의 장소와 시간에 내담자와 사적인 관계를 맺는 것도 부적절하며, 정해진 상담료 이외의 경제적 거래를 해서도 안 된다.

다섯째, 상담자는 상담관계 중에 있는 내담자와 어떤 종류의 성적 관계도 가져서는 안 된다. 상담자와 내담자의 성적 관계는 내담자에게 피해를 주는 행동이고, 상담자와 상담에 대해 불신하게 할 수 있다.

4 상담관계와 상담자의 태도

어떤 상담이론을 토대로 상담을 하는지 또는 어떤 상담기법을 사용하는지가 상담의 효과에 영향을 주는 것도 사실이지만, 이보다 더욱 중요한 것은 상담자와 내담자의 관계와 상담자의 태도다. 로저스(C. R. Rogers)의 인간주의 상담이론에서 제안된 상담관계에서 중요한 상담자의 기본 태도를 살펴본다.

1) 상담관계

내담자가 자신의 문제를 스스로 정리하고 효과적으로 해결할 수 있도록 돕는 상담의 핵심은 상담자와 내담자의 관계에 있다. 상담관계는 상담의 어떤 기법보다도 치료적 변화를 일으키는 데 중요하다(천성문 외, 2009). 내담자가 상담자를 믿고 자신의 어려움을 숨김없이 그대로 이야기할 수 있는 신뢰의 관계, 즉 라포를 형성하는 것은 상담의 성공 여부에 결정적이다.

이러한 상담관계는 일반적인 인간관계와 다른 특징을 가진다(Rogers, 1951). 첫째, 상담자는 내담자에 대해 따뜻한 마음을 가지고 내담자의 표현을 민감하게 알아차리고 반응해 준다. 둘째, 상담자는 내담자가 긍정적 감정뿐만 아니라 부정적 감정을 포함하여 그 어떤 감정이라도 자유롭게 표현할 수 있도록 허용한다. 셋째, 상담자는 내담자가 행동으로 표현하는 것에는 한계가 있음을 알려 준다. 특히 내담자가 분노의 감정을 공격적 행동으로 표현하거나 핵심적인 문제를 회피하려고 지엽적인 이야기를 장황하게 늘어놓으면서 시간을 끄는 데 대해서는 분명하게 한계를 두고, 문제의 원인과 해결방안을 검토하는 적극적 태도를 유지해야 한다. 넷째, 상담자는 내담자에게 강요하거나 충고하거나 일방적으로 조언하지 않는다.

2) 상담자의 태도

로저스가 상담자에게 필수적인 기본적 태도로 제안한 세 가지는 일치성(또는 진솔성), 무조건적 긍정적 존중, 공감적 이해다(노안영, 2005; 홍경자, 2002). 로저스가 제안한 것은 아니지만 후학들이 강조한 상담자의 네 번째 기본 태도는 구체성이다(홍경자, 2002).

(1) 일치성

일치성(congruence, 일관성) 또는 진솔성(genuineness)은 상담자가 상담관계에서, 즉 '지금-여기에서' 경험하는 자신의 모든 감정과 태도를 있는 그대로 진실하고 솔직하게 인정하고 개방적으로 직면하는 자세를 말한다. 상담자는 상담과정 중에 내담자의 말과 행동, 감정표현 등에 집중하느라 상담자 본인의 감정과 태도를 자각하기 어려운 경우가 있다. 그러나 유능한 상담자라면 자신의 말과 행동, 느낀 감정과 표현된 감정, 과거에 한 말과 현재 하는 말에 개방적으로 직면하고 그것들 간의 일치성을 유지해야 한다. 진솔한 상담자가 된다는 것은 완전하게 통합된 전체로서의 인간이 된다는 것을 의미한다.

진솔한 상담자는 자기노출을 한다(홍경자, 2002). 내담자에 대한 감정을 충동적으로 드러내는 것이 아니라 내담자의 복지를 최우선으로 하여 상담자가 자신의 생각과 감정을 내담자와 나누는 것이 자기노출이다. 이는 다시 자기관여반응과 자기공개반응으로 구분된다. 자기관여반응이란 상담 중에 내담자가 표현한 말과 행동에 대한 상담자의 개인적인 감정을 그 근거와 함께 내담자에게 직접 표현하는 것이다. 예를 들면, "네 이야기를 들으니 내 마음도 슬프구나."처럼 현재시제로 진술한다. 자기공개반응은 내담자의 경험을 듣고 상담자 자신이 과거에 겪었던 비슷한 경험을 언급하는 것을 말한다. 예를 들면, "나도 어렸을 때 너처럼 ~했던 적이 있었는데."와 같이 과거시제로 기술한다.

(2) 무조건적 긍정적 존중

무조건적 긍정적 존중(unconditional positive regard)은 가치의 조건화를 버리고 조건 없이 그리고 판단 없이 내담자의 존재, 특징, 사고, 행동을 있는 그대로 온전하게 수용하는 자세를 말한다. 내담자의 가치를 상담자가 동의해 주라는 의미가 아니라, 내담자를 가치 있는 인간으로 수용하라는 의미다.

어린 시절 주변의 의미 있는 타인(예: 부모, 교사)은 "네가 만일 ~하면, 내가 너에게 ~할게(If ~, then ~)."라고 하면서 우리를 사랑하거나 인정하기를 조건화한다. 그래서 우리는 우리 자신의 판단과 가치에 따라서 행동하기보다 타인의 판단과 가치에 따라서 행동하며, 이러한 과정은 자신을 왜곡하고 부정하게 만들어 성장을 방해한다. 이와 달리 상담자가 내담자 위에 서 있는 '전문가'로서가 아니라 내담자와 동등한 인간으로서 내담자를 믿는다면, 내담자는 긍정적 존중을 얻기 위해 형성했던 가치의 조건화를 벗어 내고 자신의 참모습을 발견할 것이다. 그래서 내담자는 자신이 어떤 생각을 하든지 어떤 행동을 하든지 상담자에게 배척당하거나 무시당하지 않을 것이라고 느끼게 된다. 무조건적 긍정적 존중은 내담자가 자신을 자각하고 수용하며 계속 성장하도록 돕는다.

(3) 공감적 이해

상담자는 내담자가 될 수는 없지만 마치 내담자인 것처럼(as if ~) 내담자의 관점과 세상을 바라보는 방식(내적 참조 틀)에 비추어 내담자가 경험하는 감정을 이해하고 반영해 줄 수는 있다. 이처럼 상담자가 내담자의 현상학적 세계(내담자가 주관적으로 경험하는 사적 세계)를 정확하게 이해하고, 언어적 및 비언어적 표현을 통해 상담자가 내담자를 이해하고 있음을 내담자에게 알려 주는 자세를 공감(empathy) 또는 공감적 이해(empathic understanding)라고 한다.

공감을 하는 상담자는 내담자와 함께 손을 잡고 여행을 하면서 내담자가 듣고 말하는 모든 것에 귀 기울이며 내담자가 안전함을 느낄 수 있게 해 준다(천성문 외, 2009). 내담자가 표현하는 감정을 함께 느끼면서 감정에 휘말리거나 상담자 본인의 기준과 입장(외적 참조 틀)에 근거하여 내담자에 대해 안됐다는 안쓰러움을 느끼는 동정심(sympathy)은 공감이 아니다. 공감적 이해는 '민감성'과 '소통'의 두 차원으로 이루어진다. 상담자가 내담자의 현상학적 세계에 들어가 내담자의 말과 행동 이면에 깔려 있는 중요한 감정, 태도, 생각을 포착하는 것과 상담자가 이해하고 느낀 바를 언어적 및 비언어적으로 내담자에게 알려 주는 것이 바로 공감을 실천하는 가장 기본적 방법이다.

(4) 구체성

구체성(concreteness)은 로저스가 제시한 것은 아니지만 후학들이 강조한 상담자의 기본 태도다(홍경자, 2002). 상담자가 내담자를 진솔하게 대하며 존중하고 공감할지라도 내담자의 중요한 정보에 대해 명료하게 이해하지 못하면 내담자의 문제나 감정을 오해하거나 혼란에 빠질 수 있다. 상담자는 내담자의 문제와 그가 처한 상황을 추상적 · 피상적으로만 언급하거나 이해해서는 안 되며, 구체적으로 알고자 하는 태도를 유지해야 한다.

원래 공감적 이해란 내담자에 대한 정확한 이해를 기본으로 하므로 공감적 이해를 제대로 하려면 우선 내담자의 사고나 감정, 그가 처한 처지를 구체적으로 이해해야 한다. 그러나 내담자를 구체적으로 이해하려고 지나치게 많은 질문을 던지거나 내담자와 논쟁을 벌이는 것은 부적절하다. 구체성은 궁극적으로 정확한 공감에 귀결되므로 공감 없이 논쟁적으로 질문을 던지는 것과는 다르다(노안영, 2005; 홍경자, 2002).

3) 상담관계 형성을 위한 기법

상담을 구조화하고 내담자의 표현을 촉진하면, 상담자와 내담자 사이에 믿음의 관계가 형성될 수 있다. 구조화란 상담의 규칙, 목표, 절차, 소요시간, 횟수, 비용, 상담자와 내담자의 역할 및 책임, 상담의 한계 등을 결정하여 상담과정의 바람직한 방향을 체계화하는 것을 말한다. 여기서는 내담자의 표현에 대해 상담자가 반응하여 내담자의 표현을 촉진시키는 기법을 중점적으로 살펴본다.

(1) 경청하기

내담자가 말과 행동을 통해 전달하려는 메시지에 상담자가 귀 기울여 잘 듣고 이해하려는 자세를 경청이라고 한다. 상담자가 아무런 말도 하지 않거나 내담자의 모든 말과 행동에 관심을 두는 것은 올바른 경청이 아니다. 내담자의 말을 방해하거나 평가하지 않으면서 중요한 부분에는 관심을 보이고 중요하지 않은 부분(예: 사소한 내용, 농담)에는 초점을 맞추지 않는 것이 경청의 올바른 자세다.

경청에는 소극적 경청과 적극적 경청이 있다. 상담자가 내담자와 시선을 맞추거나(eye contact), 말의 어조나 억양 또는 속도를 변화시켜 내담자에 대한 느낌을 전달하거나, 고개를 가볍게 끄덕이거나, 자연스럽고 이완된 몸자세를 취하거나, 내담자가 계속 이야기하도록 가볍게 격려하거나(예: "음~ 음~" "아~ 그렇군요"),

좀 더 적극적으로 경청하는 자세를 보여 줄 수 있다(예: "그것에 대해 더 말해 보세요.").

(2) 침묵 처리하기

상담과정 중에 침묵은 내담자 편에서나 상담자 편에서 모두 발생한다.

내담자가 침묵할 때 상담자는 조급하게 개입하지 말고 침묵의 유형에 따라 적절한 반응을 보여 주어야 한다. 내담자가 침묵하는 이유와 침묵을 통해 달성하려는 목적에 따라 침묵의 유형이 구분된다. 첫째, 내담자가 깊이 생각하기 위해 침묵하는 경우가 있다. 이때 상담자는 조급하게 침묵에 개입하지 말고 내담자와 함께 침묵하면서 내담자가 자신의 감정과 생각을 정리할 수 있도록 기다려 주는 것이 좋다. 둘째, 내담자가 상담이나 상담자에 대해 저항하기 위해 침묵하는 경우도 있다. 저항은 보통 자신의 문제를 드러내고 싶지 않거나 공개할 준비가 아직 덜 된 상태에서 발생한다. 이런 경우에 상담자가 지나치게 오래 내담자의 침묵을 허용하는 것은 바람직하지 못하다. 내담자가 어떤 문제에 대해 저항하고 있는지를 파악하고 잠시 다른 활동이나 주제로 우회한 다음에 내담자가 공개할 준비가 되었을 때 다시 그 문제에 대해 언급하는 것이 바람직하다(홍경자, 2002).

한편, 내담자가 말을 마친 후 일정한 시간이 흐른 뒤에도 상담자가 말을 하지 않는 것을 상담자의 침묵이라고 한다. 간혹 상담자는 내담자가 자신의 문제와 생각 및 감정을 깊이 있게 생각하고 느껴 볼 기회를 주기 위하여 침묵한다. 다른 한편으로는 상담자가 내담자의 말에 대해 신중하게 생각하고 있다는 인상을 내담자에게 주기 위해 침묵하기도 한다.

(3) 반영하기

내담자가 표현한 말이나 행동에 포함된 기본적인 '감정'을 상담자가 읽고, 그 감정과 동일한 의미를 다른 참신한 말로 내담자에게 되돌려 주는 것이 반영하기다. 초보적인 수준에서의 반영은 내담자의 말과 행동에 포함된 감정을 있는 그대로 되돌려 주지만, 좀 더 발전된 반영은 내담자의 말과 행동의 이면에 있는 감정을 읽어 내고 그 감정을 상담자의 말로 바꾸어 표현해 준다(홍경자, 2002). 반영하기의 핵심은 내담자의 말이나 행동에 담겨 있는 객관적 사실보다는 내담자가 주관적으로 느끼는 감정을 상담자가 알아차려서 명료화해 주는 데 있다. 공감적 이해가 상담자의 기본 자세라면, 반영은 이를 실천하는 기법이라고 할 수 있다.

(4) 바꾸어 말하기

내담자가 표현한 말의 '내용'을 상담자의 말로 바꾸어 표현하는 것을 바꾸어 말하기(환언하기, 재진술하기)라고 한다. 바꾸어 말하기는 내담자가 자신의 생각을 구체화하고 자신이 한 말의 내용에 집중하도록 하여 자신의 문제를 명료하게 파악하도록 도울 수 있다. 다른 한편으로, 바꾸어 말하기는 내담자의 말과 생각을 상담자가 정확하게 이해하고 있는지를 확인하는 수단이 된다. 보통 상담자는 내담자가 표현한 것보다 적은 수의 단어를 사용하고 좀 더 구체적이고 분명한 말로 표현해 준다. 또한 "그래요. 당신의 말을 들어 보니까 ~하겠다는 말씀이지요? 제가 정확히 이해하고 있는 건가요?"와 같은 요령으로 끝맺음을 하는 것이 적절하다(홍경자, 2002).

(5) 요약하기

내담자의 이야기를 간추려 정리해 주는 것을 요약하기라고 한다. 내담자가 말한 내용을 모두 빠짐없이 정리할 수는 없기 때문에 중요한 내용에 초점을 맞추어 요약해 준다. 요약을 할 때 상담자는 자신의 새로운 견해를 추가하거나 새로운 주제를 도입하지 않도록 유의해야 한다.

요약의 목적은, 첫째, 산발적으로 드러난 생각과 감정에서 초점을 찾고, 둘째, 특정 주제를 철저하게 탐색하도록 자극하며, 셋째, 다음 대화를 이끌어 가도록 준비시키고, 넷째, 특정 주제를 종결하는 데 있다. 요약하기는 내담자가 추상적인 표현을 써서 모호하거나 장황하게 이야기를 늘어놓을 때 또는 상담자가 내담자를 정확하게 이해하고 있는지를 점검받기를 원할 때 유용하다.

시기에 따라 요약하기의 요령이 다르다(홍경자, 2002). 상담회기 초에는 이전

회기에서 이야기했던 것을 요약해 주어서(예: "지난번에 우리는 ~에 대해 함께 이야기를 나누었지요?") 상담의 연속성을 확실하게 해 준다. 상담회기 중간에는 상담과정 중에 표현된 내담자의 이야기를 요약함으로써(예: "그런 일로 ~했다는 말씀이지요?") 대화의 초점을 맞추고 내담자에게 본질적인 문제를 찾으라는 요구를 전달할 수도 있다. 상담회기가 끝날 무렵에는 상담회기 중에 나눈 대화의 내용을 정리한다(예: "오늘 우리는 ~에 대해 이야기했습니다. 당신은 ~을 이야기했고, 우리가 함께 ~하기로 결정했습니다. 오늘 나눈 이야기를 제가 이렇게 정리하면 되겠습니까?"). 상담회기 말미에는 상담자가 요약할 수도 있고 내담자가 요약하도록 요청할 수도 있다.

(6) 질문하기

상담의 과정에서 상담자는 내담자에게 질문을 한다. 질문에는 개방형 질문(누가, 언제, 어떻게, 무엇을, 어디에서를 묻는 질문)과 폐쇄형 질문(그렇다, 아니다, 짧은 대답을 요구하는 질문)이 있다. 질문의 목적은, 첫째, 내담자의 자기탐색을 돕는 것이고, 둘째, 상담자가 알고 싶은 내담자에 관한 정보를 수집하는 것이다. 상담에서는 본래 내담자가 자발적으로 이야기하는 것이 바람직하므로 꼭 필요한 경우에 질문을 하고, 질문을 할 때는 개방형 질문을 사용하는 것이 바람직하다. 폐쇄형 질문에 대해 내담자는 자신이 실제로 느끼는 감정이나 생각을 말하기보다는 상담자의 질문이 유도한 대로 대답할 가능성이 있는 반면에, 개방형 질문은 내담자로 하여금 자신의 생각과 경험 그리고 감정에 대한 이야기를 계속 표현하게 한다.

질문을 할 때는 몇 가지 유의할 사항이 있다. 첫째, 상담을 질문-대답-질문-대답의 연속으로 진행하지 말아야 한다. 이렇게 하면 내담자는 상담이란 상담자의 질문에 대해 대답하는 것이라는 오해를 할 수 있다. 둘째, 너무 많은 질문을 하거나 두 가지 이상의 답을 한꺼번에 묻는 이중적인 질문은 내담자를 혼란에 빠뜨릴 수 있으므로 피한다. 셋째, '왜~?' 질문은 내담자를 취조하는 식으로 들리거나 공격을 받는다는 느낌을 갖게 하므로 내담자를 위축시키고 방어적 태도를 조성한다(노안영, 2005; 홍경자, 2002). 그러나 내담자가 위협을 느끼지 않는 주제에 대한 질문이거나 내담자의 감정보다는 사실에 관한 정보를 얻기 위한 질문이라면, 왜 질문을 할 수도 있다.

(7) 직면하기

내담자가 모르거나 인정하려 하지 않는 생각, 감정, 말, 행동을 지적하거나 내담자의 감정, 말, 행동의 불일치, 현실과 이상의 차이, 상담자의 해석과 내담자의 해석 간 차이를 지적하여 주목시키는 것을 직면하기라고 한다. 불일치는 내담자의 비언어적 행동(예: 얼굴은 웃고 있지만 몸은 긴장되어 있음), 언어적 행동(예: 불일치되는 두 가지 내용을 한꺼번에 이야기를 함), 언어적 행동과 비언어적 행동(예: 아버지를 존경한다고 말하면서 얼굴은 상기되어 있고 주먹에 힘이 들어가 있음)에서와 같이 여러 측면에서 나타난다. 특히 언어적 행동과 비언어적 행동이 불일치할 경우에 내담자의 진심은 주로 비언어적 행동에서 파악된다(홍경자, 2002).

(8) 해석하기

해석하기란 내담자의 말, 행동, 감정, 사고, 생활경험의 의미를 심리학적으로 설명하거나 내담자의 문제를 새로운 관점에서 이해하는 것이다. 내담자의 입장에서 준비가 안 된 상태에서 섣불리 해석을 하면, 내담자는 방어 또는 저항을 하거나 별 의미 없는 것으로 간주해 버릴 수 있다(홍경자, 2002). 그러므로 내담자가 새로운 관점이나 시각을 받아들일 준비가 되었을 때 해석을 해 주어야 내담자에게 도움이 된다.

또한 한꺼번에 모든 해석을 퍼붓기보다는 적당한 때 조금씩 나누어 해석하고, 때때로 내담자에게 먼저 해석을 해 보라고 권유함으로써 협력적인 방식으로 상담이 진행된다는 점을 경험하게 할 필요가 있다. 상담자가 해석을 한 경우에도 해석에 대한 내담자의 반응을 관찰하고 내담자의 생각이나 감정에 대해 더 알고 싶다는 표현을 해 주는 것이 바람직하다(예: "제가 말씀드린 것에 대해 어떻게 생각하시는지 궁금합니다.").

(9) 자기노출

호소문제와 관련된 내담자의 이야기를 들으면서 상담자 자신의 경험담을 들려주거나 느낌을 드러내는 것을 자기노출이라고 한다. 자기노출은 내담자로 하여금 상담자도 동등한 인간이라는 느낌을 갖게 한다. 이를 통해 내담자는 상담과정에서 방어를 풀고 자신에 대해 좀 더 개방적으로 표현하고 탐색할 수 있다. 단, 상담자는 진실한 자기노출을 해야 한다. 자기노출은 자기공개반응과 자기관여반응으로 나뉘는데, 상담자가 내담자의 경험과 비슷한 경험을 했음을 드러내는 자기공개반응이 있고, 내담자의 말과 행동에 대한 느낌을 드러내는 자기관여반응이 있다. 상담자가 내담자의 경험을 해 본 적이 없음에도 불구하고 내담자의 경험을 공유하고 있다고 알려 주고 싶어서 거짓을 말한다면 라포는 깨져 버린다. 또한 내담자가 받아들일 수 있는 수준보다 훨씬 더 깊은 수준에서 자기관여반응을 보일 경우에는 내담자를 당황하게 만들 수도 있다(홍경자, 2002).

(10) 정보제공과 조언

내담자가 자신의 문제를 이해하거나 해결하는 데 도움이 될 만한 사실, 자료 등 정보를 상담자가 내담자에게 제공하는 것을 정보제공이라고 한다. 또한 신속한 의사결정이 필요할 경우에는 상담자가 내담자에게 문제해결의 방안을 제안하는 등 조언을 한다. 정보제공과 조언이 필요한 경우에도 상담자는 조심스럽게 제안해야 한다. 호소문제와 관련된 내담자의 경험이나 감정과 생각을 무시한 채 상담자의 관점에서 선택한 정보와 조언을 내담자에게 일방적으로 제공하거나 정보와 조언의 수용을 강요해서는 안 된다. 제공된 정보를 수용할 것인지 아닌지, 그리고 사용할 것인지 아닌지에 대한 최종 결정은 내담자가 내린다.

5 상담이론

다양한 상담이론들 중에서 체계적인 이론과 구체적인 기법을 갖춘 상담이론을 중심으로 인간관, 주요 개념, 상담목표, 상담과정, 상담기법을 간략하게 설명한다. 여기서는 정신분석학, 개인심리학, 행동주의 상담이론, 인간중심 상담이론, 현실치료 이론, 인지치료 이론, 합리적 정서행동 상담이론에 대해 살펴본다.

1) 정신분석학

프로이트(S. Freud)로 대표되는 정신분석학은 본능적 추동이나 무의식적 동기가 인간의 행동을 결정한다는 심리결정론(psychic determinism)에 근거한다. 심리적 갈등이나 문제를 해결하기 위해 무의식에서 일어나는 세 가지 성격구조(원자아, 자아, 초자아) 간 갈등을 해석하여 내담자의 통찰을 돕는 데 주력한다.

(1) 인간관

인간은 본능의 만족과 쾌락을 추구하는 생물학적 존재, 살아가는 과정 중에 세 가지 자아인 원자아(id), 자아(ego), 초자아(superego)의 갈등을 겪는 존재, 비합리적·비이성적·비사회적 본능의 지배를 받는 존재로 간주된다. 프로이트가 활동하던 시절에 인간은 고매한 성격의 소유자로 여겨졌다는 점을 감안하면, 프로이트의 이러한 생각은 코페르니쿠스적 전환이라고 볼 수 있다(Crain, 2005).

(2) 주요 개념

정신분석학의 주요 개념들 중에서 일부는 제3장 '성격 및 사회성 발달'에서 이미 공부하였다. 여기서는 방어기제와 저항에 대하여 살펴본다.

프로이트는 인간의 성격이 원자아, 자아, 초자아로 구성되어 있다고 보았다. 불안은 무의식 안에서 원자아의 본능과 초자아의 제재가 마찰을 일으키고, 자아가 이를 조정하는 데 실패할 때 겪는 내면적 갈등에서 발생하는 매우 고통스러운 경험이다. 불안으로부터 자아를 보호하기 위해서 무의식적으로 작동하는 기능을 방어기제(defense mechanism)라고 한다. 인간은 다양한 방어기제를 사용하는데, 이들은 다음의 두 가지 공통점을 가진다. 첫째, 방어기제는 현실의 왜곡이나 부정이고, 그렇기 때문에 방어기제는 불안을 유발하는 문제를 직접 해결하지는 못한다. 둘째, 방어기제는 무의식적으로 작동된다. 주요 방어기제로는 부정, 억압, 동일시, 투사, 전위(치환), 반동 형성, 합리화, 주지화, 퇴행, 승화 등이 있다(노안영, 2005; Corey, 1996). 각 방어기제의 정의와 예를 들면 〈표 9-1〉과 같다.

다음으로, 내담자의 저항은 변화에 대한 두려움 때문에, 무의식적 욕망의 충족을 계속 유지하고 싶기 때문에, 무의식적 갈등을 직면하는 데 대한 두려움 때문에 발생한다. 저항하는 내담자는 자신의 문제에 대한 통찰을 하지 않으려 하고, 종종 행동화(acting out)를 통해 저항을 표현하기도 한다. 예를 들면, 상담 중에 말하기를 거부하거나, 상담에 지각이나 결석을 하거나, 상담자에게 분노나 무례한 행동을 표출한다. 내담자가 저항을 할 경우, 상담자는 저항의 의미를 파악하고 저항을 해결해야 한다(홍경자, 2002).

표 9-1 **방어기제의 정의와 예시**

방어기제	정의	예시
부정 (denial)	• 고통스럽거나 위협적인 상황이 없는 것처럼 부인하는 것	• 가족이 중병에 걸렸다는 소식을 들은 사람이 사실이 아니라고 부인하며, 오히려 평온하게 일상생활을 한다.
억압 (repression)	• 고통스러운 감정이나 경험을 무의식에 억누르는 것 • 망각의 한 형태	• 부모에게 원망과 증오를 심하게 느끼지만 표현할 수는 없음을 알고 있는 자녀가 마치 그런 감정을 느끼지 않는 것처럼 행동한다.
동일시 (identification)	• 상대와 비교해서 자신이 무능하다고 느끼는 사람이 상대의 바람직한 점을 자신에게 받아들여 자신과 유능한 사람과 같다고 여기는 것	• 부모가 자식의 성공을 자신의 성공으로 여긴다. • 전쟁포로가 생존하기 위하여 수용소 간수의 행동방식을 받아들여 마치 간수인 것처럼 행동한다.
투사 (projection)	• 상대에 대해 가지고 있는 감정이나 갈등을 상대에게 표현할 수 없는 경우, 상대가 나에게 그런 감정이나 갈등을 겪고 있다고 받아들이는 것	• 선생님에게 분노를 느끼는 고등학생이 선생님이 자주 화를 내서 공부에 집중할 수 없다고 불평한다.

전위 (displacement)	• 어떤 대상에 대한 욕구를 충족시키지 못하여 불편감을 느낄 때, 대상을 바꾸어 원래의 욕구를 만족시키는 것	• 상사에게 꾸중을 들었지만 상사에게 표현하고 싶은 불만을 부하직원에게 대신 표현한다.
반동 형성 (reaction formation)	• 자기가 실제로 가지고 있는 감정과 정반대되는 감정을 나타내는 것 • 자신의 본심과 다르게 과장된 행동을 하는 것	• 부모의 사랑을 빼앗아 간 어린 동생에 대한 증오심을 숨기기 위하여 동생을 더 예뻐한다.
합리화 (rationalization)	• 자신의 욕구를 만족시키지 못하는 대상에 대해 그럴듯한 이유를 둘러대는 것	• 키가 닿지 않아서 먹고 싶은 포도를 따 먹지 못하게 된 여우가 "저건 맛없는 신 포도니까 먹을 가치가 없어."라고 말한다.
주지화 (intellectuali- zation)	• 위협적인 문제에 대해 분석하고 지성적으로 문제를 다루는 척하여 그 문제에서 벗어나려는 것	• 가족이 중병에 걸려 수술을 받아야 하는 경우에 외과 의사가 그 병에 대해 학술적으로 설명하는 데 몰입하거나 국가의 의료정책에 대해 논한다.
퇴행 (regression)	• 심한 스트레스 상황에 처해 어린 시절의 유치한 행동이나 원시적인 방어 행동으로 돌아가는 것	• 동생이 태어나자 형이 야뇨증세를 보이기 시작한다. • 무력감을 견뎌 내지 못하는 사람이 의존적인 행동을 보인다.
승화 (sublimination)	• 원래의 욕구나 충동을 사회적으로 용납될 수 있는 방식으로 만족시키는 것	• 현실적으로 충족시킬 수 없는 성적 욕구를 창작활동으로, 공격적 충동을 스포츠 활동으로 표현한다.

(3) 상담목표

정신분석적 상담에서는 불안을 유발하는 억압된 충동을 자각하게 하여 자신의 문제에 대한 통찰을 얻는 것을 목표로 한다. 즉, 무의식에 억압된 욕망이나 충동이 의식으로 표출되지 못하도록 가해졌던 저항을 제거하여 내담자가 현재 겪고 있는 증상과 심리적 갈등의 근원이 억압된 무의식적 동기와 충동에 있다는 것을 이해하고 수용하게 한다(김덕영, 2009).

(4) 상담과정

정신분석적 상담은 시작, 전이발달, 훈습, 종결의 네 단계를 거쳐 진행된다(노안영, 2005).

① 시작 단계

정신분석적 상담은 장시간 동안 진행되며, 깊이 숨은 감정과 갈등을 표현하고 수용해야 하는 강렬한 과정이므로 시작 단계에서는 상담자와 내담자가 상담에 대한 계약을 맺고 작업동맹을 형성하는 데 주력한다. 이때 상담자는 내담자가 정신분석적 상담에 적합한 사람인가를 판단한다. 자신의 생각, 감정, 행동의 관계를 인식할 수 있고, 사람과 관계를 맺을 수 있으며, 행동하기보다는 반성적 숙고를 잘하는 사람이 정신분석적 상담에 적합하다.

② 전이발달 단계

내담자는 중요한 타인(예: 부모)에 대해 가졌던 소망이나 갈등을 무의식적으로 상담자에게 드러낸다. 내담자가 망각했던 기억과 억압된 무의식적 충동을 변형시켜서(변장된 형태로) 현실에서 반복하는 것을 전이(transference)라고 한다. 전이반응 속에는 내담자의 무의식적 갈등이 담겨 있으므로 상담이 효과적으로 진행되려면 내담자의 전이를 파악하고 해결해야 한다.

③ 훈습 단계

전이를 분석함으로써 현실과 환상, 과거와 현재를 구분하고 자신의 문제에 대한 깊이 있는 통찰을 한다. 훈습(working through)이란 문제에 대한 통찰을 방해하는 저항을 점진적으로 정교하게 탐색하고, 전이신경증(과거에 주요 대상과 맺었던 관계를 현실에서 반복하는 것)을 다루어 가는 과정을 말한다.

④ 종결 단계

상담자와 내담자가 전이가 해결되었음에 합의하고 상담을 종결한다.

(5) 상담기법

자유연상

프로이트는 최면술보다는 브로이어(J. Breuer)가 사용했던 담화치료(talking cure)에 매료되어 이를 자유연상(free association)으로 발전시켰다. 자유연상은 내담자로 하여금 자신의 마음에 떠오르는 모든 것을 검열이나 비판 없이 표현하게 하는 방법이다.

꿈의 해석

잠을 잘 때 자아의 힘이 약해지므로 억압된 소망과 본능이 꿈을 통해 표현된다. 그러나 잠을 잘 때도 자아의 검열기능이 미약하게나마 작동하므로 꿈은 덜 위협적인 형태로 왜곡된 내용을 표현한다. 내담자가 보고한 꿈의 내용을 상담자가 듣고, 꿈의 의미를 내담자가 깨닫도록 설명하는 것을 해석이라고 한다. 따라서 프로이트에게 꿈의 해석은 무의식에 이르는 왕도다.

정화

망각된 사건의 회상과 더불어 억압된 무의식적 충동과 감정이 방출되는 것을 정화 또는 카타르시스(catharsis)라고 한다. 프로이트는 감정이나 충동을 표현하는 그 자체의 치료적 가치보다는 어린 시절에 겪은 충격적 사건(또는 그 사건에 대한 기억)과 현재 겪고 있는 증상의 관계에 대한 통찰을 동반한 정화의 치료적 가치가 크다고 보았다(노안영, 2005).

해석

상담자가 심리학적 이론을 사용하여 내담자가 자유연상에서 보고한 내용, 꿈에 표현된 내용, 증상, 실수, 실언, 전이 등의 의미를 통찰하도록 돕는 것을 해석이라고 한다. 시의적절한 해석은 내담자가 자신의 문제를 통찰하는 데 매우 중요한 역할을 한다.

2) 개인심리학

개인심리학은 주창자인 아들러(A. Adler)의 병약했던 어린 시절의 인생경험을 바탕으로 만들어진 이론이다. 아들러는 프로이트의 영향을 받았다. 그러나 개인 심리학은 무의식보다는 주관적 지각과 삶의 목표를 중시하고, 과거의 경험에 의한 결정론적 입장에 반대하고 미래의 목적을 지향하는 목적론적 입장을 지지한다 (노안영, 2005).

(1) 인간관

아들러의 개인심리학에 의하면 개인(individual)은 사회 안에서 분리될 수 없고 (in+divisible), 성적 동기에 의해 동기화되기보다는 사회적 관심을 받기 위해 노력하며, 현재를 바탕으로 미래지향적인 삶의 목적을 추구하는 존재다. 즉, 인간은 전체적·사회적·현상학적·목적론적 존재로 간주된다. 인간은 누구나 불완전한 존재로서 열등감을 가지고 있지만 열등감은 우월성을 추구하여 개인의 삶을 완성하도록 동기화하는 긍정적인 요인으로 작용한다.

(2) 주요 개념

사회적 관심

사회적 관심이란 공감, 타인과의 동일시, 타인지향을 뜻한다. 아들러의 표현을 직접 빌리면, "사회적 관심은 다른 사람의 눈으로 보고, 다른 사람의 귀로 듣고, 다른 사람의 마음으로 느끼는 것이다."(Ansbacher & Ansbacher, 1964, p. 135) 예를 들면, 이기주의와 상반된 것으로서 우정, 이타심, 이웃사랑이 사회적 관심이다. 아들러 이론에서 사회적 관심은 개인의 정신건강을 가늠하는 중요한 기준이다.

생활양식

생활양식은 행동, 사고, 감정이 일관된 형태를 이루어 그 사람의 삶을 영위하는 근거가 되는 기본 전제와 가정을 말한다. 인간은 개인마다 독특한 열등감을 경험하는데, 그러한 열등감을 극복하기 위한 노력으로 나타나는 것이 바로 생활양식이다.

사회적 관심(타인에 대한 공감)과 활동 수준(개인이 '직업과 여가' '우정과 사회적 관심' '사랑과 결혼'이라는 세 가지 인생과제를 해결하는 데 보여 주는 에너지의 양)에 따라서 지배형(the ruling type), 기생형(the getting type), 회피형(the avoiding type), 사회적 유용형(the socially useful type)의 생활양식을 구분한다(노안영, 2005). 사회적 관심이 부족한 지배형, 기생형, 회피형과 달리, 사회적 유용형은 사회적 관심과 활동 수준이 모두 높은 바람직한 생활양식이다.

허구적 최종목적론

인간은 자신만의 독특한 생활양식을 구성하고 자신의 삶을 완성하기 위하여 자유의지를 가지고 선택을 하며 그에 대한 책임도 진다. 마치 가공의 소설을 쓰는 것처럼, 인간은 상상의 목표를 세우고 그것을 추구하는 미래지향적 삶을 영위하는데, 이를 허구적 최종목적론(fictional finalism)이라고 한다. 허구적 최종목적은 미래에 실제로 존재하는 것이라기보다는 현재의 행동에 영향을 주는 주관적인 이상으로서 '지금-여기'에 존재하는 것이다. 허구적 최종목적을 실현할 수 없을지라도 인간은 그것에 도달하려고 행동하기 때문에 과거의 경험보다 미래에 대한 꿈과 이상이 인간의 행동에 더 큰 영향을 미친다. 이러한 아들러의 이론은 과거 어린 시절에 충족되지 못한 욕망과 본능에 의해 현재의 행동이 결정된다고 보는 프로이트의 결정론적 입장과 대조를 이룬다.

열등감

인간은 개인마다 독특한 측면에서 열등감을 가지고 있다. 그래서 인간은 현재보다 더 나은 상태인 자기완성을 이루려고 노력한다. 즉, 열등감은 자기완성을 위한 필수요인이다. 그런데 열등감으로 인해 개인적 우월성의 추구에만 집착하여 건강하지 못한 생활양식을 갖게 되면 열등감 콤플렉스에 빠지게 된다. 열등감은 성인기 신경증을 유발하기도 한다. 열등감 콤플렉스의 세 가지 원인은, 첫째, 부모에게 물려받은 외모, 신체적 건강, 질병과 관련된 기관열등감, 둘째, 부모의 과잉보호, 셋째, 양육태만이다(노안영, 2005; Corey, 1996).

우월성 추구

우월성 추구는 자기완성 또는 자기실현을 위해 노력하는 모습을 말한다. 인간이 무엇을 추구하면서 사는가의 질문에 대해, 아들러는 1908년까지는 공격성, 1910년경에는 힘에 대한 의지, 그 이후에는 우월성 추구라고 말하였다. 개인심리학에서 말하는 우월성 추구란 타인을 지배하면서 우월한 모습을 과시하려는 자세가 아니라 사회적 관심을 가진 바람직한 생활양식을 바탕으로 한 것이다.

가족구도와 출생순위

가족구도(부모-자녀관계, 형제자매관계)와 출생순위는 성인이 되었을 때 세상과 상호작용하는 방식, 즉 생활양식을 형성하는 데 큰 영향을 미친다.

(3) 상담목표

아들러의 개인심리학에서는 내담자의 문제해결을 위해 사회적 관심, 상식, 용기를 갖게 하여 생활양식을 변화시키는 데 목표를 둔다. 즉, 내담자가 스스로를 격려하면서 살아가도록 돕는 데 있다.

(4) 상담과정

개인심리학 이론에 기초한 상담은 다음의 네 단계로 진행된다(노안영, 2005).

① 상담관계 형성의 단계: 상담자와 내담자는 협력적이고 우호적인 관계를 형성한다.

② 평가와 분석의 단계: 부적절할 생활양식의 형성에 영향을 준 요인들을 평가하고 분석한다. 구체적으로, 초기회상, 가족구도, 기본적 오류 등을 평가한

다. 기본적 오류란 개인의 사적 논리가 사회적 삶의 공통관심과 부합되지 않을 때 나타나는 왜곡된 결론을 말한다.

③ 해석과 통찰의 단계: 내담자의 부적응을 그의 생활과 관련지어 해석하고, 잘못된 인생목표와 파괴적 행동에 대한 자기이해와 통찰을 촉진시킨다.

④ 재정향의 단계: 내담자가 성취해야 할 목표를 재정립하고, 이전에 가졌던 비효과적인 신념과 건강하지 못한 행동에 대한 대안을 모색하도록 돕는다.

(5) 상담기법

아들러의 개인심리학적 상담은 언어를 많이 사용하여 진행되므로 어느 정도의 언어능력을 갖춘 내담자에게 적절한 상담이다(노안영, 2005).

격려

격려(encouragement)는 아들러의 개인심리학적 상담에서 사용하는 가장 중요한 기법으로, 내담자의 용기를 북돋는 것을 말한다. 열등감을 극복하고 기꺼이 위험을 무릅써서 새로운 생활양식을 형성하도록 격려한다.

즉시성

상담 중에 나타나는 내담자의 경험 표현을 즉시성이라고 한다. 상담 중에 내담자에게 나타난 경험은 일상생활에서 생긴 것을 반영한다는 사실을 내담자가 깨닫도록 도와야 한다.

마치 ~처럼 행동하기

성취해야 할 목표의 달성에 실패할까 봐 두려워서 새로운 행동을 시도하지 못하는 내담자에게 마치 새 옷을 입어 보듯이 새로운 역할을 시도해 보도록 제안하는 기법이다.

단추 누르기

내담자가 유쾌한 감정과 유쾌하지 않은 감정을 번갈아 가면서 느끼도록 하여 자신의 생각이 결정한 대로 원하는 감정을 경험할 수 있다는 사실을 가르치는 기법이다. 이를 통해 내담자는 자신이 행복하기로 결정했으므로 행복하고, 우울하기로 선택했으므로 우울함을 인식하게 된다. 상담자는 내담자가 단추를 누르듯이 자신의 감정 경험을 스스로 통제하고 선택할 수 있음을 알게 한다.

역설적 의도

역설적 의도란 어떤 증상이나 문제를 겪는 내담자에게 오히려 그 증상이나 문제를 의도적으로 과장해서 더 해 보도록 하는 기법이다. 수줍음이 심해서 수업시간에 발표를 하지 못하는 학생에게 교실 뒤에 앉아서 아무 말도 하지 말라고 지시해 보자. 그 학생은 구석에서 아무 말도 하지 않고 있는 것이 오히려 덜 매력적이고 덜 흥미롭다는 것을 깨닫게 된다. 다른 한편으로는, 그런 느낌이 바로 자신이 선택한 행동의 결과라는 것을 인식하게 된다. 다음에 발표를 해야 하는 상황이 오면, 덜 매력적이고 덜 흥미로운 행동을 대신할 방안을 찾을 것이다.

심상 만들기

문제가 되는 증상을 시각적 이미지로 상상해 봄으로써 그러한 증상이나 행동이 얼마나 어리석은지를 느끼게 한다.

3) 행동주의 상담이론

행동주의 상담이론은 모든 행동이 환경에 의해 결정된다는 환경결정론으로서 행동주의 학습이론에 기초한다. 아무리 복잡한 행동일지라도 자극과 반응의 관계로 환원될 수 있다는 철학적 환원론을 지지한다. 즉, 건강하고 적응적인 행동이든 파괴적이고 부적응적인 행동이든 모두 학습 법칙에 의해서 습득되고 소멸된다. 따라서 행동주의 상담에서는 환경자극에 의해 조건화된 부적응적인 행동반응을 감소(또는 소거)시키고 적응적인 행동반응을 증가시키는 데 주력한다.

(1) 인간관

행동주의자들은 인간이 원래부터 선하거나 악한 존재가 아니라 환경에 의해 선하게도 악하게도 변화할 수 있다는 입장을 취한다. 즉, 인간의 행동은 환경 사건에 의해 결정된다는 입장에 따라서 인간이 조건화의 산물임을 강조한다.

(2) 주요 개념

행동주의 상담(행동치료, 행동수정)과 관련된 주요 개념으로는 결정론, 조건화(조건형성), 반응적 행동, 조작적 행동, 조성, 점진적 접근, 수반성, 강화, 강화물, 강화계획, 벌, 변별과 일반화, 소거 등이 있다. 이들 개념에 대해서는 '제5장 행동주의 학습이론'에서 설명하였다.

(3) 상담목표

행동주의 상담의 기본 전제는 유기체의 모든 행동이 학습된다는 것이다. 이러한 학습원리에 따라 내담자에게 쾌(보상)를 주는 행동을 조성하거나 불쾌(벌)를 초래하는 행동을 감소시키는 것이 상담의 목표다.

(4) 상담과정

행동주의 상담은 매우 체계적이며 계획적으로 진행된다. 일부 학자들은 행동주의 상담자들이 기계적으로 내담자의 행동을 변화시키려 한다고 비난했지만, 행동주의 상담이 성공을 거두려면 상담자는 내담자를 돕겠다는 열의를 가지고 행동변화의 계획을 일관성 있게 적용해야 한다.

행동주의 상담은 다음과 같은 단계를 거쳐 진행된다.

① 변화시키고자 하는 표적행동(target behavior, 목표행동)을 선정하여 구체적으로 정의하는 단계

② 안정된 패턴이 나타날 때까지 기초선 자료(baseline data: 상담 실시에 앞서 측정한 표적행동의 정도)를 수집하는 단계

③ 내담자에게 적합한 행동수정 기법을 선정하고 적용하는 단계

④ 표적행동에서 나타난 변화를 측정하는 단계

⑤ 상담을 종결하는 단계

⑥ 상담효과를 유지하고 일반화를 돕기 위해 추수상담을 실시하는 단계

(5) 상담기법

강화계획의 설정과 시행

행동치료에서는 바람직한 행동을 표적행동으로 설정하고, 강화계획에 따라 표적행동을 학습시킨다. 강화물은 내담자가 선호하는 것이어야 하고 상담자가 확보·관리할 수 있는 것이어야 한다. 내담자가 바람직한 행동을 했을 때 놓치지 않고 강화해 주는 것이 문제행동을 지적하고 벌을 주는 것보다 효과적이다.

프리맥의 원리

프리맥의 원리는 일명 '할머니 법칙(grandma's principle)'이라고도 불린다. 내담자가 선호하지 않는 행동(즉, 발생 빈도가 낮은 행동)을 증가시키기 위해 이 행동을 했을 때 내담자가 선호하는 행동(즉, 발생 빈도가 높은 행동)을 강화제로 활용하는 기법을 적용한다. 예를 들면, 매일 30분씩 독서를 해야 컴퓨터 게임을 하도록 허용하여 독서량을 늘리는 것이다. 프리맥의 원리는 행동에 대한 강화로 행동을 사용한다는 점에서 독특하다.

토큰경제

바람직한 행동에 대해 실제 보상을 주는 것이 아니라 실제 보상과 교환할 수 있는 토큰(예: 스티커, 점수)을 주는 것을 토큰경제라고 한다.

자극통제

환경을 수정하여 자극을 통제하도록 돕는 기법을 자극통제(stimulus control)라고 한다. 예를 들면, 금연을 하려는 내담자의 주변에서 담배와 관련된 모든 자극을 없애는 방법이다. 또는 자살에 대해 생각하는 내담자의 주변에서 자살의 수단이 될 만한 모든 자극과 도구를 없애는 것을 자극통제라 한다.

상반행동 차별강화

바람직하지 않은 행동을 감소시키려 할 때, 표적행동과 상반되는 행동(비양립행동)에 차별적으로 강화를 제공하는 기법을 상반행동 차별강화(Differential Reinforcement of Incompatible behavior: DRI)라고 한다. 예를 들면, 욕설 대신에 노래를 부를 때 그 학생이 선호하는 강화물을 주어서 욕설을 감소시킬 수 있다.

다른 행동 차별강화

바람직하지 않은 행동을 감소시키기를 원할 때, 표적행동 이외의 행동(other behaviors)을 하거나 표적행동을 하지 않을 때(zero behavior) 강화물을 주어서 표적행동을 감소시키는 방법을 다른 행동 차별강화(Differential Reinforcement of Other behavior: DRO)라고 한다. 즉, DRO에서 O는 영문자 O를 의미하기도 하고 숫자 영(0)을 의미하기도 한다. 예를 들면, 욕설을 심하게 하는 학생이 욕설을 멈추고 그림을 그리면 강화물을 준다. 이때 그 학생은 욕설이 아닌 다른 행동이 좋은 결과를 가져온다는 것을 학습하게 된다.

원상회복

바람직하지 않은 행동에 대한 벌을 줄 때, 그 행동이 초래한 결과를 원상태로 복구시키는 일을 하게 하는 기법이다. 예를 들면, 학교 벽에 낙서를 한 학생에게 체벌을 하거나 타임아웃을 시키기보다는 벽을 원래대로 깨끗한 상태로 되돌리는 청소를 시킨다. 또래를 괴롭히는 가해학생에게 청소당번을 시키기보다는 피해학생의 마음을 달래 주고 반성하는 행동을 하게 하는 것은 원상회복의 한 예다.

체계적 둔감화

체계적 둔감화는 울프(J. Wolpe, 1958)가 내담자의 불안이나 공포를 감소시키기 위하여 역조건화(counter conditioning)의 원리를 따라서 개발한 기법이다. 역조건화란 소거해야 하는 반응(불안)을 이와 양립될 수 없는 반응(이완)으로 대치시키는 학습과정을 말한다. 불안을 감소시키기 위한 체계적 둔감화는, 첫째, 불안을 일으키는 자극상황의 위계를 결정하고, 둘째, 불안의 비양립 반응(예: 근육 이완, 긍정적 심상)을 연습시키고, 셋째, 비양립 반응을 하는 상태에서 불안 유발 자극상황을 낮은 단계부터 차례로 경험하게 하여 비양립 반응이 불안을 대체하게 한다. 이러한 역조건형성을 통해 불안 유발 상황에서 불안 반응 대신에 비양립 반응이 유발된다.

반응대가

내담자가 바람직한 행동을 거의 하지 않는 경우에 반응대가(response cost)를 사용하는 것이 효과적이다. 반응대가란 나중에 실제 보상과 교환할 수 있는 권리(예: 스티커, 점수)를 미리 주고, 일정한 약속에 따라서 바람직하지 않은 행동을 할 때마다 권리를 압수하여 일정 기간 후에 남아 있는 권리로 실제 보상과 교환하는 기법이다.

타임아웃

바람직하지 않은 행동을 했을 때, 긍정적 강화를 받을 기회를 박탈하는 것을 타임아웃(time-out)이라고 한다. 예를 들면, 교실에서 문제행동을 하는 학생을 일정 시간 동안 격리시키는 것을 말한다. 타임아웃의 효과를 보려면 다음의 몇 가지 요건을 지켜야 한다. 첫째, 타임아웃은 10분 이내의 짧은 시간 동안 이루어질 때 효과적이다. 둘째, 타임인(time-in) 장면은 타임아웃 장면에 비해 강화를 받을 수 있는 기회가 많고 학생에게 매력적이어야 한다. 셋째, 타임아웃을 시작할 때 교사는 학생에게 차분한 어조로 학생의 특정 행동 때문에 몇 분 동안 타임아웃을 할 것이라고 구체적으로 말해 준다. 넷째, 타임아웃 시간이 종료되면 학생이 타임인 장면으로 돌아올 준비가 되었는지를 묻고, 학생이 타임인 장면으로 돌아온 것을 환영한다.

혐오치료

혐오치료는 바람직하지 않은 행동을 부정적 경험(불쾌하거나 고통스러운 경험)과 연합시키는 기법이다. 예를 들면, 금연치료를 위해서 담배 안에 구토제나 쓴맛이 나는 물질을 투입하여 흡연자로 하여금 흡연을 할 때 혐오스러운 경험을 하게 한다.

홍수법

마치 홍수를 맞는 것처럼 내담자를 문제 상황에 강렬하고도 지속적으로 노출시키는 방법을 홍수법(flooding, 범람법, 소진법)이라고 한다. 이는 체계적 둔감화와 상반되는 방식으로 실시된다. 예를 들면, 고소공포증을 겪는 내담자를 고층건물의 꼭대기 층으로 데려가서 장시간 동안 창문 밖을 보게 하면, 내담자는 자신의 불안이 염려했던 것만큼 문제되지 않는다거나 자신이 어리석었다는 것을 깨닫게 된다.

역할연습

역할연습(role-playing) 기법은 밴듀라(A. Bandura)의 사회학습이론을 응용하여 만든 행동수정 기법으로, 모델링(modeling) 기법이라고도 한다. 모델링에서 학생은 모델의 행동을 관찰하고 연습하며, 모델이 행동을 통해 얻는 결과에 대해 배운다.

역할연습은 '모델의 시범 → 주의 → 파지 → 운동재생 → 동기화 → 행동반응' 단계로 진행된다. 상담자는 내담자가 문제를 겪는 장면을 모의상황으로 만들고, 내담자에게 바람직한 행동을 시범으로 보여 주며 후속결과를 관찰하게 한다. 그다음, 내담자가 직접 그 행동을 실연하는 동안에 상담자는 적절한 피드백을 제공한다.

인지적 행동수정

인지적 행동수정은 인지 재구조화(cognitive reconstruction)를 통해 생각을 변화시켜 궁극적으로 행동을 통제하는 기법으로 마이켄바움(D. Meichenbaum)이 제안하였다(노안영, 2005; Corey, 1996). 예를 들면, 자기교수(self-instruction) 훈련에서 내담자는 자기관찰을 통해 자기대화를 지각하고, 자기점검을 통해 좀 더 합리적이고 적응적인 자기대화를 시작한다. 적응적인 자기대화는 적응적인 생각에서 나오고, 결국은 적응적인 행동방식을 따르게 한다. 또한 적응적인 행동을 했을 때자신에게 강화물을 주는 자기강화를 사용한다.

4) 인간중심 상담이론

인간중심 상담이론은 정신분석학의 심리결정론과 행동주의의 환경결정론에반대하고, 개인의 주관적 경험과 자유의지를 중시하는 인간주의 심리학에 근거한상담이론이다. 로저스는 제3세력 심리학(the third-force psychology)인 인간주의 심리학을 상담에 적용하면서 초기에는 비지시적 상담으로, 그다음에는 내담자 중심상담으로(Rogers, 1951), 1970년대 중반 이후에는 인간중심 상담으로 불렸다. 상담관계는 전문가와 비전문가의 관계라기보다는 상담자와 내담자가 대등한 인간 대인간으로 만나는 관계이기 때문이다.

(1) 인간관

인간은 살아가면서 경험하는 것들로 이루어진 유기체이고, 자기실현 경향성을지닌 존재다. 즉, 인간은 매 순간에 주관적으로 현상적 장을 경험하며 감정을 느끼면서 끊임없이 성장하고 변화하는 존재다(Rogers, 1961).

(2) 주요 개념

실현화 경향성

인간은 누구나 본연의 자기를 유지하고 성장시키고 향상시키려는 경향성을 가지고 태어나는데, 이를 실현화 경향성(actualizing tendency)이라고 한다. 실현화경향성은 모든 생리적 및 심리적 욕구와 관련되며, 가치의 조건에 얽매이지 않으면서 타고난 잠재력의 실현과 성장을 추구한다.

가치의 조건화

인간의 성격 형성을 이해하는 데 중요한 개념이 가치의 조건화다. 어린 시절부터 모든 인간은 기본적 욕구인 긍정적 자기존중을 이루기 위해 노력한다. 자녀는 특히 부모로부터 긍정적으로 존중받기를 원한다. 이때 부모가 자신의 판단에 따라 자녀에게 해야 할 것과 하지 말아야 할 것을 정하고 사랑을 표현하거나 철회하면(예: "만약 네가 ~하면, 나는 네게 ~해 준다."), 아동은 자기가 경험하는 사실을 왜곡하고 부정하며 자기의지와 관계없이 부모의 기준에 맞추어 행동하려 할 것이다. 이처럼 긍정적 자기존중을 얻기 위해 형성하는 태도를 가치의 조건화라고 한다. 이는 인간이 주관적인 경험을 통해 실현화 경향성을 성취하는 것을 방해한다.

(3) 상담목표

내담자가 왜곡된 자신의 경험을 재인식하고 통찰하고, 현실적 자기와 이상적 자기 간 불일치를 자각하며, 자신을 신뢰하고 자신의 성장의지를 확인하여 자기실현을 이루도록 조력하는 것이 인간중심 상담의 목표다.

(4) 상담과정

로저스에 의하면 인간중심 상담은 상담자와 내담자의 신뢰관계를 바탕으로 다음과 같은 과정을 거쳐 진행된다(노안영, 2005; 홍경자, 2002).

① 내담자와 상담자가 인간 대 인간으로 심리적 접촉을 이룬다.
② 내담자는 불일치 상태에 있다.
③ 상담자는 내담자에게 일치성을 보이며 통합적이다.
④ 상담자는 내담자를 위해 무조건적인 긍정적 존중을 한다.
⑤ 상담자는 내담자의 내적 참조 틀을 바탕으로 공감적 이해를 하며 내담자에게 자신의 경험을 전달하려고 시도한다.
⑥ 내담자는 상담자와의 관계를 통해 상담자의 무조건적인 긍정적 존중과 공감

적 이해를 자각하고 경험한다.

(5) 상담기법

인간중심 상담에서는 상담기법의 적용보다는 상담자가 내담자를 대하는 태도를 중시한다. 일치성, 무조건적 긍정적 존중, 공감적 이해는 인간중심 상담에만 해당되는 것이 아니라 모든 상담자가 기본적으로 갖추어야 할 태도다(노안영, 2005; 홍경자, 2002).

5) 현실치료 이론

현실치료(reality therapy)는 글래서(W. Glasser)가 선택이론에 근거하여 발전시킨 상담방식이다. 선택이론에 의하면 우리는 자신의 욕구를 충족시키기 위하여 생각, 감정, 행동을 선택하고, 그러한 선택에 의해 삶의 질이 결정된다. 우리의 행복과 불행 그리고 우리의 삶에 대한 책임은 바로 우리 자신에게 있는 것이므로, 현실치료를 적용하는 상담자는 내담자가 좀 더 나은 선택을 하도록 돕는 데 주력한다.

(1) 인간관

모든 인간이 생리적 욕구(생존의 욕구)와 심리적 욕구(소속감, 힘, 즐거움, 자유의 욕구) 그리고 자신의 정체감을 개발하려는 기본적인 욕구를 가지고 있다. 인간은 이러한 욕구를 충족시키는 방향으로 자신의 행동, 감정, 생각을 선택하며, 자신의 선택에 대해 책임을 질 수 있다. 결정론적 인간관을 반대하고, 인간에 대한 긍정적 관점을 유지한다(Corey, 1996; Glasser, 1998).

(2) 주요 개념

기본 욕구

인간은 선천적이고 보편적인 다섯 가지 기본 욕구(생존, 소속감, 즐거움, 자유, 힘)

를 가지고 있다. 욕구의 우선순위를 결정하는 데 대한 끊임없는 갈등을 느끼며 해소하려고 시도한다(노안영, 2005).

통제이론

통제이론은 현실치료의 이론적 기반이다. 모든 행동이 기본 욕구를 충족시키려는 목적을 가진다고 본다. 외적 자극이 우리의 행동을 결정하지 않고, 우리는 누구든지 보편적인 기본 욕구를 충족시키려는 바람을 가지고 있는데, 이러한 바람이 개인의 독특한 정신적 사진첩으로 발전한다. 우리는 이 사진첩에 따라서 행동을 통제한다.

선택이론의 열 가지 원리

통제이론은 선택이론으로 그 명칭이 변경되었는데, 선택이론은 개인의 자유를 강조하는 이론이다. 우리는 우리가 하는 모든 것, 심지어 기질적 뇌손상과 정신병적 증상을 제외한 대부분의 병적 증상 또는 행복과 불행까지도 선택할 수 있다.

외적 통제심리학에 대한 대안으로서의 선택이론은 다음의 열 가지 원리에 기초한다(노안영, 2005).

- 원리 1: 우리의 행동을 통제할 수 있는 사람은 우리 자신이다.
- 원리 2: 우리가 얻은 정보를 어떻게 처리할 것인가는 우리의 선택이다.
- 원리 3: 지속되는 모든 심리적 문제는 관계 문제이며, 관계 문제는 고통, 피로, 만성 질병의 부분적 원인이 된다.
- 원리 4: 관계 문제는 항상 개인이 현재 영위하는 삶의 일부분이다.
- 원리 5: 과거에 일어난 고통스러운 일이 현재 우리 자신에게 많은 영향을 주지만, 고통스러운 과거를 다시 들춰냄으로써 중요한 관계를 향상시킬 수 있는 것은 아니다.
- 원리 6: 우리는 기본 욕구를 충족시키는 방향으로 행동한다.
- 원리 7: 우리는 단지 각자의 세계에 있는 사진첩을 완성하여 기본 욕구를 충

족시킬 수 있다.

- 원리 8: 인간의 전체 행동은 행동하기, 생각하기, 느끼기, 생물학적 행동으로 구성된다.
- 원리 9: 인간의 전체 행동은 동사(~하기로 선택하고 있다, ~하고 있다)로 표현된다.
- 원리 10: 인간의 전체 행동은 선택되지만, 우리는 행동하기와 생각하기만을 직접적으로 통제할 수 있으며, 느끼기와 생물학적 행동을 간접적으로 통제할 수 있다.

(3) 상담목표

현실치료의 목표는 기본 욕구를 바탕으로 내담자가 정말로 원하는 것이 무엇인지를 파악하게 하고, 내담자가 만족할 수 있고 책임질 수 있는 방법을 사용하여 바람직한 방향으로 그 욕구를 충족시키도록 돕는 데 있다. 이를 위해서 3R을 강조한다(노안영, 2005).

- 책임감(Responsibility): 자신의 행동에 대한 책임과 자신의 욕구를 충족시킬 책임을 진다. 정신건강과 직결된다.
- 현실감(Reality): 현실세계를 정확하게 직면한다.
- 옳거나 그름(Right or wrong): 자신의 기본 욕구를 충족시키는 행동이 도덕적으로 옳은지 그른지를 판단한다.

(4) 상담과정

글래서가 제안한 현실치료의 과정은 다음과 같다(노안영, 2005; Glasser, 1998).

① 상담자와 내담자가 원만한 관계를 형성한다.
② 내담자의 바람, 욕구, 지각 그리고 현재 하고 있는 행동을 파악한다.
③ 내담자의 현재 행동이 바람을 달성하는 데 도움이 되는지를 평가한다.

④ 내담자에게 만족스럽고 내담자가 책임질 수 있는 방식으로 욕구를 충족시키는 행동을 계획한다.

⑤ 내담자가 계획에 따라 행동할 것인가에 대한 약속을 한다.

⑥ 내담자가 계획을 이행하지 않고 변명할 경우 이를 수용하지 않으며, 계획을 이행하지 못한 이유를 따지기보다 언제 어떻게 계획을 이행할 것인가에 주목한다.

⑦ 내담자를 비판하거나 처벌하지 않는다.

⑧ 결코 포기하지 않고 내담자에게 지속적인 관심을 보이며 조력한다.

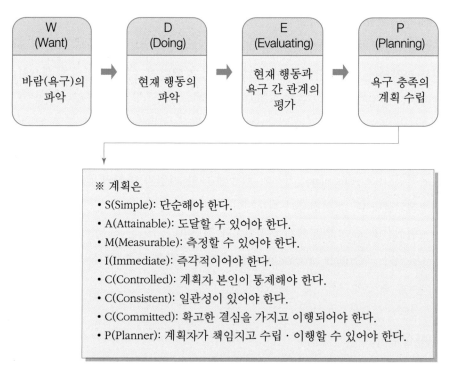

[그림 9-3] **현실치료의 과정**

현실치료를 보급하는 데 기여한 우볼딩(R. Wubbolding)은 현실치료의 과정을 WDEP로, 욕구를 충족시킬 수 있는 효율적인 계획을 세울 때 고려할 사항을

SAMIC3/P로 표현하였다. [그림 9-3]은 현실치료의 과정을 보여 준다. P(계획자)가 분모에 놓인다는 점이 중요하다. 이는 계획의 수립과 이행에 대한 모든 책임을 계획자, 즉 내담자가 진다는 것을 의미한다.

(5) 상담기법

현실치료는 특정 상담기법을 지향하지 않는다. 그 대신, 상담자는 내담자와 친밀한 관계를 이루면서 내담자가 자신의 바람을 바람직한 방식으로 달성할 수 있도록 돕는 태도와 반응기법을 사용한다. 내담자의 선택에 대한 책임을 강조하고, 비교적 단기간 진행되는 구체적인 방법을 제안한다(Corey, 1996).

상담자 태도

상담자는 내담자와 친밀한 관계를 유지하면서도 내담자의 변명을 들어 주지 않고, 처벌이나 비판을 하지 않으며, 내담자에 대한 믿음을 포기하지 않고 돕는 태도를 유지한다.

질문하기

상담자는 내담자가 자신의 소망이 무엇인지, 현재 어떤 행동을 하고 있는지, 현재 하고 있는 행동이 소망을 성취하는 데 도움이 되는지, 행동계획이 현실적인지를 묻는다. 상담자가 던지는 이러한 질문은 내담자가 스스로 계획하고 행동과 생각을 선택하도록 하여 자신의 삶을 변화시키는 방법을 스스로 결정하고 통제하는 데 도움이 된다.

역설적 기법

내담자에게 모순된 요구나 지시를 주어 내담자를 딜레마에 빠지게 하는 것을 역설적 기법이라고 한다. 역설의 두 가지 유형은 틀 바꾸기(reframing)와 증상 처방이다.

틀 바꾸기는 어떤 상황이나 주제에 대해 생각하는 방식을 바꾸는 방법이다. 예를 들면, 수줍음이 심한 내담자에게 많은 사람 앞에서 수줍어서 어쩔 줄 몰라 하는 모습을 더 많이 보이라고 요구하여 수줍음을 선택할 수 있듯이, 수줍어하지 않는 모습도 자신이 선택할 수 있다는 생각을 갖게 한다.

증상 처방은 증상을 선택적으로 더 사용하도록 지시하여 오히려 증상을 극복하는 행동을 연습시키는 방법이다. 예를 들면, 수줍음이 심한 내담자에게 많은 사람 앞에서 자신이 얼마나 수줍어하는 사람인지를 말하게 지시한다. 어쨌든 사람들 앞에서 말을 하는 바람직한 행동을 연습할 수 있다.

유머 사용하기

즐거움과 흥미는 현실치료에서 기본 욕구 중 하나다. 상담자와 내담자가 동등한 입장에서 즐거움과 흥미를 공유할 수 있도록 유머를 사용한다.

직면하기

내담자가 계획을 이행하지 않은 것에 대해 변명을 늘어놓을 때, 상담자는 변명을 들어 주지 않는다. 그 대신에 상담자는 내담자의 변화능력에 대한 믿음을 버리지 않고 내담자를 비판하지 않으며 내담자와의 논쟁에 휘말리지 않으면서도 내담자로 하여금 소망이 무엇인지, 현재 하고 있는 행동이 소망을 달성하는 데 도움이 되는지를 따져 보게 한다.

6) 인지치료 이론

정신과 의사였던 벡(A. T. Beck)은 우울증 환자를 치료하면서 인지치료(Cognitive Therapy: CT) 이론과 기법을 발전시켰다. 인지치료는 사고가 정서와 행동의 근원이라는 기본전제에서 출발한다. 왜곡되고 비합리적인 사고가 정서적 고통과 부적절한 행동을 초래하므로 인지치료는 내담자의 왜곡되고 비합리적인 신념체계를 변화시키는 데 주력한다(Beck, 1996).

그러나 신념(사고, 생각)을 바꾸기는 쉽지 않다. 더구나 생각이 바뀔지라도 여전히 우울하고 불안할 수 있다. 그런데 행동을 바꾸면 생각과 감정을 쉽게 바꿀 수 있다. 예를 들면, 우리는 불편함이나 두려움을 느낄 것이라고 예상되는 상황을 피하지 않고 직접 부딪쳐 보면 예상과 달리 그 상황이 그다지 불편하거나 두렵지 않다는 것을 깨닫는 경우가 종종 있다. 이에 따라 인지치료는 인지행동치료 (Cognitive Behavior Therapy: CBT)로 발전하였다.

(1) 인간관

인간은 이 세상에 대해 갖는 자신의 주관적 지각에 따라 정서를 경험하고 행동하는 존재다.

(2) 주요 개념

자동적 사고

어떤 자극이나 상황에 부딪힐 때 순간적으로 그리고 노력이나 선택 없이 자발적으로 일어나는 생각을 자동적 사고(automatic thought)라고 한다. 자동적 사고는 비교적 구체적이고, 언어 또는 이미지 또는 둘 다의 형태로 나타난다. 아무리 비합리적일지라도 사람들은 자동적 사고를 믿는 경향이 있고, 자동적 사고는 중단하기가 쉽지 않으며 학습에 의해 형성되고 정서 경험을 일으킨다. 즉, 자동적 사고는 자극 상황과 정서 경험의 사이를 매개한다.

도식

도식(schema)은 핵심 신념을 수반하는 인지구조다. 특히 '자신, 세상, 미래'를 보는 개인의 독특하고 습관적인 사고방식을 인지적 삼제(cognitive triad)라고 한다. 예를 들면, 우울한 사람이 자신, 세상, 미래에 대해 가지는 부정적이고 비관적인 생각을 우울의 인지적 삼제라고 한다.

인지왜곡

생각의 체계적 오류를 인지왜곡이라고 한다. 인지왜곡은 노력 없이도 자발적이고 자동적으로 발생하므로 부정적인 자동적 사고라고도 불린다. 인지왜곡의 대표적 유형을 구분하면 다음과 같다(노안영, 2005).

- 자의적 추론(임의적 추론): 충분하고 적절한 증거가 없는데도 결론에 도달하는 것
- 선택적 추론(정신적 여과): 상황의 긍정적 측면은 여과하고 부정적 측면에만 기초하여 결론을 내리는 것
- 과잉일반화: 단일 사건에 기초한 결론을 다른 사건이나 장면에 광범위하게 적용하는 것
- 극대화(확대해석): 자신의 실수나 결점을 확대해서 보는 것
- 극소화(축소해석): 자신의 장점을 축소해서 보는 것
- 개인화(잘못된 귀인): 자신과 관련될 만한 일이 아닌데도 자신과 관련짓는 것
- 이분법적 사고(흑백논리): 완전한 성공 아니면 완전한 실패와 같이 극단적으로 흑과 백을 구분하여 생각하는 것
- 정서적 추론: 자신의 정서적 경험을 실제로 그렇다고 보면서 자신, 세상, 미래에 관해서 추론하는 것
- 파국화: 개인이 걱정하는 하나의 사건을 취하여 지나치게 과장하고 두려워하는 것

인지 타당성 평가

인지 타당성 평가란 사고의 내용이 합리적인지를 평가하는 것이다. 벡이 제안한 인지 타당성 평가의 다섯 가지 준거는 A-FROG로 표현된다.

- A(Alive): 나의 생각이 나를 생기 있게 하는가?
- F(Feeling better): 이러한 생각의 결과로 기분이 더 나아졌는가?

- R(Real): 나의 생각은 현실적인가?
- O(Others): 나의 생각이 다른 사람과의 관계에 도움이 되는가?
- G(Goals): 나의 생각이 내가 목표를 달성하는 데 도움이 되는가?

(3) 상담목표

인지치료의 상담목표는 내담자의 역기능적 사고 패턴을 찾아내서 인지왜곡을 제거함으로써 합리적 신념체계를 갖도록 하는 데 있다.

(4) 상담과정

인지치료의 핵심은 내담자의 신념체계를 탐색하고 변화시키는 데 있다. 인지치료에서는 구체적이고 직접적인 문제를 다루므로 구조화된 접근을 취한다(Beck, 1996).

① 초기 회기에서는 내담자에게 의미 있는 주제를 설정하고, 그가 느끼는 정서의 강도를 측정한다.
② 상담이 진행되면서 소크라테스 식의 대화를 통해 내담자가 자신, 세상, 미래에 대해 가지고 있는 신념에 도전한다.
③ 질문을 던져서 내담자로 하여금 새로운 사고방식을 발견하도록 유도한다.
④ 사고방식을 바꿈으로써 내담자의 정서 경험 또한 변화했는지를 확인한다.

(5) 상담기법

인지치료에서는 자동적 사고나 비합리적 신념을 해석하기보다는 실험이나 논리적 분석을 통해 그것을 발견하고 합리적 신념으로 변화시키는 데 주력한다. 이를 위하여 적극적이며 지시적인 기법을 사용한다. 첫째, 내담자의 자동적 사고의 내용이 무엇인지를 알아낸다. 둘째, 자동적 사고의 내용이 타당하고 현실적인지를 살펴본다. 셋째, 탈숙고(de-reflection)를 통해 합리적이며 긍정적인 생각을 많이 하게 한다.

7) 합리적 정서행동 상담이론

엘리스(A. Ellis)가 개발한 합리적 정서행동치료(Rational Emotive Behavior Therapy: REBT)는 인지가 정서와 행동에 영향을 준다는 가정에 근거한다(Ellis & MacLaren, 2007). 인간의 고통은 외부 사건에 의해 직접 결정되는 것이 아니라 외부 사건을 해석하는 인간의 관점과 신념체계에 의해 좌우된다는 것이다. 이 이론은 합리적 신념을 가지면 부정적 정서와 부적응적 행동을 바꿀 수 있다는 점을 강조한다.

(1) 인간관

인간은 합리적 사고와 비합리적 사고를 할 수 있는 가능성을 모두 가지고 태어난 존재다. 인간을 외부 자극에 반응하거나 외부 자극에 의해 좌우되는 존재로 보는 행동주의 상담이론과 달리, 합리적 정서행동 상담이론에서 인간은 자신의 신념에 의해 정서와 행동을 개선할 수 있는 가능성을 가진 존재로 간주된다.

(2) 주요 개념

ABCDEF 모형

ABCDEF 모형은 엘리스가 부정적 정서와 부적응적 행동을 설명하기 위해 개발한 ABC 분석과 새로운 감정과 행동을 일으키기 위한 상담과정인 DEF 체계를 합한 모형이다. 선행사건(activating events: A)에 대한 신념(beliefs: B)에 의해 정서 및 행동상의 결과(consequences: C)가 나타나고, 비합리적 신념에 대한 논박(disputation: D)으로 인해서 비합리적 신념이 합리적 신념으로 변화하는 효과(effects: E)가 나타나면 새로운 감정(feeling: F)과 행동이 유발된다.

합리적 신념

합리적 신념이란 긍정적 정서와 적응적 행동을 일으키는 생각을 의미한다.

비합리적 신념

비합리적 신념이란 부정적 정서와 부적응적 행동을 일으키는 생각을 의미한다.

당위주의

당위주의는 '자신' '타인' '조건'에 대한 당위적 기대를 하는 비합리적 신념이다(Ellis & MacLaren, 2007). 자신이 바라는 것처럼 당위적 조건이 늘 충족되는 경우는 거의 없기 때문에 조건이 충족되지 못하는 경우에 분노나 적대적 행동이 표출될 수 있다.

자신에 대한 당위주의는 '나는 반드시 성공해야 한다.' '나는 절대로 실패하면 안 된다.'로 표현되는 생각이다. 이러한 생각은 자기비난과 자기파멸을 가져온다.

타인에 대한 당위주의는 '후배는 반드시 선배의 말을 들어야 한다.' '부모는 자식에게 절대 헌신해야 한다.'로 표현되는 생각이다. 이러한 생각은 타인에 대한 불신과 회의를 반영하며, 결국 자기비관을 초래한다.

조건에 대한 당위주의는 '내가 다니는 학교는 항상 나를 환영해야 한다.' '우리 집에서는 절대로 의견충돌이 있어서는 안 된다.'로 표현되는 생각이다. 즉, 가정, 학교, 일, 직장 등 자신에게 주어진 조건에 대한 당위적 기대와 요구를 반영한다.

(3) 상담목표

정서적 혼란을 겪고 있거나 부적응적 행동을 하는 내담자의 비합리적 신념을 합리적 신념으로 변화시킴으로써 정서적 혼란과 부적응적 행동을 감소시키는 것이 REBT의 목표다.

(4) 상담과정

합리적 정서행동 상담이론을 적용하는 상담자는 다음의 과정을 거쳐 상담한다.

① 상담자는 내담자와 친밀함과 신뢰에 기반을 둔 상담관계를 형성한다.
② 상담자는 내담자에게 자신이 믿는 대로 느끼고 행동한다는 점과 합리적 생

각과 비합리적 생각 중에서 어떤 것을 선택하는가는 자신에게 달려 있다는 점을 알려 준다.

③ 내담자의 비합리적 생각을 찾아낸다. 비합리적 생각에 사로잡힌 사람은 자신의 비합리적 생각을 쉽게 찾아내지 못하므로, 내담자가 자신에게 하는 자기대화나 자기평가에 나타나는 강박관념이나 당위주의(자신, 타인, 조건에 대한 당위적 생각)를 점검하게 한다.

④ 비합리적 생각을 합리적 생각으로 바꾸는 작업을 한다.

(5) 상담기법

REBT의 핵심은 비합리적 신념을 합리적 신념으로 바꾸는 데 있으므로, 가장 중요한 상담기법은 바로 논박이다(노안영, 2005; Ellis & MacLaren, 2007). 논박은 보통 3단계를 거치며 이루어진다. 첫째, 비합리적 생각과 이를 표현하는 내담자의 자기언어를 찾아낸다. 둘째, 논리성(예: '그렇게 말할 만한 증거가 있는가?'), 현실성 (예: '그렇게 하는 것이 현실적으로 가능한가?'), 효과성(예: '그렇게 해서 얻는 이득이 있는가?')의 세 가지 근거에 비추어 비합리적 생각과 언어가 타당하지 못하다는 점을 지적한다. 셋째, 비합리적 생각이나 그 생각에 근거한 언어를 합리적 생각과 언어로 대치한다.

이러한 논박을 좀 더 효과적으로 하려면 추가적인 인지적 기법(예: 독서, 인터넷 자료 검색, 질문, 언어적 설득), 정서적 기법(예: 합리적 정서 심상법, 유머), 행동적 기법(예: 역설적 과제수행)을 병행하는 것이 바람직하다. 합리적 정서 심상법은 문제 상황에서 적절하거나 긍정적인 정서를 되찾을 수 있도록 돕는 방법이다. 내담자는 눈을 감고 부정적 정서를 일으키는 장면을 상상한 후에 긍정적 정서로 바꾸어 상상해 보고, 눈을 뜬 다음에 부정적 정서가 긍정적 정서로 바뀌는 상황에서 생각이 어떻게 바뀌었는지 그리고 어떤 내면의 대화를 사용했는지를 말한다. 유머는 비합리적 신념을 익살스럽게 과장함으로써 비합리적 신념을 가진 자신의 어리석음을 깨닫게 하는 데 사용된다. 역설적 과제란 다시는 시도하지 않으려는 행동을 오히려 더 해 보게 하거나 변화하고자 하는 모습과 반대로 행동해 보게 하는 것이다. 이를 통해 자신의 행동에 대한 부적절감을 덜어 내거나 자신에게 부족한 행동을 연습할 수 있다.

6 진로상담

진로는 한 사람이 평생을 거쳐 하는 일과 역할을 의미한다. 진로상담을 심리상담과 구분하기 어려운 것은 진로 문제를 겪는 학생들 중 상당수는 동시에 심리적 문제를 호소하고, 심리적 문제를 호소하는 학생들 중에도 다수가 진로 태도의 미성숙, 비합리적 진로 의사결정, 자기이해의 부족 등 진로 문제를 가지고 있기 때문이다. 유능한 상담자라면 내담학생의 진로 문제를 이해하고 해결할 목적으로뿐만 아니라 심리적 문제를 이해하고 해결하기 위하여 진로상담 이론을 숙지할 필요가 있다.

진로상담 이론은 크게 선택적 관점과 발달적 관점으로 구분된다(김봉환, 정철영, 김병석, 2006). 선택적 관점에서는 내담자의 흥미, 관심, 적성에 적합한 진로를 선택하도록 돕는 데 중점을 두고, 발달적 관점에서는 진로에 관한 명확한 의식과 의사결정능력의 발달에 초점을 둔다. 선택적 관점으로 파슨스(T. Parsons)의 특성요인이론, 로우(A. Roe)의 욕구이론, 홀랜드(J. L. Holland)의 인성이론을 살펴보고, 발달적 관점으로 긴즈버그(E. Ginzberg)의 진로발달이론, 슈퍼(D. E. Super)의 진로발달이론, 타이드만(D. V. Tiedeman)과 오하라(R. P. O'hara)의 의사결정이론, 갓프레드슨(L. S. Gottfredson)의 직업포부 발달이론에 대해 정리한다.

1) 선택적 관점

(1) 파슨스의 특성요인이론

파슨스는 생활지도의 출발점인 진로지도 운동의 선구자로서 특성요인이론을 제안하였다(김봉환 외, 2006). 특성요인이론에 의하면 개인분석(개인이 지닌 흥미,

관심, 적성의 분석), 직업분석(훈련 및 성공조건, 보수, 승진에 관한 정보의 분석), 과학적 조언을 통한 매칭이 진로상담의 핵심활동이다. 개인은 고유한 특성의 집합체이고, 특정 직업군에서 성공하는 데 필요한 특성을 가진 근로자들이 그 직업군을 구성하며, 직업의 선택은 개인의 특성과 직업의 특성 간 매칭으로 가능하다. 매칭이 잘될수록, 일에 대한 개인의 만족도가 높아지며 직업의 생산성도 높아진다.

(2) 로우의 욕구이론

로우의 욕구이론은 정신분석학과 매슬로(A. H. Maslow)의 욕구 위계설에 기초한 진로상담 이론이다(김봉환 외, 2006). 인생 초기에 경험하는 부모와의 관계나 부모의 자녀양육방식이 개인의 욕구 위계와 욕구 충족 방식에 영향을 주고, 궁극적으로는 직업선택에도 영향을 준다고 본다.

부모의 자녀양육방식은 자녀에 대한 부모의 정신적 집중(과잉보호, 과잉기대), 자녀의 회피(무시, 거부), 수용(애정적 수용, 무관심한 방임)에 의해 결정된다. 예를 들면, 자녀에게 애정을 보이며 적절하게 높은 기대를 가진 부모는 상호 교류를 통한 욕구 충족을 격려하므로 자녀는 성장하면서 인간을 지향하는 직업을 선택할 가능성이 높다. 반면, 냉정한 부모는 상호 교류를 통한 욕구 충족을 어렵게 만들기 때문에 자녀가 성장하면서 인간을 지향하는 직업을 선택하지 않을 가능성이 높다.

(3) 홀랜드의 인성이론

홀랜드는 '직업적 흥미'를 '성격'의 일부로 간주하여 직업적 성격이론, 즉 인성이론을 제안하였다. 대부분의 사람은 여섯 가지 성격유형 중 하나로 분류될 수 있다. 직업환경의 특징과 일치하는 사람들이 그 환경 안에 더 많이 머물러 있을 수 있기 때문에 대부분의 직업환경도 여섯 가지 유형 중 하나로 분류된다. 여섯 가지 성격유형에는 R형(realistic, 실재형), I형(investigative, 탐구형), A형(artistic, 예술형), S형(social, 사회형), E형(enterprising, 기업형), C형(conventional, 관습형)이 있다(김봉환 외, 2006).

[그림 9-4]에서 볼 수 있듯이 홀랜드의 인성이론은 육각형 모형(hexagon model)

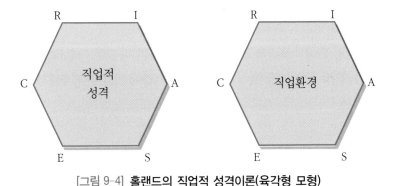

[그림 9-4] **홀랜드의 직업적 성격이론(육각형 모형)**

이라고도 한다. 사람들은 자신의 성격에 맞고 자신의 능력을 발휘할 수 있으며 자신의 가치를 표현할 수 있는 직업환경을 찾는다. 그러므로 개인의 성격과 직업환경의 특성을 잘 파악하면, 진로선택, 직업변경, 직무만족도, 직업적 성공에 대해 예측하고 조력할 수 있다.

2) 발달적 관점

(1) 긴즈버그의 진로발달이론

긴즈버그는 최초로 직업선택 과정에 발달적 접근을 도입하였다. 그의 이론에 의하면, 진로는 한 번의 선택으로 결정될 수 없고 장시간에 걸쳐 발달하는 과정이다. 긴즈버그의 진로발달이론에서는 '현실조건과의 타협'이 핵심을 이룬다. 연령이 증가함에 따라 사람들은 점차 현실지향적이 되어 가고, 현실조건과 타협하는 직업을 선택한다. 긴즈버그는 진로발달의 단계를 다음과 같이 구분하였다(김봉환 외, 2006).

① 환상기(6~10세): 현실적 진로장벽(자신의 능력, 현실적 여건, 성공 가능성 등)을 인식하지 못한 채 자신이 원하는 것이면 무엇이든지 다 할 수 있다고 생각하는 단계

② 잠정기(11~17세): 진로선택의 과정에서 자신의 흥미, 능력, 가치를 고려하기 시작하지만 현실적 여건에 대한 인식은 불충분한 단계

③ 현실기(18~22세): 자신의 흥미, 능력, 가치관과 더불어 직업의 요구조건, 교육기회, 취업 가능성 등 현실적 요건을 고려하여 진로를 결정하는 현실적 선택의 단계

(2) 슈퍼의 진로발달이론

슈퍼는 사람들이 자기개념과 일치하는 직업을 선택한다고 보고, '자기개념'을 기저에 둔 진로발달이론을 제안하였다. 자기개념은 평생을 거치면서 형성, 발달, 보완된다. 그러므로 진로발달 또한 평생 동안 대순환(maxicycle)을 거치며 이루어지는데, 각 단계마다 다시 탐색, 확립, 유지, 쇠퇴의 시기가 반복되는 소순환(minicycle)이 일어난다(김봉환 외, 2006).

① 성장기(0~14세): 주변의 주요 인물과 동일시하면서 자기개념을 발달시키는 단계

② 탐색기(15~24세): 학교생활, 여가활동, 일을 통해 자기를 검증하고 직업을 탐색하는 단계

③ 확립기(25~44세): 자신에게 적합한 직업을 선택하여 종사하는 단계

④ 유지기(45~64세): 안정을 이루며 비교적 만족스러운 삶을 살아가는 단계

⑤ 쇠퇴기(65세 이후): 은퇴하여 새로운 역할과 일을 찾는 단계

(3) 타이드만과 오하라의 의사결정이론

타이드만과 오하라는 슈퍼와 마찬가지로 평생을 통한 직업발달의 단계를 구분하였으나, 직업발달의 단계를 특정 연령대와 관련짓지 않았다는 점에서 슈퍼와 대조를 이룬다. 진로를 선택하고 적응하는 일이 평생 동안 여러 번 반복될 수 있고, 직업발달의 단계도 여러 번 반복될 수 있기 때문이다. 타이드만과 오하라의 이론에서 진로발달이란 예상기와 실천기를 번갈아 가면서 직업적 자아정체감을

형성하는 계속적이고 반복적인 과정이라고 할 수 있다(김봉환 외, 2006).

- 예상기: 탐색, 구체화, 선택, 명료화를 점진적으로 이루어 가는 단계
- 실천기: 적응, 개혁, 통합을 점진적으로 이루어 가는 단계

(4) 갓프레드슨의 직업포부 발달이론

갓프레드슨의 직업포부 발달이론에서는 사람이 특정 직업의 어떤 점을 매력적으로 느끼면서 그 직업에 대한 포부를 발달시킨다고 본다. 이러한 직업포부는 연령대에 따라 다음과 같이 네 단계로 구분된다(김봉환 외, 2006).

① 힘과 크기 지향의 단계(3~5세): 어른이 된다는 것의 의미를 파악하기 시작하며 힘 있고 큰 활동에 매력을 느끼는 단계
② 성역할 지향의 단계(6~8세): 자신의 성에 적합한 직업에 민감한 단계
③ 사회적 가치 지향의 단계(9~13세): 또래의 평가, 사회의 기대, 사회적 명성에 민감한 단계
④ 내적 자기 지향의 단계(14세 이후): 자기인식과 자기성찰의 발달로 인해 자신의 고유한 흥미, 적성, 가치관을 고려하는 단계

ⓐ7 집단상담

1) 집단상담의 정의

집단상담은 전문적으로 훈련된 상담자와 여러 명의 집단구성원이 역동적으로 상호 교류하는 관계 안에서 개인의 감정, 태도, 생각과 행동을 탐색하고 변화시키며 문제를 해결하고 개인적 성장을 돕는 과정이다(이장호, 김정희, 1998; 이형득, 1995). 집단상담과 유사한 용어로 집단지도가 있다. 넓은 뜻의 집단지도는 집단을

302

대상으로 이루어지는 교과학습지도와 생활지도를 포함하는데, 학교에서는 교과학습지도를 수업이라고 하므로 집단지도는 주로 집단적인 생활지도를 가리킨다. 좁은 뜻의 집단지도는 정보전달, 과제해결, 교육훈련을 위주로 하는 과업중심적이고 구조화된 단기적인 집단적 생활지도에 국한되므로 집단상담과 구별된다(김계현 외, 2009).

2) 집단상담의 대상

의료 장면에서 집단상담은 현실지각이 어렵거나 심각한 정서장애를 겪고 있는 사람들을 대상으로 실시되지만, 일반적으로 집단상담의 대상은 심각한 문제를 겪지 않는 정상인들이다(이형득, 1995). 특히 학교에서의 집단상담은 아동·청소년기에 보편적으로 경험되는 발달 문제를 겪는 학생들을 대상으로 한다. 심각한 문제를 겪는 내담자는 대체로 개인상담에 의뢰된다.

집단상담은 여러 명의 구성원을 대상으로 진행되는 것이다. 그러므로 타인의 견해나 조언을 듣고자 하는 사람, 타인의 반응을 살피고자 하는 사람, 타인의 지지가 필요한 사람, 사회적 기술을 배우려는 사람, 소속감과 유대감을 경험하고자 하는 사람에게는 집단상담이 적절하다(김계현 외, 2009).

3) 집단의 유형

첫째, 집단상담은 '집단구성원의 특징'에 따라서 동질집단과 이질집단으로 구분된다. 동질집단의 구성원들은 연령, 성별, 성격, 과거배경, 상담목표 등에서 비슷하기 때문에 집단구성원들이 쉽게 자기를 개방하고 보편성을 인식할 수 있다. 이질집단에서는 서로 다른 배경과 목표를 지닌 구성원들이 만나 차이와 유사점을 이해하고 새로운 관점을 경험하면서 성장의 기회를 얻는다.

둘째, 집단상담은 '목적'에 따라서 성장집단, 교육집단, 교정적 치료집단, 자조집단으로 구분된다. 성장집단은 집단경험을 통해 자신에 대해 알기를 원하는 사람들로 구성된다. 안전한 분위기 안에서 자신의 참모습을 깨닫고, 생각과 감정 그리고 행동을 변화시켜 인간적인 성장을 꾀하는 집단활동을 한다. 성장집단의 대표적인 예로는 참 만남 집단(encounter group)과 T-Group(감수성훈련집단, sensitivity training group, 실험훈련집단이라고도 함)이 있다. 참 만남 집단은 집단구성원들이 의미 있는 만남과 접촉을 통해 자신의 내적 가치를 증진시키고 진솔성과 일치성을 이루는 데 주목적을 둔다. T-Group은 인간관계에서의 감수성을 높이고 인간관계 기술을 학습하며 타인의 비판에 대응하는 능력을 증진시키는 것을 주목적으로 한다.

교육집단은 심리교육집단, 생활지도집단으로도 칭해진다. 예를 들면, 학교에서 실시하는 진로캠프, 성교육 프로그램, 자기주도학습 훈련 등 교육집단은 집단구성원들 간 감정의 교류보다는 기술훈련, 정보제공, 자기이해에 중점을 둔다.

치료집단은 성격장애나 정신과적 증상을 가진 내담자들을 대상으로 실시된다. 집단구성원들은 자신의 과거 경험과 성격을 탐색하고 증상을 표현한다. 문제에 대한 자각을 높여 행동과 성격의 변화를 도모하는 활동을 한다.

자조집단(자기조력집단, self-help group)은 공통의 문제나 관심을 가진 사람들이 자발적으로 모여 집단을 형성하고, 서로를 격려하며 서로에게 의지가 되면서 문제의 보편성을 인식하고 삶의 희망을 버리지 않도록 지지하는 집단을 말한다. 자조집단을 통해 정서적 보살핌을 받을 뿐만 아니라 자신의 상황에 대한 새로운 통찰을 얻고 새로운 행동변화에 대한 각오를 다지며 행동변화를 실천하는 효과를 얻는다. 예를 들면, 미아 찾기 부모집단, 도박중독자 가족집단의 예를 들 수 있다.

4) 집단상담의 과정

집단상담이 이루어지는 과정은 다음과 같다(Corey & Corey, 2007).

① 시작 단계: 상담구조화(비밀보장과 비밀보장의 한계, 상담목표, 상담자와 내담자의 역할, 시간, 비용 등을 결정), 참여 동기 유발, 정보 교환, 신뢰감 형성을 하

는 단계

② 변환 단계: 집단구성원들이 만나 긴장과 저항을 느끼면서 집단활동에 대한 양가감정이 발생하는 단계

③ 활동 단계: 집단구성원들 간에 관심과 의견을 표현하고, 집단응집력이 생기면서 점차 목표를 달성해 가는 단계

④ 종결 단계: 집단 경험에 대한 느낌을 나누고 성장 정도를 평가하는 단계

⑤ 추수 단계: 집단상담을 통해 배운 것을 일상생활에 응용해 보고 새로 생긴 문제를 나누면서 지속적인 변화를 격려하는 단계

5) 집단상담의 효과

집단상담의 효과는 다양하다. 다음은 얄롬(I. D. Yalom)과 코리(G. Corey)가 제시한 집단상담의 '치료적 힘'과 '변화를 촉진하는 요인'을 요약한 것이다(권경인, 2008; 김계현 외, 2009).

- 희망고취: 타인의 변화와 문제해결을 지켜보면서 자신도 변할 수 있다는 희망을 갖는다.
- 보편성: 자신과 동일한 문제가 타인에게도 있다는 안도감을 갖는다.
- 정보전달: 인생 문제를 먼저 경험한 선배를 통해 문제해결을 위한 정보를 얻는다.
- 이타심: 구성원 간 상호작용에서 타인에게 도움이 되는 활동을 한다.
- 일차 가족집단에서의 관계 재현: 자신의 가족집단에서의 불행한 경험과 기억을 집단 장면에서 반복하고 갈등의 감정을 표현하여 극복할 기회를 얻는다.
- 사회적 기술의 발달: 집단을 통해서 사회적 기술(예: 자기주장, 감정조절, 배려, 의사소통, 차이 존중, 협력)을 학습하고 사회활동에 방해가 되는 행동은 버린다.
- 모방행동: 문제해결 과정에서 여타 집단구성원의 노력과 행동을 관찰하고 배운다.

- 대인학습: 대인관계에서 느끼는 부적절한 감정이나 대인관계를 회피하거나 타인에게 지나치게 의존하는 행동을 파악하고, 변화를 모색할 수 있다.
- 집단응집력: 구성원들 간 관계를 통해 동료에게 수용되는 감정을 경험하고 서로를 신뢰하면서 집단응집력을 갖는다.
- 정화: 자신의 문제를 집단 안에서 개방함으로써 감정이 정화되고 문제의 심각성과 절망감이 감소된다.
- 실존적 요인에 대한 인식: 죽음, 소외, 무의미에 직면하면서 인간사에서 겪는 중요한 갈등의 의미를 인식하고 자신의 한계를 수용한다.

집단상담은 다음과 같은 발달적 특징을 지닌 청소년 내담자에게 특히 효과적이다(김계현 외, 2009; 이재규, 2005; 홍경자, 2002).

첫째, 내담자는 집단상담을 통해 청소년기의 사회인지적 특징(자기중심적 사고, 나만이 독특하다고 믿는 개인적 우화)이 다른 집단구성원들에 의해 용납되지 않고 도전받는다는 경험을 할 수 있다. 따라서 집단 안에서는 타인의 관점을 고려하고 타인에 대한 관심과 배려를 갖지 않을 수 없다. 집단활동을 통해 자신만의 독특한 감정과 경험을 집단구성원들과 공유하면서 타인으로부터 이해받는 경험을 한다.

둘째, 개인상담에서는 권력의 수직적 상하관계(전문가로서 상담자와 문제를 가진 사람으로서 내담자의 관계)를 통해 불편감과 저항이 초래될 수 있다. 이와 달리 집단상담에서는 힘의 균형을 경험할 수 있고 상담자나 상담에 대한 불신감과 두려움을 덜어 낼 수 있다.

6) 집단상담의 한계

상담자가 집단상담을 효과적으로 진행하려면 개인상담에 필요한 이론적 지식과 실제적 경험뿐만 아니라 집단구성원들의 다양한 역할과 경험 그리고 집단의 역동성을 파악할 수 있는 전문성을 갖추어야 한다(이형득, 1995; Corey & Corey, 2007). 이처럼 집단상담의 성공적 실시는 상담자에게 큰 부담을 줄 뿐만 아니라 다음과 같은 문제점을 가진다.

- 집단과정에 몰두하다 보면 내담자 개인의 관심이 간과될 수도 있다.
- 개인상담보다는 상담자와 내담자 간 신뢰관계의 형성이 어렵다.
- 집단규준에 맞추려는 압박감 때문에 개성과 자율성의 노출이 어렵다.
- 소심한 성격의 내담자에게 집단 상황이 부적절하거나 불편할 수 있다.
- 저항을 다루기가 개인상담에서보다 집단상담에서 더 어렵다.

8 종합적 학교상담

기존의 학교상담이 심각한 문제를 보이는 소수의 학생들을 위한 문제별 사후치료에 집중되었지만, 정상적으로 성장하는 학생들도 상담을 필요로 한다. 발달적 특성상 다수의 학생들이 공통적으로 겪는 문제를 파악하여 이러한 문제의 발생을 미연에 예방할 필요가 있다. 또한 문제를 겪는 학생들과 문제를 겪지 않는 학생들을 포함하여 모든 학생을 대상으로 이들의 건강과 유능성을 증진시키고 적응력을 향상시킬 필요도 있다. 그러므로 학교상담에 대한 종합적 접근이 필요하게 되었다. 종합적 학교상담은 문제가 있는 학생들뿐만 아니라 문제가 없는 학생들 모두를 위한 지원을 제공하는 상담활동에 적합한 모형이다. 종합적 학교상담에서는 사후치료와 사전예방을 병행하고, 학생의 발달적 특징에 맞추어 초등학교부터 고등학교까지 연계성을 이루는 학교상담 및 생활지도 프로그램을 하나의 교육과정으로 편성하여 실시한다.

또한 생활지도와 상담이 학교교육의 보조활동으로 취급되지 않고 전반적인 학교교육의 통합적이며 중요한 일부로 중시된다. 상담(counseling), 조정(coordination), 자문(consultation), 학급단위 생활지도(large group classroom guidance)를 포함하는 종합적 학교상담의 특징을 요약하면 다음과 같다(Sink, 2005).

첫째, 생활지도와 학교상담은 문제를 가진 소수의 학생들만을 위해서가 아니라 학교에 있는 모든 학생의 건강한 발달과 적응 그리고 문제의 예방과 해결을 위해서 실시된다.

둘째, 초·중·고등학교 시기를 통틀어 발달적으로 연계성을 이루도록 설계된다. 이러한 활동은 훈련과 자격을 갖춘 상담전문가에 의해 실행되고 교사, 학교관리자, 학부모의 지원을 필요로 한다(구광현 외, 2005; 박성희 외, 2006).

셋째, 학업발달, 인성·사회성발달, 진로발달의 세 가지 내용 영역으로 구성된다. 우리나라에서도 중·고등학생용 학교상담 프로그램은 이 세 가지 영역의 내용을 목표로 개발·시행되고 있다(예: 강진령, 유형근, 2009a, 2009b).

넷째, 종합적 학교상담의 조직적 틀은 크게 구조적 요소, 프로그램 요소, 시간 요소로 구성된다(김계현 외, 2009). '구조적 요소'는 종합적 학교상담 프로그램이 전반적인 학교교육 안에서 차지하는 위치와 기능, 프로그램의 전달자와 수혜자, 프로그램의 성과 등을 정의한 것이다. '프로그램 요소'는 네 가지 하위요소, 즉 생활지도 및 학교상담 교육과정(guidance & school counseling curriculum), 개별계획(individual planning), 반응적 서비스(responsive services), 체제지원(system support)을 포함한다. '시간 요소'는 학교상담을 담당하는 교사가 행정업무처리를 제외한 자신의 고유 업무, 즉 프로그램의 네 가지 요소에 사용하는 일정 분량의 시간을 말한다.

종합적 학교상담에 포함된 '프로그램 요소'를 좀 더 상세하게 살펴보면 다음과 같다. 교육과정은 학업발달, 인성·사회성발달, 진로발달을 증진시키는 경험과 활동을 포함한다. 개별계획은 학생 각자의 학업발달, 인성·사회성발달, 진로발달을 계획하고 점검하며 관리하는 활동을 포함한다. 반응적 서비스는 발생한 문제를 평가하고 해결하기 위하여 개인상담, 집단상담, 위기개입, 학교심리평가, 다른 서비스로의 의뢰, 자문을 실시하는 것이다. 체제지원은 전반적인 학교상담 및 생활지도 프로그램의 수립·유지·관리에 필요한 지원활동들로 구성된다.

탐구문제

1. 생활지도와 학교상담은 주먹구구식으로 진행되어서는 안 되며, 교사나 상담전문가의 편의에 따라서 실시되어도 안 된다. 생활지도와 학교상담의 목표와 방법을 선택하고 실시하는 데 고려해야 할 핵심기준에 대해 설명하시오.

2. 생활지도의 활동 영역에 대해 논의하시오.

3. 상담교시 또는 상담전문기기 갖추어야 할 기본적인 자질과 태도에 대해 말하시오.

4. 인간중심 상담이론에서 제시하는 상담자의 세 가지 기본 태도를 설명하시오.

5. 학생의 전인발달과 적응을 돕기 위해 당신은 어떤 상담이론을 채택하길 원하는가? 예비교사로서 교육에 대한 자신의 신념과 철학에 들어맞는 상담이론을 선택하고, 자신의 이론적 틀에 비추어 학업 흥미와 미래 희망을 상실한 학생을 상담하시오.

6. 진로상담에 대한 선택적 관점과 발달적 관점의 차이를 설명하시오.

7. 중·고등학생을 대상으로 집단상담을 실시하는 것이 개인상담을 실시하는 것보다 어떤 점에서 유리하고 어떤 점에서 불리한지에 대해 논의하시오.

8. 종합적 학교상담 프로그램의 네 가지 하위요소를 열거하시오.

Chapter

10 학교심리검사

학교에서는 주로 중간시험과 기말시험 또는 교육청 및 전국 단위의 학업성취도 검사나 기초학력검사를 실시할 것이다. 이와 더불어 생활지도와 학생상담의 일환으로 심리평가를 실시한다. 학업성취도를 평가하든 학생의 사회적·정서적·행동적 적응상태를 평가하든 학교에서 평가를 실시할 때, 교사는 학생들이 평가를 받을 준비를 하도록 돕고, 평가를 직접 실시하거나 평가의 실시를 관리 및 지원하며, 평가 결과를 학생이나 학부모에게 전달하는 역할을 맡는다. 이 장에서는 교사가 알아야 할 심리검사에 대한 기초지식을 제공하고 심리검사의 발전배경, 심리검사의 신뢰도와 타당도, 몇몇 주요 심리검사에 대해 배운다.

1 심리검사의 기초

1) 기본 개념

(1) 평가

심리평가(psychological assessment)는 피검자의 심리적 상태에 관한 자료를 수집하여 그가 지닌 문제를 규명하고 그를 돕기 위한 결정을 내리는 과정이다(Sattler, 2001, 2002). 우리말로는 똑같이 '평가'로 표기되지만 'assessment'는 피검자에 관한 자료 수집과 의사결정의 과정이고, 'evaluation'은 교육과정이나 교육 프로그램의 가치, 즉 효과성을 판단하는 과정이다. 판단의 준거(criteria)나 표준(기준, standards)을 적용하더라도 심리평가자는 평가결과에 대한 가치판단적 해석을 지양한다(김영환, 문수백, 홍상황, 2008).

(2) 측 정

측정(measurement)은 일정한 규칙에 따라서 대상에 숫자를 부여하여 수량화하는 과정을 뜻한다. 측정하여 얻은 점수의 의미는 명명척도(nominal scale), 서열척도(ordinal scale), 등간척도(동간척도, interval scale), 비율척도(ratio scale) 중 어느 척도를 사용했는지에 따라 다르다.

- 명명척도: 명명척도의 숫자는 대상을 구분하는 기능만을 수행하므로 숫자에 대한 연산을 할 수 없다. 예를 들면, 설문조사에서 여성을 '1'에, 남성을 '2'에 배정하거나 거주지별로 숫자를 달리 부여한 것은 명명척도에 해당한다.
- 서열척도: 서열척도의 숫자는 크기나 중요성 등의 순서를 알려 주는 기능을 한다. 예를 들면, 학급석차를 1, 2, 3등으로 기록하는 것은 일종의 서열척도다.
- 등간척도: 척도의 숫자 간 간격이 동일하다고 가정하는 척도다. 등간척도에서 '0'은 임의영점이다. 예를 들면, 온도계에서 섭씨 0도는 온도가 전혀 없음을 의미하는 것이 아니라 물이 어는 온도에 임의적으로 '0'이라는 숫자를 부여한 것이다. 온도는 비율척도가 될 수 없기 때문에 '몇 배 더 뜨겁다 또는 더 차갑다' 등의 비율을 해석할 수 없다.
- 비율척도: 비율척도는 척도의 숫자 간 간격이 동일할 뿐만 아니라 절대영점('0'은 해당 척도가 재는 특성을 전혀 가지고 있지 않음을 의미)을 가지고 있다. 예를 들면, 길이를 재는 자나 무게를 재는 저울은 비율척도에 해당한다. 그러므로 길이나 무게에 대해서는 '몇 배 더 길다' 또는 '몇 배 더 무겁다' 등의 비율을 해석할 수 있다.

(3) 검 사

검사(test)는 금속정련기를 뜻하는 라틴어 테스튬(testum)에서 유래한 용어로 캐텔(J. M. Cattell)에 의해 처음 학술적으로 사용되었다. 금속정련기는 금광에 매장된 금의 양을 조사하기 위해 사용된 도구로, 광산의 여러 지점에서 파낸 광석을 금속정련기로 용해시켜 불순물을 완전히 제거하면 남아 있는 금의 무게로 금의 매장량을 추정할 수 있다(김영환 외, 2008). 이처럼 검사는 행동 표본을 측정하는 체계적이며 객관적인 절차를 말한다.

2) 심리검사 결과에 영향을 주는 변인

(1) 검사 변인

검사지에 제시된 반응범주의 수, 중립반응 범주의 유무, 문항의 표현방식에 따라서 피검자의 반응과 검사결과가 달라질 수 있다(Sattler, 2001, 2002).

첫째, 검사지에서 각 문항에 대한 응답을 기록하는 반응범주의 수가 검사결과에 영향을 미칠 수 있다. 그러나 반응범주의 수가 얼마나 되어야 하는지에 대한 일반적인 합의는 없다. 반응범주가 지나치게 많으면 피검자는 반응범주 간 차이를 변별해야 하는 심리적 부담을 크게 느끼게 되고, 반응범주가 지나치게 적으면 피검자는 미묘한 차이를 변별할 수 없는 문제가 생긴다.

둘째, 각 문항에 대한 피검자의 응답을 표기하는 반응범주의 수가 홀수여서 중립반응을 표기할 범주가 있는 경우와 그렇지 않은 경우에 피검자의 반응이 달라진다. 예를 들면, 1(전혀 그렇지 않다)~5(매우 그렇다)의 5점 리커트(Likert) 척도에서는 3점이 중립반응 범주다. 만일 4점 리커트 척도를 쓴다면 중립반응 범주가 없다. 중립반응 범주가 있는 경우, 신중하지 않은 응답자는 별 생각 없이 중립반응을 선택하므로 검사의 신뢰도가 낮아질 수 있다. 그러나 문항에 대한 찬반 태도가 분명하지 않을 경우에는 중립반응 범주를 제시하는 것이 바람직하다. 찬성이나 반대와 마찬가지로 중립적 입장도 하나의 의견이기 때문이다.

끝으로, 문항을 긍정적으로 표현하면 응답자가 긍정적으로 반응할 경향성이 높아진다. 질문지에 포함된 문항들이 모두 부정적으로 표현되면, 전반적으로 부정적인 분위기가 조성되므로 응답자의 반응도 부정적이 될 수 있다.

(2) 검사자 변인

검사자의 나이, 성별, 문화적 배경, 몸짓과 얼굴표정, 객관적 태도의 유지 여부 등이 피검자의 검사반응에 영향을 준다(Sattler, 2001, 2002). 특히 개인검사에서 검사자가 내담자에 대한 편견이나 왜곡된 이해를 가진 경우에 검사자의 이러한 심리상태는 곧바로 피검자에게 전달되고, 피검자는 최대수행을 하지 못하거나 일상적인 반응을 드러내지 않을 수 있다. 이와 달리, 검사자가 검사문항을 제시할 때 적극적 태도를 취하면 피검자도 검사에 적극적으로 참여하게 된다.

(3) 피검자 변인

피검자의 수검태도(test-taking attitude)와 정서상태가 검사결과에 영향을 준다(Sattler, 2001, 2002).

피검자의 수검태도는 피검자가 문항 내용과 무관하게 어느 한 방향으로 의도적으로 또는 비의도적으로 일관성 있게 반응하는 경향, 즉 반응태세(response set)를 말한다. 이는 긍정왜곡 경향[faking good tendency, 사회적 바람직성(social desirability)이라고도 함]으로 드러나기도 하고, 부정왜곡 경향(faking bad tendency)으로 드러나기도 한다. 전자는 자신이 더 좋게 보이는 방향으로 응답하는 태도를 말하고, 후자는 자신이 더 나쁘게 보이는 방향으로 응답하는 경향을 말한다. 수검태도는 인지능력을 평가하는 검사보다는 성격검사, 문제행동 평정척도, 정신병리검사 등에서 문제가 된다. 그래서 미네소타 다면적 인성검사(Minnesota Multiphasic Personality Inventory: MMPI)에는 문제증상을 평가하는 임상척도에 더하여 수검태도를 평가하는 타당도 척도(예: 비전형 척도, 부인 척도, 과장된 자기제시 척도)가 있다.

또한 피검자의 정서상태도 검사결과에 영향을 준다. 피검자가 지나치게 우울하거나 불안한 상태에서는 최대수행이나 전형적 반응을 기대하기가 어렵다. 검사자는 검사를 실시하는 데 몰두한 나머지 피검자의 심신상태의 파악을 소홀히 하지 않도록 유의해야 한다.

(4) 검사환경 변인

검사장소의 조명상태, 소음, 쾌적한 정도 등 물리적 환경도 피검자의 검사결과에 영향을 미친다. 특히 능력검사를 실시할 경우에는 쾌적하고 조용한 검사환경을 조성하여 피검자가 최대수행을 발휘할 수 있게 해 주는 것이 중요하다(Sattler, 2001, 2002).

3) 심리검사의 사용과 교사의 역할

(1) 검사의 선택

첫째, 검사의 실시 여부를 결정하고 실시할 검사를 선택할 때 검사를 실시해야 할 필요성과 목적을 가장 먼저 고려해야 한다. 교사, 학부모, 학교관리자가 검사를 실시해야 할 목적과 필요성을 분명히 인식한다면, 목적에 맞는 검사를 쉽게 선택할 수 있다. 검사는 피검자의 시간과 비용을 사용하는 일이므로 반드시 피검자에게 혜택을 줄 목적으로 실시해야 한다.

둘째, 표준화 검사를 실시할 경우에는 그 검사가 적절한 규준을 가지고 있는지를 확인해야 한다. 검사의 실시대상인 학생집단과 비슷한 학생들로 규준집단이 구성되어야 개별 학생의 점수를 규준과 비교하여 해석할 수 있다. 만일 규준이 10년 이상 오래된 것이라면 현재 학생의 점수를 규준과 비교하는 것은 적절하지 못하다. 10년마다 IQ가 3점씩 상승한다는 플린 효과(Flynn effect)에 비추어 볼 때, 오래된 규준은 적절한 비교기준이 되지 못한다.

(2) 검사의 실시

검사 일정이 결정되면, 학생들이 검사에 대한 마음의 준비를 갖추고 검사에 대비할 수 있도록 학생들에게 검사 일정을 미리 공지해야 한다. 또한 표준화 검사를 실시할 경우에 교사는 검사지침서에 명시된 실시절차, 소요시간, 준비물, 검사환경 등에 관한 요건을 준수해야 한다.

(3) 검사결과의 해석

간혹 정신병리를 진단하는 검사나 개인용 지능검사처럼 채점과 해석이 복잡한 검사를 실시할 경우에는 검사결과에 대한 전문적 해석이 중요하다. 학교에서 집단용 검사를 실시하더라도 교사가 검사결과의 의미를 학생과 학부모에게 이해시켜야 할 책임을 맡는다. 그러므로 교사는 검사결과의 해석에 필요한 기초지식을 갖추어야 한다. 검사결과지를 학생들에게 나누어 주는 것만으로 검사와 관련된 교사의 의무와 책임이 완료되는 것은 아니다.

② 심리검사의 발전과정

학교와 군대는 심리검사의 발전에 중요한 영향을 미친 장소다. 학교와 군대에는 많은 사람들이 있고, 이들의 기능 수준이나 특성에 맞는 교육과 훈련 프로그램을 선정하거나 적소에 배치하는 것이 중요하기 때문이다. 이에 앞서 심리검사의 초기 발전에 중요한 영향을 미친 분야가 있으니, 그것은 바로 정신의학과 실험심리학이다(김영환, 문수백, 홍상황, 2008).

1) 정신의학의 영향

19세기에 들어오면서 심리장애를 가진 사람이나 정신지체 아동을 위한 인간적인 치료가 제공되기 시작하였다. 이들의 증상과 질병을 진단하기 위한 정신의학적 검사도구의 개발도 함께 이루어졌다. 물론 초기에 정신과 의사들이 개발했던 많은 검사 중 상당수는 이제 더 이상 사용되지 않고 있지만, 검사 개발의 기본 취지나 원리는 현대 심리검사의 제작과 보급에 기여하였다(김영환 외, 2008).

2) 실험심리학의 영향

1879년에 심리학자 분트(W. Wundt)는 독일 라이프치히 대학에 심리학 실험실을 세우고, 내성법(內省法, introspection)으로 인간의 정신을 구성하는 요소들을 확인하고자 하였다. 이보다 앞선 1862년에는 사고측정기(thought meter)를 개발하였는데, 이 도구는 눈금이 매겨진 추가 앞뒤로 움직일 때 소리가 나도록 만들어진 것이다. 소리가 날 때 피검자에게 추의 위치를 추측하게 하고, 피검자가 보고한 추의 위치와 실제 추의 위치 간 차이를 사고의 신속성 지표로 삼았다. 이러한 방법으로 사고의 신속성에 있어서 개인차를 확인할 수 있었다. 분트의 업적은 감각적 단위와 과정에 제한된 것이기는 하지만, 정신과정을 측정하고 개인차를 인정한 시도였다는 점에서 심리검사의 발전에 시사하는 바가 크다(김영환 외, 2008).

한편, 진화론을 주장한 다윈(C. Darwin)의 사촌이자 19세기 영국 실험심리학을 주도한 골턴(F. Galton)도 측정에 상당한 관심을 보였다. 골턴은 존재하는 모든 것이 측정될 수 있다고 믿었고, 1884년 런던 세계박람회에서 인체측정 실험실을 만들어 신체적 특성과 감각기능을 측정하였다. 당시에 그가 사용했던 측정도구와 방법은 현대 검사도구와 측정방법의 원형이 되었다. 감각(시각, 청각, 운동감각)변별력과 반응시간을 측정하는 도구를 실시하여 지능을 측정하였다. 또한 감각능력을 측정하기 위한 평정척도와 질문지를 처음 사용하였고, 자유연상기법을 활용하는 등 심리검사 분야에서 탁월한 업적을 남겼다(김영환 외, 2008).

캐텔(J. M. Cattell)은 분트의 제자이지만, 인간심리에 관한 일반법칙을 정립하려 했던 분트보다는 개인차를 측정하는 데 관심을 두었던 골턴의 영향을 더 많이 받았다. 그는 골턴이 사용했던 감각변별력 검사를 다시 연구하여 정신능력을 측정하는 방법으로 확대 · 보급하였으며, 검사(test), 정신검사(mental test), 측정과 같은 용어를 처음 사용하였고, 심리검사와 정신측정에 대한 논문을 발표하여 이를 학문적으로 널리 알리는 데 일조하였다(김영환 외, 2008).

캐텔의 제자들은 심리검사를 개발하고 연구와 교육현장에서 활용하는 등 심리검사 운동을 이어 나갔다. 특히 손다이크(E. L. Thorndike)는 집단지능검사와 아동

어휘력검사를 개발하여 학교현장과 연구에 활용함으로써 교육심리학의 기틀을 마련하였다. 한편, 위슬러(C. Wissler)는 1901년에 악력, 색채명명, 반응시간 등을 측정하여 정신검사 점수를 산출하고, 대학생의 학업성적과의 관계를 연구하였다. 예상과 달리, 신체감각 능력, 반응시간 등으로 산출한 정신검사 점수는 학업성적과 의미 있는 상관을 이루지 못하였다(김영환 외, 2008). 이 같은 결과에 위슬러는 크게 실망했지만, 그의 연구로 인해 후학들은 감각변별력이나 반응시간과 같은 단순한 능력을 측정하는 검사로는 지능과 같은 복잡하고 고등한 정신기능을 제대로 측정할 수 없다는 결론을 내릴 수 있었다. 한 예로, 비네(A. Binet)는 인간의 고등정신기능은 기억력, 주의집중력, 언어능력에 좌우된다고 보았다. 비네의 노력으로 1905년에 이르러 드디어 최초의 개인용 지능검사가 세상에 나왔다.

3) 주요 심리검사의 발전과정

(1) 비네 척도의 개정

1905년에 개발된 개인용 지능검사인 비네-시몽 척도는 이후 여러 차례 개정되었다. 1908년 개정판에는 '정신 수준'이라는 개념이 처음으로 도입되었고, 고더드(H. Goddard)가 이 척도를 미국에 처음 소개하였다. 1912년에 스턴(L. W. Stern)이 제안한 비율지능지수(ratio IQ) 개념은 미국 스탠퍼드 대학교 교수인 터먼(L. M. Terman)에 의해 채택되어, 1916년에 미국에서 개발된 스탠퍼드-비네(Stanford-Binet) 검사에서도 사용되었다. 비율지능지수는 생활연령에 대한 정신연령의 비율로 산출된다.

(2) 집단용 검사의 발달

제1차 세계대전의 발발은 모병과 배치를 위한 지능검사에 대한 요구를 증대시켰다. 당시에 미국심리학회장이었던 여키스(R. M. Yerkes)가 1917년에 지필식 집단지능검사를 개발했는데, 이 가운데 언어성 지능검사를 알파 검사, 비언어성 지능검사를 베타 검사라고 불렀다.

이러한 군대 검사는 다른 집단지능검사 개발의 모델이 되었다. 터먼은 1920년에 일반인에게 실시할 수 있는 국민지능검사를 개발하였고, 오티스(A. S. Otis)는 1922년에 피검자가 스스로 실시, 채점, 해석할 수 있는 단축형 집단지능검사를 개발하였다. 세계대전이 종료된 후에는 집단용 검사의 주요 장면이 학교로 옮겨져서 다양한 연령의 학생을 위한 집단지능검사가 개발되었다.

(3) 개인용 지능검사의 개발

성인의 지능을 측정하기 위하여 웩슬러(D. Wechsler)가 성인용 지능검사를 개발하였다. 1939년에 웩슬러 벨뷰 I(Wechsler-Bellevue I)이 출판되었고, 1949년에는 웩슬러 아동용 지능검사(Wechsler Intelligence Scale for Children: WISC)가 개발되었다.

(4) 성격검사의 개발

질문지형 성격검사

질문지형 성격검사의 시초는 1920년에 우드워스(R. S. Woodworth)가 정신과 면담의 대안으로 개발한 개인자료기록지(Personal Data Sheet)다. 이 기록지는 제1차 세계대전 동안 병역의 의무를 수행하기 어려울 정도로 심각한 정신장애를 가진 사람을 신속하게 변별해 낼 목적으로 사용되었다. 이 기록지에 포함되었던 허위반응 탐지 척도는 1940년대 해서웨이(S. Hathaway)와 맥킨리(J. McKinley)가 정신병리의 임상진단을 목적으로 개발한 미네소타 다면적 인성검사(MMPI)를 비롯한 많은 성격검사에서 lie scale로 사용되고 있다. MMPI는 대표적인 임상진단용 성격검사로, 전 세계적으로 가장 널리 사용되고 있다. MMPI에 대한 개정을 거쳐 최근에는 MMPI-2(성인용)와 MMPI-A(청소년용)를 실시한다.

투사적 성격검사

제1차 세계대전이 끝난 후 집단검사에 대한 회의적 입장이 제기되었고, 그 대신에 투사적 검사에 대한 관심이 일어났다. 1921년에 로르샤흐(H. Rorschach)는 약

50년 전에 의사 커너(J. Kerner)가 자신의 시에서 언급했던 잉크반점을 활용하여 잉크반점검사를 출판하였다.

1926년에는 굿이너프(F. Goodenough)가 최초로 그림 그리기를 사용하여 아동의 지능을 측정하였다. 그는 아동의 그림이 성격이나 흥미보다는 인지능력을 더 많이 반영한다는 연구결과를 근거로 인물화검사(Draw-A-Man test)를 개발하였다. 이와 달리, 맥호버(K. Machover)는 사람의 성격이 그림에 투사된다는 점, 특히 신체상 가설(사람 그림에는 그림을 그린 사람의 자기 신체에 대한 지각과 자기이미지가 표상된다는 가설)에 기초하여 그림검사를 성격검사로 사용하였고 그림을 정신분석학적으로 해석하였다. 그 이후에 집 그림, 나무 그림, 사람 그림의 질적 측면을 평가하여 사람의 성격과 정서적 측면을 파악하고자 집-나무-사람 검사(House-Tree-Person test: H-T-P)와 동적 가족그림 검사(Kinetic Family Drawing: KFD)가 개발되었다.

머레이(H. Murray)의 욕구이론에 근거하여 개인의 욕구(need)와 환경 압력(pressure)의 관계를 평가할 목적으로 주제통각검사(Thematic Apperception Test: TAT)가 개발되었다. 아동은 동물에 더 잘 동일시한다는 가정하에, 1949년에는 벨라크(L. Bellak)가 동물을 주인공으로 한 아동용 주제통각검사(Children's Apperception Test: CAT)를 제작하였다. 1966년에는 동물 그림을 사람 그림으로 대체한 CAT-H가 출판되었으며, 1994년에는 로버츠(Roberts) 아동용 주제통각검사가 제작되는 등 투사적 그림 검사의 개발이 활발히 이루어졌다.

또한 벤더-게슈탈트 검사(Bender Visual Motor Gestalt Test: BGT)가 개발되었다. 1923년에 베르트하이머(M. Wertheimer)가 게슈탈트 심리학 원리에 근거하여 고안한 몇 개의 기하학적 도형을 1938년에 벤더(L. Bender)가 사용하여 제작한 검사가 바로 BGT다. BGT는 시지각-운동의 협응능력을 평가하는 동시에, 제시된 자극을 통합된 형태로 지각·모사하는 데 나타나는 왜곡이나 상실을 평가한다. 도형의 지각과 모사에 있어서 나타나는 왜곡과 상실은 미성숙이나 정신병리 징후와 관련되기 때문이다.

3 검사의 타당도와 신뢰도

검사개발자가 검사의 심리측정적 양호도를 증명해 보여야 하듯이, 학교에서 심리검사를 사용하는 교사는 검사의 실시목적, 내용, 이론적 배경뿐만 아니라 심리측정적 양호도를 검토해야 한다(성태제, 시기자, 2015). 여기서는 검사의 타당도와 신뢰노에 대해 간략하게 살펴본다.

1) 타당도

타당도(validity)는 검사의 충실성(검사가 원래 측정하기로 되어 있는 것을 충실하게 측정한 정도)을 의미한다. 예를 들면, 학생들의 체중을 재기 위해 줄자를 사용했다면, 줄자가 아무리 정확한 길이를 알려 줄지라도 체중을 재는 데는 타당하지 못하다. 왜냐하면 줄자로 얻은 점수가 줄자의 사용 목적에 부합하지 않는 방식으로 해석되었기 때문이다. 요약하면, 타당도란 검사점수의 해석이 검사도구의 사용 목적에 부합하는 정도를 나타낸다.

검사의 타당도에는 내용타당도, 준거관련타당도, 구인타당도, 결과타당도 등이 있다. 그 밖에 안면타당도(face validity)가 있지만, 이는 진정한 의미의 심리측정적 양호도가 아니다. 안면타당도란 검사가 측정하고자 하는 것을 '측정하는 것처럼 보이는' 정도를 뜻한다. 검사의 안면타당도가 심리측정적 양호도에 속하지는 않지만 검사가 안면타당도를 갖는 것은 중요하다. 안면타당도가 낮으면 검사를 치르는 학생들이 검사의 취지를 의심하거나 검사를 중요하지 않은 것으로 여겨 검사 수행에 최선의 노력을 기울이지 않을 수 있기 때문이다. 예를 들면, 언어이해력 검사에 유행가 가사의 끝말잇기 문항들이 다수 포함된다면 이 검사의 안면타당도는 낮을 수밖에 없다.

미국의 교육연구학회(American Educationl Research Association: AERA), 심리학회(American Psychological Association: APA), 교육측정협회(National Council on

Measurement in Education: NCME)가 함께 만든 1985년 '교육 및 심리검사 표준 (Standards for Educational and Psychological Testing)'에는 '○○타당도'라는 용어가 '○○와 관련된 타당도의 근거' 또는 '○○에 기초한 근거'로 변경되었고, 1999년 표준에는 타당도의 정의가 '근거(evidence)나 이론이 검사점수의 해석을 지지하는 정도'로 변경되었다(성태제, 시기자, 2015).

(1) 내용타당도

내용타당도(content validity)는 '검사내용에 기초한 근거' 또는 '내용과 관련된 타당도의 근거'라고 한다. 검사에 포함된 문항들의 내용이 검사가 측정하려는 것을 제대로 측정한 정도에 대한 검사내용 전문가들의 판단을 내용타당도라고 한다. 여타의 심리측정적 양호도가 '검증'되는 것과 달리, 논리적 사고에 입각해 분석되는 내용타당도는 '검토'된다.

학교에서 실시하는 검사들 가운데 학업성취도 검사의 심리측정적 양호도로 중요한 것이 바로 내용타당도다. 왜냐하면 교육목표에 따라서 가르친 교육내용이 표준화 학업성취도 검사에 충실하게 반영되어야 하기 때문이다. 이미 제시되어 있는 교육목표, 교과과정, 교재의 내용을 분석하고 검사문항의 내용을 분석한 후 검사문항의 적합도를 논리적으로 판단하여 검사의 내용타당도를 검토한다(임규혁, 임웅, 2007).

(2) 구인타당도

구인타당도(construct validity)는 '내적 구조에 기초한 근거' 또는 '구인과 관련된 타당도의 근거'라고 한다(성태제, 시기자, 2015). 조작적으로 정의되지 않은 심리적 구인(예: 지능, 창의성, 우울, 내향성)을 조작적으로 정의한 다음에 검사점수가 심리적 구인을 제대로 측정했는지를 검증한다. 예를 들면, 지능검사인데도 불구하고 단기기억력이나 단순계산능력만을 측정한다면, 이 지능검사의 구인타당도는 양호하지 않다고 볼 수 있다. 만일 불안검사가 원래 측정하고자 했던 불안의 증상(인지적 증상으로서 걱정, 염려, 집중력 감소; 정서적 증상으로서 심리적 불편감; 행동적 증상으로서 회피행동, 긴장된 행동; 생리적 증상으로서 심장박동, 현기증 등) 을 측정하는 문항들로 이루어져 있다면, 이 불안검사의 구인타당도는 양호하다 고 할 수 있다.

(3) 준거관련타당도

준거관련타당도(criterion-related validity)는 '준거와 관련된 타당도의 근거'라고 하며 예측근거와 공인근거로 구분된다(성태제, 시기자, 2015). 준거관련타당도는 주로 다른 변수와의 관계에 의해 검증된다. 여기서는 그동안 예측타당도 (predictive validity)로 불렸던 '준거와 관련된 예측 근거'와 공인타당도(concurrent validity)라고 불렸던 '준거와 관련된 공인 근거'에 대해 살펴본다.

예측타당도는 어떤 검사점수가 미래의 어떤 행동을 예측하는 정도를 나타낸다. 청소년 우울검사를 청소년 100명에게 실시하고, 이들이 성인이 되었을 때 성인용 우울검사를 실시하여 얻은 두 검사점수의 상관계수가 유의하면, 청소년 우울검사 의 예측타당도가 양호하다는 결론을 내릴 수 있다. 즉, 청소년 우울검사의 점수로 성인기 우울을 잘 예측할 수 있다.

공인타당도는 어떤 검사점수가 동일 시기에 수집한 다른 수행지표와 관련된 정 도를 나타낸다. 예를 들면, 과거에 창의력 검사가 개발되었고 이 검사의 타당도가 검증되었다고 하자. 이 검사를 토대로 단축형 창의력 검사를 제작했는데, 학생들 에게 두 검사를 동시에 실시하여 얻은 점수 간 정적 상관이 유의하면, 단축형 창 의력 검사의 공인타당도는 양호한 것이다.

(4) 결과타당도

결과타당도(consequential validity)는 1999년 '교육 및 심리검사 표준'에 제시된 타당도 지표로, '검사결과에 기초한 근거'라고 한다(성태제, 시기자, 2015). 검사점 수를 활용하여 어떤 목적을 달성하고 결과를 초래했는지를 나타낸다. 즉, 검사결 과가 의도한 결과를 달성한 정도와 의도하지 않은 결과를 초래한 정도를 검증하는 방법을 말한다. 예를 들면, 중학교에서 전교생을 대상으로 진로적성검사를 실시했

을 때, 학생들의 진로의식이 발달하고 진로탐색활동이 활발해졌지만, 다른 한편
으로는 진로미결정에 따른 자신감 상실의 부정적 효과가 드러날 수도 있다. 이런
경우에 진로적성검사 결과에 기초하여 검사의 타당도를 살펴봐야 할 필요가 있다.

2) 신뢰도

고전적 검사이론에서 신뢰도(reliability)란 검사를 통해 산출한 점수(관찰점수,
observed score)와 진점수(true score)가 일치하는 정도를 의미한다. 즉, 검사의 신뢰
도란 검사점수의 정확성(accuracy)을 나타낸다. 그러나 우리는 검사의 진점수를
알 수 없으므로 검사의 진점수를 언급하지 않으면서도 검사의 신뢰도를 경험적으
로 검증할 수 있는 방법이 필요하다.

어떤 검사가 완벽한 신뢰도를 가지고 있다면, 그 검사를 여러 번 실시하더라도
항상 똑같은 관찰점수를 얻을 수 있을 것이고, 이때의 관찰점수를 바로 진점수로
간주할 수 있다. 그러므로 신뢰도는 검사를 실시할 때마다 같은 점수를 얻는 정
도, 즉 검사점수들의 안정성(stability) 또는 일치성(consistency)을 의미한다. 예를
들면, 학생들에게 신뢰도가 높은 검사를 반복해서 실시했고 두 번의 검사를 실시
하는 도중에 특이한 사건이나 추가적인 학습이 발생하지 않았다면 학생들은 두
검사 회기에서 거의 비슷한 점수를 얻어야 할 것이다.

신뢰도에는 검사-재검사 신뢰도, 동형검사 신뢰도, 반분신뢰도, 평가자 간 신
뢰도, 내적일치도 등이 있다.

(1) 검사-재검사 신뢰도

검사-재검사 신뢰도는 일정한 시간 간격을 두고 동일한 검사를 2회 반복 실시
하여 얻은 점수들 간 상관계수로 산출된다. 이 신뢰도 지표의 단점은 동일한 검사
를 반복 실시하면 연습효과, 기억효과, 피로효과가 검사-재검사 신뢰도에 영향을
미친다는 점이다.

(2) 동형검사 신뢰도

검사-재검사 신뢰도가 가진 단점을 해결하기 위하여 동형검사 신뢰도를 검증할 수 있다. 동형검사 신뢰도는 해당 검사를 실시한 후 원래 검사와 동일한 구인, 내용, 문항유형, 문항난이도, 문항변별도를 가지지만 문항 자체는 다른 동형검사(alternate-form test)를 실시하여 얻은 두 검사점수 간 상관계수로 수량화된다.

(3) 반분신뢰도

반분신뢰도란 한 번 실시한 검사를 앞과 뒤 또는 짝수 문항과 홀수 문항으로 이분한 다음에 두 부분의 점수 간 상관계수로 계산된다. 검사 길이가 원래 검사의 반으로 축소되기 때문에 검사의 신뢰도를 과소 추정하는 문제가 발생한다. 스피어먼-브라운(Spearman-Brown) 공식을 적용하여 원래 문항 수로 환원되었을 때의 신뢰도를 추정할 수 있다.

(4) 평가자 간 신뢰도

평가자 간 신뢰도(채점자 간 신뢰도라고도 함)는 두 명의 평가자가 동일한 검사대상을 채점한 점수의 상관계수로 수량화된다.

(5) 내적일치도

내적일치도(문항내적일치도, 내적합치도라고도 함)는 크론바흐 알파(Cronbach's alpha) 계수로 수량화된다. 이 계수는 검사를 구성하는 다수의 검사문항이 동질적인 정도를 나타낸다.

검사도구의 신뢰도를 위협하는 가장 큰 문제는 모호한 검사문항과 불분명한 검사지시문에서 초래된다. 검사문항과 검사지시문이 모호하고 불분명하면 검사 시기마다 피검자의 응답이 달라지고, 그로 인해서 검사의 신뢰도가 떨어진다. 또한 피검자의 심신상태(피로, 불안, 저조한 동기 등)의 변화가 검사의 신뢰도를 낮출 수 있다. 마지막으로, 검사실시자가 표준화된 검사 실시절차와 표준화된 채점방식을 따르지 않을 때 검사의 신뢰도가 낮아진다.

４ 객관적 검사

　심리검사는 객관적 검사(objective test)와 투사적 검사(projective test)로 구분된다. 객관적 검사는 검사문항, 실시절차, 채점방식, 규준, 해석방식이 명확하게 정해져 있는 검사다. 객관적 검사의 신뢰도와 타당도 검증은 가능하지만, 검사결과가 피검자의 반응경향성에 의해 영향을 많이 받는다. 투사적 검사에서는 검사 자극이 모호하고, 가능한 한 검사지시를 적게 주며, 피검자의 자유로운 반응이 허용된다. 일반인들은 투사적 검사가 무엇을 평가하는지를 알기 어렵기 때문에 반응을 위장하거나 방어하기가 어렵다. 따라서 투사적 검사는 개인의 성격, 무의식적 욕구 등을 평가하는 데 유용하다. 대표적 심리검사 몇 가지를 간략하게 살펴본다.

1) 인지능력 검사

(1) K-WISC-IV 지능검사

　1949년에 개발된 웩슬러 아동용 지능검사(Wechsler Intelligence Scale for Children: WISC)는 여러 차례 개정을 거쳤다. 현재 우리나라에서는 2003년에 미국에서 출판된 웩슬러 아동용 지능검사 4판을 한국어로 번안하고 표준화한 K-WISC-IV(곽금주, 오상우, 김청택, 2011)를 사용하고 있다. K-WISC-IV의 실시대상은 만 6세 0개월부터 만 16세 11개월까지의 아동과 청소년이다. 참고로, 웩슬러 유아용 지능검사(Wechsler Preschool and Primary Scale of Intelligence: WPPSI)와 웩슬러 성인용 지능검사(Wechsler Adult Intelligence Scale: WAIS)도 있다.

　K-WISC-IV를 실시하면, 전반적인 인지능력을 나타내는 전체 지능지수(IQ)를 측정할 수 있다. 또한 언어이해, 지각추론, 작업기억, 처리속도에서의 인지적 강점과 인지적 약점을 확인할 수 있다. 뿐만 아니라 장애(예: 정신지체, 학습장애, 언어

장애)와 영재성을 평가하여 교육 프로그램 배치를 결정할 수 있다. 그리고 피검자의 성격 특성(예: 강박적 성향), 동기(과제지속성, 실패에 대한 내성), 정서상태(예: 수행불안, 우울)를 이해하는 데도 유용하다. K-WISC-IV는 총 15개 소검사로 구성되어 있다(주요 소검사 10개, 보충 소검사 5개). 전체 지능지수와 언어이해, 지각추론, 작업기억, 처리속도 각각의 지표점수는 평균 100, 표준편차 15인 표준점수다.

피검자와 동일한 연령대 아동·청소년들의 개인 간 비교(normative comparison)를 통해 피검자의 지능이 규준적 강점인지 약점인지를 파악할 수 있다. 그리고 피검자 자신의 지표점수들 간의 개인 내 비교(ipsative comparison)를 통해 인지기능의 개인적 강점과 약점을 확인할 수 있다.

(2) 한국판 KABC-II

한국판 KABC-II(문수백, 2014)는 미국에서 출판된 KABC-II(Kaufman Assesment Battery for Children-Second Edition)를 한국어로 번안하고 만 3~18세 한국 아동·청소년들을 대상으로 표준화한 개인지능검사다. 이 검사는 루리아(A. R. Luria)의 신경심리학 이론 모델과 CHC 지능이론 모델을 토대로 개발되어 아동과 청소년의 정보처리기능과 인지능력을 측정한다. 이 검사를 실시하기에 앞서, 검사자는 검사 의뢰 사유와 피검자의 특징에 비추어 루리아 모델과 CHC 모델 중 한 모델을 선택한다. 두 개의 모델 중 어느 하나를 선택하기 위해 고려하는 중요한 원칙은 피검자의 지식(결정성 능력)을 전반적 인지능력에 포함시키는 것이 적절한지의 여부다. CHC 모델에는 지식이 지능의 한 지표로 포함되는 반면, 루리아 모델에서는 제외된다. 카우프만은 지식(결정성 능력) 역시 인지기능의 중요한 부분이라고 보므로 일반 아동, 학습장애, 정신지체, 주의력결핍 및 과잉행동 장애, 정서행동장애, 영재 아동 등 대부분의 경우에 루리아 모델보다는 CHC 모델의 선택을 권장한다(문수백, 2014). 루리아 모델은 언어장애, 자폐성장애, 청각장애, 비주류 문화권에 있는 아동, 이중언어 사용 아동 등의 인지능력을 평가할 경우에 선호된다.

KABC-II를 학령기 아동·청소년(만 7~18세)에게 실시할 경우, 순차처리

(sequential processing), 동시처리(simultaneous processing), 학습력(learning), 계획력 (planning), 지식(knowledge)을 포함하여 다양한 인지능력을 측정할 수 있다. 순차 처리는 들어오는 정보를 순차적으로 조작하고 처리하여 문제를 해결하는 기능이 고, 동시처리는 정보가 들어오는 동시에 종합하는 과정을 통해 문제를 해결하는 기능이다. 이러한 구분은 자극의 성질(내용, 제시방법)과 반응양식에 관계없이 오 로지 자극을 처리하는 방식에 따른 것이다.

KABC-II에서 산출되는 전체척도(인지처리지표, 유동성-결정성지표, 비언어성지 표)와 하위척도(순차처리, 동시처리, 학습력, 계획력, 지식)의 점수는 모두 평균 100, 표준편차 15인 표준점수로 환산된다. K-WISC-IV처럼 KABC-II 역시 피검자와 동일한 연령대 아동 · 청소년들의 개인 간 비교를 통해 피검자의 인지기능이 규준 적 강점인지 약점인지를 파악할 수 있고, 피검자 자신의 지표점수들 간의 개인 내 비교를 통해 인지기능의 개인적 강점과 약점을 확인할 수 있다. 예를 들면, 15세 중학생의 동시처리 기능이 여타의 15세 중학생들에 비해 상대적으로 얼마나 우수 한지를 알 수 있고, 이 피검자의 동시처리 기능이 순차처리 기능보다 잘 발달되어 있는지도 알 수 있다.

(3) CAS 지능검사

종합인지기능 진단검사(문수백, 이영재, 여광응, 조석희, 2007)는 다스(J. P. Das)와 내글리에리(J. A. Naglieri)가 1993년에 개발한 Cognitive Assessment System(CAS) 를 우리말로 번안하고 표준화한 지능검사다. 웩슬러 지능검사와 달리, CAS는 인 지적 과제를 수행하는 절차를 평가하는 데 주력한다.

CAS는 PASS 이론에 근거하여 개발되었다. 원래 PASS 이론은 러시아의 신경심 리학자인 루리아가 제안했던 뇌의 기능적 체제이론에 뿌리를 두고 있다. PASS 이 론은 계획(planning), 주의집중(attention), 동시처리(simultaneous processing), 순차 처리(sequential processing)의 머리글자를 따서 붙인 명칭이다.

• 계획 기능(P): 정신적 활동의 조직화, 조절, 통제, 방향의 제시를 담당한다.

- 주의집중 기능(A): 각성 수준의 결정, 주의력 집중을 담당한다.
- 동시처리 기능(S): 자극을 동시에 통합한다.
- 순차처리 기능(S): 자극을 일련의 순서로 처리한다.

CAS는 11개의 소검사로 구성되며, 여타의 지능검사와 마찬가지로 전체 척도의 점수는 평균 100, 표준편차 15인 표준점수로 변환된다(문수백 외, 2007).

2) 성격검사

성격검사는 대부분 생각, 느낌, 행동, 모습에 대하여 묻는 문항들이 자신과 얼마나 유사한지를 보고하는 구조화된 자기보고식 지필검사의 형태를 취한다. 대표적인 자기보고식 성격검사로는 미네소타 다면적 인성검사, MBTI 성격유형검사 등이 있다.

(1) 미네소타 다면적 인성검사

미네소타 다면적 인성검사(MMPI)는 1943년에 해서웨이와 맥킨리가 정신과 성인 환자들을 진단할 목적으로 제작한 임상적 성격검사다. 이 검사는 정신과 면담에 소요되는 시간을 줄이고 이를 대신할 만한 효율적이고 신뢰도 있는 객관적 검사를 제작하려는 취지에서 개발되었다. MMPI가 인간의 성격과 정신병리에 관한 모든 것을 알려 주는 만능 검사는 아니지만 성격 문제와 정신병리를 평가하는 질문지형 검사로는 전 세계적으로 가장 많이 사용되고 있다(김계현 외, 2012).

MMPI는 경험적 문항 선정의 방법으로 제작되었다. 경험적 문항 선정의 방법이란 해당 분야의 전문가나 이론 또는 전문서적을 참고하여 문항을 선정하지 않는 대신에 정상집단과 문제집단을 의미 있게 변별하는 문항들을 선정하는 방법이다. MMPI의 일부 문항이 시대에 맞지 않거나, 사생활을 지나치게 침해하며(예: 성 지향성, 종교 편향을 묻는 문항), 성차별적으로 기술되어 있고, 오래되고 편협한 규준을 가지고 있어서 이를 개정하고 재표준화할 필요가 생겨났다. 이러한 필요에 의해 1989년에 MMPI-2가 개발되었다. MMPI 원판에 있던 수검태도를 탐지하는 타당도 척도(무응답척도, L척도, F척도, K척도)와 10개의 기본 임상척도(건강염려증, 우울증, 히스테리, 반사회성, 남성성-여성성, 편집증, 강박증, 정신분열증, 경조증, 사회적 내향성)에 추가하여, MMPI-2에는 재구성 임상척도, 임상 소척도, 내용척도, 내용 소척도, 보충척도, 성격병리 5요인 척도가 있다. 우리나라에서도 2005년부터 한국어판 MMPI-2를 사용하고 있다(김중술 외, 2005a). 응답방식은 각 문항에 대해 '네' '아니요' 중 택일하는 강제선택형이다.

MMPI-2는 만 18세 이상의 성인을 대상으로 실시되는데, 적어도 초등학교 6학년 수준의 독해력을 요구한다. 한편, MMPI-A는 만 13~18세 청소년을 대상으로 실시되는데, 우리나라에서는 2005년에 한국어판 MMPI-A가 출판되었다(김중술 외, 2005b). MMPI-2의 문항 수는 567개이고, MMPI-A는 478개 문항으로 구성되어 실시시간을 15~20분 정도 단축할 수 있다. MMPI-A의 검사문항은 청소년에게 적합한 내용과 표현으로 변경되었고, 청소년에게 중요한 문제(예: 학교문제, 품행문제, 교우관계문제)에 관한 문항들이 새롭게 추가되었지만, 10개의 기본 임상척도는 MMPI-2와 MMPI-A에서 동일하다.

MMPI-2의 검사결과를 해석하는 가장 보편적인 방법은 코드유형(code type)을 해석하는 것이다. 코드유형이란 척도 5와 척도 0을 제외한 8개 임상척도 중에서 65T 이상으로 유의하게 상승한 2개 혹은 3개의 임상척도들 간 조합을 일컫는다. 일반적으로, 2코드유형이나 3코드유형으로 분류된다. 예를 들면, 척도 2와 척도 7이 각각 65T 이상으로 가장 높이 상승하고 두 번째로 높은 척도와 세 번째로 높은 척도의 점수가 5T 이상 차이가 날 경우, 27코드유형과 72코드유형을 모두 해석한다. 만일 65T 이상으로 높이 상승한 척도가 3개이고 세 번째로 높은 척도와 네 번째로 높은 척도의 점수가 5T 이상 차이가 날 경우, 높이 상승한 3개 척도를 2개씩 조합하여 해석한다. 그러나 MMPI-A에서 코드유형에 대한 연구는 아직 충분하지 않기 때문에 MMPI-A에 대한 코드유형 해석에는 신중을 기해야 한다(김중술, 2005b; 이우경, 이원혜, 2012).

(2) 성격유형검사

MBTI(Myers-Briggs Type Indicator; 한국심리검사연구소, 1991)는 융(C. G. Jung)의 심리유형론에 기초하여 브릭스(K. C. Briggs)와 마이어스(I. B. Myers)가 개발한 성격유형검사다. 학교, 가정, 직장 등 일상생활에 쉽게 활용할 수 있도록 고안되었다. MBTI는 정신장애나 성숙 정도를 진단하거나 정상과 비정상을 변별하기 위하여 실시하는 검사가 아니라, 선천적인 심리적 선호경향을 측정함으로써 자기이해와 타인이해를 돕고자 실시하는 검사다.

MBTI에서는 에너지의 방향(외향 E-내향 I), 인식기능(감각 S-직관 N), 판단기능(사고 T-감정 F), 생활양식(판단 J-인식 P)의 네 가지 선호경향 지표를 제시한다. 이들을 조합하면 16가지 성격유형을 구분할 수 있다. MBTI는 중학교 3학년 정도의 독해력을 필요로 하며, 이보다 어린 학생들에게는 아동용 MMTIC(한국심리검사연구소, 1993)을 실시한다.

3) 기타 아동·청소년용 심리검사

(1) 한국판 아동·청소년 행동평가척도

아켄바흐(T. M. Achenbach)와 레스콜라(L. A. Rescorla)가 2001년에 영유아기에서 노인기까지의 전 연령대를 대상으로 문제행동증후군과 적응수준을 평가할 목적으로 부모용, 교사용, 자기보고용, 타인보고용, 행동관찰, 구조화된 면접 척도를 개발하였고, 이러한 행동평가척도 시스템을 ASEBA(Achenbach System of Empirically Based Assessment)라고 명명하였다. 이를 한국판으로 번안·표준화한 것이 한국판 아동·청소년 행동평가척도다. ASEBA 학령기 검사군은 CBCL 6-18(Child Behavior Checklist: 부모용; 오경자 외, 2010a), YSR(Youth Self Report: 청소년 자기보고용; 오경자 외, 2010b), TRF(Teacher Report Form: 교사용; 오경자, 김영아, 2010)로 구성되어 있다. CBCL 6-18은 부모가 자녀를 관찰한 경험에 근거하여 작성하는 척도이고, YSR은 청소년이 자신의 문제를 보고하는 척도이며, TRF는 교사가 학생을 관찰한 경험에 근거하여 작성하는 척도다.

ASEBA 학령기 검사군을 구성하는 CBCL 6-18, YSR, TRF는 각각 적응 척도와 문제행동 척도로 구성된다(오경자, 김영아, 2013). 적응 척도에는 사회성 척도(친구관계), 학업수행 척도(학업성적, 휴학 여부, 특수학급 여부), 긍정자원 척도(사회적으로 바람직하고 적절한 행동)가 있다. 문제행동 척도에는 8개의 문제행동증후군 척도(위축/우울, 불안/우울, 신체증상, 규칙위반, 공격행동, 사회적 미성숙, 사고문제, 주의집중문제)가 있는데, 이 중에서 위축/우울, 불안/우울, 신체증상은 내재화 문제 척도로 분류되고, 규칙위반, 공격행동은 외현화 문제 척도로 분류된다. 문제행동증후군 척도의 각 문항에 대해서는 '0(전혀 해당되지 않는다)' '1(가끔 그렇거나 그런 편이다)' '2(자주 그런 일이 있거나 많이 그렇다)' 중 하나에 표기한다.

각 척도에서 산출한 원점수는 성별과 연령대별로 규준에 비추어 T점수와 백분위로 전환하여 해석한다(오경자, 김영아, 2013). 사회성 척도와 학업수행 척도는 능력을 평가하므로 30T(백분위 2) 이하를 임상범위로, 적응척도는 36T(백분위 8) 이하를 임상범위로 간주한다. 이 경우, 각 영역의 적응수준이 저조한 것으로 판단한다. 반면, 각 문제행동증후군 하위척도는 부적응 문제를 평가하므로 70T(백분위 98) 이상을 임상범위로, 내재화 문제 척도, 외현화 문제 척도, 문제행동 척도는 64T(백분위 92) 이상을 임상범위로 간주한다. 이 경우, 각 척도가 나타내는 문제의 수준이 심각한 것으로 해석한다.

(2) 홀랜드 진로적성검사

홀랜드 진로적성검사(안현의, 안창규, 2014a)는 진로 분야를 대표하는 인성이론인 홀랜드의 직업적 성격이론에 기초하여 제작된 검사다. 이 이론은 대부분의 사람들을 여섯 가지 성격 유형(R-실재형, I-탐구형, A-예술형, S-사회형, E-기업형, C-관습형)으로 구분할 수 있으며, 대부분의 직업환경도 여섯 가지로 구분될 수 있다고 가정한다.

홀랜드 진로적성검사는 초·중·고등학생을 대상으로 자가채점용으로 실시하며, 여섯 가지 유형별 성격적성, 능력적성, 직업적성, 적성에 맞는 직업분야를 묻는 문항들로 구성되어 있다. 이 검사를 실시함으로써 학생들이 자신의 진로적성에 대해 이해하고 자신의 진로적성에 맞는 직업이나 전공학과를 선택하도록 도울 수 있다. 또한 홀랜드 진로적성검사를 시간 간격을 두고 반복 실시함으로써 진로에 대한 성숙된 인식을 촉진시키고 진로정체감을 확립하는 데 도움을 준다.

검사에서 산출한 여섯 가지 유형의 점수들 중에서 1순위와 2순위 유형을 순서대로 1차 진로코드를 정하고, 다음에는 1순위와 2순위의 자리를 바꿔서 2차 진로코드를 정한다. 예를 들면, 어떤 학생이 RIASEC 여섯 가지 유형별로 획득한 점수 중에서 S형 점수가 53점으로 가장 높고, 그다음으로 A형이 45점, C형이 32점이라면, 이 학생의 1차 진로코드는 SA, 2차 진로코드는 AS이다. 홀랜드-III 진로코드집(안현의, 안창규, 2014b)을 참고하여 1차 진로코드와 2차 진로코드 각각에 해당하는 전공학과, 직업, 여가활동을 찾아보고, 직업사전, 직업관련 단체의 홈페이지, 인터넷 자료를 광범위하게 검색하여 자신에게 적합한 진로를 찾아가도록 상담한다.

5 투사적 검사

투사적 검사는 피검자가 모호한 자극에 반응할 때 자신의 욕구, 감정, 소망을 그 자극에 드러낸다는 투사가설에 근거하여 제작, 실시, 해석되는 검사다. 널리 알려진 투사적 검사로는 로르샤흐 잉크반점검사, 주제통각검사(TAT), 아동용 주제통각검사(CAT), 집-나무-사람 검사(H-T-P), 동적 가족그림 검사(KFD), 문장완성검사(Sentence Completion Test: SCT), 벤더-게슈탈트 검사(BGT) 등이 있다.

초·중·고등학교에서 학생상담이나 심리검사를 할 때 로르샤흐 잉크반점검사나 주제통각검사를 실시하는 경우는 드물다. 이와 달리 H-T-P, KFD, BGT는 주요 검사로 실시되기도 하고, 상담자가 피검자를 대상으로 여타의 심리검사를 실시하기에 앞서 피검자와 라포를 형성하고 검사에 대한 피검자의 긴장을 완화시키기 위한 완충검사(buffer test)로도 실시한다.

1) 로르샤흐 잉크반점검사

로르샤흐는 조현병 환자를 치료하는 과정에서 잉크반점에 대한 조현병 환자들의 반응이 정상인의 반응과 다르다는 점을 발견하고, 1921년에 「심리진단(Psychodiagnostik)」이라는 논문에서 잉크반점검사를 처음으로 소개하였다(이우경, 이원혜, 2012). 사람들은 모호한 자극 상황에서 더욱 과장된 방식으로 자신의 경험을 조직하고, 이러한 과정에서 개인의 고유한 지각과 의미를 반영하는 반응을 만들어 낸다. 로르샤흐 잉크반점검사는 바로 이러한 가정 아래서 개발되었다.

피검자는 [그림 10-1]과 같은 약 24.2cm×16.9cm의 크기로 된 10매의 대칭형 잉크반점 카드를 하나씩 보면서 무엇처럼 보이는지를 말한다. 피검자가 잉크반점을 보면서 자신의 경험을 조직하여 부여한 개인적 의미를 분석함으로써 성격의 내면적 특징(개인적 및 관계적 지각, 동기, 욕구, 갈등 등)을 평가한다.

로르샤흐 잉크반점검사의 가장 큰 장점은 개인의 심층적인 무의식적 성격구조를 평가할 수 있다는 점이다. 검사자극이 매우 모호하기 때문에 피검자가 검사자극에 대해 반응을 의식적으로 검열하거나 긍정적 또는 부정적으로 왜곡하거나 특정 반응에 저항하기 어렵다. 그래서 MMPI와 같은 구조화된 성격검사에서는 경계선 성격장애 환자들이 정상적인 프로파일을 보이기도 하지만, 로르샤흐 검사는 외적인 행동으로 관찰되지 않는 미묘한 내면적 사고의 과정을 파악할 수 있게 해 준다(이우경, 이원혜, 2012). 그러나 이 검사의 신뢰도와 타당도는 여타의 투사적

카드 Ⅰ

카드 Ⅱ

[그림 10-1] **로르샤흐 검사 카드 예시**

출처: Rorschach (1994).

검사들과 마찬가지로 객관적 검사에 비해 낮다. 또한 채점과 해석이 매우 복잡하다는 단점을 가지고 있다.

2) 주제통각검사

주제통각검사(TAT)는 머레이의 욕구이론에 기초하여 1935년에 머레이와 모건 (C. Morgan)이 개발한 검사다. 여기서 통각(apperception)이란 자극의 물리적 특징뿐만 아니라 개인의 주관적 조건(예: 소망, 정서, 욕구, 갈등)이 자극의 지각에 작용하는 과정을 말한다. TAT 그림을 보고 만들어 내는 이야기에는 그림자극뿐만 아니라 그림자극과 관련된 피검자의 주관적 조건(특히 피검자가 인정하고 싶지 않거나 인정하기 어려워 무의식에 억압하고 있는 욕구, 정서, 성격 갈등)이 반영된다(이우경, 이원혜, 2012). TAT 검사는 총 30장의 흑백그림과 1장의 백지로 구성되어 있다. 피검자의 성별과 연령(성인, 미성년자)에 따라서 [그림 10-2]와 같은 도판 20개를 선택하고, 이를 2회로 나누어 실시한다.

피검자는 각각의 그림을 보고 그림의 주인공이 누구인지, 현재 어떤 일이 벌어지고 있는지, 그림 속 인물들이 어떤 생각을 하고 있는지, 앞으로 어떤 일이 벌어질 것인지 등에 관한 이야기를 만든다. 검사자는 피검자가 구성한 이야기를 그대로 기록한 후에 내용을 분석한다. 주로 개인의 욕구와 환경 압력 사이의 상호작용을 분석한다. 즉, 피검자가 타인들과 어떤 관계를 맺고 있는지, 자신의 욕구를

TAT 도판 1

TAT 도판 12BM

[그림 10-2] **TAT 도판 예시**

출처: 이우경, 이원혜(2012).

K–CAT 도판 1   K–CAT 도판 3

[그림 10-3] **K-CAT 도판 예시**

출처: 이우경, 이원혜(2012).

충족시키기 위하여 환경에 어떻게 자신을 적응시키는지 등을 해석한다.

 TAT 도판은 성인에 알맞게 그려진 것이기 때문에 아동의 성격을 평가하기에는 적합하지 않다. 벨라크가 3~10세 아동에게 실시할 수 있는 아동용 주제통각검사(CAT)를 개발하였고, 우리나라에서도 한국 아동에게 적절하도록 한국판 CAT(K-CAT)를 제작하였다. K–CAT는 표준도판 9매와 보충도판 9매를 포함하여 총 18매의 도판으로 구성되어 있다. [그림 10-3]과 같이, 피검아동이 쉽게 동일시할 수 있고 문화적 영향을 덜 받도록 동물을 주인공으로 바꾸었고, 아동기에 주로 나타나는 여러 가지 심리적 문제들이 쉽게 투사되는 주제를 포함하였다. 따라서 이 검사를 실시하면, 피검아동의 대인관계와 사회적 상호작용(예: 형제간 경쟁, 가족관계, 부부로서 부모의 관계, 친구 사이의 경쟁, 어머니로부터의 독립 및 의존), 일상생활(예: 청결, 대소변훈련, 도벽과 벌, 질병, 신체적 상해), 정서적 반응(예: 공포, 불안, 애정, 공격성, 호기심)에 대한 단서를 얻을 수 있다.

3) 집-나무-사람 검사

 집-나무-사람 검사(H-T-P)는 피검자가 직접 집, 나무, 사람을 그리고, 검사자는 그림에 반영된 피검자의 내면적 특성과 적응 상태를 해석하는 검사다(이우경, 이원혜, 2012). 이 검사는 그리기 단계와 사후질문 단계로 진행된다(신민섭 외,

336

2002). 그리기 단계에서 검사자는 피검자에게 백지 위에 각각 집, 나무, 사람을 자유롭게 그리라는 최소한의 지시를 준다. 피검자가 그림을 완성한 다음, 사후질문 단계에서는 그림과 관련된 피검자의 생각을 묻고 반응을 기록한다.

피검자가 그린 집, 나무, 사람의 의미는 다음과 같다(신민섭 외, 2002; 이우경, 이원혜, 2012). 집 그림은 가정생활, 가족들과의 상호작용, 집에 대한 피검자의 태도와 관련된다. 나무 그림은 신체상과 무의식적 수준에서 가지고 있는 자기개념을 반영하는데, 자신에 대한 부정적 태도나 금지된 감정은 사람 그림보다 나무 그림에 더 잘 투사되는 것으로 알려져 있다. 전체 나무의 모습은 내면적인 성격의 균형 잡힌 발달을 상징한다. 사람 그림은 피검자 자신의 모습에 대한 지각, 이상적 자기, 피검자에게 중요한 타인에 대하여 느끼는 감정, 대인관계방식 등을 드러내는데, 상황에 따른 일시적 기분의 변화에 좌우되기도 하므로 해석에 신중을 기해야 한다.

4) 동적 가족그림 검사

집-나무-사람 검사처럼 동적 가족그림 검사(KFD)도 피검자가 직접 그림을 그리고, 사후질문 단계에서 그림에 대한 추가적인 설명을 하는 방식으로 실시된다. 동적 가족그림 검사는 백지 한 장에 피검자 자신을 포함하여 가족이 무엇인가를 하는 그림을 그리라는 지시로 시작된다. 피검자가 그린 그림에서 가족 간 유대감과 심리적 거리, 특정 가족에 대한 거부감이나 양가감정, 가족 안에서의 소외감, 가족 간 갈등, 가족 안에서 특정 인물의 중요도 등을 해석한다(신민섭 외, 2002; 이우경, 이원혜, 2012).

5) 문장완성검사

문장완성검사(SCT)는 문장의 일부만 피검자에게 제시하고 피검자가 문장의 미완성된 부분을 완성하는 방식의 검사다(이우경, 이원혜, 2012). 이 검사는 피검자가 문장을 완성할 때 자신의 감정이나 갈등, 태도, 소망을 반영한다는 가정 아래 제작된 투사적 검사다. 그러나 SCT의 검사자극이 여타의 투사적 검사에 비해 분명하기 때문에 피검자가 검사자극에 대한 자신의 반응을 통제할 수 있고, 피검자가 의식 수준에서 경험하는 심리 현상들이 문장에 반영될 수 있다.

　　SCT는 개인검사로도 집단검사로도 실시 가능하다. 시간과 비용 면에서 경제적이고, 검사의 실시와 해석을 위한 고도의 훈련을 필요로 하지 않는다는 것도 이 검사의 중요한 장점이다(김계현 외, 2012). 또한 상담자가 피검자로부터 알고자 하는 문제나 심리적 상태를 표현하는 문장을 직접 구안하여 실시할 수도 있다. 그러나 언어표현력이 부족하거나 검사에 저항하는 피검자에게서 얻은 반응은 피검자의 내면적 상태나 사실과 다를 수 있음을 유념해야 한다.

6) 벤더-게슈탈트 검사

　　벤더-게슈탈트 검사(BGT)는 벤더 도형 검사로도 불린다. 이 검사는 게슈탈트 심리학자 베르트하이머가 연구에서 사용했던 그림 중 일부를 1938년에 벤더가 선정하고 수정하여 개발한 검사로, 원래는 시지각기능과 운동기능의 성숙 정도를 평가할 목적으로 활용되었다(정종진, 2003). [그림 10-4]와 같은 그림 카드 9개가 하나씩 제시되고, 피검자는 이 그림을 보면서 백지에 모사(copy)한다. 구두로 묻고 대답하는 검사가 아니므로 언어표현력이 부족하거나 방어와 저항이 심한 피검

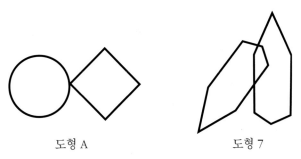

도형 A　　　　　　　　　도형 7

[그림 10-4] **BGT 도형의 예**

출처: 정종진(2003).

자, 문화와 언어적 배경이 다른 피검자, 뇌손상이나 정신지체가 의심스러운 피검자를 대상으로 실시하기에 적합하다.

그림을 지각하고 모사하는 과정은 시지각-운동의 협응능력뿐만 아니라 개인의 기질적 및 기능적 병리에 의해서도 왜곡될 수 있다. 한 개인이 도형을 지각하고 모사한 결과에 왜곡이 나타난 정도를 가지고 개인의 기질적 뇌장애, 정서적 혼란, 성격장애, 정신지체, 학습문제 등을 추정한다(정종진, 2003).

6 표준화 검사

표준화 검사(standardized test)는 검사문항을 제작하고 검사를 실시하며 채점을 하고 검사결과를 해석하는 절차와 방법이 엄격한 검사를 말한다. 즉, 누가, 언제, 어디서 실시하든지 검사의 실시, 채점, 해석이 동일하도록 모든 절차와 과정이 엄격하게 통제된다. 여기서는 표준화 검사의 기능과 종류를 살펴보고, 표준화 검사의 결과 해석에 필요한 기본적인 통계 지식과 표준점수를 소개한다.

1) 표준화 검사의 기능

(1) 학생이해

표준화 검사를 실시함으로써 학생의 학업성취도, 정서행동 문제의 심각도, 적응 수준 등을 알 수 있다. 뿐만 아니라 학생의 점수를 규준집단과 비교함으로써 학생의 성취도나 문제 수준 또는 적응 수준이 집단 안에서 차지하는 상대적 위치를 파악할 수 있다. 이러한 정보는 장애 진단을 위해서도 활용된다.

(2) 학생 선발과 배치

어떤 학생을 특정 교육프로그램(예: 영재교육 프로그램, 특수교육 프로그램)에 선발, 배치할 것인가를 결정할 때 표준화 검사를 실시한다.

(3) 프로그램 계획

표준화 검사를 실시하여 개별 학생이 규준집단에 비해 우수한 성취를 이루는 세부 영역과 저조한 성취를 이루는 세부 영역을 확인함으로써 그 학생을 위한 교육 및 상담 프로그램을 계획할 수 있다.

(4) 발전과정 모니터링

교육 및 상담 프로그램을 실시하는 과정 중에 학생의 적응 수준이 향상되고 있는지 또는 학생의 문제가 호전되고 있는지에 관한 정보를 수집하기 위하여 표준화 검사를 실시한다.

(5) 프로그램 평가

표준화 검사를 실시하면, 교육 및 상담 프로그램을 제공받은 집단의 성취 수준이나 적응 수준이 여타의 프로그램을 제공받은 비교집단이나 아무런 프로그램을 제공받지 않은 통제집단에 비해 얼마나 향상되었는지를 비교할 수 있다. 이로써 프로그램의 효과성을 검증한다.

(6) 학생의 성취결과에 대한 책무성

학업성취도 검사는 특정 학교 학생들의 성취도가 다른 학교 학생들에 비해 상대적으로 얼마나 우수하거나 저조한지를 알려 준다. 그러므로 학생의 학업성취 수준을 향상시켜야 하는 학교의 책무성(accountability)을 증명하는 지표로 학업성취도 검사점수를 사용하기도 한다.

2) 표준화 검사의 종류

(1) 학업성취도 검사

학업성취도 검사는 학생이 특정 교과나 내용 영역에서 얼마나 많이 배웠는지를 평가하는 검사다. 학업성취도 검사 중 일부는 특정 교과에서의 성취도만을 측정하는 문항들로 구성되지만, 대체로 학업성취도 검사는 다수 영역에서의 성취도를 측정하는 문항들을 포괄하는 종합검사의 형태를 취한다.

(2) 지능검사

일반적인 지적 능력과 인지기능을 평가하고 인지적 강점과 약점을 비교하기 위한 표준화 검사다.

(3) 진단검사

진단검사는 일정한 교육 프로그램이나 상담회기를 시작하기 이전에 피검자가 어떤 장점과 문제를 가지고 있는지를 확인하기 위해 실시하는 검사다. 학교에서 실시하는 진단검사로는 저학년이나 신입생에게 실시하는 기초학력검사가 있다. 이 검사결과에 근거하여 특정 영역에서 학생의 결함을 탐지할 수 있다. 또는 우울 진단검사나 문제행동 평가척도를 실시하여 어떤 영역에서 학생이 심각한 문제를 겪고 있는지를 살펴볼 수 있다.

(4) 적성검사

적성(aptitude)은 특정 영역에서 과제를 성공적으로 수행하고 학습할 수 있는 잠재능력을 의미한다. 예를 들면, 대학수학능력검사는 적성검사의 일종으로, 학생이 대학에서 성공적으로 학업수행을 이룰 수 있는 잠재력을 측정한다. 또한 기계적성검사, 언어적성검사 등과 같이 특정 영역에서의 능력을 평가하는 검사도 있고, 여러 영역에서의 능력을 평가하는 종합적성검사도 있다.

3) 표준화 검사결과의 해석

학교에서 심리검사를 실시했을 때 교사가 학생들에게 심리검사 결과표를 나누어 주는 것만으로 교사의 의무를 다했다고 보기는 어렵다. 교사는 검사점수의 의미를 학생과 학부모에게 왜곡 없이 정확하게 설명해 줄 수 있어야 하고, 검사결과는 변화할 수 있고 절대적이지 않다는 점을 알려 주어야 한다. 이때 일반인들이 이해하기 어려운 전문용어를 사용하지 않아야 하고, 선입견과 자기충족 예언 효과를 초래할 진단명칭의 사용을 가급적 자제해야 한다. 다음은 검사점수의 해석을 위해 알아야 할 기본적인 통계 지식을 소개한다.

(1) 기술통계

한 집단(예: 학급, 학년, 전체 학교)에서 산출한 검사점수들을 최고 점수부터 최저 점수까지 단순히 나열하면 점수의 순위를 파악할 수 있지만, 이 점수들이 제공하는 정보를 일목요연하게 정리하기가 어렵다. 점수들이 제공하는 정보를 효율적으로 요약하는 방법으로는 집중경향값과 변산이 있다.

집중경향값

집중경향값(measures of central tendency)은 한 집단의 점수들이 이루는 분포의 대표값이다. 즉, 점수들이 전체적으로 어떤지를 양적으로 기술한 값을 말한다. 평균(mean), 중앙값(median), 최빈값(mode)이 집중경향값에 해당된다. 평균은 한 집단의 점수들이 이루는 분포에서 산출한 산술평균이다. 중앙값은 상위 50%와 하위 50%를 가르는 정중앙에 있는 점수, 즉 50번째 백분위점수다. 최빈값은 가장 많은 사람이 획득한 점수다.

변 산

변산(variability)은 한 집단의 점수들이 대표값(집중경향값)을 중심으로 얼마나 퍼져 있는지 또는 얼마나 밀집되어 있는지를 나타내는 지표다. 변산이 클수록 한 집단의 점수들이 흩어져 있는 정도가 크다는 것을 의미하므로 그만큼 점수들이 이질적임을 나타낸다. 반대로 변산이 작을수록 점수들이 대표값을 중심으로 밀집되어 있으며 동질적임을 의미한다. 범위(range), 사분편차(semi-interquartile range 또는 quartile deviation), 표준편차(standard deviation)로 변산을 산출한다. 범위는 점수들이 이룬 분포에서 최고 점수와 최저 점수 사이의 거리를 말한다. 사분편차는 점수들이 이룬 분포에서 제3사분위수(백분위 75에 해당하는 점수)에서 제1사분위수(백분위 25에 해당하는 점수) 사이의 거리를 반으로 나눈 값이다. 표준편차는 한 집단의 점수들이 평균을 중심으로 퍼져 있는 정도를 나타내며, 표준화 검사점수의 변산을 나타내기 위해 가장 많이 보고된다.

(2) 정상분포

정상분포(정규분포, normal distribution)는 한 집단의 점수들이 좌우대칭을 이루고 평균, 중앙값, 최빈값이 동일하여 종 모양을 이루는 분포를 말한다. 많은 사람들을 대상으로 신장, 체중, 지능지수를 측정하면, 각 점수들은 대체로 정상분포를

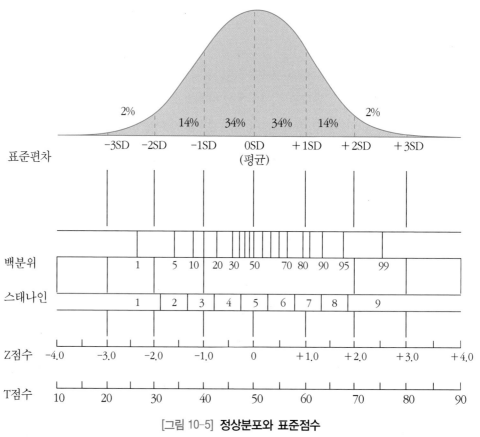

[그림 10-5] **정상분포와 표준점수**

출처: 신명희 외(2014).

이룬다. 마찬가지로, 학업성취도 검사를 다수의 학생들에게 실시하면 점수들이 이루는 분포는 정상분포에 가깝다. 표준화 검사의 규준집단은 적어도 수백 명에서 수천 명에 이르는 많은 수의 피검자를 포함하므로 규준집단의 점수들은 정상분포에 가까운 형태를 이룬다. 어떤 학생의 점수가 규준집단의 점수분포 안에서 어디에 위치하는지를 파악하는 것은 학생의 점수가 가진 의미를 해석하는 데 중요한 절차다. [그림 10-5]는 정상분포와 표준점수의 관계를 나타낸다.

(3) 표준점수

모든 객관적 검사는 원점수(raw score)를 산출한다. 대부분의 원점수는 검사에서 정답을 맞힌 문항의 수를 의미하므로 원점수를 표준점수(standard score)로 변환해서 해석해야 한다.

표준점수는 표준화 검사에서 개별 학생이 얻은 원점수를 규준집단의 평균과 표준편차에 비추어 변환한 점수다. 즉, 어떤 학생의 표준점수는 그 학생의 원점수가 규준집단의 평균에서 몇 표준편차만큼 떨어져 있는지를 나타낸다. 표준점수에는 Z점수, T점수, 스태나인, 학년점수, 지능지수(IQ) 등이 있다.

첫째, Z점수는 원점수의 평균을 0, 표준편차를 1로 변환한 표준점수이고, T점수는 원점수의 평균을 50, 표준편차를 10으로 변환한 표준점수다. T점수는 다음의 공식에 의해 산출된다. 그러므로 Z점수 1과 T점수 60은 동일한 수행 수준을 나타낸다. Z점수와 T점수는 동일한 측정단위에 기초하기 때문에 한 학생이 특정 검사에서 얻은 점수를 다른 학생집단과 비교할 수 있게 해 주고, 한 학생이 여러 검사에서 얻은 점수들을 서로 비교할 수도 있게 해 준다.

$$T = 50 + 10Z$$

둘째, 스태나인(stanine 또는 standard nine, 9분점수)도 표준화 검사의 점수를 제시할 때 사용하는 표준점수다. 스태나인은 원점수의 평균을 5, 표준편차를 2로 변환한 표준점수다. 스태나인은 1/2표준편차의 구간을 스태나인 1점으로 표시하여

1에서 9까지의 9개 구간을 구분한다. 따라서 어떤 학생의 원점수가 평균에서 1표준편차 아래에 위치한다면 스태나인 3에 해당하며, 평균에서 2표준편차 위에 위치한다면 스태나인 9에 해당한다.

셋째, 학년동등점수(grade-equivalent score, 학년점수)는 학업성취도 검사에서 많이 보고되는 표준점수다. 개별 학생이 학업성취도 검사에서 얻은 점수를 특정 학년에 속하는 학생들의 점수와 비교하는 방식으로 학년동등점수가 산출된다. 학년동등점수의 첫 번째 숫자는 학년을 나타내고, 소수점 아래 숫자는 학년의 개월을 나타낸다.

학년동등점수는 그에 해당하는 학년의 교과과정을 숙달했다거나 그 학년에서 기대하는 최소 수행 수준이나 교육목표에 도달했음을 의미하지 않는다. 또한 그 학년동등점수에 해당되는 학년에 그 학생을 배치해야 한다는 것을 의미하지도 않는다. 학년동등점수는 그 점수가 나타내는 학년과 개월에 해당하는 학생들이 평균적으로 수행하는 수준에 버금가는 점수를 피검학생이 획득했음을 알려 줄 뿐이다.

넷째, 지능검사를 실시하면 지능지수라는 표준점수를 산출할 수 있다. 근래에 편차지능지수(deviation intelligence quotient, 편차 IQ)를 보고하는데, 편차 IQ는 어떤 연령대의 피검자를 대상으로 검사를 했든지, 어떤 검사를 실시했든지 관계없이 점수들을 직접 비교할 수 있게 해 준다.

마지막으로, 백분위(percentile 또는 percentile rank)는 표준화 검사에서 보편적으로 보고되는 점수다. 백분위는 규준집단에 속한 학생들 중 얼마나 많은 학생이 특정 원점수 이하의 점수를 얻었는지를 나타낸다. 예를 들면, 어떤 학생이 웩슬러 아동용 지능검사(K-WISC-IV)에서 얻은 전체 IQ가 백분위 90에 해당된다면, 규준집단의 90%가 이 학생과 같거나 낮은 점수를 얻었음을 의미한다. 즉, 이 학생보다 지능지수가 높은 학생은 10%에 불과하므로 이 학생의 지능지수가 꽤 높다고 말할 수 있다.

백분율(percentage)은 백분위와 비슷한 용어처럼 보이지만 표준점수는 아니다. 백분율은 어떤 검사에서 정답을 맞힌 문항의 비율(정답률)을 의미하고, 백분위는 특정 학생의 점수를 집단 내 학생들과 비교하여 얼마나 높은지 낮은지를 나타내는 등위점수다. 백분율과 백분위를 혼동하지 않도록 유의해야 한다.

탐 구 문 제

1. 학생상담에서 심리검사의 실시가 주는 이점을 설명하시오.

2. 심리검사의 사용과 관련하여 교사가 맡을 역할이 무엇인지, 그러한 역할을 제대로 수행하기 위하여 어떤 지식과 능력을 갖추어야 할지를 논의하시오.

3. 검사결과에 영향을 미치는 검사자 변인, 검사환경 변인, 피검자 변인은 무엇인가? 이러한 변인 때문에 학생이 검사에서 자신의 최대수행을 하지 못하거나 전형적인 특징을 나타내지 못하는 것을 방지하기 위하여 교사는 어떤 노력을 기울여야 하는가?

4. 객관적 검사와 투사적 검사의 차이를 설명하시오.

5. 학교에서 학생들에게 실시할 만한 투사적 검사를 하나 선정하고, 그 검사를 실시하여 학생의 어떤 심리상태를 파악할 수 있는지에 대해 논의하시오.

6. 표준화 검사의 정의와 기능을 기술하시오.

7. 심리검사의 신뢰도와 타당도에 대해 설명하시오.

8. 표준화 검사의 원점수를 표준점수로 변환해야 하는 이유를 설명하고, 대표적인 표준점수를 예시하시오.

참고문헌

강인애(2000). 왜 구성주의인가. 서울: 문음사.

강진령 편역(2008). DSM-IV-TR. 서울: 학지사.

강진령, 유형근(2009a). 고등학생을 위한 학교상담 프로그램. 서울: 학지사.

강진령, 유형근(2009b). 중학생을 위한 학교상담 프로그램. 서울: 학지사.

곽금주, 오상우, 김청택(2011). K-WISC-IV: Korean-Wechsler Intelligence Scale for Children-Fourth Edition. 서울: 학지사 심리검사연구소.

구광현, 이정윤, 이재규, 이병임, 은혁기(2005). 학교상담의 이론과 실제. 서울: 학지사.

권경인(2008). 집단발달 및 이론별 촉진요인으로 구분한 집단상담 활동. 서울: 교육과학사.

권대훈(2009). 교육심리학의 이론과 실제(2판). 서울: 학지사.

김계현, 김동일, 김봉환, 김창대, 김혜숙, 남상인, 천성문(2009). 학교상담과 생활지도(2판). 서울: 학지사.

김계현, 황매향, 선혜연, 김영빈(2012). 상담과 심리검사(2판). 서울: 학지사.

김덕영(2009). 프로이트, 영혼의 해방을 위하여. 서울: 인물과 사상사.

김봉환, 정철영, 김병석(2006). 학교진로상담. 서울: 학지사.

김상원, 김충육(2011). 아동 인지능력 평가의 최근 동향: CHC 이론과 K-WISC-IV. 한국심리학회지: 학교, 8(3), 337-358.

김영환, 문수백, 홍상황(2008). 심리검사의 이론과 실제. 서울: 학지사.

김중술, 한경희, 임지영, 민병배, 이정흠, 문경주(2005a). MMPI-II 다면적 인성검사 II 매뉴얼. 서울: 마음사랑.

김중술, 한경희, 임지영, 민병배, 이정흠, 문경주(2005b). MMPI-A 다면적 인성검사-청소년용 매뉴얼. 서울: 마음사랑.

김창환(2002). 헤르바르트. 서울: 문음사.

노안영(2005). 상담심리학의 이론과 실제. 서울: 학지사.

노희관, 이용남, 강만철, 오익수 편역(1989). 교육심리학의 최근동향. 서울: 교육과학사.

문수백(2014). 한국판 KABC-II. 서울: 학지사 심리검사연구소.

문수백, 이영재, 여광응, 조석희(2007). 종합인지기능 진단검사. 서울: 학지사.

박성수(1987). 생활지도. 서울: 정민사.

박성희, 김광수, 김혜숙, 송재홍, 인이환, 오익수, 은혁기, 임용우, 조봉환, 홍상황, 홍종
관(2006). 초등학교 생활지도와 상담. 서울: 학지사.

성태제, 시기자(2015). 연구방법론. 서울: 학지사.

송인섭(1998). 인간의 자아개념 탐구. 서울: 학지사.

신명희, 강소연, 김은경, 김정민, 노원경, 서은희, 송수지, 원영실, 임호용(2014). 교육심리
학(3판). 서울: 학지사.

신민섭, 김수경, 김용희, 김진영, 박혜근, 이혜란, 전선영, 한수정(2002). 그림을 통한 아동
의 진단과 이해-HTP와 KFD를 중심으로-. 서울: 학지사.

안현의, 안창규(2014a). 자가채점용 홀랜드 진로적성검사(초/중/고등용). 서울: 인싸이
트.

안현의, 안창규(2014b). 홀랜드-III 진로코드집. 서울: 학지사 심리검사연구소.

염시창(1998). 교육심리학의 최근 연구동향: 상황인지와 수업. 교육학 연구의 최근동향.
광주: 정운 오병문 전 교육부장관 고희기념 논문집 발간위원회.

오경자, 김영아(2010). 아동 · 청소년 행동평가척도 교사용 TRF. 서울: HUNO.

오경자, 김영아(2013). ASEBA 아동 · 청소년 행동평가척도 매뉴얼. 서울: HUNO.

오경자, 김영아, 하은혜, 이혜련, 홍강의(2010a). 아동 · 청소년 행동평가척도 부모용
CBCL 6-18. 서울: HUNO.

오경자, 김영아, 하은혜, 이혜련, 홍강의(2010b). 청소년 행동평가척도 자기보고용 YSR.
서울: HUNO.

이성진(1996). 교육심리학 서설. 서울: 교육과학사.

이성진(2006). 행동수정. 경기: 교육과학사.

이용남(1990). 교육방법 및 교육공학. 서울: 교육과학사.

이용남(1992). 교육심리학 연구전형의 변화. 박기언 저, 교육학의 새 지평. 서울: 교육과학사.

이용남, 김은아(2013). 인간 특성과 교육. 서울: 학지사.

이용남, 신현숙(2010). 교육심리학. 서울: 학지사.

이용남, 정환금, 송기주, 박분희, 강만철, 신현숙, 신의정, 이영길, 정창윤, 이현욱, 이민
영, 정일선, 오익수(2004). 교육 및 상담심리학. 서울: 교육과학사.

이우경, 이원혜(2012). 심리 평가의 최신 흐름. 서울: 학지사.

이장호(1986). 상담심리학 입문(2판). 서울: 박영사.

이장호, 김정희(1998). 집단상담의 원리와 실제. 서울: 박영사.

이재규(2005). 학교에서의 집단상담: 실제와 연구. 서울: 교육과학사.

이재창(2005). 생활지도와 상담. 서울: 문음사.

이형득(1995). 집단상담의 실제. 서울: 중앙적성출판사.

이홍우(1992). 교육과정탐구(제2판). 서울: 교육과학사.

이환기(1998). 헤르바르트의 교수이론. 서울: 교육과학사.

임규혁, 임웅(2007). 학교학습 효과를 위한 교육심리학. 서울: 학지사.

장상호(1988). 학습의 인간화. 서울: 교육과학사.

장상호(1991). Piaget 발생적 인식론과 교육. 서울: 교육과학사.

장휘숙(2002). 아동발달. 서울: 박영사.

정범모(1974). 성취인의 심리. 서울: 배영사.

정옥분(2006). 발달심리학: 전생애 인간발달. 서울: 학지사.

정옥분(2008). 청년발달의 이해. 서울: 학지사.

정종진(2003). BGT 심리진단법. 서울: 학지사.

조형숙, 한종화, 박은주, 이수민(2016). 영아 발달. 서울: 학지사.

천성문, 박명숙, 박순득, 박원모, 이영순, 전은주, 정봉희(2009). 상담심리학의 이론과 실제
    (2판). 서울: 학지사.

한국심리검사연구소(1991). MBTI 성격유형검사(GS형). 서울: 한국심리검사연구소.

한국심리검사연구소(1993). MMTIC 어린이 및 청소년 성격유형검사. 서울: 한국심리검
    사연구소.

한상철(2014). 청소년학: 청소년 이해와 지도(2판). 서울: 학지사.

홍강의(1993). 청소년 상담의 이론적 경향 고찰: 치료적 관점. 청소년상담연구, 1(1), 1-20,
    41-55.

홍경자(2002). 상담의 과정. 서울: 학지사.

홍준표(2009). 응용행동분석. 서울: 학지사.

Achenbach, T. M., & Rescorla, L. A. (2001). *Manual for the ASEBA school-age
    forms & profiles.* Burlington, VT: University of Vermont, Research Center for
    Children, Youth, & Families.

Alkin, T. M. (Ed.). (1992). *Encyclopedia of educational research. Vol. 2.* New
    York: Macmillan.

Amabile, T. M. (1983). *The social psychology of creativity.* New York: Spring-

Verlag.

Amabile, T. M. (1996). *Creativity in context: Update to "The social psychology of creativity."* Boulder, CO: Westview Press.

American Psychiatric Association (2013). *Diagnostic and statistical manual of mental disorders: Fifth edition (DSM-5).* Washington, DC: Author.

Anderson, D., & Nashon, S. (2007). Predictors of knowledge construction: Interpreting students' metacognition in an amusement park physics program. *Science Education, 91,* 298-320.

Anderson, J. R. (1987). 인지심리학(이영애 역). 서울: 을유문화사.

Anderson, J. R. (1990). *Cognitive psychology and its implications.* New York: Freeman.

Ansbacher, H. L., & Ansbacher, R. R. (1964). *The individual psychology of Alfred Adler.* New York: Harper & Row.

Arlin, P. K. (1975). Cognitive development in adulthood: A fifth stage? *Developmental Psychology, 11,* 602-606.

Arlin, P. K. (1990). Wisdom: The art of problem finding. In R. J. Sternberg (Ed.), *Wisdom: Its nature, origins, and development* (pp. 230-243). New York: Cambridge University Press.

Atkinson, J. (1964). *An introduction to motivation.* Princeton, NJ: Van Nostrand.

Bandura, A. (1977). Self-efficacy: Toward a unifying theory of behavioral change. *Psychological Review, 84,* 181-215.

Beck, A. T. (1996). 우울증의 인지치료(원호택, 박현순, 신경진, 이훈진, 조용래, 신현균, 김은정 공역). 서울: 학지사. (원저는 1979년에 출판).

Beghetto, R. A., & Kaufman, J. C. (2007). Toward a broader conception of creativity: A case for "mini-c" creativity. *Psychology of Aesthetics, Creativity, and the Arts, 1,* 13-79.

Belmont, J. M., Butterfield, E. C., & Ferretti, R. P. (1982). To secure transfer of training instruct in self-management skills. In D. K. Detterman & R. J. Sternberg (Eds.). *How and how much can intelligence be increased?* Norwood, NJ: Ablex.

Bloom, B. S. (1976). *Human characteristics and school learning.* New York: McGraw-Hill.

Bornstein, M. H., & Lamb, M. E. (1992). *Development in infancy: An introduction*. New York: McGraw-Hill.

Bransford, J. D., & Stein, B. S. (1993). *The IDEAL problem solver*. New York: Freeman.

Bronfenbrenner, U. (1979). *The ecology of human development: Experiments by nature and design*. Cambridge, MA: Harvard University Press.

Bronfenbrenner, U. (1995). The bioecological model from a life course perspective. In P. Moen, G. H. Elder, & K. Luscher (Eds.), *Examining lives in context*. Washington, DC: American Psychological Association.

Bronfenbrenner, U. (2001). The bioecological theory of human development. In N. J. Smelser & P. B. Baltes (Eds.), *International encyclopedia of the social and behavioral sciences* (pp. 6963-6970). Oxford, UK: Elsevier.

Bronfenbrenner, U., & Morris, P. (2006). The bioecological model of human development. In R. Lerner (Ed.), *Handbook of child psychology: Vol. 1 Theoretical models of human development* (6th ed., pp. 793-828). Hoboken, NJ: Wiley.

Brophy, D. R. (1998). Understanding, measuring, and enhancing individual creative problem solving efforts. *Creativity Research Journal, 11*, 123-150.

Bruner, J. S. (1960). *The process of education*. Cambridge, MA: Harvard University Press.

Bruner, J. S. (1966). *Towards a theory of instruction*. New York: Norton.

Bryant, P. E., & Trabasso, T. (1971). Transitive inferences and memory in young children. *Nature, 232,* 456-458.

Cacioppo, J. T., Petty, R. E., & Crites, S. L. Jr. (1994). Attitude change. *Encyclopedia of Human Behavior. Vol. 1.* New York: Academic Press.

Carroll, J. B. (1963). A model of school learning. *Teachers College Record,* 723-733.

Carroll, J. B. (1993). *Human cognitive abilities: A survey of factor-analytic studies*. New York: Cambridge University Press.

Case, R. (1984). The process of stage transition: A neo-Piagetian view. In R. J. Sternberg (Ed.), *Mechanisms of cognitive development* (pp. 20-40). New York: Freeman.

Case, R. (1985). *Intellectual development: Birth to adulthood*. New York: Academic Press.

Chalmers, J. B., & Townsend, M. A. P. (1990). The effects of training in social perspective taking on socially maladjusted girls. *Child Development, 61*, 178-190.

Colby, A., Kohlberg, L., & Gibbs, J. C. (1979). *The measurement of stages of moral development. Final report to the National Institute of Mental Health.* Cambridge, MA: Center for Moral Development and Education.

Colby, A., Kohlberg, L., Gibbs, J. C., & Lieberman, M. (1983). A longitudinal study of moral judgment. *Monographs of the Society for Research in Child Development, 48*(1-2, Serial No. 200).

Cole, M., Cole, S. R., & Lightfoot, C. (2005). *The development of children* (5th ed.). New York: Freeman.

Corey, G. (1976). *Theory and practice of counseling and psychotherapy.* Monterey, CA: Brooks/Cole.

Corey, G. (1996). 심리상담과 치료의 이론과 실제(조현춘, 조현재 공역). 서울: 시그마프레스. (원저는 1976년 출판).

Corey, M. S., & Corey, G. (2007). *Groups: Process and practice* (7th ed.). San Francisco: Brooks/Cole.

Covington, M. V., Crutchfield, R. S., Davies, L., & Olton, R. M., Jr. (1974). *The productive thinking program: A course in learning to think.* Columbus, OH: Charles E. Merrill.

Crain, W. (2005). *Theories of development: Concepts and applications* (5th ed.). Upper Saddle River, NJ: Pearson Education.

Dai, D. Y., & Feldhusen, J. F. (1999). A validation study of the thinking styles inventory: Implications for gifted education. *Roeper Review, 21*, 302-307.

Dansereau, D. F., Collins, K. W., McDonald, B. A., Holley, C. D., Garland, J., Diekhoff, G., & Evans, S. H. (1979). Development and evaluation of a learning strategy training program. *Journal of Educational Psychology, 71*, 64-73.

Dasen, P. R., & Heron, A. (1981). Cross-cultural tests of Piaget's theory. In H. C. Triandis & A. Heron (Eds.), *Handbook of cross-cultural Psychology* (Vol. 4). Boston: Allyn & Bacon.

de Bono, E. (1984). The CoRT thinking program. In J. W. Segal, S. F. Chipman, & R. Glaser (Eds.), *Thinking and learning skills: Relating instruction to basic research.* Hillsdale, NJ: Erlbaum.

Dewey, J. (1916). *Democracy and education.* New York: Macmillan.

Dewey, J. (1933). *How we think.* Chicago: Henry Regnery.

Dewey, J. (1996). 민주주의와 교육(이홍우 역). 경기: 교육과학사.

Douglass, D. S., & Pratkanis, A. R. (1994). Attitude formation. *Encyclopedia of human behavior. Vol 1.* New York: Academic Press.

Driscoll, M. P. (2002). 수업설계를 위한 학습심리학(양용칠 역). 서울: 교육과학사.

Dweck, C. S., & Leggett, E. L. (1988). A social-cognitive approach to motivation and personality. *Psychological Review, 95*(2), 256-273.

Eberle, B. (1971). *Scamper.* Buffalo, NY: DOK Publishers.

Eggen, P., & Kauchak, D. P. (2011). 교육심리학: 교육실제를 보는 창(제8판)(신종호, 김동민, 김정섭, 김종백, 도승이, 김지현, 서영석 공역). 서울: 학지사. (원저는 2010년에 출판)

Eisenberg, N. (2000). Emotion, regulation, and moral development. *Annual Review of Psychology, 51*, 665-697.

Eisenberg, N., & Strayer, J. (1987). *Empathy and its development.* Cambridge: Cambridge University Press.

Elkind, D. E. (1967). Egocentrism in adolescence. *Child Development, 38*, 1025-1034.

Elkind, D. E. (1985). Reply to D. Lapsley and M. Murphy's Developmental Review paper. *Developmental Review, 5*, 218-226.

Ellis, A., & MacLaren, C. (2007). 합리적 정서행동치료(서수균, 김윤희 공역). 서울: 학지사. (원저는 2005년에 출판).

Enright, R. D., Shukla, D. G., & Lapsley, D. K. (1980). Adolescent egocentrism, sociocentrism and self-consciousness. *Journal of Youth and Adolescence, 9*(2), 101-116.

Erikson, E. H. (1963). *Childhood and society.* New York: Norton.

Erikson, E. H. (1968). *Identity: Youth and crisis.* New York: Norton.

Finke, R. A., Ward, T. B., & Smith, S. M. (1992). *Creative cognition: Theory, research, and applications.* Cambridge, MA: MIT Press.

Flavell, J. A. (1985). *Cognitive development* (2nd ed.). Englewood Cliffs, NJ: Prentice-Hall.

Fleming, J. H., & Manning, D. J. (1994). Self-fulfilling prophecies. *Encyclopedia of human behavior. Vol. 4.* New York: Academic Press.

Gage, N. L. (1981). 교수의 예술성과 과학(이용남 역). 광주: 전남대학교출판부.

Gage, N. L., & Berliner, D. C. (1983). *Educational psychology*. Chicago: Rand McNally.

Gagné, E. D., Yekovich, W., & Yekovich, F. R. (2005). 인지심리와 학교학습(이용남, 허승준, 부지영, 강숙영, 정창윤, 송기주, 정일선, 정환금, 오익수, 최양숙, 이영길, 신의정, 최종오, 홍정기, 이현욱, 이민욱, 강만철, 김미란 공역). 서울: 교육과학사. (원저는 1993년 출판).

Gagné, R. M. (1985). *The conditions of learning and theory of instruction*. New York: Holt, Rinehart, & Winston.

Gardner, H. (1983). *Frames of mind: The theory of multiple intelligences*. New York: Basic Books.

Gardner, H. (1999). Are there additional intelligences? The case for naturalist, spiritual, and existential intelligences. In J. Kane (Ed.), *Education, information, and transformation* (pp. 111–131). Upper Saddle River, NJ: Prentice Hall.

Gardner, H. (2000). *Intelligence reframed: Multiple intelligences for the 21st century*. New York: Basic Books.

Gardner, H. (2006). *Multiple intelligences: New horizons in theory and practice*. New York: Basic Books.

Gardner, R. W. (1960). Personality organization in cognitive controls and intellectual abilities. *Psychological Issues, 1*. (Monograph 5).

Gettinger, M. (1984). Individual differences in time needed for learning: A review of literature. *Educational Psychologist, 19*, 15-29.

Getzels, J. W. (1966). The problem of interest: A reconsideration. In H. A. Robinson (Ed.), Reading: Seventy-five years of progress. *Supplementary Education Monographs, 66*, 97–106.

Gilligan, C. (1982). *In a different voice: Psychological theory and women's development*. Cambridge, MA: Harvard University Press.

Glaser, R. (1984).Education and thinking: The role of knowledge. *American Psychologist, 39*, 1-15.

Glasser, W. (1998). 현실치료: 정신치료에 대한 새로운 접근(김양현 역). 서울: 원미사. (원저는 1965년에 출판).

Gordon, W. J. J. (1961). *Synectics: The development of creative capacity*. New

York: Harper & Row.

Greenberger, D., & Padesky, C. A. (1999). 기분 다스리기(권정혜 역). 서울: 학지사.

Grigorenko, E. L., & Sternberg, R. J. (1997). Styles of thinking, abilities, and academic performance. *Exceptional Children, 63,* 295-312.

Guilford, J. P. (1950). Creativity. *American Psychologist, 5,* 444-454.

Guilford, J. P. (1967). *The nature of human intelligence.* New York: McGraw-Hill.

Hansford, B. C., & Hattie, J. A. (1982). Relationship between self and achievement. performance measures. *Review of Educational Research, 52,* 123-142.

Havighurst, R. J. (1952). *Developmental tasks and education.* New York: David McKay.

Herbart, J. F. (1988). 일반교육학(이근엽 역). 서울: 연세대학교출판부.

Hetherington, E. M. (1981). Children of divorce. In R. Henderson (Ed.), *Parent-child interaction.* New York: Academic Press.

Hilgard, E. R., & Bower, G. H. (1975). *Theories of learning.* Englewood Cliffs, NJ: Prentice-Hall.

Hilgard, E. R., Atkinson, R., & Atkinson, R. C. (1978). *Introduction to psychology* (7th ed.). New York: Harcourt Brace Iovanovich.

Hoffman, M. L. (1980). Moral development in adolescence. In J. Adelson (Ed.), *Handbook of adolescent psychology* (pp. 295-343). New York: Wiley.

Hoffman, M. L. (1987). The contribution of empathy to justice and moral judgment. In N. Eisenberg & J. Strayer (Eds.), *Empathy and its development.* Cambridge, UK: Cambridge University Press.

Holland, J. L. (1973). *Making vocational choices: A theory of careers.* Englewood Cliffs, NJ: Prentice-Hall.

Kagan, J. (1964). Impulsive and reflective children. In J. D. Krumbolz (Ed.), *Learning and the Educational Process.* Chicago: Rand McNally.

Kagan, J. (1966). Reflection-impulsivity: The generality and dynamics of conceptual tempo. *Journal of Abnormal Psychology, 71,* 17-24.

Kail, R. V., & Cavanaugh, J. C. (2000). *Human development.* New York: Wadsworth.

Kampwirth, T. J., & Powers, K. M. (2012). *Collaborative consultation in the schools* (4th ed.). Upper Saddle River, NJ: Pearson.

Kaufman, J. C., Plucker, J. A., & Baer, J. (2011). 창의성 평가: 검사도구의 이해와 적용(이순묵, 이효희 공역). 서울: 학지사. (원저는 2008년에 출판).

Keats, D. M., & Fang, F. X. (1992). The effects of modification of the cultural content of stimulus materials on social perspective taking ability in Chinese and Australian children. In S. Iwawaki & Y. Kashina (Eds.), *Innovations in cross-cultural psychology* (pp. 319-327). Amsterdam: Swets & Zeitlinger.

Kitchener, K. S. (1984). Intuition, critical evaluation, and ethical principles: The foundation for ethical decisions in counseling psychology. *Counseling Psychologist, 12*(3), 43-45.

Klein, G. S. (1961). The personal world through perception. In R. R. Blake & G. W. Ramsey (Eds.), *Perception: An approach to personality.* New York: Ronald.

Kohlberg, L. (1963). The development of children's orientations toward a moral order: I . Sequence in the development of moral thought. *Human Development, 6,* 11-33.

Kohlberg, L. (1984). *The psychology of moral development.* San Francisco: Harper & Row.

Kohlberg, L., & Kramer, R. (1969). Continuities and discontinuities in childhood and adult moral development. *Human Development, 12,* 93-120.

Krebs, D., & Gillmore, J. (1982). The relationship among the first stages of cognitive development, role-taking abilities, and moral development. *Child Development, 53,* 877-886.

Kuder, G. F. (1966). The occupational interest survey. *Personnel and Guidance Journal, 45,* 72-77.

Kuhn, D., & Dean, D. Jr., (2004). Metacognition: A bridge between cognitive psychology and educational practice. *Theory into Practice, 43*(4), 268-273.

Kurtines, W. M., & Gewirtz, J. L. (2004). 도덕성의 발달과 심리(문용린 역). 서울: 학지사. (원저는 1995년에 출판).

Ledoux, J. (1998). *The emotional brain.* New York: Brockman.

Lipman, M., Sharp, A. M., & Oscanyan, F. S. (1980). *Philosophy in the classroom.* Philadelphia: Temple University Press.

Lloyd, M. A. (1985). *Adolescence.* New York: Harper & Row.

Maslow, A. H. (1968). *Toward a psychology of being.* New York: Van Nostrand.

Marcia, J. E. (1980). Identity in adolescence. In J. Adelson (Ed.), *Handbook of adolescent psychology* (pp. 159–187). New York: Wiley.

McClelland, D. C. (1965). Toward a theory of motive acquisition. *American Psychologist, 20*, 321–333.

McGrew, K. S. (2005). The Cattell–Horn–Carroll theory of cognitive abilities. In D. P. Flanagan & P. I. Harrison (Eds.), *Contemporary intellectual assessment: Theories, tests, and issues* (pp. 136–181). New York: Guilford Press.

McNeill, D. W., Turk, C. L., & Ries, B. J. (1994). Anxiety and fear. In V. S. Ramachandran (Ed.), *Encyclopedia of human behavior* (Vol. 1., pp. 151-163). New York: Academic Press.

Meadows, E. A., & Barlow, D. H. (1994). Anxiety disorders. In V. S. Ramachandran (Ed.), *Encyclopedia of human behavior* (Vol. 1., pp. 165–173). New York: Academic Press.

Medin, D. L., & Barsalou, L. W. (1987). Categorization processes and categorical perception. In S. Harnad (Ed.), *Categorical perception: The groundwork of cognition.* Cambridge: Cambridge University Press.

Meichenbaum, D., & Biemiller, A. (1998). *Nurturing independent learners: Helping students take charge of their learning.* Cambridge, MA: Brookline Books.

Murray, H. A. (1938). *Explorations in personality.* New York: Oxford University Press.

Nicholls, J. G. (1984). Achievement motivation: Conceptions of ability, subjective experience, task choice, and performance. *Psychological Review, 91*(3), 328–346.

Osborn, A. F. (1963). *Applied imagination: Principles and procedures of creative problem-solving.* New York: Charles Scribner's.

Pascual-Leone, J. (1984). Attentional, dialectic, and mental effort. In M. L. Commons, F. A. Richards, & C. Armon (Eds.), *Beyond formal operations.* New York: Plenum.

Patterson, C. H. (1971). *An Introduction to counseling in the school.* New York: Harper & Row.

Patterson, C. H. (1977). *Foundations for a theory of instruction and educational psychology.* New York: Harper & Row.

Pellegrini, A. D. (2002). Bullying, victimization, and sexual harrassment during the transition to middle school. *Educational Psychologist, 37*(3), 151-163.

Phillips, J. L. Jr. (1969). *The origins of intellect: Piaget's theory.* San Francisco: Freeman.

Piaget, J. (1972). *Psychology of intelligence.* Totowa, NJ: Adams.

Piaget, J. (1977). Problems in equilibration. In M. Appel & L. Goldberg (Eds.), *Topics in cognitive development: Vol. 1. Equilibration: Theory, research, and application* (pp. 3-13). New York: Plenum Press.

Piaget, J., & Inhelder, B. (1956). *The child's conception of space.* Boston: Routledge.

Plucker, J. A., Beghetto, R. A., & Dow, G. (2004). Why isn't creativity more important to educational psychologists? Potentials, pitfalls, and future directions in creativity research. *Educational Psychologist, 39*, 83-96.

Rhodes, M. (1961). An analysis of creativity. *Phi Delta Kappan, 42*, 305-311.

Riegel, K. F. (1973). Dialectic operation: The final period of cognitive development. *Human Development, 16*, 346-370.

Riskland, J. H., & Mercier, M. A. (1994). Phobias. *Encyclopedia of human behavior. Vol. 3.* New York: Academic Press.

Rogers, C. R. (1951). *Client-centered therapy.* Boston: Houghton Mifflin.

Rogers, C. R. (1961). *On becoming a person: A therapist's view of psychotherapy.* Boston: Houghton Mifflin.

Rorschach, H. (1994). *Rorschach®-test: Psychodiagnostics plates.* Bern, Switzerland: Verlag Hans Huber AG.

Rose, M. (Ed.). (1985). *When a writer can't write.* New York: Guilford Press.

Rosenthal, R., & Jacobson, L. (1968). *Pygmalion in the classroom.* New York: Holt, Rinehart & Winston.

Rubin, K., Bukowski, W., & Parker, J. (2006). Peer interactions, relationships, and groups. In N. Eisenberg (Vol. Ed.), *Handbook of child psychology: Vol. 3. Social, emotional, and personality development* (6th ed., pp. 571-645). Hoboken, NJ: Wiley.

Ryle, G. (1949). *The concept of mind.* New York: Barnes and Noble.

Sahakian, W. S. (1976). *Introduction to the psychology of learning.* New York: Rand McNally.

Sarason, I. G., & Sarason, B. R. (1990). Test anxiety. In H. Leitenberg (Ed.), *Handbook of social and evaluation anxiety* (pp. 475-495). New York: Plenum.

Sattler, J. M. (2001). *Assessment of children: Cognitive applications* (4th ed.). San Diego, CA: Author.

Sattler, J. M. (2002). *Assessment of children: Behavioral and clinical applications* (4th ed.). San Diego: Author.

Seligman, M. E. P. (1975). *Helplessness: On depression, development, and death.* San Francisco: Freeman.

Selman, R. L. (1980). *The growth of interpersonal understanding.* New York: Academic Press.

Shavelson, B. E., & Marsh, H. W. (1993). On the construct of self-concept. In R. Schwarzer (Ed.), *Anxiety and cognition.* Hillsdale, NJ: Erlbaum.

Shavelson, R. J., Hubner, J. J., & Stanton, J. C. (1976). Self-concept: Validation of construct interpretations. *Review of Educational Research, 46,* 407-441.

Shertzer, B., & Stone, S. C. (1981). *Fundamentals of guidance.* Boston: Houghton Mifflin.

Singer-Freeman, K. E., & Goswami, U. (2001). Does half a pizza equal half a box of chocolates? Proportional matching in an analogy task. *Cognitive Development, 16,* 811-829.

Sink, C. (2005). *Contemporary school counseling: Theory, research, and practice.* Boston: Houghton Mifflin.

Simonton, D. K. (1988). Creativity, leadership, and chance. In R. J. Sternberg (Ed.), *The nature of creativity* (pp. 386-426). New York: Cambridge University Press.

Simonton, D. K. (1994). *Greatness.* New York: Guilford.

Skinner, B. F. (1968). *The technology of teaching.* New York: Appleton Century-Crofts.

Snarey, J. R. (1985). Cross-cultural universality of social-moral development: A critical review of Kohlbergian research. *Psychological Bulletin, 97,* 202-232.

Spielberger, C. (Ed.). (1972). *Anxiety: Current trends in theory and research, Vol. 1.* New York: Academic Press.

Spielberger, C., & Vagg, P. (Eds.) (1995). *Test anxiety: Theory, assessment, and treatment*. Washington, DC: Taylor & Francis.

Stahl, S. A., Erickson, L. G., & Rayman, M. C. (1986). Detection of inconsistencies by reflective and impulsive seventh-grade readers. *National Reading Conference Yearbook, 35*, 233-238.

Stephen, J., Fraser, E., & Marcia, J. E. (1992). Moratorium achievement, (MAMA) cycles in life span identity development: Value orientations and reasoning systems' correlates. *Journal of Adolescence, 15*, 283-300.

Sternberg, R. J. (1985). *Beyond IQ: A triarchic theory of human intelligence*. Cambridge: Cambridge University Press.

Sternberg, R. J. (1988). *The triarchic mind*. New York: Viking.

Sternberg, R. J. (1994a). Intelligence. *In Encyclopedia of human behavior* (Vol. 2). New York: Academic Press.

Sternberg, R. J. (1994b). Thinking styles: Theory and assessment of the interface between intelligence and personality. In R. J. Sternberg & P. Ruzgis (Eds.), *Personality and intelligence* (pp. 169-187). New York: Cambridge University Press.

Sternberg, R. J. (1999). *Handbook of creativity*. Cambridge, UK: Cambridge University Press.

Sternberg, R. J. (2005). The theory of successful intelligence. *International Journal of Psychology, 39*(2), 189-202.

Sternberg, R. J., & Grigorenko, G. L. (2001). *Intelligence applied* (2nd ed.). New York: Oxford University Press.

Sternberg, R. J., Kaufman, J. C., & Pretz, J. E. (2001). *The Creativity conundrum: A propulsion model of kinds of creative contributions*. Philadelphia: Psychology Press.

Sternberg, R. J., & Lubart, T. I. (1991). An investment theory of creativity and its development. *Human Development, 34*, 1-31.

Sternberg, R. J., & Lubart, T. I. (1992). Buy low and sell high: An investment approach to creativity. *Current Directions in Psychological Science, 1*(1), 1-5.

Sternberg, R. J., & Lubart, T. I. (1996). Investing in creativity. *American Psychologist, 51*, 677-688.

Sternberg, R. J., & Williams, W. M. (2010). 스턴버그의 교육심리학(제2판)(김정섭, 신경 숙, 유순화, 이영만, 정명화, 황희숙 공역). 서울: 시그마프레스. (원저는 2009년에 출판).

Stipek, D. (1999). 학습동기(전성연, 최병연 공역). 서울: 학지사. (원저는 1998년에 출판).

Strong, E. K. (1966). *Vocational interests of men and women.* Palo Alto, CA: Stanford University Press.

Tobias, S. (1986). Anxiety and cognitive processing of instruction. In R. Schwarzer (Ed.), *Self-related cognitions in anxiety and motivation* (pp. 35-54). Hillsdale, NJ: LEA.

Torrance, E. P. (1974). *The Torrance tests of creative thinking: Technical manual.* Bensenwille, IL: Scholastic Testing Services.

Tryon, W. W. (1994). Expectation. In *Encyclopedia of human behavior (Vol. 2).* New York: Academic Press.

Tyler, R. W. (1973). Assessing educational achievement in the affective domain. *Measurement in Education, 4*(3), 1-8.

Vygotsky, L. S. (1962). *Thought and language.* Cambridge, MA: MIT Press.

Vygotsky, L. S. (1978). *Mind in society.* Cambridge, MA: Harvard University Press.

Wagner, R. K., & Sternberg, R. J. (1984). Alternative conceptions of intelligence and their implications for education. *Review of Educational Research, 54,* 197-224.

Walberg, H. J., & Haertel, G. D. (1992). Educational psychology's first century. *Journal of Educational Psychology, 84,* 6-19.

Walker, L. J. (1980). Cognitive and perspective taking prerequisites of moral development. *Child Development, 51,* 131-139.

Weary, G., Edwards, J. A., & Riley, S. (1994). Attribution. *Encyclopedia of human behavior. Vol. 1.* New York: Academic Press.

Weiner, B. (1980). *Human motivation.* New York: Holt, Rinehart & Winston.

Werner, E. E. (1972). Infants around the world. *Journal of Cross-Cultural Psychology, 3,* 111-134.

Werner, E. E. (1989). High-risk children in young adulthood: A longitudinal study from birth to 32 years. *American Journal of Orthopsychiatry, 59,* 72-81.

Whimbey, A., & Lochhead, J. (1980). *Problem solving and comprehension: A short course in analytical reasoning.* Philadelphia: Franklin Institute Press.

Wickelgren, W. A. (1974). *How to solve problems: Elements of a theory of problems and problem solving.* San Francisco: Freeman.

Winner, E. (2000). The origins of ends of giftedness. *American Psychologist, 55,* 159-169.

Witkin, H. A. (1973). *The role of cognitive style in academic performance and in teacher-student relations.* Unpublished report. Princeton, NJ: Educational Testing Service.

Witkin, H. A., Moore, C. A., Goodenough, D. R., & Cox, P. W. (1977). Field-dependent and field-independent cognitive styles and their educational implications. *Review of Educational Research, 47,* 24-46.

Witkin, H. A., Oltman, P. K., Raskin, E., & Karp, S. A. (1971). *Embedded figures test, children's embedded figures test, group embedded gigures test* [manual]. Palo Alto, CA: Consulting Psychologists Press.

Wolpe, J. (1958). *Psychotherapy by reciprocal inhibition.* Stanford University Press.

Zins, J. E., Bloodworth, M. R., Weissberg, R. P., & Walberg, H. J. (2004). The scientific base linking social and emotional learning to school success. In J. E. Zins, R. P. Weissberg, M. C. Wang, & H. J. Walberg (Eds.), *Building academic success on social and emotional learning* (pp. 3-22). New York: Teachers College Press.

〈인명〉

〈내용〉

저자 소개

이용남(Lee, Yongnam)

미국 미주리 대학교 대학원 교육 및 상담심리학과(Ph.D.)
전 전남대학교 사범대학 교육학과 교수
　　전남대학교 사범대학장 겸 교육대학원장
　　전남대학교 대학원장
　　한국교육원리학회 회장
현 전남대학교 사범대학 교육학과 명예교수

〈대표 저서〉
인간 특성과 교육(공저, 학지사, 2013)
세계적 명문대학(학지사, 2013)

신현숙(Shin, Hyeonsook)

미국 미네소타 대학교 대학원 학교심리학 전공(Ph.D.)
전　한국청소년상담원 상담조교수
　　한국학교심리학회 회장
현 전남대학교 사범대학 교육학과 교수

〈대표 저서 및 역서〉
중학생을 위한 사회정서학습 프로그램(공저, 학지사, 2015)
학교폭력과 괴롭힘 예방: 원인진단과 대응(공저, 학지사, 2014)
사회정서학습: 정신건강과 학업적 성공의 증진(역, 교육과학사, 2011)

교육심리학(2판)
Educational Psychology (2nd ed.)

2010년 8월 10일 1판 1쇄 발행
2016년 8월 20일 1판 6쇄 발행
2017년 3월 10일 2판 1쇄 발행
2018년 2월 20일 2판 2쇄 발행

지은이 • 이용남 · 신현숙
펴낸이 • 김진환
펴낸곳 • ㈜ 학지사

04031 서울특별시 마포구 양화로 15길 20 마인드월드빌딩
대표전화 • 02)330-5114   팩스 • 02)324-2345
등록번호 • 제313-2006-000265호

홈페이지 • http://www.hakjisa.co.kr
페이스북 • https://www.facebook.com/hakjisa

ISBN 978-89-997-1079-7 93370

정가 18,000원

이 도서의 국립중앙도서관 출판시도서목록(CIP)은 서지정보유통지
원시스템 홈페이지(http://seoji.nl.go.kr)와 국가자료공동목록시스템
(http://www.nl.go.kr/kolisnet)에서 이용하실 수 있습니다.
(CIP 제어번호: CIP2017002080)

교육문화출판미디어그룹 학지사
심리검사연구소 인싸이트 www.inpsyt.co.kr
원격교육연수원 카운피아 www.counpia.com
학술논문서비스 뉴논문 www.newnonmun.com
간호보건의학출판 정담미디어 www.jdmpub.com